신화와 콘텐츠

이 책은 교육부 및 한국연구재단의 대학인문역량강화사업(CORE) 지원에
의해 HUFS 인문학총서로 출판된 것임

신화와 콘텐츠

Myths and content

박희영 외

HUEBOOKs

서문

21세기에 신화를 읽고, 해석하고, 활용한다는 것

1

신화는 연대기적 시간을 따르지 않는다. 그래서 신화는 이를 필요로 하고 요망하는 사회에서는 언제고 어디서고 재연되는 게 특징이다. 그런 점에서 신화는 과거-현재-미래라는 시간적 선형성을 초탈해 있다고 볼 수 있다. 또한 신화는 공간의 제약을 받지 않는다. 단적으로 말해 신화는 인간의 시공간 안에 유폐돼 있지 않고 끝없이 인간중심적 시공간 안에서 탈인간적으로 활동하는 초자연적 힘을 발휘하며 살아 숨 쉰다. 원형신화의 생명력이 바로 여기에 있다. 우리가 시대를 초월해 신화를 읽고, 해석하며 활용하는 직접적 이유 또한 여기에 있을 것이다.

신화는 인간과 공존하며, 인간사회를 살찌우는 자양분이다. 그렇다고 해서 신화가 '보통명사'나 '고유명사'처럼 그 의미가 고정되어 있는 것은 물론 아니다. 신화는 주어진 환경에 따라 변신, 변화, 변용을 허용한다. 이것이 신화의 본질적 특징이며 신화의 요체다. 따라서 신화가 내용면에서 일부 수정이나 재창조의 과정을 거쳤다고 해서 그것이 '역사 왜곡'과 같이 중대한 문제를 야기하는 것은 아니다. 신화가 고대 인류의 세계 인식에 대한 영창(映窓)으로 기능하고, 특히 현대인에게 현실 인식의 계기로 작용한다면, 신화적 소재와 에피소드들의 임의적 변형을 부정적 시각으로만 볼일은 아닌 것 같다.

인공지능(AI)의 시대로 상징되는 21세기가 되었음에도 현대인들은 여전히 신화에서 많은 것들을 차용한다. 그렇다면 그 이유가 대체 뭘까? 대답은 의외로 간단한 데서 찾을 수 있다. 신화 속에는 인류의 역사를 통해 축적된 보편적 원형이 살아 숨 쉬고 있기 때문이다. 신화의 기본적인 내용과 원리에 대한 이해에 기초해 다양한 콘텐츠 영역에서 다양한 방식으로 신화가 응용되고 있는 것도 같은 이유 때문일 것이다. 이렇게 신화, 신화적 원형 스토리는 시대를 초월해 생명력을 가지며, 현대문화의 생산 및 소비 코드와 직결되어 있으므로 이를 연구하고 또 응용하는 작업은 아무리 강조해도 지나친 것은 아니리라.

2

신화와 콘텐츠, 이 책은 정확히 이런 기획 의도를 공유한 집필자들이 1년 전에 모여 닻을 올렸다. 물론 집필의 제일 원칙은 신화를 각자 자유롭게 해석하는 것으로 정했다. 신화 자체의 의미나 가치를 캐묻고 따지기에 초점을 두기보다 보다 해독자의 창의적 상상력의 접목이 더 중요하다고 판단해서다. 신화가 신화의 틀을 벗어날 수 있기 위해서는 먼저 '탈신화화'되어야 하지 않겠는가. 탈신화화는 신화의 의미를 '현재'에서 찾겠다는 의도다. 하지만 그렇다고 해서 탈신화화의 시도가 신화의 내용을 전적으로 왜곡하거나 이탈하려는 것은 아니다. 집필자의 창의적 해석에 의해 재구성된 신화는 동시대성(contemporarity)을 갖는다는데 의의가 있다.

두 번째 집필 원칙은 각자가 근년 들어 고민하고 있는 철학적 화두를 신화를 통해 반추해보는 것으로 정했다. 그렇게 '공론장'을 마련해 집필자들이 추거(推擧)

하는 신화는 이 시대와 어떻게 맞닿아 있는지, 국내의 독서시장에서 주로 '소비' 되고 있는 신화의 전모는 어떤 상황인지를 점검해보고 싶었다. 특히 **제3부 대중문화콘텐츠와 신화**는 이런 취지로 할애되었고, 집필자들은 각자 관심 있는 장르 콘텐츠를 선정해 신화에 대한 심층적 해석을 시도해보았다. 제1부와 제2부에서의 논의들이 다소 이론적인 것이라면, 제3부에서의 논의는 실용적인 것이라 할 수 있다. 향후 대한민국에서 창의적인 콘텐츠를 기획·제작하는 데 기여할 수 있기를 희망해본다.

독자들의 이해를 돕기 위해 글의 구성에 관해 부연을 하자면 다음과 같다. **제1부 신화와 상징**에서는 먼저 신화에 대한 총론을 기술하고 현대의 신화학자들의 '이론'을 점검하는 취지로 신화 연구 분야에서 자주 거론되는 에리히 노이만과 질베르 뒤랑 그리고 폴 리쾨르의 신화론을 다룬다. 첫 번째 **박희영**의 글은 역사적으로 인간 정신이 발전하는 데 신화가 어떠한 역할과 기능을 했는지를 검토하는 데 중점을 두고 있다. 우선 신화의 정체성을 확인하기 위해 신화 발생의 외적 조건으로 사회적 기원과 신화발생의 내적 조건으로 인식론적 기원에 대해 검토하고 있다. 궁극적으로 신화가 우리에게 중요한 이유는 신화적 경험을 통해 자신이 가장 본질적이라 생각하는 삶의 방식이 무엇인지를 찾아내고, 그러한 삶을 실천할 수 있는 태도를 체화하는 데 있다. 나아가 박희영은 기존 신화의 종류를 의례신화, 영웅신화, 창조신화 등으로 구분하여 신화의 기능을 검토하면서, 신화가 시대의 격변 속에서도 인류가 추구할만한 보편적 가치를 창출하고 실천하는 데 중요한 역할을 해왔다는 것을 제시하고 있다. 특히 신화는 이러한 보편적 가치에 대한 공감적 사유를 발전시켜 윤리의식의 기저에 하나의 원형으로서 작용하였기 때문에 미래사회에서도 상당한 영향을 미칠 것이라는 진단을 한다. 두 번째 **장영란**의 글은 노이만의 어머니의 원형에 대한 구조적 분석을 소개하면서 인간의 상징체계에서 '여성성'이야말로 인간의 삶 자체와 매우 밀접한 연관을 갖고 있기 때문에 이를 밝히는 것이 신화 및 상징 해석에 있어서 핵심적 위치를 차지한다는 주장을 편다. 이런 시각에서 장영란은 여성성의 원형과 위대한 어머니 여신의 상징을 분석하고, 원형적 여성성의 세 가지 발전 단계와 변화 양상을 소개하며, 원형적 여성성의 양가성이 신화 속의 상징들과 이미지들을 어떻게 변화시키는지를 구체적으로 설명한다. 노이만의 작업은 이론적 가치뿐만 아니라 대중문화콘텐츠 속에 빈번히 등장하는 여성의 이미지를 깊이 들여다보고 분석하는데 있어서도 매우 유용한 이정표 역할을 할 것이다. 세 번째 **송태현**의 글은 뒤랑의 신화방법론이 갖는 공헌과 약점을 동시에 소개하는 데 연구 목표를 두고 있다. 주지하듯 뒤랑의 신화비평과 신화분석은 신화에 토대를 둔 새로운 문학 및 예술 방법론이다. 이러한 뒤랑의 방법론적 시도는 신화에 대한 인식론적 재평가 위에서 가능한 작업이다. 문학 및 예술의 비평에서 뒤랑이 가졌던 문제의식은 각 비평들 간의 비생산적 이전투구를 중재하는 일종의 '화해책'이라 할 수 있다. 이름 하여 그의 '신화비평'가 '신화분석'은 단지 문학 및 예술비평 영역에만 그치지 않고 한 시대와 문화의 방향성을 제시한다는 데 의의가 있다. 특히 송태현의 글은 뒤랑의 신화방법론을 한국을 비롯한 동아시아문학에 적용시킬 때 어떤 어려움에 직면하는지를 언급하고 있다는 점에서 큰 의의가 있다 하겠다. 무턱대고 서구적인 틀 속에 억지로 이질적인 문화를 맞추려 할 것이 아니라 이제는 로컬 문화적 특수성을 고려하는 작업이 요청되는 것 아니냐는 그의 질문에 대해 우리 모두는 주목해야 할 것이다. 네 번째 **윤성우**의 글은 상징론과 신화론, 의지론과 텍스트론으로 구성된 폴 리쾨르의 해석학을 의지론이 어떤 맥락에서 상징론과 관계를 맺는지, 상징론과 신화론의 핵심 논점이 무엇인지를 리쾨르의 텍스트론과 관계 속에서 기술함으로써 상징론과 신화론이 리쾨르 해석학의 전체적인 틀 속에서 어떤 위상과 지위를 가지는지를 밝히고 있다. 윤성우의 글은 현대의 신화론이 어떻게 리쾨르에게서 확장되고 있는지를 가늠케 하는 대표적인 글이라 할 수 있으며, 리쾨르 스스로가 참구(參究)한 신화의 동시대성이 무엇인지를 엿볼 수 있게 한다는 점에서 의의를 찾을 수 있을 것이다.

제1부와 제3부를 매개하는 징검다리 역할을 한다고 해도 과언이 아닌 **제2**

부 신화와 해석에서는 신화의 현대적 해석에 집필자들의 관심이 집중돼 있다. 먼저 **손윤락**은 서양에서 최초의 문명 세계를 이룬 그리스인들에게 세계의 이미지(imago mundi)는 어떤 것이었을까를 추적한다. 그가 분석한 텍스트는 호메로스의 『일리아스』와 『오뒤세이아』와 헤시오도스의 『신들의 계보』 등의 서사시이다. 이들이 그린 세계는 오늘날 우리가 그리는 세계와 유사한 것일까 아니면 판연히 다른 것일까? 탈레스 이후 서양인들에게 우주의 이미지는 반구형 하늘에 천체들이 수학적 질서를 가지고 정위되어 있는 것으로 이해되었다. 그런데 이러한 이미지는 그리스인들이 남긴 신화 작품들에서도 등장하고 있다. 흥미로운 것은 이들의 서사시에는 세상의 시공간적 태초에 관한 이야기와 함께 종종 신화적 사건의 구체적인 때와 장소가 언급되며, 특히 하늘과 땅, 산들과 바다, 강들과 호수 같은 공간 개념이 신의 이름으로 나타난다는 점이다. 신화는 단일한 작가의 산물이 아니며 전승들은 상충할 수 있다. 때문에 하나의 단일하고 완전한 세계 그림을 얻을 수는 없겠지만, 최소한 전체적인 윤곽을 재구성해낸다면 거기서 우리는 '구형 우주'와 '지구중심주의'라는 서양 사상의 맹아를 찾을 수 있을 것이라는 주장이다. 두 번째 **조명동**은 그의 글에서 그리스신화를 소재로 한 최근의 문화콘텐츠들이 그 캐릭터나 에피소드들을 우리가 이미 잘 알고 있는 신화적 요소에서 차용하고 있지만 그 전체적 내용이나 캐릭터의 성격 또는 그들 상호간의 관계는 새롭게 재구성하거나 거의 창작에 가까운 수준으로 변화시키고 있다는 점을 비판적으로 지적한다. 특히 조명동은 그 중에서도 '하데스'를 마치 기독교 문화권의 사탄에 가깝게 묘사하고 있다는 점에 대해 나름의 집중력이 돋보이는 해석을 가하고 있다. 그리스신화에서 하데스는 그 자체로 사악한 존재도 아니고 악의 근원도 아니다. 그는 그저 죽은 자들의 제우스이고 그들이 거하는 장소일 뿐이다. 그럼에도 불구하고 최근 많은 문화콘텐츠작품에서 하데스를 마치 사탄처럼 묘사하고 있거나 사탄의 대용물로 사용하고 있다. 그렇다면 대체 그 이유가 뭘까? 그것은 대중적 인기를 끌기 위해서는 강력하고도 멋진 악역이 필요했을 것이라는 게 조명동이 내린 결론이다. 세 번째 **김기홍**의 글은 캠벨의 원질 신화를 이론과 실제라는 2층위로 구분해 소개하고 있다. 원질신화는 프로이트와 융의 심리학에 영향 받은 원형 탐구의 결과물로서 세계의 모든 이야기는 근원적 동일성에서 시작된다는 것이 핵심 주장이다. 캠벨에 따르면 신화는 출발-입문-회귀라는 3단계를 거치며, 이를 다시 세부적으로 보면 16단계의 패턴으로 나타난다. 특히 원질 신화는 최근 할리우드를 비롯한 문화콘텐츠산업계에서 기획 및 제작 과정에서 매우 중요한 패턴으로 적극 활용되고 있다. 원질신화의 문화콘텐츠적 적용의 현황을 점검하고 있다는 점이 독자들에게 유용하리라 생각된다. 마지막으로 **신지영**은 질 들뢰즈의 철학에서 개인이란 무엇이고, 무엇이어야만 하는지 그리고 무엇을 할 수 있는지를 이야기하기 위해서는 무엇보다도 '주체화'라는 개념이 선결되어야만 한다는 점을 역설한다. 데카르트 이후 근대의 주체는 주지하듯 '신화화'되어 있으며, 자아의 성(城)에서 벗어나지 못하고 있다. 신지영은 바로 이 문제를 들뢰즈의 사유 도정을 따라 해결해보고자 한다. 들뢰즈에 따르면 근대적 주체의 신화화는 우선 능동적 의식과 재현의 문제에 원인이 있다. 해서 들뢰즈는 탈주체화를 시도하게 되는 것이며, 결국 진정한 주체는 근대의 신화화된 주체가 탈주체화될 때 비로소 본 모습을 드러낸다는 것이 신지영의 핵심 논제다. 이러한 논제에 바탕해 신지영은 특히 『오이디푸스』와 『햄릿』에서의 주인공은 들뢰즈가 말한 '주체가-되는 시간', '주체-되기'를 몸소 행위로 증명하는 인물임을 창의적으로 해석해내고 있다.

제3부 대중문화콘텐츠와 신화는 이미 앞서 밝힌 바 있듯 신화에 방점이 있는 것이 아니라 대중문화콘텐츠에 방점이 있다. **강미라**의 글은 영화 《호빗: 뜻밖의 여정》(2012)을 하나의 영웅모험담으로 보고 조셉 캠벨(『천의 얼굴을 가진 영웅』)의 관점에서 플롯을 분석한다. 영웅과 여정 혹은 모험은 별개일 수 없다. 영웅은 모험을 통해서 영웅이 된다. 모험은 영웅이 아닌 자를 영웅으로 만들기에 모험이다. 캠벨에 따르면 동서고금의 영웅 모험은 길가메쉬가 하든, 바리데기가 하든, 해리포터가 하든, 모두 유사한 구조 즉 분리, 입문, 회귀의 통과 제의의 양식을 띤다.

신화가 대중문화콘텐츠에서 반복되는 것은 삶의 근본을 건드리기 때문이다. 그런 점에서 신화는 언제나 누구에게나 삶에 필요한 메시지 역할을 하는 것이라 할 수 있다. **김성수**는 C. S. 루이스(Clive Staples Lewis)가 저술한 시리즈 아동소설 『나니아 연대기』가 대중문화 작품으로 몇 차례 각색이 되었는데, 그 이유가 어디에 있는지를 추적한다. 그가 특히 『나니아 연대기』의 제1편인 『사자, 마녀와 옷장』을 연구의 대상으로 삼은 것은 제1편의 구조가 선악의 대결 구도로 되어 있으며, 신화적 차원에서의 인간 심리 및 문화적 상징들이 코드화되어 있는가 하면, 기독교 정신과도 상통한다는 점 때문이다. 그리고 이것이 바로 루이스가 독자들에게 전달코자 하는 메시지라는 것이다. 한마디로, 루이스는 신화를 활용해 어린아이들에게 기독교 정신을 쉽게 전달하고 보다 효과적으로 기독교 정신을 옹호하려는 의도가 있었다는 것이다. 바로 이것이 『나니아 연대기』의 상징성이라는 게 김성수의 결론이다. **임우형**에게 유대-기독교의 경전인 성서는 기독교인들만의 전유물은 아니라 모든 인류의 자산이다. 같은 논리로 성서의 내용을 향유하고 해석하는 것 역시 신앙인들 또는 신학자들만의 작업이 아니라, 누구나 성서를 읽고 이해하고 해석할 수 있고, 그 해석 또한 유의미하다 할 수 있다. 임우형이 드림웍스(Dreamworks)사에서 제작한 애니메이션 《이집트왕자》를 분석한 이유가 여기에 있다. 물론 《이집트왕자》는 신학적 해석의 결과물들을 충실히 전달해주는데 목표가 있는 것이라기보다 현대인들의 관심과 흥행을 목적으로 성서를 신화적으로 재해석한 콘텐츠이다. 역설적으로 말하면 신학적 해석과 신화적 해석은 차이가 날 수밖에 없고, 《이집트왕자》가 성서 『출애굽기』와 다른 점 또한 여기에 기인한다는게 임우형의 결론이다. **박치완**의 글은 애니매트릭스 《제2의 르네상스》에서 묘사되고 있는 현대의 비트적 기계-결정론에 대해 비판적 메스를 가한다. 21세기는 모름지기 기술신화의 시대이다. 그런데 이 기술의 신화는 경제를, 정치를, 군사를 지배하는 것도 모자라 최근 헐리우드에서는 인간의 정신과 영혼까지 지배하려는 과학-제일주의, 기계-전체주의, 전자·정보-제국주의를 조장하는 SF들이 버젓이 양산되고 있다. 허나 테크놀로지와 자본이 결탁된 '기계적 상상력'의 결과물이란 몰역사적, 탈지구적, 비인간적인 것을 추구하면서 인류의 고유자산인 다양한 로컬문화들을 획일화시킨다는 게 박치완의 결론이다. 이러한 과학-기술의 가면을 쓴 기계적 상상력의 종착지, 그곳에서 우리는 자연을, 인간을 발견할 수 없다. 따라서 현대의 반휴머니즘적 가상세계의 마법으로부터 풀려나는 것은 일종의 당위라 하겠다. **안효성**은 전통적 신화 속의 영웅들이 현대의 문화콘텐츠에서 어떻게 새롭게 등장하고 있는지와 영웅 신화라는 새로운 서사에 담긴 의미가 무엇인지를 분석심리학적 입장에서 접근하고 있다. 분석심리학에서는 영웅이 인간의 집단무의식에 깃든 원형적 이미지의 일종이라고 본다. 그리고 분석심리학은 영웅 신화 속의 영웅이란 우리의 정신이 무의식 상태에서 의식성을 획득해 가는 과정을 형상화한 것이라고 파악한다. 이런 정의 하에 안효성은 월트 디즈니의 《헤라클레스(Heracles)》와 브렛 래트너 감독의 《허큘리스(Hercules)》에 영웅 신화의 고전적 가치가 훌륭하게 계승되고 있음을 입증해보이고 있다. 현대의 우리가 폭넓게 공유하고 있는 콘텐츠적 영웅상의 특징을 살핌으로써 시대정신이 지향하는 '주체'의 성격이 어떤 것인지를 간접적인 형태로나마 확인할 수 있다는 게 안효성의 결론이다. **임대근**은 중국의 대표적 신화콘텐츠라 할 수 있는 『수신기』를 '트랜스 아이덴티티 캐릭터'라는 새로운 개념을 창안해 신화에 대한 새로운 독법(讀法)을 제시하고 있다. 『수신기』는 주지하듯, 동진(東晋) 시기 역사학자인 간보(干寶)가 지은 책이라고 전해온다. 총 20권 안에 들어있는 이야기가 454개나 된다. 임대근은 이들 이야기를 어떻게 현대적으로 재구성, 재맥락화하여 새로운 문화콘텐츠로 탄생할 수 있는지, 그 과정에서 유의미한 스토리텔링 자원을 발굴할 필요는 없는지 등의 문제에 초점을 맞추어 『수신기』를 읽어간다. 실제로 이미 적지 않은 콘텐츠들이 『수신기』를 원형으로 삼아 기획, 제작되고 있다. 허나 새로운 스토리텔링 자원 발굴이라는 차원에서 보면 연구 가치가 무궁무진하며, 특히 『수신기』가 트랜스 아이덴티티 캐릭터 사례로서 적합하다는 게 임대근의 결론이다. **송희영**의 글은 한 집단의 공통의 기억이 전승되어 반복되고 있는 기념제의 속에서 발견되는 신화적 요소를 탐색하여, 현대사회에서 신화적인 시간과 공간을 어떻게 구현할 수 있는지를 탐색해 보고자 하는 데 목표가 있다. 그 구체적 사례로 송희영은 프랑스 대혁명 당시 반혁명 운동에 결집한 농민군들을 진압하는 과정에서 공화파 정부군에 의해 무고한 양민들이 대량 학살당한 '방데전쟁'을 지역축제로 승화시켜 프랑스의 대표적인 지역문화콘텐츠 사례로 발전시킨 역사야외극《시네세니(Cinéscénie)》를 심층적으로 소개하고 있다. 이 연구는 전쟁과 죽음에 관련된 집단기억의 수집, 보존 및 영속적인 전승을 수행해가는 과정에서 주로 기념물, 기념관, 기념상 등 유형적인 매체를 형상화하는 데 치중되어 온 기존의 문화적 기억 표현 방식이 어떻게 외연을 넓혀갈 수 있는지를 이해하는데 큰 기여를 할 것으로 예상된다.

3

이 책은 올해 대학 교정을 떠나시는 한국외국어대학교 철학과 박희영 교수님께 헌정하기 위해 기획되었다. 옥고를 주신 집필자 모두는 박희영 교수님을 스승으로 모시는 제자들이거나 직간접적으로 많은 영향을 받은 분들이다. 박희영 교수님이 강의를 통해 뿌린 '신화'라는 씨앗이 고대철학, 신화론, 문화해석학, 프랑스철학, 예술비평론 등으로 가지를 뻗고 꽃을 피우기까지 무려 30 여년이 걸렸다. 계절이 100번 이상 바뀐 결과다.

학문을 한다는 것, 함께 학문을 한다는 것, 한 생각을 공유하고 발전시킨다는 것, 이는 거의 불가능에의 도전에 가깝다. 그렇게 보면, 이 책은 거의 불가능한 일을 가능케 한 것이나 다름없다. 특히 제1장에서 레비스트로스, 엘리아데, 바르트의 신화론 소개가 빠진 상태라서 이 책이 과연 '신화의 심포니'라고 자신 있게 말할 수는 없지만, 그래도 집필자들이 나름 협주를 해보려고 애를 써준 것은 부인할 수 없는 사실이다.

기획자의 한 사람으로서 모든 집필자분들의 노고에 먼저 감사의 말씀을 드릴까 한다. 교정과 편집에 애를 써준 황재민 군의 노고도 잊을 수 없다. 이제 이 책은 콘서트 마스터인 장영란 교수의 손을 떠나 컨덕터인 박희영 교수님의 지휘를 기다리고 있다. 각자의 생각들이 지휘자의 생각에 융해되어 하나의 심포니가 되기 위해서는 또 얼마나 많은 시간과 수련(修練)의 과정이 뒤따라야 할지? 막상 책을 엮어보니 담아내지 못한 부분이 한 둘이 아니란 것을 깨닫게 된다. 집필자를 대표해서 서문을 쓰게 된 것을 무한한 영광으로 생각하며, 박희영 교수님의 제자 사랑과 후배 사랑에 대한 감사의 변을 이것으로 대신할까 한다.

2017년 5월 15일

스승의 날에, 박치완·장영란 纂修

신화와 콘텐츠

목차

서문 5

I. 신화와 상징

신화의 현재와 미래 / 박희영 21

노이만의 분석심리학의 상징과 신화 / 장영란 67

질베르 뒤랑과 신화방법론 / 송태현 87

리쾨르의 상징론과 신화론 / 윤성우 109

II. 신화와 해석

그리스 신화에서 세계의 이미지와 우주구조론 / 손윤락 133

그리스 신화를 소재로 한 현대 문화콘텐츠의 악의 문제 / 조명동 151

캠벨의 원질신화와 문화콘텐츠 / 김기홍 169

들뢰즈에게 주체화의 문제: 오이디푸스와 햄릿의 경우 / 신지영 189

III. 대중문화콘텐츠와 신화

영화 《호빗》 3부작에 대한 신화적 해석 / 강미라 215

『나니아 연대기』의 상징성 / 김성수 237

《이집트 왕자》에 나타난 성서 『출애굽기』의 신화적 해석 / 임우형 259

신화 속 영웅들의 콘텐츠적 재귀 / 안효성 281

《제2의 르네상스》에 나타난 기계-인간론과 가상세계의 신화 비판 / 박치완 307

중국 설화의 콘텐츠화 전략 / 임대근 329

공연예술축제와 신화성 / 송희영 349

IV. 미주 _ 375

V. 참고문헌 _ 429

VI. 찾아보기 _ 455

I

신화와 상징

박희영 / 신화의 현재와 미래

장영란 / 노이만의 분석심리학의 상징과 신화

송태현 / 질베르 뒤랑과 신화방법론

윤성우 / 리쾨르의 상징론과 신화론

신화의 현재와 미래

박희영

1. 신화에 대한 연구의 어제와 오늘

본 논문은 신화가 어떠한 조건에서 발생하여 인류의 역사 속에서 전개되어 졌는지를 인간의 사유 방식의 발달 과정에 대한 추적을 통해 밝히고, 더 나아가 신화가 현대와 미래의 사회에서 수행할 역할과 기능은 무엇인지를 고찰함에 그 목적이 있다. 사유 방식의 관점에서 볼 때, 신화는 선사 시대부터 인류 문화의 발생기에 이르기까지 인간이 단순히 자연 속에서 생물학적으로 생존함의 차원을 넘어, 어떠한 삶의 방식을 채택해야 인간다운 인간이 될 수 있는지에 대하여 성찰하고 그러한 성찰에 기초하여 삶의 방향을 정립(Orientatio)해 주는 역할을 수행하여 왔다. 그러나 초기 문명 시대에 확립되었던 전통적 개념 체계와 가치 체계가 근본적으로 흔들리는 '축의 시대'에 이르러 특히 4대 문명권에서, 신화는 그 역할을 새로이 등장한 종교와 윤리 그리고 철학에게 넘겨주게 된다. 그 이후 신화는 신 중심의 문화가 펼쳐졌던 서구의 중세에는 단지 신앙의 보조 수단으로만 쓰이는 위치에까지 전락하게 되고, 급기야 과학적·합리주의적 사유가 팽배하게 된 근대 이후에는 '허구로서의 공상적 이야기'로 낙인 찍혀 그 존재 의의를 상실하기에까지 이른다.

그러한 문명사적 흐름 속에서 근대 이후 사람들의 관심 밖으로 사라졌던 신화는 19세기 초부터 서서히 그 가치가 다시 인식되기 시작한다. 그러한 인식이 가능했던 이유는 18세기까지 서구 제국주의 학자들에 의해 미개인들의 사유로 평가 절하 되었던 신화가 서구 외의 다른 문화권의 사유에 대한 비교 문화적 관점에서의 인류학 연구에 의해 그 객관적 가치를 인정받게 되었기 때문이다. 신화에 대한 학문적 탐구의 열기는 같은 시기에 때마침 서구에 불어 닥친 새로운 철학적 사조—좁은 의미의 합리주의를 넘어서 비합리주의도 통합하려는 철학—와 낭만주의 문학 운동에 의하여 더욱 고조되어진다. 물론 이러한 고조가 가능했던 이유는 신화를 통해서만 얻을 수 있는 '성스러움과의 합일'이라는 인간의 무의식적 본능 속에서 초기 문명부터 끊임없이 용솟음쳐 왔던 형이상학적 희열의 근원적 샘물과 연결되어 있기 때문이다.

이러한 인간의 형이상학적 본능을 염두에 두어야만, 우리는 20세기 초부터 왜 그렇게 다양한 분야의 학자들이 신화에 대한 연구를 시도하게 되었는지를 이해할 수 있다. 그 실례를 우리는 영국 캠브릿지 제례학파(프레이저, 헤리슨 등)의 그리스 종교와 신화에 대한 연구, 원시인의 생각을 지배하는 전-논리적 사유와 개념체계에 대한 인류학적 탐구(타일러, 레비브륄), 신화 및 종교적 사유 속에서 철학적 사유의 씨앗을 찾으려는 시도(콘포드, 스넬, 베르낭 등), 신화적 삶 속에서 종교적 또는 존재론적 초월의 삶의 원리를 발견하려는 노력(엘리아데, 캠벨 등), 신화 속에 나타나는 무의식적 원형을 통해 개인 및 집단의 심리적 문제를 해결할 수 있는 실마리를 찾으려는 정신 분석학적 관점에서의 연구(프로이트, 융, 노이만 등) 속에서 발견할 수 있다. 이러한 연구들은 다시 구조주의적 관점에서의 연구(레비스트로스, 뒤메질)와 신화적 상상력에 대한 인류학적 관점에서의 탐구(질베르 뒤랑), 그리고 기호학적 관점에서의 고찰(롤랑 바르트)등으로 확대 재생산된다. 신화가 이렇게 다양한 학문의 대상이 되고 있다는 사실 자체를 염두에 두면, 우리는 신화가 왜 오늘날에도 여전히 문학이나 예술 작품 및 영화의 창조적 근원이 될 뿐만 아니라, 개인의 가치 있는 삶의 방식에 대한 탐구의 안내자 역할을 하게 되는지를 이해할 수 있다.

그러나 과연 오늘날의 우리가 이해하고 있는 신화는 처음 발생되었을 당시의 신화와 같은 것일까? 물론 신화의 의미는 역사 속에서 많은 변천을 겪었지만, 그 변천의 흐름 속에서도 변하지 않는 본질적 요소를 여전히 간직하고 있다. 그렇다면 최초의 신화와 현재의 신화 사이에 연속성을 띠고 있는 그 본질적인 것은 무엇이고 그 연속성 속에서 변전된 것은 무엇이며, 그러한 변전은 미래 사회에서는 또 어떠한 모습을 띠게 될까? 사실 초기 문명 시대의 신화는 성(sacrum)과 속(profanum)이 미분된 신념 체계 속에서 행해진 종교 의례를 치르는 중에 실제로 읽혀지면서 발생한 것이기 때문에, 구성원들의 단합을 통한 공동체의 질서 유지라는 강력한 정치적·사회적 기능을 수행하였었다. 그러나 그러한 기능은 성과 속이 구분되기 시작하는 축의 시대에 이르러 점점 더 약화됨을 거쳐, 개인 중심의 현대 문명사회에서는—일부 원시적 사회를 예외로 하고—거의 폐기되어진다. 그럼에도 불구하고, 신화 자체에 대한 관심은 오늘날 어떤 면에서는 오히려 과거보다 더 커지고 있다. 물론 그러한 현상이 일어나는 일차적인 이유는 신화적 사유가 합리적·과학적 사유에 결여되기 쉬운 창조적 사유 내지 상상력을 보완해주는 역할을 수행하기 때문이다. 그러나 보다 더 근본적인 이유는 신화가 미래 사회에서 떠맡을 역할이 지금까지와는 다른 면에서 매우 중요하게 될 것으로 예측되기 때문이다.

본 논문은 신화가 어떠한 의미에서 미래 사회에 더욱 더 각광을 받게 될 것인지에 대한 설명의 근거를 인간의 사유 능력 자체가 지닌 특성 속에서 찾을 수 있다는 가설을 세우고, 그 가설을 시스템 신경 생리학(뇌 과학) 관점의 입장에서 증명해 볼 것이다. 우리가 이러한 증명을 시도하려는 것은 신화에 관한 기존의 인문학적 탐구들에 붙을 수밖에 없는 '비합리적 사유와 이야기'라는 꼬리표가 비-인문학적인 자연과학의 연구들에 의해 떼어내질 수 있다고 판단되기 때문이다. 이러한 간(間)-학제 간의 융합적 연구들을 종합적으로 고찰해야만, 우리는 비로소 신화적 사유가 왜 단순히 합리적 사유에 대립되는 것이 아니라 오히려 그러한 대립을 조화롭게 합일시키게 되고, 더 나아가 21세기에 들어 심각하게 제기되고 있고 미래 사회에서는 더 심각하게 부각될 인간과 인간 사이의 소통 부재와 사회적 지능의 퇴화 문제들을 해결함에 있어 주도적 역할을 수행하게 될지를 예측할 수 있게 될 것이다.

2. 신화란 무엇인가?

2.1. 정의

그리스어 어원상 일차적으로 '그럴듯한 이야기(Mythos)'를 지칭하는 신화는 문명이 발달함에 따라 이차적으로 '신에 관한 이야기'를 지칭하는 것으로 그 의미가 확장되어진다. 그러나 이러한 확장된 의미를 받아들임은 우리가 '신'이라는 개념 자체가 민족과 시대에 따라 얼마나 다양하게 받아들여지고 있는지 그 내포의 깊이와 폭을 인식하는 첫 번째 조건 하에서만 가능하게 된다. 예를 들어, 그리스인들이 생각하는 다신교 체계 속의 신 개념과 유대인 또는 아랍인들이 믿는 유일신 체계 속의 신 개념, 원시인들과 근대인 그리고 현대인들이 생각하는 신 개념 더 나아가 동양인과 서양인이 생각하는 신 개념 사이에는 우리가 상식적으로 생각하는 것보다 훨씬 더 큰 차이점이 존재한다. 게다가 같은 문명권에서도 신 개념은 역사의 흐름 속에서 그 의미가 전혀 다르게 된다. 그 대표적 예인 그리스 문화권의 경우, 종교 의례 속에서 신인합일이라는 신비한 체험의 대상이 되는 초기 문명 시대의 다이몬 내지 신은 축의 시대에 접어들면 자연의 질서를 주재하는 법칙으로서의 철학적 신으로 추상화 된다. 이렇게 신이라는 용어가 내포하고 있는 다양한 색깔의 의미-스펙트럼 속에서 펼쳐지는 편차를 고려할 때에만, 우리는 비로소 인간 세계 속에서 살아 숨 쉬는 존재로서의 신뿐만 아니라, 초월적 존재로서의 신들에 대해서도 인간의 상상력이 왜 그렇게 풍부한 이야기들을 만들어내게 되는지를 이해할 수 있게 된다.

이러한 정의를 받아들이기 위한 두 번째 전제 조건은 신화가 단순히 자연 속의 신성한 힘(마나, 와콘다 등)·정령·요정·귀신·도깨비 같은 초자연적 존재자들에 대한 이야기가 아니라, 가치론적 관점에서 인간의 사유와 행위의 모범적 원형이 되는 완전한 존재에 대한 투사로서의 신에 관한 이야기라는 점을 인식하는 것이다. 우리가 인류학에서 즐겨 다루는 동화나 민속 설화들—비록 초자연적 존재자들에 대하여 이야기하고 있어도—을 모두 신화로 규정하지는 않는 것도 바로 그러한 이유에서다. 사실 인간 지능이 지닌 '이야기를 만들어내는 능력(Mythopoiesis)'의 보편적 원초성에만 초점을 맞춘다면, 우리는 모든 종류의 이야기를 신화로 받아들여야 할 것이다. 그러나 우리는 신화로서의 이야기가 지녀야만 할 내용물의 가치성에 초점을 맞추는 두 번째 전제 조건 때문에 그렇게 하지 않는다. 물론 이러한 두개의 조건을 모두 충족시키는 신화들은 역사적으로 많은 문화권에서 공통적으로 나타나고 있다. 그럼에도 불구하고, 본 논문은 그리스 신화들에 대해서 주로 다룰 것이다. 그 이유는 특히 두 번째 조건을 가장 잘 충족시키고 있는 그리스 신화들이 현재와 미래 사회에서 필요로 하는 신화의 역할이 무엇인지에 대한 전형적 답을 제시해 줄 것이기 때문이다.

2.2. 신화 발생의 외적 조건 : 사회적 기원

우리는 일반적으로 인간이 같은 자연 환경 속에서 살아가는 여타 동물들과 구별되는 존재로 진화하게 된 원인으로서 생물학적 관점에서 직립보행·도구 사용·뇌 용량의 증가에 따른 지능 발달 등을 열거한다. 그러나 인간은 이러한 생물학적 능력 외에도 무리를 지어 서로 협력하는 사회적 존재로서의 능력을 특히 더 계발시켰기 때문에 만물의 영장이 될 수 있었다. 네안데르탈인들이 아직 언어를 발달시키지 못했음에도 불구하고, 빙하기에 생존할 수 있었던 것은 그들이 각 개인 혼자서가 아니라 무리를 지어 서로 협력하여 문제를 해결하였기 때문이다. 이러한 서로 협력하여 일하는 방식의 생활화는 나 개인의 이익이란 것도 결국 집단의 이익을 우선시할 때 더 잘 보장된다는 체험에서 나온 것이고, 그러한 체험은 인간의 사회적 지능을 발달시키게 된다. 사회적 지능은 시스템 신경 생리학의 용어를 빌리자면 소위 거울 뉴런(Mirror neuron)을 작동시킬 수 있는 능력인 바, 이 능력은 남에게 비친 나의 행동을 대자적으로 바라볼 수 있게 만들어 준다. 그러한 객관적 바라봄의 능력은 문명 사회에 접어든 인간으로 하여금 집단의 모든 문제들을 사회적 차원에서 사유하고 해결하도록 만들어 주었다. 인류 문명의 모든 사회적 제도는 바로 이러한 사유 구조 속에서 발생하게 된다.

이러한 사실을 염두에 두면, 우리는 인류 문화사에서 신화로 규정될 수 있는 이야기가 왜 최초로 종교 의례라는 사회적 제도 속에서 등장하였는지를 이해할 수 있게 된다. 이러한 사실 속에서 우리는 신화를 발생시킨 외적 조건이 사회적 필요성임을 발견하게 된다. 이 사회적 필요성이라는 유적 차원의 보편적 원리는 문명 발달의 단계에 따라 종적 차원의 특수한 상황에 맞추어 개별적으로 적용되어, 다양한 문화 현상을 낳게 된다. 그렇다면 인류의 역사 속에서 신화를 발달시킨 외적 조건들은 어떠한 것이었을까? 우선 신화는 선사시대의 사냥 의례·장례 의례라는 외적 조건 속에서는 나타나지 않는다. 그것은 그 당시에는 문자가 아직 발명되지 않았기 때문이다. 그럼에도 불구하고, 신화의 싹은 바로 그러한 의례 속에서 잉태되어 자라나고 있었기 때문에, 그 다음 단계의 문명 속에서 꽃을 피우게 된다.

문자로 써지고 읽혀진다는 의미에서의 최초의 신화는 영국 의례학파가 밝혔듯이, 의례(Ritual) 속에서 실제로 읽혀졌던 신화(True Myth)이다. 물론 의례 자체는 인간이 언어를 사용하기 훨씬 이전의 단계부터 존재해 왔다. 사실 우리는 자연의 신성한 힘(Mana)을 가장 잘 느낄 수 있는 동굴이라는 특정의 장소에서 치러졌던 선사 시대의 마술적 의례 속에서 신화의 싹이 어떻게 잉태되고 있는지를 생생하게 목도할 수 있다. 그 단적인 예로서 라스꼬 동굴의 벽화를 살펴보도록 하자. 들소를 죽여 그 동물이 지닌 힘을 통해 저편 세계의 힘을 가져오려는 욕망을 실현하려는 새의 탈을 쓴 마법사(Bird Shaman)의 의례적 행위—사회적 필요성에 그 기원을 둔—속에서, 우리는 인간이 원하는 것을 현실 속에서 실현시키고자 하는 마술적 소망이 얼마나 절실한 것이었는지를 어렴풋이 느낄 수 있다. 따라서 우리는 그러한 소망이 절실하면 절실할수록, 인간이 아직 분절된 문장 형태는 아니지만 그 소망을 이루기 위한 중얼거림 형식의 주문(cantare)을 얼마나 열심히 외웠을 지를 예측할 수 있다. 물론 그러한 주문을 외우는 마법사의 사유는 프레이저가 말하는 '유사성의 원리(Principle of Similarity)'와 '접촉 내지 감염의 원리(Principle of Contact, Contagion)'를 믿는 상상의 논리 또는 하위징아가 말하는 유희의 논리를 따르고 있다.[1)]

마술적 의례 속에서 잉태된 신화의 싹이 돋아나 최초로 잎의 형태로 구체화된 것이 신석기의 농경 신화이다.[2)] 신화 발생의 외적 조건으로서의 농경 문화는 신화를 무수히 생산해 내는 곡창 지대라 할 수 있다. 사실 인류는 문명 발생의 신석기에 접어들면, 인위적으로 세운 신성한 장소로서의 '성전(Templum)'에서 원시 종교적 의례를 치르게 된다. 이러한 새로운 차원의 의례 속에서 인류는 몸짓과 초기 언어적 형태인 전일적(Holistic) 중얼거림으로만 나타내던 구석기의 네안데르탈인 또는 크로마뇽인들의 마법적 소원을 언어라는 도구를 통해 표현하게 된다. 모든 감정 및 생각을 분절된 언어 형태를 통해 표현하는 '말하는 인간(Homo loquens)'의 출현은 지능의 발달은 물론이고 신화의 역사적 전개 과정에서 획기적인 전환을 이룩하게 된다. 그러한 전환의 문턱을 넘게 되면서 인간의 지능은 '원하는 것을 단순히 언어로 표출하는 것만으로 만족하는' 단계를 넘어, 자연 현상이 왜 일어나는지 그 원인에 대해 설명할 수 있는 이야기를 창출해내는 단계에까지 도약을 하게 된다. 이러한 종류의 이야기는 자연 및 세계의 모든 현상에 대한 주관적 인상이 아니라 객관적 관찰에 근거하여 참이라고 여겨지는 것에 대한 인식에 근거하여 지어진 것이기 때문에, 인간으로 하여금 새로운 차원의 자연관과 세계관 속으로 들어갈 수 있게 만들어 준다.

새로운 차원의 자연관과 세계관을 함축하고 있는 최초의 의례 신화는 수메르의 인안나-둠무지의 신화이다. 곡물 장령(Corn Spirit)이 겪는 체험을 자연력 변화의 과정 속에서 설명하는 이러한 신화와 그 신화적 내용을 인간이 직접 겪어 보도록 만드는 종교적 의례 속에서 인류는 엘리아데가 말하는 '창조적 행위를 모방하는 저 위대한 시간 속(In illo tempore)에서' 신성함의 세계를 체험할 수 있게 된다.[3] 그러한 경험은 레비-브륄에 의해 초월적 힘과의 '신비스러운 함께함(la participation mystique)'이라 표현될 만큼 강렬한 체험이다.[4] 따라서 인간은 그 체험이 아무리 일회적으로 끝나는 것일지라도, 그것에서 느끼는 '초일상적 탈아 상태의 감정(Ekstasis)'을 결코 망각할 수가 없다. 일상생활 속에서는 얻기 어려운 이러한 특별한 감정에 대한 기억의 지속 가능성을 염두에 두어야만, 우리는 왜 그리스인들이 특히 더 그러한 비일상적 시공 속에서 얻은 깨달음을 일상의 시공으로 되돌아 왔을 때에도 계속하여 그것의 의미에 대해 반추하고 명상하게 되었는지를 이해할 수 있다.

시공의 제약을 벗어나서 언제 어디에서라도 실행할 수 있는 이러한 개인적 차원의 명상 작용은 이제 종교적 의례의 한 과정 속에서 일회적으로 암송되던 마술적 주문과 같은 이야기를 철학적 사유의 차원에서 그 의미를 다양한 관점에서 자유롭게 탐구하는 문학적 서술로서의 이야기로 변환시키게 된다. 바로 이러한 변환 덕분에, 종교적 의례라는 특수한 시공 속에서 일회적 체험만을 제공하던 의례 신화는 인간의 창조적 상상력 속에서 문학적·철학적 의미를 지닌 이야기로 다양하게 확대 재생산되어진다. 이러한 점을 염두에 두어야만, 우리는 왜 농경 신화의 원본으로서의 수메르의 인안나-둠무지 신화가 그리스의 데메테르와 페르세포네의 신화와 이집트의 이시스-오시리스 신화 그리고 여타 지역의 신화들 속에서 그 의미가 다양하게 심화되고 증폭되었는지를 이해할 수 있다.

하나의 이야기로부터 다양하게 심화되고 증폭된 이야기가 재생산 될 수 있다는 사실 자체는 인간이 지닌 '이야기 만들어냄'의 본능이 사유의 상상적 공간 속에서 이야기를 자유롭게 재구성하고, 삶의 수많은 체험들을 여러 관점에서 다양하게 바라보는 안목을 최대한 활용하고 있음을 증명해 준다. 바로 그러한 안목 덕분에, 그리스인은 종교적 관점에서 의례 신화(Ritual Myth)라 할 수 있는 데메테르-페르세포네의 신화를 철학적 관점에서는 자연 현상의 원인을 설명해주는 '원인 설명적 신화(Aitiological Myth)'라 규정할 수 있게 된다. 이러한 철학적 관점에 도달하면, 인간 지능의 시선은 단순하게 특수한 시공 안에서 일어나는 사건으로서의 종교적 의례에 대해서가 아니라, 자연적 우주와 인간 세계의 기원, 구조와 운행 그리고 더 나아가 사회 제도의 기원들에 대해서 그 초점의 범위를 확장시키게 된다. 그 후에 발달하게 된 모든 신화들—영웅 신화나 창조 신화—은 바로 이러한 시선의 확장 속에 그 기원을 두고 있다. 그렇다면 각 시대와 문화권의 외적인 사회적 필요성에 따라 발생하고 전개되었던 이 모든 다양한 여러 종류의 신화들은 인간 지능이 지닌 어떠한 내적 능력과 작용을 통해 가능하게 되었을까?

2.3. 신화 창조의 내적 조건: 인식론적 기원

대부분의 학자들은 지금까지 일반적으로 인간이 '신화를 만들어 냄'의 인식론적 기원을 단순하게 인간의 본능적 능력 속에서 찾아왔다. 우리는 그 단적인 예를 아리스토텔레스의 '이야기 제작'의 능력 또는 베르그손의 '작화적 기능(la fonction fabulatrice)'의 능력 속에서 대표적으로 찾아볼 수 있다. 그러나 이 두 개념은 인간의 이야기 제작 능력에 대한 가장 기본적 차원에서의 설명을 제공할 뿐, 그 능력이 어떻게 더 높은 단계에로 상승하며 다양하게 확장되는지에 대한 학문적 설명을 해주지는 못한다. 우리는 그러한 능력이 확장될 수 있는지 그 가능성의 근거에 대한 인식론적 차원에서의 설명을 최근에 발달한 시스템 신경 생리학의 이론 속에서 찾아볼 수 있다.

이 학문의 이론에 따르면, "우리의 사유는 어떤 특정한 기능을 수행하는 유일한 장소로서의 뉴런 부분들 각자가 독립적으로 작용하여 만들어 낸 결과들을 단순히 종합하여 이루어지는 것이 아니다. 그것은 각각의 뉴런들이 서로 연결된 하나의 뉴런 집단 또는 신경 앙상블(Neural ensemble), '세포 집합체(Cell Assembly)'

속에서 서로의 기능을 동시에 주고받음으로써 이루어진다. 사실 뉴런은 축삭돌기라는 구조물을 이용하여 다른 뉴런에게 정보를 보낸다. 이 축삭돌기는 다른 뉴런의 신경 세포체나, 수상돌기(세포체에서 원형질이 나뭇가지처럼 뻗어 나온 구조)에서 만나서 뉴런 사이의 불연속적 접촉인 시냅스(Synapse)를 이룬다."[5] 따라서 새로운 사유의 모델 창조는 1,000억 개의 뉴런들이 각자 행하는 기능 속에서가 아니라, 이 뉴런들을 결합해주는 1,000조개의 축삭돌기들이 행하는 기능 속에서 이루어진다. 그것은 "인간의 뇌세포가 독자적인 전문화에만 의지하기 보다는 일을 할 때마다 여러 영역에 분산되어 있는 수많은 다중 작업 뉴런 집단을 동원해 일을 처리하기 때문이다."[6] 이는 마치 우리가 어떤 과제를 수행하기 위하여 필요할 때마다 새로운 '특별 임무 수행집단(Task Force Team)'을 구성하는 것과 같다.

인간의 지능은 이러한 시냅스를 통해 일차적으로 외부에서 들어오는 자극에 반응한다. 일반적으로 영장류로서의 인간은 외부에서 들어오는 '일상적 자극 신호(Normal Stimulus Sign)'에 반응함을 통해, 최대한 영양을 섭취하고 위험을 회피할 수 있게 된다. 이러한 반응은 여러 자극들 중(inter)에서 '나의 안전과 영양'에 유리한 것을 선택하는(lego) 동물적 지능(intellectio)의 본능적 행동이라 할 수 있다. 그러나 일상생활 속에서 겪게 되는 감정이 무엇인지 그 의미에 대하여 생각하고 그 생각을 언어로 표현하는 차원에서 나타나는 '이야기 제작의 기능'은 바로 이러한 동물적 차원의 지능을 넘어설 때에만 가능하게 된다. 그렇다면 인간의 지능은 어떠한 과정을 거쳐 단순히 일상생활에서 느끼는 감정을 표현하는 초보적 이야기 제작의 단계로부터 자연과 세계의 의미를 설명하고 표현하는 철학적 신화 제작의 고차적 단계에로 진보하게 되었을까?

인간이 이러한 철학적 차원의 이야기를 창작해내는 단계까지 진보를 하게 된 것은 '초일상적 자극 신호(Supernormal Stimulus Sign)'에 반응하는 것을 선호하는 성향을 지닌 예외적 존재자들이 그러한 반응으로부터 축적된 경험을 의미 있는 이야기로 전환시키는 특별 임무를 훌륭하게 수행하였기 때문이라 할 수 있다. 철학적 관점에서 전통적으로 이상주의자라는 명칭으로 불리어 온 이러한 예외

자들은 생물학적 관점에서 보자면, 캠벨이 예로 들었던 수컷 뱀눈나비(Eumenis Semele)에 비유될 수 있다. 일반적으로 수컷 뱀눈나비들은 밝은 색 나비보다 검은 색 나비의 암컷을 선호하는 경향이 있다. 그래서 만일 자연 속에서 발견되는 가장 검은 암나비보다 훨씬 더 검은 색의 모형 나비를 만들어 보여주면, 이 수컷은 자연 속의 모든 검은 나비는 제쳐놓고 그 모형나비만을 좇아가게 된다.[7] 자연계 속에 실제로 존재하는 검은 나비로부터 촉발되는 일상적 자극보다, 실재하지 않는 보다 더 검은 나비로부터 촉발되는 초일상적 자극을 더 선호하는 이러한 경향은 철학적으로 표현하자면 '자연 속 존재자들에 대해서는 결코 만족하지 못하는 성향'이라 할 수 있다. 신화를 창작해 내는 사람들은 바로 이러한 성향을 진화시켜 온 존재들이기 때문에, '현실에 만족하지 않고 끊임없이 이상을 추구하는 태도'를 아무런 거리낌 없이 취하게 된다. 현실 부적응에서 야기되는 모든 물질적 불리함 내지 불편함에도 불구하고, 그들이 그러한 태도를 유지할 수 있는 것은 그들이 이상 추구에서 오는 정신적 즐거움을 가장 값진 것으로 여기기 때문이다.

초일상적 자극에 반응하기를 선호하는 성향을 유전자로 진화시켜 온 이상주의자들은 인간 사회 속에서 자신의 이상을 실현시키기 위하여, 각자의 능력과 취향에 따라 서로 다른 방법—정치적 혁명, 예술적 창작, 종교적 헌신과 사랑, 새로운 사상의 창출—을 선택하게 된다. 그 중에서도 신화를 만들어내는 사람은 그러한 이상을 실현하기 위한 방법으로서 이야기를 창작하는 길을 선택한 것이다. 물론 신화 제작자는 이야기 구성의 기술을 이용하는 방법론적 측면에서는 일반적인 문학가와 같지만, 그러한 이야기가 다루는 주제의 차원에서는 그들과 본질적으로 다르다. 사실 이성적으로 설명할 수 없는 것을 생각하고 경험할 수 있는 능력 곧 상상력의 산물인 신화는 이 세상과 더불어 존재하는 다른 어떤 세상에 대하여 이야기하고자 한다. 이때 신화 제작자의 뇌는 초일상적 자극에 반응하는 특별 임무 팀을 가동하여, 일상적 자극에 반응하는 일반인의 눈에 보이지 않는 다른 차원의 실재의 세계—과거에는 신들의 세계라 불렸던—속으로 탐구의 여행을 떠나고 그 여행에서 체험하고 깨달은 진리를 이야기의 주제로 다루게 된다.

다른 차원의 저쪽 세계로 떠나는 모험의 여행은 우리로 하여금 이쪽 현실 세계의 경험을 초월케 한다. 이러한 초월적 경험을 시도하려는 모험가는, 카렌 암스트롱이 이야기하였듯이, 모두 언젠가 어떤 방식으로든 한 번도 가보지 못한 곳에 가 보거나 한 번도 해보지 못한 일을 해 보고자 한다. 이러한 초월적 경험에서 나온 신화는 우리로 하여금 미지의 것 아직 이름조차 없는 것에 관여하고, 그러한 행위 속에서 가치로운 삶과 행위의 원형(Archetypus)을 발견할 수 있도록 해준다. 이러한 관점에서 보면, 신화가 우리에게 중요한 것은 우리가 단순히 신화를 문학적 작품으로서 읽고 그 의미를 이해함에 있는 것이 아니라, 신화적 경험을 통하여 어떠한 세계가 되었든 그 새로운 미지의 세계에서 자신이 가장 본질적이라 생각하는 삶의 방식(Modus Vivendi)이 무엇인지를 찾아내고 그러한 삶을 실천할 수 있는 정신적·심리적 태도를 체득하는 데 있다.[8] 물론 이러한 태도는 자신의 모든 것을 맞바꿀 수 있는 정신적 힘을 지닐 때에만 비로소 얻어질 수 있다. 신화적 경험으로부터 바로 그러한 힘을 지니게 되었기 때문에, 역사적으로 종교가들은 신앙을 위해, 혁명가들은 자신의 이념을 위하여 그리고 사상가들은 진리를 위해 목숨을 바칠 수 있었던 것이다.

3. 기존 신화에 대한 새로운 고찰

3.1. 의례 신화

앞 장에서 우리는 신화 창작의 내적 근거를 시스템 신경 생리학의 입장에서 '초일상적 자극에 반응하기를 좋아하는 성향'을 지닌 사람들이 그 어떤 것을 위해 자신의 목숨을 바칠 정도로 전존재를 투여함에서 얻는 희열의 초월적 경험을 이야기로 표현하는 작업 속에서 찾을 수 있었다. 그 결과 우리는 인류의 조상들이 각 시대마다 어떠한 종류의 초월적 경험을 이러한 신화들 속에 각인시켜 왔는지를 다양한 관점에서 새롭게 바라보고 이해할 수 있게 되었다. 물론 우리는 그러한 신화 속에 각인된 것들의 참된 의미를 이해하려면, 'A는 반드시 A이다'라는 무모순적 동일률이 아니라, 'A는 A 뿐만 아니라, B나 C도 될 수 있다'는 '상상의 논리' 또는 하위징아가 말하는 '유희의 논리'를 따라 사유하는 태도를 지녀야만 한다.[9] 그러한 사유 방식을 따를 때에만 비로소 우리는 예를 들어 라스꼬 동굴 안 깊은 곳에 새겨져 있는 '새의 탈을 쓴 샤만'의 의례적 몸짓을 보면서 그가 겪었을 신화적 경험을 시공을 초월하여 공감할 수 있게 된다.

그 샤만은 신성한 '이 곳에서 지금(Hic et Nunc),' 한 마리의 새가 되어 저편 세계로의 위험한 여행을 하고 있는 중이다. '창이 들소의 항문을 꿰뚫고 창자를 밖으로 밀어내고 있는 장면'은 들소를 통한 자연계의 마나를 얻어냄을, 발기된 남근(Phallus Erectus)은 그가 그 마나를 계속 받아들이고 있음을, 여섯 개의 들소 똥은 달의 기울고 차는 여섯 국면들 속에서 전개되는 자연 법칙을, 왕홀(Skeptron)의 손잡이 부분이 새의 형태를 띤 것은 그의 혼을 저편 세계에서 이편 세계로 무사히 돌아올 수 있도록 인도함을 상징하고 있다.[10] 물론 우리는 이 벽화가 묘사하고 있는 의례 속에서 실제로 신화가 읽혀졌으리라고 생각하지는 않는다. 그럼에도 불구하고, 우리는 이러한 의례 속에서 외워졌던 마법적 주문이 훗날 신화적 이야기를 구성하는 원초적 질료가 되었으리라 추론할 수 있다.

그러한 추론에 입각하여, 우리는 아직 신화의 형태로 표현되지 못했지만 그러한 종류의 신화를 지어낼 수 있는 생각의 거푸집을 만들어 낼 수 있게 만든 경험의 재료를 구석기인들의 사냥 의례와 그들이 죽음에 대하여 품었을 마술적 사유의 구조 속에서 발견할 수 있게 된다. 사실 사냥하는 인간은 '살생하는 존재(Homo Necans)'이다. 생명체로서의 인간은 생존에 필요한 단백질을 얻기 위해, 자기 외의 다른 생명체인 동물을 살생할 수밖에 없다. 그런데 맘모스나 들소 같은 거대한 동물에 대한 사냥은 목숨을 내걸 정도의 용기를 지닌 자만이 시도할 수 있는 행위이다. 그러한 용기는 자신의 목숨을 잃을지도 모르는 미지의 세계에로 여행하려는 사람처럼, 초일상적 자극에 반응함 속에서 자신의 충만한 존재감을 찾도록 만드는 신화적 경험을 선택하는 자에게만 주어진다. 그러나 사냥꾼은 사냥의 그러한 신화적 경험 속에서 자신만이 느낄 희열감의 이면 즉 자기 내면의 깊숙한 어두운 곳에서 다른 생명체에 대한 살생에서 밀려오는 일종의 거북스러운 감정 내지 죄의식도 지니게 된다.

라스꼬 동굴의 '새의 탈을 쓴 샤만'
출처: https://en.m.wikipedia.org/wiki/Lascaux

바로 이러한 불안과 죄의식에서 벗어나고자 하는 마음에서 구석기인들은 희생물인 사냥감의 혼을 달래주는 의례를 제도화하고, '모든 생명은 이 세상에서 끝나는 것이 아니라 저편의 세계에서 다시 살아난다.'는 믿음을 당연한 것으로 간주하기 시작한다. 물론 이러한 믿음은 우리가 '죽음은 죽음(A=A)'이라는 동일률이 아니라, '이 세계에서의 죽음은 마치(as if) 저 세계에서의 새로운 탄생일 수도 있다(A=B)'고 상상할 때에만 가능한 것이다. 이러한 상상의 논리에 따라 사유함을 습관화시킨 사람은 더 나아가 이 세상에서 '눈에 보이는 것'이 아니라, '눈에 보이지 않는 것'을 실재로서 받아들이는 특별한 사유의 안목을 발달시키게 된다. 바로 그러한 안목에서만 얻어질 수 있는 초일상적 경험을 각인하고 있는 신화를 통해, 인간은 삶과 죽음의 냉혹한 현실에 직접적으로 맞닥트릴 수 있는 힘을 얻을 수 있게 된다. 암스트롱이 이야기하고 있듯이, "인간은 비극적 환상을 갖고 있었다. 사람들은 하늘로 올라가길 갈망했지만, 그러기 위해서는 언젠가는 죽을 운명임을 인정해야 한다는 것을, 편안한 세계를 뒤로 하고 깊은 곳으로 내려가 옛날의 자신을 버려야 한다는 것을 깨달았다. 신화와 이에 수반되는 의례는 구석기인들로 하여금 삶의 한 단계로부터 다음 단계로 넘어가게 해주었다. 그래서 마침내 죽음이 왔을 때, 사람들은 그것을 또 다른 완전히 낯선 존재방식으로 넘어가는 마지막 입문식이라고 생각할 수 있었다."[11] 그렇다면 구석기 시대 인류가 획득한 이러한 지혜의 씨앗은 그 후의 시대에서 전개된 이질적 토양 속에서 어떻게 다양한 새로운 열매를 맺게 되는가?

신석기에 비약적으로 발달하게 된 농경 기술은 인류의 계산적 이성이 이룩한 산물이다. 그럼에도 불구하고 신석기인들은 구석기에 획득하였던 지혜를 마음 속 깊이 간직하고 있었기 때문에, 현대인과 달리 농업을 단순한 노동이 아니라 '하나의 성스러운 작업(Ergon)'으로 간주하였다. 그러한 사유 방식 덕분에, 그들은 농업을 통해 위대한 정신적 깨달음을 얻을 수 있었고, 더 나아가 인간과 자연의 세계를 전혀 새로운 관점에서 보게 되었다. 농부는 농업을 신성한 일로 여겼기 때문에, 밭을 갈거나 추수를 할 때는 정화의식을 치렀다. "씨앗이 땅 속 깊이 내려가는 것을 본 농부들은 그 씨앗이 어둠 속에서 갈라져 기적적으로 전혀 다른 형태의 생명을 낳는다는 것을 깨닫고, 보이지 않는 힘이 작용하고 있음을 감지했다. 농작물은 신이 내 옆에 직접 나타나는 것(Epiphany) 즉 신성한 힘의 현현이었다."[12] 농부가 밭을 갈아 농작물을 얻게 되었을 때, 그는 자신이 신성한 영역에 들어섰으며(헤시오도스가 극명하게 보여주고 있듯이) 마치 하나의 작은 신(le petit Dieu)처럼 창조적 행위에 동참하고 있음을 느낄 수 있었다. 이러한 생각과 느낌은 신석기인들로 하여금 대지의 힘이 고갈되는 사태를 방지하고, 항상 풍년이 들도록 만들기 위한 의례를 자연의 절기에 따라 치르도록 만들었다.

우리는 이러한 개념 체계가 가장 잘 나타나고 있는 의례의 전형을 그리스의 엘레우시스 비밀의식 속에서 발견할 수 있다. 사실 곡물 정령(Corn Spirit)의 죽음과 부활을 기리는 이 비밀 의례에 참여하는 입문자(Mystes)들은 개별자로서의 생명력(Bios)은 유한하지만 종적 생명력(Zoe)은 영속된다는 진리를 의례 속에서 세 단계를 거쳐 깨닫게 된다. 즉 입문자들은 '곡물 정령의 일생을 사제가 신화를 통해 말해주는 단계(Legomena),' '입문자가 곡물 정령의 죽음과 부활을 모방하는 행위를 몸소 실행함으로써 그 정령의 부활을 마술적으로 부추겨주는 단계(Dromena)', '그러한 행위의 결과 곡물이 부활하게 되었음을 사제가 손에 든 씨앗을 통해 보여주는 단계(Deiknymena)'를 거쳐, 최후에 그러한 진리를 '직관하는 단

계(Epopteia)'에 도달하게 된다.[13)]

인류가 이러한 원시 종교적 의례를 제도화시킴의 근저에는 자연의 신성한 힘을 인간에게 가져오려는 소망이 마술적 의례에서와 같이 인간에게 필요한 것만을 얻으려는 이기심만으로는 이루어질 수 없다는 사실에 대한 자각이 깔려 있다. 이러한 자각은 이제 우주의 삼라만상 전체에 스며들어 작용하는 신성한 힘을 전일적 힘으로서가 아니라, 각각의 존재자들에게 부분적으로 특수하게 작용하는 힘으로서 바라볼 수 있도록 만들어 주었다. 자연의 힘을 유적 차원이 아니라 종적 차원에서 규정하는 이러한 새로운 안목 덕분에, 그리스인들은 각각의 신(Theos)에 고유한 기능을 할당하고, 그 할당된 기능에 적합한 고유 명사를 부여함을 통해 올림포스 만신전 체계를 확립할 수 있었다.[14)] 신인동형주의의 뿌리로부터 자라난 이러한 신에 대한 명명은 신을 인간과 더욱 가까운 존재로 느끼게 해줌을 통해, '인간은 신의 일에 동참해야만 한다.'는 그들의 종교적 신념을 더욱 강화시켜 일상생활 속에서 행동으로 실천할 수 있도록 해 주었다.

바로 이러한 신념 속에서, 그리스인들은 신에게 자신이 원하는 것을 얻기 위해서는 이기적으로 혜택만 받으려고 해서는 안 되고, 나도 그 무엇인가를 신에게 바쳐야 한다는 생각을 발전시키게 된다. 신에게 받쳐야 할 그 무엇은 자기 자신의 목숨일 수도 있고, 대체물일 수도 있으며, 농작물일 수도 있다. 그리스인들은 신에게 이러한 제물을 두 종류의 마술적 원리에 입각하여 바쳤다. 즉 그들은 한편으로 '다이몬이 나쁜 것을 갖고 떠나기를 원하는 마음에서 다이몬에게 제물을 바쳤고(do ut abeas)', 다른 한편으로는 '신이 좋은 것을 인간에게 갖다 줄 것을 기대하는 마음에서 신에게 제물을 바쳤다.(do ut des)' 전자는 질병이나 기근, 악 등을 쫓아내는 '축마적 의례(Apotropaic rituals, Rituals of Riddance)'를, 후자는 풍년이나 건강 그리고 선 일반을 가져오도록 '신을 보살피는 의례(Therapeia)'를 낳게 된다. 이러한 두 종류의 의례를 염두에 두어야만, 우리는 그리스에서 왜 올림포스 만신전 체계가 확립된 후에도 여전히 지하세계의 신들의 위한 의례(Katachtonian Rituals)와 천상의 신들 즉 올림포스 신들을 위한 의례(Ouranian, Olympian Rituals)

가 공존하였었는지를 이해할 수 있다.[15)]

그러한 이중적 원리에 입각해 있는 그리스의 종교 의례들은 그 목적과 기능에 따라 다시 두 종류로 대별된다. 그 하나는 자연 현상과 관련하여 주로 농산물의 다산성을 기원하기 위한 의례들이고, 다른 하나는 인간의 사회적 삶과 관련하여 주로 집단의 질서와 안녕을 기원하기 위한 의례들이다. 전자의 예로서 우리는 가뭄이 들었을 때 비가 내리기를 기원하는 의례(천둥제, Bull-roarer), 기근을 축출하기 위한 의례(Boulimos), 풍년을 기원하는 의례(Dionysia, Thargelia, Thesmophoria) 등을, 후자의 예로서 새로운 도시국가(Nea Polis)를 건립할 때 모든 사람이 함께 융합하여 잘 살 수 있기를 기원하는 의례(Synoichia, Metoichia), 미성년이 자신이 속한 씨족 사회(Phratria)의 훌륭한 구성원으로서 받아들여지기를 기원하는 의례(Apathouria), 도시국가에 퍼진 악이나 불행을 정화시키기 위한 의례(Pharmakia), 신생아를 가족의 일원으로 받아들이는 의례(Amphidromia) 등을 들 수 있다.[16)]

이러한 두 종류의 종교적 의례는 그리스 문화권에서 고유한 정치적·사회적 함의를 지니게 된다. 사실 자연 현상과 관련하여 곡물 정령의 죽음과 재탄생을 기리는 종교적 의례는 한해의 수확을 감사하고 다음 해의 풍년을 기원한다는 점에서는 모든 문화권에 공통적이다. 그러나 신의 일에 동참하는 것을 일종의 의무로 생각하였던 그리스인들은 곡물 정령의 죽음과 재탄생을 참가자 전원이 함께 체험하는 과정을 의례 속에 포함시킴을 통해, 여타 문화권과는 전혀 다른 의의를 지닌 의례를 창출하게 된다. 일반적으로 이집트나 메소포타미아 문화권에서 치러지는 그러한 의례는 왕과 여사제 또는 왕비만이 신의 역할을 수행할 뿐 일반 시민들이 맡을 역할은 전혀 없기 때문에, 풍년 기원의 종교적 목적보다 왕권신수설의 타당성을 정당화시키는 정치적 목적의 색채를 더 강하게 띠고 있다. 반면에 달리기 시합(Agon)에서 그 해의 곡물 정령(Eniautos Daimon)으로 뽑힌 청년(Kouros)을 주인공으로 삼아 참가자 전원이 함께 신의 행위를 모방하는 의례를 치르는 그리스의 경우, 일반 시민의 역할은 여타 문화권과는 전혀 다른 차원에서 정치적·사회적 함의를 지니게 된다. 참가자 전원이 그러한 역할을 수행할 수 있는 이유는 주인공으로 뽑힌 그 청년이 단지 '집단의 정령(Group Daimon)'에 대한 표상으로서 집단 전체의 구성원들을 대표할 뿐이기 때문이다.

의례가 지닌 정치적·사회적 특성은 두 종류의 의례 중에서도 특히 사회적 삶과 연관하여 치러지는 의례에서 더 극명하게 나타난다. 이러한 의례들은 낮에 치러지는 올림포스 신들을 위한 것으로서 주로 도시국가의 안녕과 질서 유지를 기원하기 위한 것이었기 때문에 국가가 공식적으로 그 진행을 주도하였고, 도시국가의 구성원으로서의 시민들 전체는 그러한 의례에 참여할 의무와 권리를 동시에 지닐 수밖에 없었다. 그들의 이러한 종교 의례 참여에 대한 의무와 권리에 대한 규정은 종교적 생활과 세속적 생활이 중첩적으로 영위되었던 그 당시 그리스의 시대적·사회적 특징을 고려해야만, 우리는 '종교가 국가적 차원에서 구성된 것이고 신에 대한 표상조차도 국가적 환경으로부터 초연할 수 없는'[17] 이유를 이해할 수 있게 된다. 문명 발달사적 관점에서 볼 때, 종교적 차원에서의 '성과 속에 대한 구별'이나 '해서는 안 될 것과 해도 좋은 것에 대한 구별'이 관습적 차원에서의 '금지된 것'과 '허용된 것'에 대한 구별의 의식을 발달시키게 된 것은 당연한 현상이라 할 수 있다. 물론 훗날 윤리 발달의 기초가 될 이러한 구별의 의식은 모든 문명권에 공통적으로 나타나는 현상이지만, 그리스 문화권의 경우 그것은 단순히 사회적 규범의 함의뿐만 아니라, 정치적 함의도 동시에 지니게 된다.

우리는 그러한 함의가 어떠한 종류의 것인지를 Pharmakos 의례 속에서 단적으로 찾아볼 수 있다. 예를 들어 한 시민이 살인을 저질렀거나 도덕적으로 용인되지 않는 행위를 했을 경우, 그리스인들은 그 당사자뿐만 아니라 그가 속한 가정·씨족 집단·부족 공동체·도시국가 전체가 더럽혀져서 모두에게 불행이 닥친다고 생각되었기 때문에, 가능한 한 빨리 그 더러움(Miasma)을 정화(Katharsis)시키고자 노력하였다. 따라서 한 시민으로서 이러한 정화의 의례에 참여하지 않는다는 것은 우선적으로 사회 및 도시국가의 불행을 막아야 할 공적 의무를 이행하지 않음을 의미하는 것이기 때문에, 그러한 사람은 시민으로서 인정되지 못했을 뿐만 아니라 관습법적으로도 시민권을 박탈당하게 된다.[18] 그리하여 그리스인들은 종교 의례에의 참여를 통하여 시민이란 기본적으로 어떠한 기능을 수행해야 하는 존재인지, 더 나아가 시민(polites)과 도시국가(Polis)의 관계는 무엇인지에 대해 사유하는 방법을 터득할 수 있게 된다.[19] 종교의례가 지닌 이러한 정치적·사회적 함의를 염두에 두어야만, 우리는 그러한 의례 속에서 인간과 함께 주도적 역할을 수행하는 신들에 대한 그들의 표상이 후에 그러한 의례의 맥락을 벗어나 추상적으로 사유할 때에도 왜 그렇게 특별히 인간 사회 안에서 일어나는 모든 사건들에 직·간접적으로 관여하는 존재로서 묘사되고 있는지를 이해할 수 있게 된다. 그들의 이러한 종교적 사유 체계를 고려해야만, 우리는 또한 그리스의 신들이 모두 신화 속에서 왜 항상 의인화된 존재로서 묘사되고, 반인반신으로서의 영웅과 밀접한 관계를 유지하게 되는지도 이해할 수 있다.

3.2. 영웅 신화

종교적 차원에서 치러지는 모든 의례와 신화가 문명 시대 이후 사회 공동체의 물질적 풍요와 사회적 질서 유지라는 정치적·사회적 맥락에서 행해졌다는 사실은 그러한 의례와 신화의 주인공인 영웅에 대한 이야기가 역사 속에서 차지하게 될 위상을 결정지어준다. 사실 영웅은 생물학적 관점에서 보면 뱀눈나비의 후손이고, 인류학적 관점에서 보면 샤만 내지 사냥꾼의 후예라 할 수 있다. 물론 '초일상적 자극에 반응하기를 선호하는 뱀눈나비'는 일상적 자극에 반응하는 대다수의 동료 나비들에 의해 돌연변이로 낙인찍혀 그들의 관심의 대상이 되지 못할 수도 있다. 그러나 대규모의 도시국가가 출현하기 시작하는 문명 시대의 인간 사회에서 가치론적 자극에 반응하여 행동하는 예외적 존재로서의 인간은 오히려 동료들의 존경과 사랑을 받게 된다. 왜냐하면 그 가치론적 자극이란 것은 예를 들어 국가의 존망이 경각에 달린 특수한 경우 자신의 개인적 이익을 우선시하는 일상적 자극이 아니라, 공동체의 집단적 이익을 최우선시하는 초일상적 자극으로부터만 나올 수 있기 때문이다. 사실 초일상적 자극에서 아무리 희열감을 맛본다 하더라도, 자기희생의 실천은 일상적 자극에 따라 행동하는 일반인에게는 불가능한 일이다. 이러한 관점에서 보면, 국가의 존망이 좌우되는 특수한 상황에 처한 경험이 많았던 역사를 지닌 민족에게서 영웅 신화가 더 발달하게 되는 것은 자연스러운 현상이라 할 수 있다.

초기 문명 발생기의 그러한 문화적 환경의 토양 속에서 잉태되어 발달되어 온 영웅 신화들은 기존의 사유 및 가치 체계가 송두리째 흔들리기 시작하는 '축의 시대'에 접어들면, 새로운 전환점을 맞게 된다. 사실 영웅 신화는 이때부터 영웅적 행위의 주체에 대한 초점을 신이 아니라 인간에게 맞추기 시작한다. 이러한 초점의 근본적 전환을 통해 새롭게 써지기 시작한 영웅 신화는 이제 주인공으로 하여금 운명 개척의 모험 내지 임무가 신에 의해 주어진 소명이 아니라, 인간 자신이 선택하는 것임을 자각하도록 만들어 준다. 역사적으로 이러한 자각이 최초로 표명되고 있는 영웅 신화는 바빌로니아의 길가메시 서사시라 할 수 있다.

기원전 2,600년경에 살았던 역사상 실존 인물로 추정되는 길가메시에 관한 설화는 초기 작품에서는 주로 괴물과의 싸움·지하 세계의 방문·여신과의 대화 등과 같이 역사 시대 이전의 영웅이나 샤만이 이룩하였던 전형적인 업적과 같은 류의 이야기로 이루어져 있다. 그러나 기원전 1,300년경에 쓰인 서사시의 최종판에서, 길가메시 신화는 인간 문화의 한계와 의미를 탐구하는 새로운 차원의 이야기로 탈바꿈하게 된다. 이 판본에서 길가메시는 친구 엔키두와의 모험 여행 중에 이슈타르 여신을 만나게 된다. 이전의 신화 속에서 대지모 여신과의 결혼은 최상의 깨달음과 모험의 절정을 의미했으나, 이 새로운 신화 속의 영웅은 그 여신 이슈타르를 거절한다. 그는 문명을 신들의 업적이라 생각하지 않는다. 신들로부터 특별한 지혜를 얻기 위해 여행을 떠났던 길가메시는 그러한 수동적 지혜 대신에, 인류의 한계에 대한 뼈아픈 교훈을 능동적으로 획득하게 된다. 신화적 인물 우트나피슈팀이 신과의 대화를 통해 지혜로워졌다면, 역사적 인물 길가메시는 신의 도움 없이 자기 자신의 경험에 비춰 생각하는 법을 터득한 것이다. 바로 그러한 사유법을 터득하였기에, 그는 우르크에 성벽을 쌓고 문자를 발명하며, 예술 문명

을 가꾸는데 집중할 수 있게 된다.[20)]

이와 같은 낡은 신화적 이상에 대한 비판과 재평가는 그리스의 경우 훨씬 더 정치적인 맥락에서 철저하게 이루어진다. 예를 들어 아도니스 신화는 수메르의 곡물 정령 둠무지의 운명을 묘사한 농경 신화를 정치적 관점에서 새롭게 윤색하고 있다. 사실 그리스의 미성년자들을 진정한 성년인 시민으로 환골탈태시키는 목적을 지닌 입문식은 사냥과 관련된 고된 체험을 중심으로 하여 전개되었다. 따라서 사냥에 소질이 없는 아도니스가 입문식을 통과하지 못하는 것, 즉 시민이 되지 못하는 것은 당연한 현상이었다. 그리스 시민들은 가족이라는 최소 단위의 공동체를 통해 보다 더 큰 단위의 공동체인 씨족 집단 내지 부족 집단 그리고 도시국가와의 일체감을 느끼게 되는데, 아버지와 딸(Smynna, Myrra)의 근친상간의 관계로부터 태어난 아도니스는 이미 가족을 이룰 자격을 태생적으로 갖추지 못하고 있다.[21)] 아도니스의 비시민적 생활 방식은 법보다 왕을 더 높은 위치에 놓는 예전의 통치 방식에 더 가까운 것인데, 이는 아테네인들이 이미 폐기시켰던 방식인 것이다. 새로운 시대에 알맞게 정치적·사회적 관점에서 신화를 재구성하려는 그들의 노력을 염두에 두면, 우리는 그리스인들이 왜 아도니스제(Adonia)를 Thesmophoria제 내지 Skira제와 함께, 여인들만을 위한 의례로 한정시켰었는지를 이해할 수 있게 된다.[22)]

물론 발생학적 관점에서 보면, 그리스의 영웅 개념은 다산성 내지 집단 수호의 기능을 수행하는 다이몬과 그의 수행력을 돕기 위해 펼쳐지는 의례와 연관되는 종교적·사회적 차원의 토양 그리고 인간의 신화창작 본능과 연관되는 문학적 차원의 토양 속에서 잉태되고 발달되었다. 따라서 그리스의 영웅은 무엇보다도 구·신석기의 다이몬이라는 종교적 개념을 직접적으로 이어받고 있다. 그 직접적 증거를 우리는 영웅이 '그 해의 다이몬(Eniautos Daimon)', '훌륭한 다이몬(Agathos Daimon)', '위대한 청년(Megistos Kouros)' 또는 '풍요의 다이몬인 플루톤(Plouton)'과 같은 종교적 의례에서 사용되는 명칭으로 불리고 있는 사실 속에서 발견할 수 있다.[23)] 이는 영웅 개념의 종교적 기원이 구·신석기의 농경신화에서 나타나는 '한시적 생명력을 상징하는 아들 남신'—영원불변의 생명력을 상징하는 어머니 여신(Terra Mater)에 대비되는—의 개념 즉 다이몬의 개념 속에 있음을 의미한다. 그런데 이러한 다이몬은 신격보다는 기능에 대한 집단적 표상이기 때문에, 일반적으로 자기만의 고유한 이름을 지니지 못한다. 이러한 사실로부터 우리는 탁월한 능력을 지닌 한 개인이 자기 고유의 이름으로 불리기보다 반인반신을 뜻하는 영웅(Heros)이라는 일반 명사로 불릴 때에는, 그가 오직 자신이 수행하는 기능과의 연관성 속에서만 생각되어지기 때문임을 추론할 수 있다.[24)]

바로 그러한 이유에서 영웅의 개념은 훗날 문학적 차원에 들어와서도 초기에는 여전히 다산성의 기능과 공동체 수호의 기능을 간직하고 있는 존재라는 면에 초점이 맞춰진다. 그 이유는 바로 이러한 종교적 차원의 다이몬의 기능을 수행할 수 있는 탁월한 인간에 대한 열망이 사람들의 무의식적 심층에 강하게 뿌리내리고 있었기 때문이다. 그럼에도 불구하고 영웅은 문학 작품 속에서 점차적으로 일반 명사로서의 영웅이라는 명칭[25)]에 고유 명사가 덧 부쳐져 불리어짐—예를 들어 '영웅 헤라클레스'—을 통해, 그의 신적인 면보다는 인간적인 면이 부각되어지기 시작한다. 그 결과 그는 무규정적 기능에 대한 집단적 표상인 다이몬이 자기 고유의 이름을 지니지 못하는 것과 다르게, 개별적 인격성과 이름을 지니게 된다.[26)] 그러나 영웅은 만약에 그가 지닌 인간적인 면들만 지나치게 부각되어지면, 보통의 평범한 사람들과 구별되어지지 않는다. 따라서 그리스인들의 문학적 상상력은 그를 평범한 사람들과 차별화시키기 위하여, '신과 같이 완벽한 인격 및 능력을 지닌 존재 즉 초인'으로 규정하는 작업에 집중하게 된다. 영웅이 지닌 차별성을 가장 효율적으로 부각시키기 위하여, 대부분의 영웅 신화는 영웅이 겪는 운명에 관하여 상상의 세계에서나 있을 법한 기이한 괴물이나 신비의 나라 해괴한 관습 등을 끌어들임을 통해, 비일상적 난관을 극복해내는 극적 체험들로 가득한 이야기를 확대 재생산하게 된다.[27)]

영웅에 대한 이러한 차별화 내지 신격화(Apotheosis) 작업은 다른 어떠한 민족보다도 훨씬 더 '인간은 신을 닮을 수 있다'는 믿음을 강하게 지녔던 그리스인들의 사유 체계, 더 나아가 '신의 일에 동참하는 것'을 일상사적 의무로서 생각하는 가치 체계 속에서 자연스럽게 이루어질 수 있었다.[28] 이러한 점들을 염두에 두면, 우리는 그들이 왜 일상어법에서 신을 지칭하는 명사 Theos보다, 신적이라는 형용사 theios를 더 많이 사용하였는지를 이해할 수 있다. 사실 명사는 단순히 우리로 하여금 그것이 지칭하는 대상의 성질을 고정적 불변성 속에서 떠오르게 한다면, 형용사는 그 성질을 항상 비교급 내지 최상급을 통해 나타날 변화성의 궁극적 단계의 완벽한 모습 즉 확장된 표현형(Extended phenotype) 속에서 그려보게 만든다. 바로 그러한 이유에서, 그들의 개념 체계 속에서 중요한 것은 인간과 전혀 관계를 맺지 않는 초월적 존재 자체로서의 신이 아니라, 인간이 그 신—어떠한 종류의 신이 되었든—과 함께 사는 가운데 그 신에게서 자신이 닮고자 하는 완전성의 관념을 발견하느냐 여부이었다. 따라서 그들은 신을 닮기 위해 노력하는 인간—아무리 불완전한 존재일지라도—인 영웅에 대해, 항상 '신적인'이라는 형용사를 덧 부치기를 좋아하였다. 바로 그러한 이유에서, 그들은 그러한 인간에게 반신반인이라는 용어를 아무런 거리낌 없이 적용할 수 있었다.

이러한 그들의 개념 체계와 가치관을 염두에 두어야만, 우리는 커크가 지적한대로, 영웅 신화가 왜 그리스의 전통적 이야기들의 가장 특출하고 다양한 면을 구성하게 되는지를 이해할 수 있다.[29] 그것은 또한 그리스 신화가 왜 이집트나 메소포타미아 신화보다 훨씬 더 인간 행위의 완벽한 모델에 대한 투사로서의 영웅 신화를 더 잘 발달시킬 수 있었는지를 설명해준다. 그러나 우리는 그리스에서 영웅 신화가 발달하게 된 원인을 이러한 종교적·문학적 요인들 외에도 영웅 숭배의식이라는 정치적·사회적 제도 속에서 발견할 수 있다. 사실 인간으로서의 영웅은 역사적 실존 인물이고, 그의 업적도 실제로는 전설이나 신화 속에 묘사되어 있는 만큼 대단한 것이 아님은 분명하다. 그렇다면 역사적 실존 인물의 일생과 업적에 대한 이야기는 왜 부풀려지고 확대되어 신화화되는가? 그 이유는 닐슨이 주장한 것처럼, 미케네 문명의 전통이었던 '위대한 인물의 무덤(tholos)에서 치러졌던 숭배의식'과 직접적인 관계가 있다.[30] 이 전통은 그리스에서 기원전 12세기에서 11세기 사이에 일어났던 대변동의 영향으로 일시적으로 사라졌다가, 기원전 8세기부터 다시 부활하게 된다. 물론 이러한 영웅 숭배의식의 부활 및 증가는 정치적·경제적·사회적 대혼란기인 '축의 시대'의 시대적 요청에 부응하는 것으로서, 도시국가의 증가와 필연적 관계가 있다.[31)]

무릇 새로운 도시국가를 건립할 때 또는 전쟁이나 질병·사회적 혼란 및 해체의 위기를 극복하고 나라를 다시 쇄신시키고자 할 때, 지도자가 백성들의 애국심을 고취시키기 위하여 건국 시조를 영웅으로 숭배하는 의식과 그에 대한 신격화 작업을 발달시키게 되는 것은 당연한 현상이다. 물론 이때의 영웅은 콘포드가 지적하고 있듯이, 개인적 인간으로서가 아니라 종족의 수호신(Genius)·집단의 혼령(Psyche)·신성한 힘(Mana)으로서 숭배되어진다. 사실 영웅의 개념 속에는 죽은 사람 개인의 인격과 다이몬의 신격이라는 두 요인이 서로 얽혀 있다. 즉 다이몬은 기능에 대한 투사로서의 집단적 표상이고 그러한 표상은 영웅에 덧 부쳐지기 때문에, 한 종족의 시조이거나 한 국가의 왕인 영웅은 당연히 전시에는 '부족의 구원자(phylakes soter)'로서, 평화 시에는 '좋은 정령(Agathos Daimon)'인 '부의 증여자'로서 표상되어진다.[32)]

영웅에 대한 이러한 두 종류의 표상이 가장 극명하게 나타나는 영웅 신화는 아테네의 건국 시조 테세우스에 관한 신화라 할 수 있다. 사실 문명 초기 시대에 나타난 대부분의 건국 시조 신화들은 영웅이 '알에서 태어났다'거나 '신성한 돌 또는 구름에서 태어났다'는 식의 신비적 태생만을 강조하지, 그가 이룩한 정치적 업적의 위대성에 대해서는 언급하지 않는다. 이와는 대조적으로 테세우스 영웅 신화는 그의 탄생보다도 업적에 대해 강조의 초점을 맞추고 있다. 물론 그의 탄생이 신적인 것(ek theon gegenenai)임은 그의 아버지 에게우스(Aigeus)라는 이름이 바다의 아들을 의미하고, 어머니 에트라(Aithra)는 '구름 한 점 없는 하늘과 같은'을 의미한다는 사실, 다시 말해 바다의 요소와 하늘의 요소가 결합하여 이루어진 상징 속에서 자연스럽게 암시되고 있다. 그러나 우리가 만약에 그의 태생을 부모의 이름이 아니라 사회적 가족관계의 관점에서 살펴보면, 그의 태생은 신적인 것과는 거리가 멀다. 왜냐하면 그는 아버지와 어머니와의 비적법적 관계(법적으로 부부관계가 아니라는 의미에서)로부터 태어난 사생아이기 때문이다. 따라서 기존의 관점에서 보면, 그는 태생적으로 영웅의 자격을 전혀 갖추지 못하고 있다. 그럼에도 불구하고, 그가 영웅으로 추앙받을 수 있었던 것은 새로운 시대의 가치 체계가 영웅을 태생에 의해서가 아니라 행위를 통해서 결정하는 것으로 바뀌었기 때문이다.

새로운 시대의 가치 체계는 영웅에게 무엇보다도 공동체의 지도자가 지녀야 할 정치적·사회적 덕목을 요구하게 된다. 우리는 이러한 변화를 테세우스의 왕위 계승과 그 후의 업적에 관한 이야기 속에서 잘 찾아볼 수 있다. 테세우스는 아버지 에게우스의 나라를 찾아가서 16년 전에 그의 아버지가 아들 인식의 징표로서 남겼던 검과 샌달을 제시함을 통해, 편리한 방법으로 왕위를 계승하는 길을 선택하지 않는다. 즉 그는 혈육관계에 의한 과거의 방식이 아니라, 미노타우로스를 무찌르는 업적 속에서 자신이 지닌 지도자적 자질을 증명하는 새로운 방식을 통해 왕이 되는 길을 선택한 것이다. 그가 새로운 시대에 적합한 영웅임은 그가 새로운 나라를 건립한 행위 자체를 통해서보다는, 건국 후에 실행한 정치적 업적을 통해 더 잘 증명된다. 사실 그는 어제까지 서로 적대적이었던 12 부족을 통합하여 하나의 도시국가를 건립하였기 때문에, 무엇보다도 어떻게 하면 모든 사람이 평등한 시민으로서 다 같이 함께 잘 살 수 있을까에 초점을 맞추게 된다. 바로 그러한 이유에서, 그는 시민들을 새 나라의 구성원으로서 화합시킬 정치적 계획 속에서, 범-아테네 축제로서 '함께 잘 사는 축제(Synoichismos, Metoikia)'와 '포도가지 나르기 축제(Oschophoria)'를 제정하였던 것이다.[33]

3.3. 창조 신화

우리는 앞 장에서 주인공의 신적 태생에 그리고 자신의 능력보다 주로 신의 도움을 받아 이룩하는 초인간적 업적에 초점을 맞춘 기존의 영웅 신화가 새로운 시대에 접어들면서 영웅의 인간적 능력과 노력에 의해 사회적 제도들을 만들어

내는 정치적 업적에 초점을 맞추는 신화로 바뀌고 있음을 밝혔다. 이러한 변화는 '우주와 만물 그리고 사람은 최초에 어떻게 발생하였나?'에 대해 알고 싶어 하는 인간의 형이상학적 본능에서 나오게 된 창조 신화에도 결정적 영향을 미치게 된다.

초기 문명 시대에 나타난 최초의 창조 신화는 기원전 2,000년에서 1,500년 사이에 나타난 것으로 추정되는 바빌론의 '에누마 엘리시(Enuma Elish)'라는 서사시 속에서 발견된다. 신들이 태초에 어떻게 탄생하게 되었는지를 밝히는 이 신화는 '무에서 유를 창조함'이 아니라, '유에서 유가 어떻게 발달되었는지' 그 과정에 대한 창조의 작업에 대하여 이야기하고 있다. 이 신화에 따르면, 최초의 신들은 신성한 원초적 물질로부터 나온다. 이 물질은 '무규정적인 것'이기 때문에, 그 어떤 것도 한정적인 개별적 특성을 지니지 않는다. 염수와 담수는 섞여 있었고, 하늘·땅·바다의 구분도 없었다. 인간이 지닌 신화적 상상력은 이 무규정적 물질로부터 나온 최초의 신들을 자연계를 이루는 근본적 원소들로 표상하였다. 그 같은 맥락에서 압수(Apsu)는 사람이 마실 수 있는 강물, 티아마트(Tiamat)는 짠 바닷물, 뭄무(Mummu)는 흐릿한 구름을 지칭하게 된다.

아직 분명한 형태를 지니지 못하고 활동성도 없는 이 최초의 신들로부터 다음 세대의 신들이 각각의 쌍을 이루며 태어나게 된다. 이 새로운 신들은 부모 세대의 신들보다 더 명확한 형태를 지닌다. 신적 요소들이 이처럼 분리되면서, 질서 잡힌 우주가 탄생하게 된다. 제일 먼저 나타난 라무(Lahmu)와 라하무(Lahamu)는 물과 흙이 섞여 만들어진 미사(微砂)를 상징한다. 그 다음 단계로 안샤르(Ansher:하늘 끝)와 키샤르(Kishar:바다 끝)가 나오고, 마지막으로 하늘의 신 아누(Anu)와 대지의 신 에아(Ea)가 나온다. 여기에서 우리는 신들의 이름들이 홍수 때에 형성된 메소포타미아 평원의 무규정적 미사 퇴적층으로부터 홍수가 끝난 후 규정적 형태를 지닌 자연적 존재자들에 대한 관찰을 기초로 하여, 그것들에 대한 천상계의 대응체로서의 신들에 대한 명칭임을 형이상학적 관점에서의 유비적 추리를 통해 알 수 있다.

이러한 초기 문명 시대의 창조신화는 축의 시대로 넘어오면서 다른 어떠한 종류의 신화보다도 가장 극적인 변화를 겪게 된다. 사실 인간은 자연적 조건이나 사회적 상황이 변하면, 그 새로운 상황에 가장 잘 적응할 수 있는 능력에 대한 축적을 통해 고등 동물로 진화할 수 있었다. 물론 생존에 필요한 생물학적 차원에서의 적응은 단순히 감각·운동 수준의 '일상적 자극에 반응하는' 기제를 작동시킴만으로도 충분히 이루어질 수 있다. 그러나 새로운 환경에서 어떠한 삶이 가치 있는 것인지 그 의미를 묻는 신화적 차원에서의 적응은 '초일상적 자극에 반응하기를 좋아하는 성향'을 가장 효율적으로 작동시킬 뇌의 특수 임무 팀을 통해서만 가능하게 된다. 새로운 시대의 선지자 내지 현인들이 그러한 사유 체계를 작동시켜 새롭게 재구성한 창조 신화는 주로 우주 창조와 신의 발생에 대해 유비적으로 서술하고 있는 기존의 마술적·원시 종교적 신화로는 도저히 설명할 수 없는 인간 세계의 특별한 사건들에 대하여, 전적으로 새로운 관점에서 세상을 바라보는 초월적 경험에 대해 서술하게 된다.

인류는 초기 문명 시대(기원전 4,000년에서 800년)에 도시국가를 건립하고(처음에는 메소포타미아, 나중에는 이집트) 문자를 발명하면서 극심한 사회적·정신적 변화를 겪었었다. 새로운 기술은 한편으로 도시국가 시민들에게 자연에 대한 철저한 지배력의 기쁨을 제공해 주었지만, 다른 한편으로 기존의 신들을 모독하는 행위 때문에 자신들이 신성한 자연계로부터 버려지는 것은 아닌가 하는 두려움도 유발시켰다. 역사는 어떠한 면에서 보면 생성·소멸·재생성이 끊임없이 반복되는 과정이라 할 수 있는데, 그 이유는 새로운 발전이란 것이 마치 흙벽돌 건물들이 주기적으로 다시 지어져야만 했던 것처럼, 항상 기존의 것들에 대한 파괴 위에서 이루어졌기 때문이다. 따라서 문명은 암스트롱이 지적하였듯이, 훌륭한 것이긴 하지만 쉽사리 파괴되어질 가능성을 지닌 것으로 여겨졌다. 한 도시국가가 흥하여 강대국의 위치에 오르면 언제나 다른 약소국들을 먹이로 삼았기 때문에, 도처에서 전쟁·학살·혁명·추방이 발생하였다. 이는 엄청난 고통 끝에 이루어진 문명이 반복해서 재건·확립되어야 함을 의미했다. 사람들은 문명이 제공해 주는 밝은 삶과 희망의 이면에, 어두운 그림자—문명적 삶이 언제라도 과거의 미개한 상태로 퇴보할 수도 있다는—의 불안이 도사리고 있음을 느꼈다.[34)]

그러한 불안감으로부터 벗어나고 싶은 욕망은 역사 시대에 접어들면서 특히 더 강렬해졌기 때문에, 사람들은 혼돈 속에서 질서를 다시 재건하려는 의도에서 새로운 도시국가 건립의 의의를 부각시킬 수 있는 새로운 창조 신화를 만들게 되었다. 새롭게 재구성된 창조 신화는 바로 그러한 정치적·사회적 필요성 속에서 발생한 것이기 때문에, 그러한 필요성을 충족시킬 수 있도록 돕는 의례 속에서 참가자들이 그 신화의 내용을 체험할 수 있도록 읽혀지는 형태의 신화가 된다. 이러한 사실을 염두에 두어야만, 우리는 메소포타미아 사람들이 왜 신년제가 치러지는 나흘째 되는 날 마르둑이 티아마트를 살해하는 행위를 모방하는 의례를 치르며 창조 신화 '에누마 엘리쉬'를 낭독하였었는지를 이해할 수 있다. 이 신화는 영원히—끊임없이 생성·변화하는 역사적 시간이 아닌—존재하는 성스러운 시대에 일어난 신비스럽고 말로 표현할 수 없는 태초의 사건에 대하여 이야기한다. 그러한 태초의 사건은 한번 일어나면 그것으로 끝나버리는 평범한 역사적 사건과는 존재론적으로 전혀 다른 것이다. 왜냐하면 사람들은 도시국가가 무질서와 혼란의 상태에 빠지게 되어 질서와 안정을 회복하기 위한 투쟁을 전개할 때마다, 새롭게 써진 창조 신화는 바로 그러한 투쟁의 원형을 제공해 주었기 때문이다. 사실 무질서와 혼란을 상징하는 괴물 티아마트를 살해하는 마르둑의 투쟁이 역사 시대의 영웅들이 치러야 할 모든 투쟁의 원형이 될 수 있었던 것은 신화적 차원에 속해 있는 그 투쟁이 현실적 차원에서 전개되는 모든 투쟁을 지배하는 원리의 역할을 수행하였기 때문이다.

이러한 관점에서 보면, 창조 신화는 사람들에게 우주와 인간의 발생에 관한 사실적 정보를 제공해 주는 이야기가 아니다. 그것의 주목적은 정보의 전달이 아니라, 종교적·심리학적 치유내지 존재론적 방향 정립인 것이다. 바로 그러한 이유에서, 사람들은 재난이 닥쳤을 때·대립을 멈추고 싶을 때, 심지어 한 개인이 병을 치료하고자 할 때에도 창조 신화를 낭송하고, 그 신화에 나오는 원형적 행위를 스스로 재연하는 의례를 치렀던 것이다. 그리하여 사람들은 그러한 의례를 치르는 가운데, 모든 난관을 극복할 수 있는 힘을 제공해 주는 진정한 창조력이라는 것이 자신의 모든 것을 던질 만큼 헌신적 투쟁을 통해서만 얻어질 수 있는 것임을 자각하게 되었다.

종교적 의례 속에서 그러한 정치적·사회적 역할을 수행하였던 초기 문명 시대의의 창조 신화는 '축의 시대(The Age of Axe, 기원 전 800년~200년)'에 접어들면, 지금까지와는 전혀 다른 차원에서 환골탈태하게 된다. 사실 이 시대에 접어들면서 사람들은 새로운 환경에 맞지 않는 기존 종교에 대하여 의심하고 근본적인 개혁을 실천하게 된다. 그러한 개혁은 이집트와 메소포타미아가 아니라, 정치적·경제적·사회적 변화가 가장 극심하였던 새로운 4대 문명 발상지에서 일어났다. 새로운 시장 경제의 발달은 기존의 성직자 내지 왕이 갖고 있었던 권력을 상인 계층에 넘어가게 만들고, 전통적 계급제도를 뿌리째 흔들었다. 사람들은 과거의 종교 의례에서 취했던 모든 형식적 예법을 내던져 버리고, 자기 자신의 내면세계를 들여다봄을 통해 얻어지는 정신적으로 충만한 종교를 추구하게 되었다. 즉 사람들은 진실을 얻기 위해 성직자나 종교 전문가의 가르침에 의지하는 것이 아니라, 자기 성찰의 방법에 의지하게 된 것이다. 이러한 근본적 변혁이 종교적 차원에서 일어난 것은 근동과 인도에서였고, 윤리적·철학적 차원에서 일어난 것은 중국과 그리스에서였다.

종교적 관점에서의 근본적 변혁은 가장 먼저 인간과 신들 사이의 관계에 대한 관념에서부터 일어났다. 초기의 유대 신화는 아브라함의 친구로서 그와 함께 식사하고 대화할 수 있는 신을 상상할 수 있었지만, 축의 시대에 등장한 예언가들은 신을 무시무시한 존재로서 간주하고 '궁극적 실재로서의 신'에 인간이 접근하는 것을 불가능한 것으로 여기게 만들었다. 신화가 더 이상 사람들에게 초월성을 암시해주는 기능을 수행하지 못하게 되자, 이 예언가들은 오히려 기존의 신화들을 증오의 대상으로 삼았다. 따라서 그들은 인간 세계를 본뜬 신화들에 대하여 대규모의 수정을 가할 수밖에 없었다. 그러한 수정은 모든 합리적인 것을 거부하고 오직 신앙적인 것만을 강조하는 새로운 의미의 종교를 창출하게 되었다. 우리는 그 단적인 예를 성경에 나오는 기드온의 기도 속에서 발견할 수 있다.[35)]

예언가들이 내세운 이러한 절대적 신앙심에만 전적으로 의존하는 새로운 종교적 태도를 염두에 두어야만, 우리는 기독교의 창세기 신화가 내포하고 있는 신화적·종교적·철학적 함의를 제대로 이해할 수 있다. 많은 사람들은 축의 시대에 일어났던 이러한 종교적 태도의 근본적 변화에 대한 역사적 지식의 배경 없이 창세기 신화를 단순히 초기 문명 시대의 창조 신화들(메소포타미아, 폴리네시아 등의 신화들)과 비슷한 종류의 것으로 이해하려고 하기 때문에, 극심한 혼란에 빠지게 된다. 사실 기존의 창조 신화들은 상식적으로 설명할 수 있는 현상들에 대한 이야기를 기본으로 하고, 상식적으로 설명되지 않는 현상들에 대해서는 상식에 기초한 유비추리를 통해 설명하는 이야기를 첨가하여 만들어진 것이다. 따라서 그러한 종류의 창조 신화들은 '유에서의 재창조'를 이야기하지, '무에서의 창조(Creatio ex nihilo)'를 이야기하지 않는다. 왜냐하면 '무에서의 창조'는 자연적 법칙이 지배하는 현실계에서는 상식적으로 설명이 안 되는 현상이기 때문이다.

반면에 유대교의 새로운 창조 신화는 상식적 관점이 아니라 신앙적 관점에 기초해 있기 때문에, 아무런 거리낌 없이 자연적 법칙이 지배하는 현실의 세계를 자연적 법칙이 지배하지 않는 초월적 세계에 근거지우고자 한다. 이스라엘인들은 자신들의 역사를 그러한 초월적 역사에 정초시키고자 하였기 때문에, 자신들의 역사만을 신성한 역사로서 규정하게 된다. 따라서 그들은 자신들의 창조 신화도 여타 문화권의 창조 신화들과는 근본적으로 다름을 강조하게 된다. 그러한 차별화의 의도를 지니고 있었기 때문에, 유대교는 '무에서의 창조'가 상식적으로 설명될 수 없다는 사실을 무시하고 오히려 그것을 위대한 유일신의 업적의 징표로서 해석하게 된다. 사실 그러한 의미에서의 창조 신화는 우주 창조에 대한 상식적 이야기 내지 과학적 설명이 아니라 우주 창조의 작업을 수행한 유일신에 대한 절대적 믿음에 근거한 심리적 각오에 대한 이야기이기 때문에, 태초의 혼돈과 같은 현실의 사회적 혼란을 해결할 수 있는 정신적 태도의 정립을 목적으로 하고 있다.

새로운 종교의 중점을 바로 이러한 정신적 태도의 방향정립에 두었기 때문에, 유대인들은 자신들의 기원에 관한 이야기를 집요하게 사유하게 된다.[36] 따라서 그들은 자신들의 전설을 자신들이 신으로부터 받은 소명을 역사 속에서 실현해 나가는 업적에 관한 이야기로 발전시키고 보태며 재해석함을 통해, 각 시대의 특정 상황과 연결시키게 된다. 바로 이러한 생각 속에서 그들은 새로운 이스라엘의 다양한 종족 집단들을 함께 묶어 줄 수 있는 친족 정서에 대한 신성한 근거로서 '신과의 계약'이라는 개념을 도입하게 된다. 그들은 '신과의 계약'을 바로 이러한 의미에서 받아들였기 때문에, 신이 지녀야 할 속성을 다른 무엇보다도 자신들의 종족 집단을 함께 묶어 줄 능력 속에서 찾았고 그 결과 초기(기원전 10세기)의 성경 속에서 야훼를 자신들을 외적으로부터 보호해 줄 신성한 전사로 묘사하게 된다.

축의 시대에 들어와서도 정치적·사회적 격변을 겪지 않았던 메소포타미아 사람들은 기존의 종교적 개념 체계에 만족하였기 때문에, 초기 문명의 발생기부터 해마다 치러 왔던 신년제를 통해 항상 신화에 등장하는 태초의 세계에서 거둔 신성한 승리를 기념하는 행사를 아무런 반성 없이 반복하게 된다. 반면에 기존의 종교에 대해 철저한 반성을 거친 이스라엘인들은 얼마 지나지 않았던 과거에 그들이 직접 거두었던 역사적 승리를 기념하는데 주력하게 된다. 신들의 시간보다 인간의 시간을 더 중시하게 된 새롭게 형성된 개념 체계 속에서, 그들은 야훼를 유일한 신으로 확정하고(기원전 6세기 말) 다른 민족들과 달리 자신들이 직접 겪었던 모든 역사적 사건들을 신과의 계약을 이행하는 신성한 역사로 서술하기 시작한다. 바로 이러한 태도의 전환을 염두에 두어야만, 우리는 예를 들어 출애급기에 묘사되어 있는 이집트 탈출(Exodos)의 종교적 의미를 이해할 수 있게 된다. 즉 자신들의 조상이 행한 그 업적은 신과의 계약을 이행함의 표본이기 때문에, 후손인 그들에게도 먼 옛날에 일회적으로 끝난 무의미한 사건이 아니라, 지금의 자신들이 직접 겪고 있는 현실적 혼란으로부터 탈출함의 원형으로서 생생하게 현재화될 수 있는 것이다.

비슷한 시기에 일어난 종교적 차원에서의 근본적 개혁도 민족 이동의 역사 속에서 정신적 심층이 여러 번 변화를 겪을 수밖에 없었던 인도인들의 경우에는 전혀 다르게 전개된다. 인도에서의 종교 개혁은 4대 문명 중에서도 가장 극적인 과정을 거쳐 이루어진다. 인도인의 조상인 아리아인들은 본래 기원전 4,500년경에 러시아 카프카스 초원에서 살던 목축민이었다. 목축민이었던 시절 그들은 땅을 경작하고 양·염소·돼지를 치며 안정성과 지속성을 귀중히 여겼지 결코 호전적이 아니었다. 다른 많은 고대인들처럼 그들은 인간·신·동물·식물·자연의 힘이 모두 똑같이 신성한 영혼(Spirit)의 현현이라고 여겼다. 산스크립트어로 마나라고 불리는 이 영혼은 만물에 생기를 주고 유지해 주며, 모든 것을 하나로 함께 묶어주는 역할을 하였다. 이렇게 자연의 모든 것과 신 그리고 인간을 하나로 묶어주는 신성한 힘에 대한 신념을 기반으로, 그들은 세상의 창조주인 천신 '디아우스 피트르'를 정점으로 하는 만신전의 모든 신들을 숭상하는 종교적 신념 체계를 갖출 수 있었다.[37)]

그러나 그들의 이러한 평화로운 종교적 신념 체계는 이동의 역사와 함께 급변하게 된다. 사실 아리아인들은 기원전 3,000년 중반부터 여러 지역으로 떠돌기 시작하였고, 그 중의 일부 부족(산스크립트어를 사용하는)은 기원전 2,000년경에 인더스강 유역을 식민지로 만들게 된다. 이들은 기원전 1,500년경 청동 무기와 전차, 야생마를 길들이는 법을 알고 나서부터는 이동을 좋아하는 전사가 되어 습격과 약탈을 즐기는 부족으로 바뀌게 된다. 그들은 이웃의 가축을 약탈하면서 생계를 유지했기 때문에, 그러한 행위 자체를 종교적으로 정당화시킬 수 있는 의례를 창출하게 된다. 그러한 의례의 생활화는 아리아 전사들로 하여금 실제 행해지는 습격과 전투도 궁극적으로는 신들이 벌이는 천상의 전투를 재연하는 것이라는 생각을 고정화시켰다. 그러한 개념 체계 속에서, 그들은 싸움을 할 때에 자신을 넘어서서 전사의 신 인드라(Indra)와 하나가 된 것처럼 느꼈다. 그러한 느낌은 의례 속의 모의 전투이든 실제상의 전투이든, 모든 지상의 전투는 신성한 원형(천상의 전투)의 재현이기 때문에 신성한 활동이라고 간주하게 만들었다.

아리아인들은 모든 것—우주 자체, 사회, 인간—을 희생의 개념을 통해 설명하고자 하였다. 따라서 그들은 신들이 세계의 질서를 유지하느라 소비한 에너지를 채워주기 위해 희생물을 바치는 의례를 매우 중시하였다. 우주에 운행의 힘을 공급해 주는 기능을 수행할 이러한 희생제는 과거 초원에서 정주하던 시절에는 평화로운 성격을 띠고 있었다. 그러나 이동이 시작된 뒤부터 희생제의 성격도 호전적이고 경쟁적으로 변하게 되었다. 인도의 라자(족장)들은 경쟁에서 이기기 위해, 미국 북서부 원주민들의 포틀래치(Potlach) 의례처럼 노획물을 과시하고 많은 짐승을 도살하여 호사스런 잔치를 펼쳤다. 그 결과 그들은 희생제가 끝나면 가축이 얼마 남지 않았으므로 재산을 채우려고 다시 습격을 시작했다. 전사들은 마을(그라마)과 밀림(아라냐)을 오가며 서쪽에서 동쪽으로 차근차근 밀림 속을 전진하며 가축의 약탈을 계속하였는데, 그들의 이러한 행위는 마을의 영역을 확장시키는 결과를 낳았다.

이러한 폭력과 살생을 신성시하는 가운데 지속되어 온 희생제는 후기 베다 시대(기원 전 1,000년-600년) 즉 축의 시대에 접어들어 비로소 개혁의 대상이 된다. 물론 그러한 개혁은 크샤트리아 계급의 전사들이 아니라, 리시(시인, 예언자)들에 의해 이루어졌다. 리시들은 전사들처럼 밀림 속으로 들어가 영적인 영역을 개척하였다. 미지의 세계인 밀림 속에서 참을성 있게 기다리며 정신과 마음을 비우는 수행을 한 리시들은 '인간을 공격하는 행위'를 의례 속에서 행하는 것을 금지시키게 된다. 우리는 이러한 의례 개혁의 핵심 사상을 창조의 신 프라자파티의 업적에 관한 신화를 통해 알 수 있다. 그 신화에 따르면, 어느 날 프라자파티는 '죽음'의 신과 함께 희생제를 드리고, 평소처럼 그와 전차 경주·주사위 던지기 시합·음악 경연을 벌였다. 죽음의 신은 그에게 완패를 당하였다. 프라자파티는 죽음의 신에게 승리를 거둔 후, 그를 삼켜버렸다. 이렇게 해서 죽음은 희생제에서 완전히 사라지게 되었다. 프라자파티는 희생제를 올리는 사람의 원형이 되었다. 따라서 그 후부터 희생제를 올리는 사람은 누구라도 죽음을 흡수하여 자기 내부에 받아들임으로써만 죽음을 정복할 수 있게 되었다. 즉 죽음은 그의 자아(아트만)가 된 것이다. 다시 말해 프라자파티는 죽음을 자신의 일부로 만들어 그것을 내면화시킴으로써, 죽음을 정복하게 된 것이다. 따라서 희생제를 올리는 사람은 죽음을 다른 사람에게 투사하는 대신 자신의 내부로 받아들임으로써만, 희생 제물과 하나가 될 수 있게 된 것이다. 그 결과 그는 새로운 의례에서 상징적 죽음을 실천함을 통해 신에게 자신을 바쳤을 때, 비로소 불멸을 경험하게 되었다.[38)]

인도인들은 이렇게 희생제 속에서 내적 자아를 발견함을 통해, 죽음을 타자에 대한 살생 속에 투사시켜 왔던 기존의 전통적 희생제를 근본적으로 개혁할 수 있게 된다. 새로이 개혁된 의례는 서로 우위를 뽐내기 위해 경쟁하느라 떠들썩한 마을 구성원들의 집단적 차원이 아니라, 밀림 속에서 고독하게 수행하는 개인적 차원에서 자신만을 위한 질서 있는 세계를 창조함에 그 초점을 맞추게 된다. 따라서 인도의 불교도들은 지극한 고행을 수반한 요가 훈련을 통해 평상시의 의식을 뛰어넘음으로써, '니르바나'라고 불리는 신성한 평화의 경지에 오를 수 있다고 생각하게 되었다. 그들은 그러한 깨달음의 경지에 오름으로써, 인간과 궁극적 실재 사이에 절대로 넘을 수 없는 심연을 설정하지 않고 오히려 그 실재와 하나가 될 수 있다고 믿었다. 천상천하 유아독존의 경지는 인식론적 관점에서 보면 주관적 유아(唯我)주의에 빠질 위험을 내포하고 있지만, 종교적 관점에서 보면 궁극적 실재와 하나가 되는 경지에 도달한 깨달은 자의 심리 상태를 형이상학적으로 잘 표현하고 있다. 왜냐하면 그러한 경지에서만 수행자는 일체의 세속적인 것-일상적 자극에 반응하여 얻을 수 있는 모든 것-을 배제시킨 상태에서, 오직 우주와 하나가 된 느낌 자체를 얻게 되기 때문이다. 따라서 신에게 공물을 바치고 사원에 가서 기도하는 기존의 외적인 의례들은 그러한 상태에 도달하기 위한 방법으로서 아무런 효과를 얻지 못하기 때문에 모두 무의미한 것이 된다. 인도인과 유대인의 종교적 경험이 이렇게 전혀 다른 방식으로 전개되었음에도 불구하고, 두 종교의 근저에는 '의인화된 신들이 인간 세계 속에서 활동함에 관해 이야기하는 예전 시대의 신화들은 새로운 신화로서 불충분하다'는 사실에 대한 자각이 공통적으로 흐르고 있다.

기존의 모든 것에 대하여 근본적으로 회의하고 비판함에 있어, 인도인과 유대인들이 종교적 쇄신의 길을 갔다면, 중국인과 그리스인들은 종교적 사유의 흐름에서 완전히 벗어나 이성적·사유의 노력을 통해 기존의 모든 것들을 쇄신시키는 길을 가게 된다. 우선 중국에서의 기존의 종교적 관념 체계는 기원전 1,126년에 세워진 주 왕조의 '천(天) 사상'에 그 기초를 두고 있다. 주 왕조는 하늘의 질서를 찬양하기 위해 매우 아름다운 음악에 맞춰 화려한 의식을 올렸다. 옛 사람들은 이러한 전례 자체뿐만 아니라, 그러한 전례를 치르는 행위도 신성한 사회적 화합이 드러나는 장(場)으로 여겼다. 따라서 모든 존재들 즉 신과 조상 그리고 살아있는 인간들은 모두 좋든 싫든 개인적 이상을 버리고 이 예식을 따라야 만했다. 이 의례는 우주의 이상적 질서를 불완전한 인간세계 속에서 현실로 만들어내고 있었다. 왜냐하면 개개인은 바로 그러한 의례를 준수함으로써만, 우주 및 국가의 바탕이 되는 '신성한 세계'에 포섭되어 있다고 느낄 수 있었기 때문이다.

그러나 '축의 시대'에 접어들어, 주 왕조와 옛 질서는 몰락하게 된다. 사실 전쟁이 끊임없이 지속되는 새로운 시대의 현실은 사람들로 하여금 예절을 버리고 자기 이익만을 추구하도록 만들었다. 그러한 야만성이 지배하는 현실 속에서 축의 시대의 현인들은 과거에 신과 인간 사이의 관계 속에서 얻었던 깨달음—창조는 자기희생에 기초해야 한다—을 인간들 사이의 윤리적 관계 속에서 실현시킴을 통해 야만성을 교화시키려고 노력하였다. 중국의 현인들은 그러한 교화가 이성적 노력과 비이성적 노력을 조화시킴을 통해서만 가능하다고 생각하였다. 중국의 전통 철학에서 이러한 야만성에 대한 교화의 노력은 크게 두 가지 흐름 속에서 전개되었다. 그 하나는 원자적 존재로서의 개인이 행복과 장생을 추구해 야만성을 자연스럽게 통제할 수 있는 인격을 수양하려는 흐름이고, 다른 하나는 정치적·사회적 존재로서의 개인이 지켜야 할 덕목을 강조하고 권장함으로써 야만성을 순치시키려는 흐름이다. 이러한 두 흐름을 염두에 두어야만, 우리는 극도로 혼란스러웠던 춘추 전국시대에 왜 한편으로 유가나 법가의 사상이 지배 이데올로기로 등장했는지 그리고 다른 한편으로는 묵가나 도가의 사상이 동시에 출현하게 되었는지를 이해할 수 있다.

물론 도덕적·사회적 무질서가 횡행하는 시대에는 무질서를 순치시키려는 이성적 사유가 중시되고, 그러한 사유는 한 개인의 권리나 자유보다 사회 집단의 안녕과 질서를 우선시하는 윤리 사상을 발전시키기 마련이다. 그러나 그와 같은 혼란을 제어하는 데 중요한 역할을 수행했던 이성적 사유가 평화롭고 질서 잡힌 사회에서 단순히 하나의 전통적·형식적 규제 도구로 사용되면 지나친 엄숙주의·금욕주의·교조주의의 틀을 유지하기 위해서만 작동하게 되는 위험성을 띠게 된다. 중국에서 그러한 위험성은 전통적 사유 체계가 공맹의 도덕적·정치적 이데올로기에 주희의 우주론적·형이상학적 함의로 치장되었을 때 그 극점에 달하였다. 그러나 달이 차면 기울 듯이 이성적 사유의 경직성이 극점에 달했을 때, 그것에 대한 반작용으로서 비이성적 사유가 힘을 얻게 되는 것은 지극히 자연스러운 현상이다.

전 세계 인류의 지성사적 흐름에서 이성적 사유의 메두사적 가면의 고정성이 극한치에 이르렀을 때, 그 가면을 깨트리려는 페르세우스적 방패(거울의 역할을 하는)와 검이 등장하는 것도 이와 동일한 맥락에서 이해될 수 있다. 이러한 관점에서 보면, 묵가·도가 사상은 중국의 페르세우스적 방패이자 검으로 해석될 수 있다. 따라서 가면과 방패가 번갈아 나타나는 역사의 법칙을 염두에 두어야만, 우리는 중국적 사유에서 왜 유가·법가 사상과 묵가·도가 사상이 번갈아가며 힘을 발휘하는 것이 자연스럽게 받아들여지는지를 이해할 수 있다. 바로 그러한 이유에서, 이러한 두 종류의 사상들은 대립적이기보다 상호보완적 역할을 수행할 수 있었다.

물론 유가·법가 사상과 달리, 묵가·도가의 사상은 일반적으로 현실 세계의 도보다도 궁극적 실재의 도를 더 중시하고 있는 것으로 평가된다. 따라서 많은 사람들은 그것들을 현실 도피적 사상이라고 단순하게 규정하는 오류를 범하게 된다. 물론 무릉도원·도사·신선 등의 개념들을 염두에 두면, 우리는 언뜻 도가 사상이 예전 종교 시대의 이상향에 대한 애착을 버리지 못하고 있는 것으로 판단할 수도 있다. 그러나 노자의 도덕경에 나오는 '도가도 비상도'라는 언명은 인식론적 관점에서 보면, 상도(常道)가 인간의 언어로 표현되는 순간 그것이 담고 있는 전일적인 궁극적 실재성이 훼손될 수밖에 없음에 대한 반어법적 표현이다. 따라서 이러한 반어법적 표현은 정치철학적 관점에서 보면, 궁극적 실재로서의 도를 현실 속에서 실현시키려면 현실적 조건들을 충분히 고려해야 함을 역설적으로 강조하고 있는 것으로 해석될 수도 있다. 중국인들의 새로운 인간 중심의 윤리적·정치적 개념 체계가 이러한 현실 속의 야만성을 순치하는 두 갈래의 길을 상호보완적인 것으로 생각한다는 사실을 염두에 두어야만, 우리는 왜 그들이 오직 조상신만을 중시하고 서양적 의미에서의 신에 대해 이야기하지 않는지 그리고 예전 종교의 소산물인 신통기·창조 신화·의인화된 신에 대한 이야기를 중요하게 여기지 않는지를 이해할 수 있다.

기존의 종교적 사유에서 벗어나 이성적 사유에 기초한 인간 중심의 윤리와 정치의 개발을 통해 새로운 세계를 구축하려는 노력은 중국과 그리스에서 공통적으로 나타난 현상이다. 그러나 신의 개념에 대한 철저한 반성과 비판에서 출발한 그리스의 철학자들은 일체의 초자연적 대상을 배제시킨 관점에서 세계 및 자연에 대해 철학적 사유와 탐구를 진행시키게 된다. 따라서 그들의 탐구 대상은 자연(Physis) 자체 및 인간 문명(Nomos)에 초점이 맞추어진다. 물론 그들과 달리, 일반인들은 여전히 예전 종교의 관습을 따라 사유하고 행동하였다. 그러한 현상은 일반인의 의식 구조가 변하기 위해서는 수백 년의 시간이 흘러야 가능하다는 사실을 생각하면 당연한 것이다. 그러나 기존의 전통적 종교의 개념 체계에서 완전히 벗어난 철학자들은 자연의 이치를 깨닫기 위하여 신화적 이야기(Mythos)를 버리고 합리적 추론(Logos)의 방법을 선택하게 된다. 우리는 그 단적인 예를 크세노파네스의 전통적 의미의 신에 대한 부정에서 발견할 수 있다. 철학자들이 생각하는 신은 이제 자연 현상을 일으키는 원인(Aitia)으로서 새롭게 인식되고 정의되기 시작한다. 바로 그러한 인식의 전환을 염두에 두어야만, 우리는 그들이 왜 우주를 구성하는 제일 물질 내지 원리로서의 Arche 개념—탈레스의 물·헤라클레이토스의 불·아낙시만드로스의 무한정자·아낙시메네스의 공기·데모크리토스의 원자·피타고라스의 수—을 주장하게 되었는지를 이해할 수 있다. 우리는 또한 동일한 근거에서, 그리스의 전통적인 창조 신화를 담고 있는 올림포스 신화와 헤시오도스의 신통기가 철학자들에 의해서 배척된 이유도 알 수 있게 된다.

이러한 사상 전환의 배경 속에서 그리스의 창조 신화는 종교적이고 심리적인 방향 정립을 위한 신성한 세계 창조의 재현이라는 종교 의례 속에서 읽혀지는 이야기가 아니라, 우주가 태초에 어떻게 창조되었는지 그 과정에 대한 합리적 설명으로서의 이야기로 환골탈태하게 된다. 창조 신화가 어떻게 학문적 차원의 설명으로 극적인 변모를 겪게 되는지는 플라톤의 철학적 우주론에서 단적으로 나타난다. 그 당시 혼돈으로 해체되어가는 조국 아테네를 구제하고자 하는 정치적 염려에 사로잡혀 있었던 플라톤은 다음과 같은 세 가지 기능: 1) 진리 및 선에 대한 이론적 통찰력, 2) 완전한 것에 대한 제작 및 실천, 3) 선의 실현에 대한 목적론적 노력-을 수행하는 데미우르고스(Demiourgos)의 모습을 창조 신화 속에서 새롭게 그려냄을 통해, 이상국가 건설 작업의 이상적 모델로 삼게 된다.

바로 그 같은 염원에서, 플라톤은 데미우르고스를 1) 만물 생성의 기원으로서의 만물의 아버지(Pater)[39]라는 신학적 발생론의 창조주 내지 우주를 질서지어주고 다스리는 자로서의 주재신 (Deus Dominans), 2) 이데아를 바라보면서 아페이론의 방황하는 원인(planomena aitia)을 설득하여(peithein)[40] 존재자들을 만들어내는 제작자(poietes), 3) 이 우주를 가능한 한 가장 아름답고 훌륭한 것으로 만들기 위하여 선견(pronoia)과 배려를 통해 궁리하고(logismos) 숙고하는(nomisas)[41] 선의의 신(Deus benignus)으로서 다중적으로 규정하게 된다. 우리는 이러한 규정을 통하여, 그의 데미우르고스가 과거의 신화에 나오는 창조주와 특히 유대교의 창조주와 철학적 관점에서 어떠한 차별성을 띠게 되는지를 알 수 있다.

데미우르고스의 첫 번째 특성은 '무에서 유를 창조하는' 절대신 (Pankrator)이나 초기 단계의 존재자들만 생산해 놓고 그 다음 단계의 생산 작업을 수행하지 않고 놀기만 하는 '한가로운 신(Deus otiosus)'과 달리, 절대적 권능을 지니지 못한 유한한 신이지만 아래 단계의 존재자들의 제작에까지 관여하기 위해 '끊임없이 일을 해야 하는 바쁜 신(Deus faber studiosus)'이라는 점에 있다. 유한한 능력밖에 지니지 못한 제작자이기에 데미우르고스는 한편으로 제작 행위의 본(Paradeigma)이 되는 이데아를 언제나 직관하고(blepein pros), 다른 한편으로 질료로서의 아페이론이 지닌 무규정적 성질들을 규정된 성질로 바꾸어주기 위하여 그 질료로서의 재료가 지닌 필연성(Ananke) 자체를 인식해야만 한다.

데미우르고스의 두 번째 특성은 특정의 재료를 가지고 그 무엇을 만들어내는 작업을 함에 있어, 단순히 경험에만 의존하는 일반 노동자와 달리 항상 이론적 통찰력과 전문적 기술을 이용하는 전문적 기술자(technites)라는 점에 있다. 그는 규정화되는 대상에 대해서는 논리적 분류법(같은 것과 다른 것을 나누고 결합시키는)을 사용하여, 규정화되지 않는 대상에 대해서는 측정술(metretike)이라는 특정의 기술을 사용하여 인식하고 제작한다. 즉 데미우르고스는 필연성으로만 이루어진 법칙에 대한 이론적·원리적 인식을 각각의 구체적 대상에 알맞게 적용하는 측정술을 이용하여 제작해내는 작업(ergazesthai)을 통해, 전체적 우주에 대한 유적 차원에서의 일반적 지배뿐만 아니라 존재자 하나하나에 대한 개별자 차원에서의 특수적 지배도 할 수 있게 된다. 따라서 그의 지배력은 조화된 전체로서의 우주(cosmos)뿐만 아니라, 잘 정렬된 부분적 우주(taxis)에까지도 골고루 미치게 된다.

데미우르고스의 세 번째 특성은 그가 어떤 것을 제작함에 있어 언제나 최상의 것을 목표로 삼는 가치론적 목적성을 지니고 제작을 한다는 점에 있다. 일단 창조된 것들에 대해서 전혀 무관심하거나 그것이 불완전할 경우에는 모두 파멸시킨 뒤 재창조하려는 기존의 전통적 신화의 창조주와 달리, 데미우르고스는 이론적 인식과 실천적 노작의 매개(mediatio)를 통하여 불완전한 것을 완전한 것에로 변형시키고자 한다. 그의 이러한 노력은 완전한 것에 대한 사랑(Eros)으로 충만된 현실 개혁가 내지 혁명가로서의 철학자가 기울이는 노력에 비유될 수 있다. 현실 개혁에 대한 그러한 정열은 데미우르고스 내지 철학자를 설득의 대가로 만들어 준다. 아페이론에 들어있는 방황하는 원인에 대한 설득이든, 대중의 억견들 속에 들어있는 비합리적인 것에 대한 설득이든, 설득은 대상 속에 들어있는 무질서적·무규정적 상태를 질서지어주고 규정화 하는 작업을 의미한다. 그런데 그러한 작업은 단순히 논리적 무오류성에 기초한 수사학적 행위가 아니라, 대상을 완전한 것에로 이르게 만들어 주려는 욕구 내지 사랑을 가지고 전존재를 투여해야만 하는 가치론적 행위이다.[42)]

데미우르고스는 이러한 세 가지 특성을 통해, 기존의 창조주와 전혀 다른 모습을 지닌 존재로 규정된다. 여기에서 우리는 데미우르고스의 그러한 능력들이 인간이 지닌 '조직화시키는 지능(intelligence organisatrice)'에 대한 투사임을 알 수 있다. 그러한 지능 덕분에, 우리는 우주를 단순히 무질서한 자연적 물체(Ouranos)가 아니라 질서 잡힌 조화체(Cosmos)로 바라보는 안목을 지니게 된다. 플라톤은 바로 이러한 안목을 통해 대우주(Macro-cosmos)인 자연의 조화를 중우주(Meso-cosmos)인 국가의 조화뿐만 아니라 소우주(Micro-cosmos)인 개별적 인간의 조화에 대해서도 유비적으로 적용하여, 국가와 개인의 윤리에 대한 철학적 이론을 구축하게 된다. 국가론과 윤리론을 우주론에 근거지우는 플라톤의 바로 이러한 작업 속에서, 우리는 종교적 차원의 전통적 창조 신화가 그리스 문화권에서 어떻게 철학적 차원의 창조 신화로 변모되었는지를 알 수 있다.

4. 미래의 신화

지금까지 우리는 기존의 신화들이 어떻게 발생하였고, 그것들이 초기 문명 시대와 축의 시대를 거치면서 어떠한 과정을 거쳐 각각의 문화권에 알맞게 다양한 형태로 전개되어 왔었는지를 신화 발생의 외적 조건과 내적 조건에 초점을 맞춰 살펴보았다. 우리는 우선 그 내적 조건에 대한 시스템 신경 생리학적 관점에서의 고찰을 통해, '초일상적 자극에 반응하기를 선호하는 성향을 지닌, 다시 말해 자연계 안의 존재자들에 대해 결코 만족하지 못하는 성향을 지닌 예외적 존재자들'의 사유가 '완전한 존재에 대한 투사로서의 신적 존재'라는 개념을 형성했고,

그러한 존재에 관한 이야기 즉 신화를 만들어내었음을 알 수 있었다. 다른 한편 우리는 신화가 만들어졌던 시대적 조건들을 살펴봄을 통해, 각각의 신화들이 어떻게 시대의 흐름에 따라 고유하게 나타난 정치적·사회적 격변의 풍랑 속에서 인류가 길을 잃지 않고 앞으로 나아갈 수 있도록 방향을 제시해 왔었는지를 가늠할 수 있었다. 우리는 그러한 격변의 가장 극적인 예를 여러 문화권 중에서도 특히 인도 문화권의 아리아인들이 겪었던 정신적 변화 속에서 찾아 볼 수 있었다. 사실 초원의 목축민 시절에 평화로움을 추구하던 그들의 정신 구조는 문명 발생기의 민족 이동 시절에는 폭력과 살생을 오히려 신성시하는 정신 구조로 변하였다가, 축의 시대에 이르러 폭력과 살생·야만을 순치시킴을 최고의 미덕으로 삼는 것으로 변하였다. 우리는 아리아인의 예에서 그 정점을 찾아볼 수 있는 인류의 이러한 정신 구조의 변화 일반을 생생하게 각인시키고 있는 의례 신화·영웅 신화·창조 신화들이 하나의 공통된 방향으로 향해 왔음을 알 수 있었다. 즉 인류는 될 수 있으면 남과 다른 생각을 갖지 않고 같은 생각을 가지려고 노력하는 사회적 지능의 발달 덕분에, 도시 국가의 발달 이후에 팽배하게 되었던 폭력과 이기심을 가능한 한 최대로 통제하고 남을 위해 나 자신을 희생시킬 수 있는 정신을 보편적 가치로서 설정하고 그러한 가치를 실천하는 방향으로 진화해 온 것이다.

그렇다면 지금까지 그러한 가치를 실현함에 있어 주도적 역할을 해 온 신화는 과연 미래 사회에서 어떠한 역할을 할 수 있을까? 미래는 제 4차 산업혁명이 몰고 올 인공지능과 사물 인터넷의 풍랑이 기존의 가치 체계를 송두리째 흔들 것으로 예상되는 시대이어서, 우리는 과거와는 근본적으로 다른 방법으로 이 새롭게 몰려오는 파도를 헤쳐 나가야 할 것이다. 왜냐하면 과거의 풍랑은 '자연과 인간 사이의 관계'에서(문명 발생의 시대) 또는 '인간과 인간 사이의 관계'에서(축의 시대) 일어난 것이라면, 미래의 풍랑은 '기계와 인간 사이의 관계'에서 일어날 것이기 때문이다. 이러한 관계는 전통적 의미에서의 인간관계(사람과 사람이 얼굴을 직접 마주 대하면서 표정과 몸짓 및 대화 속에서 맺어지는 관계)를 본질적으로 바꿔놓을 것으로 예측된다. 미래 사회의 인간관계는 점점 더 기계 문명이 마련해주는 논리적 공간에서의 간접적 만남에 의존하게 되기 때문에, 상대방을 이해하는 능력을 점점 더 약화시키게 만들 것이다. 그러한 이해력의 약화는 거울 뉴런과 시냅스를 작동시켜 타인의 마음을 읽음으로써 함께 대화하고 공감할 수 있는 능력 자체를 약화시킬 것이기 때문에, 인간의 본질적 특성인 사회성 자체를 파괴시키게 될 위험성마저도 내포하고 있다.

사실 과거의 전통 사회에서는 집단적으로 치러지는 모든 제도적 행사(종교적 의례· 사회적 입문식 등)에 공동체의 일원으로 참석하는 행위 자체가 인간에게 '다른 동료들과의 함께 동일한 집단에 속함'의 기쁨이라는 감정을 통해 자아 정체성을 확보해 주었었기 때문에, 사회적 지능은 자연스럽게 형성될 수 있었다. 그러나 그러한 제도 자체가 사라진 오늘날, 자아 정체성은 나 자신이 스스로 개인적 차원에서 찾아내야만 하는 보물과도 같은 것이 되었다. 왜냐하면 사회성 자체도 본인이 그것을 획득하려는 노력을 기울이지 않는 한 형성되기 어려운 것이 되어버렸기 때문이다. 그런데 그러한 자아 정체성이라는 진리 내지 보물은 기존의 영웅 신화들에 등장하는 보물들—황금 사과, 황금 양털, 성배—처럼, 외부 세계에 존재하는 대상물이 아니라, 경험적 현실에 존재하지 않지만 그것의 존재를 느낄 수 있는 사람에게만 실재하는 내면세계의 대상인 것이다. 따라서 그것을 찾아 떠난다는 것은 내면적 깨달음과 존재론적으로 새로운 사람이 되려고 노력함을 뜻한다. 그러한 깨달음과 환골탈태의 노력은 어떤 의미에서는 구석기 시대의 새의 탈을 쓴 샤만의 저쪽 세계로의 여행 내지 인도 열대림 속에서 미지의 영적 세계를 개척해 나가는 리시들의 구도적 수행에 비유될 수 있다. 그렇다면 미래 사회의 신화는 도대체 이러한 깨달음의 여행을 떠나려는 사람들에게 어떠한 역할을 할 수 있다는 말인가?

우리는 일반적으로 기계 문명이 점점 더 지배하게 될 사회에 더 일찍부터 적응하기 위해서는 과거보다 훨씬 더 과학적이고 합리적인 논리를 따라 사유하고 행동해야 마땅하다고 생각하기 쉽다. 그런데 리버먼에 따르면, 인간들 사이의 소통은 오히려 그러한 현실 적응의 논리를 벗어날 때 훨씬 더 잘 이루어진다. 왜냐하면 인간의 사유는 주어진 문제를 해결할 때는 논리적 추리력을 총동원하지만, 그 문제가 해결된 순간 그러한 추리의 세계에서 완전히 벗어나 여타의 시간에는 항상 '사회 속에서 내가 타인에게 어떻게 보일까'에 대해 생각하는 사회적 지능에 따라 움직이기 때문이다.[43] 그러나 리버만의 이러한 주장은 인간이 지닌 사회적 지능이 타인과의 소통에 있어 매우 중요하다는 사실만 강조하고 있지, 그 소통의 수단인 대화의 내용물이 지니는 중요성에 대해서는 부각시키지 못하고 있다. 사실 인간들 사이의 소통과 관계맺음에 있어, 대화라는 행위 자체 및 심리적 태도도 중요하지만, 그것보다 더 중요한 것은 그러한 대화의 내용을 이루는 각자의 가치관 내지 세계관이다. 신화적 사유는 바로 이러한 가치관 내지 세계관의 기초를 이루는 정신적 구조 자체를 형성시켜 주는 것이기 때문에, 인간의 사회적 관계가 메말라 가면 갈수록 더욱 더 중요하게 될 것이다.

미래 사회에 더욱 더 필요하게 될 인간과 인간의 사회적 관계를 풍요롭게 해줄 수 있는 능력은 사회적 지능과 감정적 지능(Emotional intelligence)의 계발 여하에 달려 있다. 사실 근대 이후의 인류 사회에서는 인지적 지능의 계발만 중시되어 왔지, 그러한 종류의 지능에 대한 계발은 등한시되어 왔다. 그 이유는 인지적 지능이 지금까지의 문명 발달에 있어 항상 주도적 역할을 해왔기 때문이다. 그러나 인지적 지능의 역할을 인공 지능과 로봇이 떠맡게 될 미래 사회에서는 사회적 지능과 감정적 지능이 중시될 수밖에 없다. 물론 그러한 지능의 계발은 신화뿐만 아니라, 인문학이나 예술 그리고 종교적 명상이 모두 함께 융합하여 떠맡아야 할 과업이다. 예를 들어, 우리는 엘리어트의 '황무지' 속에서 신화적 사유와 문학적 상상이 어떻게 융합되어 사회적 지능과 감정적 지능이 계발될 수 있는지를 극명하게 읽어낼 수 있다. 사실 이 시는 '죽은 자에 대한 장례'에서 단순히 옛 선인들의 장례식 속에 함축되어 있는 부활 사상을 근대적으로 해석하고 있는 것이 아니다. 그것은 청교도 문화와 근대 시민사회 속에서 인간의 창조력과 생산력을 상실한 불모지에서 점차 죽어가는 근대 시민 정신을 마치 4월의 봄비가 라일락의 새싹을 일깨우듯, 부활시키기 위해 타인의 공감에 호소하는 처절한 외침인 것이다.

그러한 부활의 외침은 우리에 의해 공감되는 순간 아무리 잔인하다 하여도 우리 모두에게 부과된 운명이자 소명이 된다.

소위 군돌프(F. Gundolf)가 명명한 '교양 경험'을 중시하였던 엘리오트(T.S. Eliot)가 과거의 신화에서 다루어졌던 개념이나 주제로부터 시적 창작의 영감을 얻었듯이, 오늘날의 우리는 우리 자신의 작품을 창작해 내기 위한 영감을 신화적 주제로부터 얻을 수 있다. 다른 한편 우리는 또한 '원초 경험'을 중시하였던 조이스(J. Joyce)처럼, 그러한 영감을 우리의 직접적 생활의 현실과 체험 속에서 신화적 이미지를 떠올리며 나만의 고유한 방식으로 얻을 수도 있다.[44] 우리가 두 갈래의 길 중에서 어느 길을 선택하든, 즉 과거의 신화에서 개념이나 주제를 통해 영감을 받든 아니면 신화의 이미지만을 통해 영감을 받든지 간에, 그 둘의 길에 공통적인 것은 우리가 신화로부터 과거 선현들의 경험에 공감하는 순간 새로운 창조적·야생적 사유의 길을 개척할 수 있게 된다는 점이다.

창조적·야생적 사유는 미지의 세계를 영적 차원에서 개척하기에 가장 적합하다. 그러나 미지의 세계를 개척하기 위해서는 어떠한 기존의 틀에도 얽매이지 않는 정신을 갖고, 베다 시대 인도의 리시들 또는 구석기 시대의 새의 탈을 쓴 샤만처럼 홀로 내면의 세계 속에서 구도의 고행을 정진할 수 있어야만 한다. 그러한 정신과 수행의 자세는 신화적 사유에 의해 가장 잘 길러질 수 있는데, 그 이유는 신화적 사유의 힘이란 것이 모든 고정된 것을 거역함에 있기 때문이다. 그러나 다른 한편 신화적 사유는 지금까지 살펴보았던 의례 신화와 영웅 신화 그리고 창조 신화가 여실히 보여 주었듯이, 사회적·공감적 사유를 길러줌에도 결정적인 역할을 한다. 사회적·공감적 사유는 하나의 공동체를 가치론적 차원에서 하나로 묶어 주는 길을 찾기에 가장 적합하다. 사실 공동체 속에서 사회적으로 인정된 가치를 각각의 구성원들이 자발적으로 선택하고 실천하는 것은 그 가치의 보편성에 대한 공감대가 인간의 노력에 의해 형성되어 있기 때문이다. 예를 들어, 인도에서 폭력·살생·침략을 신성한 행위로 간주하던 사유로부터 불살생(아힘사)을 최고의 미덕으로 간주하는 사유에로의 전환이 이루어질 수 있었던 것은 그 미덕이 지닌 보편적 가치에 대한 공감적 사유가 신화 및 종교적 의례를 통해 문명인의 윤리의식의 기저에 하나의 원형으로서 뿌리내렸기 때문이다.

이 같은 관점에서 보면, 신화적 사유는 미지의 세계를 영적 차원에서 개척함과 기존의 세계를 가치론적 차원에서 하나로 묶어줌의 역할을 동시에 수행하고 있다. 바로 그러한 이유에서, 우리는 신화가 융합과 네트워킹의 능력이 그 어느 때보다 강력하게 필요하게 될 미래 사회에서 더욱 더 각광을 받으리라 추론한다. 그러나 이 모든 것은 자기 자신이 신화를 통해서만 도달할 수 있는 상상계로부터 발산되는 초일상적 자극에 반응하여 최상의 삶의 방식을 개척하고, 그러한 삶 속에서 체득된 가치를 보편화시키려고 모든 사회적 구성원들이 함께 노력하는 한에서만 의미를 지닐 것이다.

노이만의 분석심리학의 상징과 신화

장영란

1. 위대한 어머니 여신의 원형과 신화적 이미지

인류의 역사 속에 나타나는 이루 헤아릴 수 없는 문학, 예술, 철학, 종교 등의 작품들뿐만 아니라 역사 이전에 나타난 경이로운 유적이나 유물들을 통해 인간의 정신의 '원형'을 탐색하는 작업은 필요하다. 융의 원형은 기본적으로 집단 무의식과 연관되어 있다. 그리하여 원형(Archetypus)은 "언제든지 모든 민족 사이에서 동일한 또는 유사한 방식으로 나타나는 '신화적 모티프들'로 발현되며, 현대인의 무의식으로부터 자연발생적으로 솟아나올 수 있다"고 한다.[1] 말하자면 그것은 보편적 특성을 가지고 신화나 비의 및 민담으로 나타날 수 있다. 특히 원형은 집단 무의식에 속하며 의식에 떠올랐을 때 다양한 방식으로 변화될 수 있다고 한다. 먼저 '집단' 무의식에 속한 것이라는 증거는 "모든 인간에게 동일하며 모든 사람에게 존재하는 초개인적 성질을 지닌 보편적 정신의 토대"를 이루고 있기 때문이다. 그렇지만 원형이 의식의 표면으로 드러나게 되면 다양하게 나타날 수 있다.[2]

원형은 본질적으로 무의식의 내용을 나타내며 그것이 의식화되고 지각됨으로써 변하는 것이다. 즉 원형은 나타난 그때그때의 개인의 의식에 맞추어 변한다.

융은 원형 자체(Archetypus an sich)와 원형의 재현(archetypische Vorstelling)이나 원형의 이미지를 구분한다. 원형 그 자체는 우리에게 경험될 수 없는 것이며 의식에 포착되지 않는다. 우리가 인식하는 것은 단지 원형의 재현이나 이미지일 뿐이다. 원형 자체가 무의식의 영역에 속한 것이라면 원형의 재현이나 이미지는 의식의 영역에 속한 것이다. 우리가 원형을 인식할 수 있는 경우는 그것이 지각가능하게 되어 의식의 영역에 들어왔을 때이다. 그렇기 때문에 양자는 전혀 다른 영역에 속해있고 다른 방식으로 작동한다. 그러나 일반적으로 '원형'으로 사용하는 용어는 실제로는 원형의 '재현'이나 '이미지'인 경우가 대부분이다. 실제로 원형 개념은 융 이후에 엘리아데(Eliade)나 바슐라르(Bachelard)도 사용하고 있다. 그렇지만 그들은 모두 원형 자체를 원형의 재현이나 원형 이미지와 동일하게 사용하였다. 노이만도 위대한 어머니의 원형 또는 원초적 이미지에 관해 분석심리학이 말할 때 그것은 시공간에 있는 어떤 구체적인 이미지를 말하는 것이 아니며 인간 영혼 안에서 일어나는 내적 이미지를 언급한다고 말한다.[3] 누구도 원형 자체와 직접 대면할 수 없으며 원형적 이미지로만 대면할 수 있다. 사실 원형이 구체적으로 드러난 것이 상징이며, 상징은 원형에 참여하고 있다. 상징은 의식에 직접적으로 드러내기 힘든 어떤 불분명한 것이나 숨겨져 있는 것 등을 이미지를 통해 드러내고, 논리적 이성에 의해 파악하기 어려운 의미를 전달하는 수단이다.[4] 그것은 근본적으로 언어로 완벽하게 표현될 수 없으며 전달될 수도 없는 것이다. 그리하여 상징은 이미지로 표상되지만 그것 자체의 신성한 힘을 가지고 있기 때문에 인간을 변화시킬 수 있다.

융은 모든 인간의 영혼에는 '어머니' 여신과 관련된 원형이 들어있다고 말한다. 근본적으로 위대한 어머니 여신의 개념은 비교종교학의 영역이며 어머니-여신의 광범위한 변화 유형을 포괄한다.[5] 융은 위대한 어머니 여신이 '어머니 원형'의 한 부분으로 다산과 풍요와 연관되어 있다고 생각했다. 노이만은 '위대한 어머니'라는 용어는 원형적 여성성의 부분적 양상으로 고도로 발달된 사변적 의식이라는 의미를 내포하는 추상적 개념이라고 한다. 그렇지만 '위대한 어머니'는 개념이 정립되기 훨씬 이전부터 이미 수천 년 동안 숭배되고 묘사되어 왔다.[6)]

> '어머니'와 '위대한'이라는 용어의 결합은 개념의 결합이 아니라 정서적으로 채색된 상징들의 결합이다. 여기서 '어머니'는 단지 모자관계뿐만이 아니라 자아의 복합적 심리 상황을 지시하며, '위대한'은 인간적인 모든 것과 피조물 전체와 비교하여 원형적 형태(the archetypal figure)가 가진 우월성의 상징적 특성을 표현한다.

근본적으로 위대한 어머니 여신은 비교적 늦게 개념화 되었지만 실제로는 구석기 시대로부터 형상화되어 숭배되었다고 할 수 있다. 그렇기 때문에 노이만은 '위대한'과 '어머니'는 개념들이 아닌 상징들의 결합체라고 한다. 구체적으로 어머니 여신에 붙는 '위대한'의 특성은 "담겨있고, 은신처를 제공받고, 영양을 공급받는 것은 여성성과 그것의 생존이 순전히 여성성의 자비에 의존하고 있기 때문"이라고 한다. 우리가 기본적인 여성적 기능들인 생명을 주고, 영양공급을 하고 따뜻하게 해주고 보호를 하는 기능들을 전체적으로 고려할 때에만, 여성성이 인간 상징에 중심적 위치를 차지하고 있는 이유를 이해할 수 있다고 한다. 여기에 바로 '위대함'이라는 용어가 필요한 것이다.[7)] 근본적으로 어머니의 원형은 '담는' 것, 즉 그릇이나 '용기'의 기능을 한다. 노이만은 프로이트가 모든 구멍들을 '상징적으로' 여성적인 것으로 인식하였다면 제대로 인식한 것이라 할 수 있지만, 만약 여성 생식기로 해석했다면 문제가 된다고 한다.[8)] 여성의 생식기는 어머니 원형의 극히 일부만을 의미하기 때문이다. 그리하여 고대인들은 여성과 몸과 그릇을 상징적으로 동일시하였다고 설명이 가능해진다. 고대 종교에서 여성의 몸의 성스러움은 대지모(Terra Mater) 여신과 연관되며 지상의 언덕이나 산 등은 최초의 신전이며 여성의 몸의 형태로 신전이 지어졌다.[9)]

노이만은 '위대한 어머니'를 무의식의 네 단계 중에서 마지막에 나타나는 표상으로 설명한다. 무의식의 세계는 첫째 '원형 자체', 둘째 '우로보로스', 셋째 '원형적 여성성', 넷째 '위대한 어머니' 등 네 단계로 구분된다.[10] 첫 번째 '원형 자체'(Archetype an sich)는 칼 융이 말한 원형적 이미지와 구분되며 무의식에 속해있는 것이다. 그것은 그 자체로 인식되지도 표상되지도 않기 때문에 설명되지 않는다. 두 번째 '우로보로스'(the Uroboros)는 "인간의 의식과 자아가 여전히 왜소하고 미발달 상태에 있는 태초의 정신적 상태, 즉 원초적 상황을 상징"한다.[11] 그것은 남성과 여성, 의식과 무의식이 혼합되어 있는 상태로 위대한 어머니와 위대한 아버지의 형상들이 통합되어 나타난다.[12] 세 번째로 '원형적 여성성'(the Archetypal Feminine)은 우로보로스 상태에서 분화되어 나온 것으로 비록 여성성이 강하게 작용하지만 남성성도 여전히 포함하고 있다. 네 번째 '위대한 어머니'(the Great Mother)는 좋은 어머니(the Good Mother), 무서운 어머니(the Terrible Mother), 좋고-나쁜 어머니(the Good-Bad Mother) 세 가지 형태를 갖는다. 좋고-나쁜 어머니는 긍정적 속성과 부정적 속성을 일치할 수 있게 한다. 위대한 어머니 여신은 본성상 삶과 죽음의 원천이기 때문에 탄생과 양육의 이미지와 파괴와 소멸의 이미지를 가진다.

2. 어머니의 원형과 원형적 여성성

고대 위대한 어머니 여신에 대한 현대적 관심은 신화, 종교, 예술, 고고학, 정신분석학 등 다양한 분야에서 나타난다.[13] 융은 '어머니'의 원형을 다양한 차원으로 구분하여 설명한다.[14] 그것은 보다 높은 의미에서는 어머니 신과 성처녀 및 소피아로 상징된다. 보다 넓은 의미에서는 교회, 대학교, 도시, 나라, 하늘, 땅, 숲, 바다, 고요한 물, 물질, 지하세계, 달로 상징되는 반면, 보다 좁은 의미로는 출산과 생산의 장소로서의 논밭, 정원, 바위, 동굴, 나무, 수원지, 깊은 우물, 세례 반 그릇으로서의 꽃, 마법의 원, 염소의 뿔로 상징되며, 나아가 자궁, 모든 구멍, 요니, 오븐, 냄비 등으로 상징되기도 한다. 근본적으로 융은 어머니 원형이 긍정적이고 유익한 성격과 부정적이고 파괴적인 성격, 즉 양가성을 가진다고 생각했다.[15] 한편으로 초월적인 지혜, 정신적인 숭고, 자애, 돌봄, 유지, 성장, 풍요, 영양공급 등의 긍정적인 특성이 있으며, 다른 편으로 본능이나 충동, 비밀스러움, 감추어짐, 어둠, 심연, 죽은 자의 세계, 삼킴, 유혹, 독살, 두려움의 원인, 피할 수 없는 것 등의 부정적 특성이 있다.

노이만은 융과 관련하여 위대한 어머니 여신이라는 연구주제를 훨씬 심층적으로 다루었다. 노이만은 융의 어머니 원형을 발전시켜 '원형적 여성성'에 대한 논의를 정립시킨다. 그는 원형적 여성성을 두 가지 축들과 네 가지 원들로 구분하여 분석한다. 그는 입체적으로 수직적 축과 수평적 원을 사용하여 역동적으로 설명하고 있다. 먼저 두 가지 축들은 여성성의 두 성격을 나타내는데 '어머니'(M)와 '아니마'(A)로 구분한다. 여기서 어머니의 축이 기초적 성격(the elementary character)을 나타내며 보다 물질적이고 육체적인 성격을 띠고 있다면, 아니마의 축은 변형적 성격(the transformative character)을 나타내며 보다 정신적이고 영적 성격을 띠고 있다.[16] 두 축들은 각기 중심을 기준으로 상위의 축과 하위의 축으로 구분할 수 있다. 그래서 '어머니'의 축의 상위의 부분은 '좋은' 어머니로 형상화되고 하위의 부분은 무서운 어머니로 형상화된다. 또한 '아니마'의 축의 상위의 부분은 긍정적 아니마(the positive anima)로 형상화되며, 하위의 부분은 부정적 아니마(the negative anima)로 형상화된다.[17] 그런데 기초적 성격과 변형적 성격은 두 축에만 적용되는 것이 아니라 두 축을 관통하는 네 개의 원들에도 적용된다. 제 1원은 기초적 성격의 단계이고, 제 2원은 변형적 성격의 단계이고, 제 3원은 영적 변형의 단계이며, 제 4원은 우로보로스의 단계이다. 각 원은 두 개의 축에 의해 네 개의 구역으로 나눠지는 데 상호 영향을 준다.

여기서 두 축 '어머니' 축과 '아니마' 축을 각각 상위의 부분과 하위의 부분으로 나누면 네 개의 영역으로 나눠지는데, 어머니의 축은 상위의 좋은 어머니

(M+)와 하위의 무서운 어머니(M-)로 구분되며, 아니마의 축은 상위의 긍정적 아니마(A+)와 하위의 부정적 아니마(A-)로 구분된다. 다시 두 개의 축의 네 개의 극에 네 원들을 단계별로 적용하여 설명하고자 한다. 노이만은 1) 기초적 성격의 단계, 2) 변형적 성격의 단계, 3) 영적 변형의 단계로 구분해서 설명한다.[18] 세 가지 단계별 특징은 다음과 같은 방식으로 확장된다.

원형적 여성성의 단계별 도식

	기초	변형	영적변형		
좋은 어머니	출산, 방출	발달, 성장	결실	재생, 불멸	식물비의
긍정적 아니마	보호, 온기, 영양 공급	변형, 승화	영감	탈아, 지혜, 비전	영감비의
무서운 어머니	포로, 봉쇄	감소, 삼킴	죽음	병, 소멸, 절단	죽음비의
부정적 아니마	거부, 박탈	변형, 소멸	광기	탈아, 무력, 혼수	주취비의

우선 '기초'적(Elementary) 단계는 위대한 그릇(Great Container)으로서 그것으로부터 나온 모든 것을 붙잡으려고 하고, 영원한 실체처럼 그것을 둘러싸려고 하는 여성성의 측면을 말한다.[19] 이 단계에서는 네 영역이 각각 다음과 같은 방식으로 진행된다. 첫째, '좋은 어머니'는 식물의 상징을 가지며 어둠에서 빛으로, 무의식에서 의식으로 나아가는 출산과 방출의 특징을 가진다. 둘째, '긍정적 아니마'는 '주는'(giving) 기능을 가지는데 보호하고 온기를 주고 영양을 공급하는 기능으로 분화된다. 셋째, '무서운 어머니'는 붙들고 놓아주지 않아 포로나 봉쇄 상태로 경험되고 함정에 빠트리는 공격적인 성향을 포함한다. 넷째, '부정적 아니마'는 붙잡고 놓아주지 않는 기능의 영향으로 거부와 박탈의 기능을 가진다.

다음으로 '변형'(Transformation)의 단계는 기초적 단계의 보수적 경향과 대조적으로 변형으로 이끌어가는 정신의 역동적 요소를 강조한다. 정신 발달에서의 변형의 단계는 처음에는 기초적 성격의 영향을 받다가 점차 벗어나게 된다. 변형의 성격에서는 특히 임신과 출산 및 자식의 성장 등을 통해 자신과 타자를 모두 변화시킬 수 있는 여성이 중심적 상징이 된다. 여성의 변형과 관련된 가장 강한 인상은 '피'의 변형이다. 노이만은 여성의 일생과 관련하여 피의 비의를 세 가지 측면에서 다룬다.[20] 첫째 '초경'을 통한 피의 변형으로 초경은 모든 여성의 삶에서 운명적 순간으로 나타난다. 둘째, '임신'을 통한 피의 변형으로 태아가 피에서 형성되고, 여성의 인격의 변화를 일으키며, 결국 출산을 통해 여성의 삶을 재형성하게 만든다. 셋째, 젖이나 '모유'로의 변형으로 일종의 음식 변형 비의와 관련있다. 여성과 관련된 피의 변형은 임신과 출산 및 양육에서 중요한 계기를 마련하며 어머니의 이미지에 다양한 변화를 가져온다. 여기서 변형의 단계에서는 네 영역이 각각 다음과 같은 방식으로 진행된다. 첫째 '좋은 어머니'는 발달과 성장의 기능을 가지고, 둘째 '긍정적 아니마'는 성장의 영향을 통한 변형과 승화의 기능을 가지고, 셋째 '무서운 어머니'는 감소와 삼킴의 기능을 가지며, 넷째 '부정적 아니마'는 감소와 집어삼키는 기능의 영향을 통해 변형과 소멸의 기능을 가진다.

마지막으로 '영적 변화'(Spiritual Transformation)의 단계에서는 물질적으로 뿐만 아니라 영적으로 변형되는 것을 느끼게 되며 성스러운 의미를 가지게 된다. 이 단계에서 네 가지 영역은 각각 다음과 같은 방식으로 진행된다. 첫째, '좋은 어머니'는 여러 단계를 통해 씨앗이 성장하여 곡식이 변형되는 '결실'의 기능과 재생과 불멸의 상징을 가지며 식물 비의(Vegetation Mysteries)로 구체화된다. 둘째, '긍정적 아니마'는 좋은 어머니의 물질적 성격을 극복하고 비물질적으로 영적 변형으로 이루어 '영감'의 기능과 지혜와 비전의 상징을 가지며 영감 비의(Inspiration Mysteries)로 구체화된다. 영감에는 점술, 종교적, 예언적, 시적 영감 등을 포함된다. 셋째, '무서운 어머니'는 감소와 삼킴을 통해 죽음의 기능과 병듦, 소멸, 절단의 상징을 가지며 죽음의 비의(Death Mysteries)로 구체화된다. 이것에 죽은 자의 매장, 장례의식, 희생제의, 전쟁과 사냥의 영역도 포함되며, 모든 것을 삼키는 자궁, 무덤, 공동묘지, 부정적인 죽음 주술, 죽음의 여신 등과 관련된다. 넷째, '부정적 아니마'는 부정적 탈아적(ecstatic), 주신제적(orgiastic) 본성과 연관되며 광기의 기능과 망아와 혼수 및 무력의 상징을 가지고 주취 비의(Mysteries of Drunkeness)로 구체화된다.

노이만은 원형적 여성성에 대한 분석을 삼차원적인 도식으로 보고 있다.[21] 그렇다면 '좋은 어머니'의 극과 '무서운 어머니'의 극이 하나의 축으로 원형으로 만날 수 있는 것처럼, '긍정적 아니마'의 극과 '부정적 아니마'의 극도 하나의 축으로 원형으로 만날 수 있다. 이 네 가지 극들이 하나의 구형으로 형상화되는 과정에서 서로 만나게 되고 미분화되는 형상을 갖는다. 이와 같이 미분화된 여성성의 원형은 어머니의 형상, 성처녀의 형상, 젊은 마녀 형상, 늙은 마녀 형상으로 나타난다.

여성성의 원리와 사례

	미분화형상	특징	대표적 사례
좋은 어머니	어머니	모성	데메테르, 아르테미스, 이시스, 이슈타르, 관음
긍정적 아니마	처녀	영감	무사이, 아테나, 아르테미스, 코레, 마아트, 소피아
무서운 어머니	늙은 마녀	죽음	칼리, 고르곤, 헤카테, 이슈타르, 이시스, 아르테미스, 에리뉘에스, 라미아, 엠푸사
부정적 아니마	젊은 마녀	마법, 유혹	아스타르테, 아프로디테, 아르테미스, 릴리트, 로렐라이, 키르케, 메데이아, 요정

첫째, 좋은 어머니는 '어머니'(the Mother) 형상으로 '모성'적 구성요소들이 속한다. 엘레우시스 신비의식의 데메테르는 그리스 농경신화의 대표적인 곡물의 여신이며, 소아시아의 아르테미스는 수많은 젖가슴을 달고 있으며 동물의 머리로 하반신을 장식하고 있는 다산과 풍요의 여신이다. 이집트의 이시스(Isis)도 농경신화와 연관되며 죽은 오시리스와의 재결합을 통해 호루스를 낳는 생명력의 원천으로 인식된다.[22] 바빌로니아의 이슈타르도 달의 여신으로 죽음과 재탄생과 관련되며 역시 다산과 풍요를 관장한다. 불교의 관음(Guanyin)은 중생의 한탄과 비탄의 '소리를 듣는' 자비의 여신으로 모성의 특성이 강하게 드러난다.

둘째, 긍정적 아니마는 신성한 '처녀'(the Virgin)의 형상으로 나타나며 '영감'

적 특징을 가진다. 그리스도교의 마리아가 가장 강력한 특징을 가진다. 그리스의 무사들(Mousai)도 학문과 예술의 여신들로 다양한 분야를 주관하고 있으며 인간의 영혼에 영감을 불러일으키는 존재들이다. 그리스의 아테나와 아르테미스 및 데메테르의 딸로서의 코레(Kore)는 모두 처녀 신으로 각각 보호와 승화의 요소를 가진다. 이집트의 마아트(Maat)는 우주의 법과 정의를 관장하는 신으로 우주적 진리와 지혜와 관련 있으며, 중세의 소피아(Sophia)도 신의 '지혜'를 의미하며 성령의 선물이다.

오뒤세우스와 세이렌
출처: https://en.wikipedia.org/wiki/Siren_(mythology)

셋째, 무서운 어머니는 '늙은 마녀'(the old witch) 형상으로 나타나며 '죽음'의 이미지와 관련된다. 인도의 칼리는 검은 죽음의 여신이며 파괴의 이미지를 갖는다. 그리스의 경우에 공포와 전율로 화석화시키는 고르곤과 달의 상징인 세 개의 얼굴과 몸을 가지고 개를 가진 헤카테, 그리고 냉정하고 잔인한 사냥의 여신으로 유혈 제사를 받는 아르테미스는 죽음과 파괴의 이미지가 강하다. 메소포타미아의 이슈타르도 전쟁의 여신의 기능을 가지고 있기 때문에 파괴적인 이미지를 갖고 있다. 이집트의 이시스도 죽음과 재탄생과 관련하여 필연적으로 부정적 인식을 가지기도 한다. 이와 함께 그리스의 복수의 여신 에리뉘에스(Erinyes)와 로마적 변형 푸리에스(Furies)는 늘 죽음과 밀접하게 연관되어 있으며, 어린 아이를 잡아먹는 라미아(Lamia)와 청년들을 유혹하여 피를 마시는 엠푸사(Empusa) 등과 같은 부정적인 정령적 형상들이 있다.

넷째, 부정적 아니마는 '젊은 마녀'(the young witch) 형상으로 나타나며 치명적 '마법'을 지니고 '유혹'하는 특징을 가진다. 우선 메소포타미아의 아스타르테(Astarte)와 그리스의 아프로디테와 아르테미스와 같은 여신들은 다산과 관련된 사랑의 여신들로 제시되며, 다음으로 유대 민담의 아담의 첫 번째 아내이자 유혹자로 나타나는 릴리트(Lilith)와 세이레네스와 유사하게 나타나는 독일 민담의 로렐라이(Lorelei) 등과 같은 존재들이 포함된다. 마지막으로 노이만은 키르케와 메데이아도 "원시 여신의 인격적 형태들"로서 포함된다고 한다.[23] 그리스 신화에서 키르케(Circe)는 태양신 헬리오스의 딸로 신적인 존재로 이야기되다가 오뒷세우스와 그 동료들을 유혹하는 마법사로 생각된다.[24] 메데이아(Medeia)도 키르케의 조카로 아르고호의 이아손의 배신으로 자식으로 살해하는 비운의 콜키스의 공주로 말해지지만, 죽어서 불멸하게 되었다는 전거들을 통해 신적인 면모를 찾아볼 수 있다.[25] 이들은 모두 죽음으로 이끄는 유혹하는 성격을 가지고 있다.

노이만은 원형적 여성성의 네 가지 극단에 대표적인 존재들로 제시하는 목록을 보면 여신들이 '중복'적으로 등장하는 것을 알 수 있다. 이러한 특징은 고대의 위대한 여신들은 총체적인 성격을 가지기 때문이다. 고대 위대한 어머니 여신들은 처녀이면서 어머니의 역할을 하는 경우가 많다. '처녀'라는 말은 남성과 결합한 적이 없는 여성을 의미하는 현대와는 달리 다른 사람에게 종속되지 않으며 누구하고도 결합할 수 있는 여성을 가리키는 말이었다. 그러므로 고대 신화 속에서 처녀이면서 동시에 어머니의 이미지는 전혀 문제가 되지 않았다. 그리스의 경우에 올륌포스 이전 신화에는 이러한 특징이 분명하게 남아 있으나 올륌포스 신화에는 예외적으로 나타난다. 가이아 여신은 처녀이면서 어머니 여신이었다. 헤시오도스 신화에서는 최초로 처녀생식을 통해 우라노스와 폰토스 및 산들을 낳은 것으로 이야기된다. 헤라 여신도 제우스가 머리로 아테나 여신을 낳는 것을 보고 분노하여 헤

에페소스의 아르테미스, 터키 에페소스 박물관 소장 1세기 로마복제품
출처: https://en.wikipedia.org/wiki/Artemis

파이스토스를 처녀생식으로 낳았다고 한다.[26] 아테나 여신도 올림포스의 처녀(parthenos) 신으로 유명하지만, '어머니'라는 명칭으로도 불렸다. 어머니로서의 특징은 아테네의 시조 에리크토니오스(Erichthonios)를 가이아로부터 받아 양육하는 이야기에도 남아 있다.[27] 심지어 그리스 비극에서도 여전히 아테네의 '어머니, 여주인, 보호자'라고 불렸다.[28]

그리스 신화에서 아르테미스는 완벽하게 처녀 신으로 나타나지만, 소아시아 지역에서 출토된 아르테미스상은 다산과 풍요의 어머니 여신으로 그려지고 있다.[29] 올림포스 신화에서 아르테미스는 아테나와 달리 단 한 번도 어머니라고 불리지 않으며, 철저히 처녀 신으로만 나타난다.[30] 노이만은 특이하게도 아르테미스는 좋은 어머니, 긍정적 아니마, 무서운 어머니, 부정적 아니마 등 모든 영역에 포함시켜놓았다. 그것은 올림포스 이전과 이후 아르테미스와, 소아시아와 그리스 지역에서 숭배되던 아르테미스의 원형과 변형 간에 너무 큰 차이가 있기 때문일 것이다.[31] 대부분의 유물과 문헌들을 종합해볼 때 아르테미스는 다산과 풍요의 '어머니' 신이면서 출산을 관장하는 '처녀' 신이고, 달의 여신으로서 신비적인 '긍정적' 아니마이며, 유혈제물을 받는 잔인하고 냉혹한 '부정적' 아니마이다.

3. 위대한 어머니 여신의 양가적 특성

인간은 의식을 발달하면서 인간 중심적인 관점에서 대상 세계에 대해 가치 평가를 내리는 경향이 있다. 원시적 사유에서는 우주에서 일어난 자연적 현상이나 질서조차도 가치 평가의 대상이 될 수 있다. 위대한 어머니는 양가적 특성을 분명하게 드러낸다. 노이만은 '원형의 양가성'이라는 융의 개념을 발전시켜 이원적 성격이나 원리의 통합적 이미지를 표현하기 위해 '우로보로스'라는 상태를 논리적으로 전제한다. 여성적 원리와 남성적 원리가 미분화되어 있으며,[32] 긍정적 성격과 부정적 성격이 통합되어 있는 상태를 말한다. 그렇지만 다시 위대한 어머니 여신은 좋은 어머니와 무서운 어머니로 구분된다. 좋은 어머니는 풍요를 가져다주고, 행복하게 만드는 존재이며, 자연을 양육하는 대지이며, 생산력 있는 자궁의 풍요로운 뿔이다. 반면 무서운 어머니는 죽음, 저주, 기아, 홍수, 본능적 충동을 제공하는 피의 여주인, 파멸로 유혹하는 달콤함의 여주인이다.[33] 노이만이 원형적 어머니의 성격을 좋은 어머니와 무서운 어머니로 구분하여 설명하는 이유는 인간 정신의 기준에서 기본적으로 긍정적 이미지를 가지는 것과 부정적 이미지를 가지는 것이 구별되기 때문일 것이다. 인간은 근본적으로 생명과 성장 및 풍요 등은 긍정적으로 보고, 죽음이나 파괴 및 결핍 등은 부정적으로 보는 경향이 있다. 그렇지만 엄밀히 우주 자연의 질서는 생명을 주기도하고 뺏기도 하는 특징을 모두 가지고 있다. 그것은 태어나고 죽는 것과 성장하고 쇠퇴하는 것은 도덕적이거나 윤리적인 것과 상관없으며 자연적인 것이다.

어머니 원형의 긍정적 측면과 부정적 측면에 대해 융은 '사랑스런' 어머니와 '무서운' 어머니로 구분하였고,[34] 노이만은 '좋은' 어머니와 '무서운 어머니' 로 규정지었다. 위대한 어머니 여신은 인간에게는 다산과 풍요를 가져오면 '좋은 어머니'로 파괴와 소멸을 가져오면 '무서운 어머니'로 인식될 수 있다. 이것이 구체적인 여신의 상징이나 이미지에 어떻게 작용하여 형상화 되었는지를 검토할 필요가 있다. 나는 위대한 어머니 여신의 양가성을 보다 명료하게 인식하기 위해 다음과 같이 분류 기

위대한 어머니의 양가성

위대한 어머니	긍정적 성격	부정적 성격
개념	생명, 다산, 풍요, 즐거움, 밝음	죽음, 파괴, 결핍, 고통, 빈곤, 질병, 전쟁, 어둠, 피
특성	출산, 보호, 양육, 수용	찢음, 삼킴, 절단, 저항
이미지	가슴, 젖, 배, 배꼽, 상부의 입과 자궁, 항아리, 성배, 동굴, 집	해골, 무덤, 미궁, 이빨, 돌출한 혀, 하부의 입과 자궁, 뱀 모양의 머리카락
상징	뱀, 새, 암소, 물고기, 돼지, 산토끼	뱀, 개, 늑대, 거미
신성	여신, 성모 마리아	요괴, 마귀, 마녀
	하르퀴이아이, 세이레네스, 아테네, 아르테미스, 데메테르, 이시스, 하토르	

준들을 제시하고자 한다. 그것들은 위대한 어머니 여신의 양가성과 관련하여 첫째, 대표적인 본질적 '개념', 실질적인 행위적 '특성', 현상적으로 나타나는 구체적 '이미지', 동물로 나타나는 '상징', 신성한 존재로 구현되는 '신성' 등이다.

위대한 어머니의 긍정적 성격과 관련하여 대표적인 개념으로 생명, 다산, 풍요 등이 있고, 특성으로 출산, 보호, 양육, 수용 등이며, 구체적 이미지로는 가슴, 배, 상부의 입과 자궁, 항아리, 성배, 동굴, 집 등을 볼 수 있고, 구체적인 동물상징으로는 뱀, 새, 암소, 물고기, 돼지, 산토끼 등을 들 수 있고, 신성한 존재로는 일반적으로 여신이나 성모 마리아 등으로 나타난다. 반면 위대한 어머니 여신의 부정적 성격과 관련하여 대표적인 개념으로 죽음, 파괴, 결핍, 고통, 빈곤, 질병, 전쟁, 어둠, 피 등이 있고, 특성으로 찢음, 삼킴, 절단, 저항 등이 있으며, 구체적인 상징동물로 뱀, 개, 늑대, 거미 등이 있으며, 신성한 존재로 요괴, 마귀, 마녀 등으로 나타난다. 그렇지만 노이만은 위대한 어머니의 양가성을 모두 가진 신성한 존재로 하르퓌이아이, 세이레네스, 아테나, 아르테미스, 데메테르, 이시스, 하토르 등을 제시한다. 위대한 어머니의 양가적 이미지들은 때로는 불분명하게 나타나기도 한다. 특히 여성의 신체와 관련하여 상부의 입은 로고스를 내뱉어 생산적 이미지를 가지고 있지만 하부의 입은 찢고 삼키어 파괴적 이미지를 가지고 있다. 또한 자궁도 한편으로 자식을 낳은 생명의 이미지이지만, 다른 편으로는 시신을 담는 일종의 무덤으로 죽음의 이미지를 가지고 있다. 고대인들은 대지의 자궁이 수많은 생명을 낳기도 하지만 그것을 다시 회수하는 존재이라고도 생각했다. 그래서 임신, 출산, 양육 등과 같이 보호하고 수호하는 여신의 역할을 하지만, 기아, 빈곤, 질병, 전쟁 등은 생명을 집어삼키는 여신의 역할을 한다. 이러한 위대한 어머니의 두 가지 성격은 본래 하나의 여신의 두 측면이나 성격으로 나타나지만 점차 두 명의 신으로 존재론적으로 분리되어 각각 독립적인 존재로서 나타난다.

4. 위대한 어머니 여신의 이미지의 분화원리

현존하는 고대의 유물과 신화에 기초하여 말하자면 인간은 최초의 신성을 여성성으로 표상을 했다. 인류 역사에 나타난 유물과 유적을 통해 위대한 어머니 여신의 변천은 크게 세 단계로 구별된다.[35] 첫째, 구석기 시대에는 위대한 어머니 여신은 삶과 죽음의 단일한 원리로서 존재한다. 둘째, 신석기 시대에서 점차 분리되는 양상을 보이다가 청동기 초기에 어머니와 딸이나 또는 어머니와 아들로 분리되기 시작한다. 셋째, 청동기 중기 이후에서 남신 중심의 신화가 가부장제와 함께 확립되면서 여신은 점차 주요 기능이 축소되거나 통합되는 방식으로 존재하거나 사라진다. 철기 시대와 같이 분명히 여신과 남신이 분리되며 어머니 여신과 연인으로서 젊은 남신이 나타난다.[36] 여기서는 위대한 어머니 여신의 긍정적 성격과 부정적 성격은 여전히 하나로 통합되어 있기도 하고 존재론적으로 둘로 분리되기도 한다. 그래서 위대한 어머니의 이중적 측면들은 좋은 여신과 무서운 여신으로 분리되어 독립적으로 나타나지만, 여전히 하나의 여신 안에 통합되어 공존하는 경우가 많았다. 그리스의 경우에 올림포스 신화를 기준으로 여성적 특성을 가진 신적 존재들은 크게 두 종류로 구분된다. 그리스의 원시 시대부터 존재하던 여신들은 올림포스 신화에 통합되는 과정에서 다음과 같은 특징을 보인다.

우선 올림포스 신화에 흡수되어 통합된 여신들은 남신과 결합한 헤라, 데메테르, 아프로디테, 또는 처녀 신으로 남은 아테나나 아르테미스 등 있으며, 그 외에도 대지의 여신 가이아, 법과 관습의 여신 테미스, 학문과 예술의 여신들 무사이 등이 있다. 올림포스의 여신들은 원초적으로 지역 신들의 특징도 갖고 있다. 그렇지만 그들은 올림포스 신화에 통합되면서 심각한 변형을 겪는다.[37] 헤라(Hera) 여신은 아르고스를 지배하는 강력한 대지의 여신이었지만 제우스와 결합하면서 결혼의 여신으로서의 기능만이 유지되었다. 제우스에게 종속적인 지위였지만 올림포스 쿠데타의 주동자이며 독단적인 제우스를 제어하는 역할을 하는 방식으로 기존의 영향력을 보여준다.[38] 데메테르는 페르세포네의 납치 이후에 상심에 젖어 아무런 기능을 하지 않자 지상의 모든 것들을 죽어가는 대참사를 벌이게 되고 올림포스의 신들이 설득하기 위해 줄줄이 찾아가지만 결국 제우스가 굴복하여 페르세포네를 되돌려 주게 된다.[39] 가이아(Gaia)와 테미스(Themis)는 각각 대지의 여신과 법의 여신으로 전혀 다른 기능을 하는 것으로 보이나 실제로는 동일시되기도 하였다.[40] 가이아는 최초의 우주 생성 이후 우라노스를 중심으로 한 가부장 신화가 확립되면서 주변부로 밀려났으며, 테미스는 우주의 질서와 법칙을 관장하는 중요한 기능을 가졌으나 제우스와의 비공식적 결합을 통해 흡수되고 통합되면서 매우 약화되어 형식적인 기능만 나타난다. 또한 므네모쉬네의 딸들인 무사이(Mousai)는 학문과 예술의 신들로 기능했지만 올림포스의 아폴론(Mousagetes Apollon)에 의해 인솔되는 부차적인 신들로 전락했다.

사실 그리스의 위대한 어머니의 양면적 성격은 올림포스 신들에 통합된 후에도 찾아볼 수 있다. 가이아 여신은 모든 것들을 처녀생식으로 낳은 대지모 여신으로 좋은 어머니의 성격을 가지지만, 크로노스를 통해 우라노스를 거세하고 퀴클로페스(Cyclopes)와 거인족(Gigantes)을 낳는 위험한 다산성을 가진 무서운 어머니의 성격을 드러낸다. 바빌로니아의 티아마트도 압수가 죽은 후 변형되어 마르(Marduk)둑과 대적하여 킹구(Kingu)를 비롯한 괴물들을 낳는 특징을 보인다.[41] 헤라 여신도 암소와 연관되는 대지모신으로서 좋은 어머니의 특징을 보여주면서도, 제우스와 관련된 인간 여인들을 죽음으로 몰아가는 무서운 어머니의 특징을 갖기도 한다. 아테나 여신도 아테네 도시국가의 어머니 신이자 처녀 신으로 원시 신화의 다산과 풍요의 상징인 뱀의 여신이며 영웅들의 수호 여신이지만, 얼굴을 보기만 해도 돌로 변한다는 메두사(Medusa)의 머리를 달고 다니며, 두려움을 불러일으키는 무서운 어머니의 성격을 가지고 있다.[42] 아르테미스 역시 동물들의 여신(Potnia theron)이라 불리며 다산과 풍요의 여신의 측면을 가지고 있지만,[43] 인신공희와 유혈제물을 받는 사냥의 여신으로 금기된 행위를 했을 때 잔인하게 살해하는 무서운 여신의 성격을 드러낸다.[44] 올림포스 종교 이전부터 존재했던 여신들은 비록 나중에 통합되면서 기능이 축소되고 특정한 성격만이 부각되지만 좋은 어머니와 무서운 어머니의 성격들을 여전히 공유하고 있는 것을 확인할 수 있다.

다음으로 올림포스 신화에 통합되지 못한 여성적인 신적 존재들은 괴물의 이미지를 가지고 있다. 청동기 후반에서 철기시대에 이르는 동안 확립된 가부장제 신화에 흡수되어 통합된 여신들은 비록 기능은 축소되었지만 여신으로서의 지위를 유지할 수 있었지만 '아내'로서, '처녀'로서 존속하였다. 그렇지만 다른 존재들은 스핑크스, 세이레네스, 하르퓌이아이 등과 같은 괴물로 인식되었다. 사실 여성 신과 여성 괴물 자체가 처음부터 가치론적으로 이원화된 것은 아니다. 그들은 모두 인간보다 뛰어난 신적인 존재이다.

여성 신과 여성 괴물이 다른 점은 크게 두 가지이다. 첫째, 그리스 여신들은 불멸하는 존재로 등장하지만 영웅들의 적대자인 여성 괴물은 죽을 운명을 가지고 있다. 둘째, 그리스 여신은 인간과 동일한 형태를 가졌지만, 여성 괴물은 반인반수의 형태를 가졌다. 괴물은 인간과 다른 형태 자체가 낯설고 이질적인 느낌을 주고 두려움을 불러일으키지만 반드시 부정적인 성격을 가지지는 않는다. 만약 그렇다면 두려움을 느끼게 하는 모든 신적인 존재는 부정적인 성격을 가져야 하기 때문이다. 그것이 부정적인 특징이나 성격을 갖게 되는 이유는 인간의 가치 질서와 연관된다. 가부장제 사회에서 여성은 낯설고 이질적인 존재이며 남성에 지배를 받지만 결코 완전히 지배되지 않는 존재이다. 따라서 인간이 자신의 관점에서 부정적으로 평가하는 대상과 관련된 신적 존재는 부정적인 성격을 부여받을 수밖에 없다.

위대한 어머니 여신의 부정적 성격은 노이만도 지적했듯이 괴물, 요괴, 마녀 등에 나타난다. 이들은 모두 남성에게는 '타자'로서의 전형적인 특징을 가지고 있다. 올림포스 신화 이후에 등장하는 괴물들 중 상당수는 여성의 얼굴을 하고 있다. 영웅 신화에 등장하는 대표적인 괴물들은 대부분 여성의 얼굴에 다른 이질적인 동물들의 몸들이 혼성되어 있는 존재이다.[45] 융에 의하면 괴물들의 동물성은 억압된 상태로 있는 '동물적 충동성'을 나타내며 여성과 위험한 관계를 맺고 있다고 한다.[46] 영웅 신화 속에서 괴물들은 살해될 운명을 가지고 있다. 영웅의 탄생은 괴물의 죽음과 밀접하게 연관되어 있기 때문이다.[47] 그리스 신화의 경우에는 페르세우스는 메두사를 살해하고, 오이디푸스는 스핑크스를 죽게 만들고, 오뒷세우스는 세이레네스를 죽게 만든다. 분석심리학에서 영웅은 무의식의 지배자로 의식의 힘을 말한다.

노이만은 무의식이 남성적 힘뿐만 아니라 여성적 힘도 포함하고 있지만, 무의식은 여성적인 힘을 상징하고 의식은 남성적인 힘을 상징한다고 한다.[48] 따라서 영웅들은 자신 안에 여성적이며 무의식적인 것을 극복하기 위해 괴물과 싸우고 승리하는 존재라고 할 수 있다. 초기에는 백 개의 팔을 가진 헤카톤케이레스나 하나의 눈을 가진 키클로페스 또는 염소, 뱀, 사자 등의 몸이 혼합된 키마이라 등의 괴물들이 나타나다가 점차 여성의 얼굴에다가 사자의 몸을 가진 스핑크스나 새의 몸을 가진 세이레네스와 하르퀴이아이 등이 등장한다. 분명히 올륌포스 이전 신화에서는 괴물은 남성적 이미지와 여성적 이미지가 구별 없이 등장하다가, 올륌포스 이후에는 점차 여성적 이미지가 많아지는 경향이 나타난다.

고대 그리스의 위대한 어머니 여신들은 올륌포스 신화에 흡수되어 통합되면서 긍정적 성격과 부정적 성격이 분명히 분리되면서 여성 신과 여성 괴물로 구분되었다고 할 수 있다. 그렇지만 올륌포스 신화에서도 여전히 위대한 어머니 여신의 양가성의 흔적을 찾아볼 수 있다. 가이아나 헤라와 같은 결혼한 여신뿐만 아니라 아테나와 아르테미스와 같은 처녀 신들에서도 이러한 특징들을 찾아 볼 수 있다. 노이만도 여성성의 원리와 양가성에 대해 설명할 때 서로 다른 층위에 동일한 여신들을 위치시킬 수밖에 없었던 이유이기도 하다.

그리스의 여성 괴물도 비록 올륌포스 신화에서 매우 많은 변형이 이루어졌지만 신성의 변천을 통해 양가성을 확인할 수 있다.[49] 가령 스핑크스는 본래 신탁과 관련된 신적 존재로 신탁을 물으러 온 사람들에게 답변하는 존재로 나타나지만,[50] 비극에서는 수수께끼를 맞추지 못한 사람들을 잡아먹는 괴물의 전형적인 특징을 보인다. 하르퀴이아도 바람의 여신으로 생명을 빼앗는 존재 이전에 생명을 가져다주는 존재였다. 헤시오도스는 "사랑스런 머리카락을 가진"[51]이라는 존재라고 말하며 초기 이미지에는 부드럽고 아름다운 모습을 가지고 있다. 그렇지만 아르고호의 모험에서는 신들의 분노를 산 예언자 피네우스를 괴롭히도록 음식을 '낚아채는' 자들로서 악귀처럼 묘사되어 있다.[52] 그리스 여성괴물들의 변형 과정도 그리스 가부장제 사회의 변천과 밀접한 연관이 있다고 할 수 있다. 그렇지만 이러한 분석을 통해 위대한 어머니 여신의 양가성이 변화되는 양상을 보다 분명하게 볼 수 있다는 사실은 확실하다.

5. 여성적 무의식과 남성적 의식의 한계

인간의 상징체계에서 '여성성'의 원형이 중요한 이유는 인간의 삶 자체와 매우 밀접한 연관을 갖고 있기 때문이다. 여성성은 인간에게 생명을 주고 영양공급을 하고 보호해주는 기능을 상징하는 수많은 이미지들을 양산한다. 그렇다면 원형적 여성성은 남성이든 여성이든 정신의 심층적 측면을 분석하고 이해하기 위해 매우 중요하다고 할 수 있다. 분석심리학의 칼 융과 에리히 노이만은 여성성의 원형을 위대한 '어머니'의 상징과 이미지를 통해 설명한다. 특히 노이만은 원형의 실제적인 원리와 작용 방식을 위대한 어머니의 원형에 대한 구조적 분석을 통해 체계화하고 있다. 나는 여성성의 원형과 관련된 노이만의 주장을 세 가지 측면에 제한하여 설명하였다. 먼저 칼 융과 노이만의 어머니의 원형과 위대한 어머니 여신 개념을 분석하고, 다음으로 원형적 여성성의 세 가지 발전 단계와 변화 양상을 검토하고, 마지막으로 원형적 여성성의 양가성이 신화 속의 상징들과 이미지들을 변화시키는 양상을 설명했다. 실제로 노이만의 분석이 다양한 층위와 복잡한 양상을 띠고 있어 몇 가지 도식과 도표를 만들어 보다 쉽게 이해할 수 있도록 하였다. 노이만의 분석은 인간 상징체계에서의 원형적 여성성에 대한 이해를 돕고 다양한 문화콘텐츠를 해석하고 비평하는 데 유용할 것이라 생각된다.

노이만의 분석심리학에서 경계할 필요가 있는 부분은 무의식과 여성성, 의식과 남성성을 동일시할 때 발생하는 위험성이다. 그는 "인간 의식이 남성성으로 경험된다는 기초적인 정신적 사실에 주의를 환기시켜 왔으며, 가부장적 세계가 발달 된 곳은 어디에서든지 이 남성성이 의식 및 의식 성장과 동일시되었다"고 한다.[53] 사실 이러한 주장은 쉽게 여성주의의 공격대상이 될 수 있다. 왜냐하면 인간의 '의식'과 '남성성'이 동일시된다는 주장처럼 들리기 때문이다. 나아가 노이만은 인류 역사의 발전 과정에서 "무의식은 오직 모성적이며 여성성의 의식과 관련해서만 이해 가능하다"고 말하고 있다. 물론 이미 지적했듯이 노이만은 무의식에 남성적인 힘도 포함된다는 사실도 인정하고 있다. 이것은 무의식은 반드시 여성적이기만 하지는 않고 남성적인 측면도 있다는 의미다. 그렇지만 노이만이 여전히 의식의 경우는 남성적이라고 생각한다는 한계를 지적하지 않을 수 없다.

실제로 노이만은 인간의 의식의 발달을 신화속의 영웅의 성장 단계를 유비적으로 다음과 같이 발전한다고 설명하고 있다.[54] 첫째, 어머니 안에 태아가 담겨있는 상태. 둘째, 어머니에게 의존하는 아이의 상태. 셋째, 위대한 어머니 여신과 사랑받는 아들의 관계. 넷째, 위대한 어머니 여신과 남성 영웅의 투쟁 등이다. 이와 같이 분석심리학은 남성영웅의 투쟁과 관련하여 나타나는 괴물이나 부정적 여성적 존재가 바로 무의식을 상징한다고 생각한다. 또한 남성영웅이 모험을 통해 점점 강해지는 것은 인간 의식의 증가나 확대를 의미한 것으로 보고 있다. 가부장제 신화에서 무의식은 여성성과 어머니의 이미지를 가지며, 의식은 남성성과 아버지의 이미지를 가진다는 사실은 보다 분명하게 나타난다. 그렇지만 가장 중요한 것은 신화의 상징과 이미지는 시공간적 배경과 밀접하게 연관되어 변형될 수 있다는 사실이다. 엄밀히 노이만의 입장은 본질적으로 의식과 남성성이 동일시된다는 것이 아니라 문화적으로 의식과 남성성이 동일한 것으로 표상되었다는 말로 이해해야 할 것이다.

질베르 뒤랑과 신화방법론

송태현

1. 신화와 그 퇴화

프랑스의 인류학자이자 문예비평 이론가인 질베르 뒤랑(Gilbert Durand, 1921~2012)은 서양의 고대로부터 현대에 이르는 철학을 철저히 연마했을 뿐 아니라 학문과 예술 전반에 걸쳐 치열한 훈련을 받은 우리 시대의 대표적인 '르네상스적 인물'이자 '탈경계적 상상력'의 소유자이다. 소르본 대학 학생 시절 뒤랑은 가스통 바슐라르(Gaston Bachelard)에게서 과학철학을 배우며 많은 영향을 입었다. 후일 뒤랑은 "바슐라르가 실증주의와 교조주의의 모든 시도로부터 나를 정화해 주었다"[1]고 술회하고 있다. 스승 바슐라르에게서 그는 균형 잡힌 인격을 위해 과학 뿐 아니라 문학에도 많은 관심을 가질 것을 권고 받았다. 또한 자신의 지적 형성 과정에서 뒤랑은 스위스의 분석심리학자 칼 구스타프 융(Carl Gustav Jung)과 루마니아 출신 종교사학자 미르치아 엘리아데(Mircea Eliade), 그리고 프랑스의 탁월한 이슬람 철학자 앙리 코르뱅(Henry Corbin)을 만나면서 동서양 비교사상에 대한 이해의 폭을 넓혀 나갔다.

철학을 전공하고 철학교수 자격시험에 합격했던 질베르 뒤랑은 프랑스 그르노블 대학교에서 사회학·문화인류학·문학 등을 가르치면서, 1966년에 '상상력연구센터'(Centre de Recherches sur l'Imaginaire)를 창설하여 상상력 자체에 대한 연구와 아울러 다양한 학문, 예술 사이의 탈경계적인 대화를 주도해 나갔다. 철학, 사회학, 문학, 인류학, 심리학, 신학, 예술 등 많은 영역에서 뒤랑이 불러일으킨 반향은 매우 컸으며, 그는 이른바 '그르노블 학파'를 주도해갔다.

이미지와 상상력을 경시한 서구의 사상을 준엄하게 비판하는 뒤랑은 상상력 이론의 선구자인 바슐라르에 의해 시작된 상상력 혁명에 기꺼이 동참하는 동시에 그는 '거인의 어깨'에 올라타서 스승보다 더 넓게 상상력의 지평을 바라보고자 했다. 그는 스승이 제시한 '사원소론'에 입각한 이미지와 상징의 분류를 해체하고 새로운 분류 방식을 제시한다. 뒤랑의 분류 방법은 바슐라르의 작업 이외에 융, 엘리아데, '인도-유럽학' 연구가인 조르주 뒤메질(George Dumézil), 그리고 반사학(réflexologie)을 발전시킨 베흐테레프(W. Betcherev) 등 많은 선구적 학자들의 방대한 작업을 수렴하여 형성한 것이다. 또한 그는 『상상계의 인류학적 구조들*Les Structures anthropologiques de l'Imaginaire*』(1960)에서 이미지 분류 체계를 위해서 비(非)서구의 인류학적 문헌을 충분히 고찰하고자 노력함으로써 모든 문화권에서 나타나는 이미지와 상징에 질서를 부여하고자 하였다.

프랑스에서 『상상계의 인류학적 구조』가 발간되던 시기는 구조주의의 시대였다. 구조주의 대표자인 클로드 레비스트로스(Claude Lévi-Strauss)의 유명한 저서 『구조 인류학』은 뒤랑의 책보다 2년 앞선 1958년에 출간되었다. 뒤랑은 레비스트로스의 '구조 인류학'이 '구조'에 초점을 둔 표현인데 반해, 자신의 '인류학적 구조'는 인류학적 요소를 더 강조한 용어라고 말한다.

레비스트로스와 '구조주의 논쟁'을 벌였던 폴 리쾨르(Paul Ricoeur)와 함께 뒤랑은 레비스트로스의 구조주의가 사실은 '형식주의'에 더 가깝고, 구조주의자들의 구조는 '빈 형식'에 지나지 않으며, 또한 구조주의가 말하는 의미는 '구문상의 배열'에 의해서만 생기는 것으로서 이는 '무의미의 의미'에 지나지 않는다고 말하며 구조주의에 비판을 가한다. 동시에 뒤랑은 공시태보다도 통시태, 즉 역사성에 우위를 부여한 리쾨르에 사상도 비판한다. 이 점에서 뒤랑은 공시태를 우위에 둔 레비스트로스 입장에 동조한다. 뒤랑이 보기에 역사나 통시태는 작품을 이해하는 데 핵심적인 요소가 아니다. 역사에 적절한 역할을 부여해 주는 것은 오히려 '신화'이다. 신화야말로 인류학의 초석이며, 역사는 바로 이 신화 위에 토대를 두고 있는 이차적인 것이다. 인류학이 인류의 공통적인 요소들을 우선 포착한 후에, 역사학이 통시태를 구성하는 차이들을 포착해 내는 것이 올바른 순서라는 것이다. 이러한 맥락에서 그의 상상력 이론은 그의 신화론(신화비평과 신화분석)으로 자연스럽게 연결된다.

미르치아 엘리아데는 1953년도에 쓴 글에서 "신화에 대한 이해는 언젠가 20세기의 가장 유용한 발견들 중 하나로 간주될 것[2]"이라고 예견한 바 있다. 이후 진행된 신화에 대한 점증하는 관심과 신화에 대한 활발한 논의는 엘리아데의 이 예견을 확인해주고 있다. 그런데 신화에 대한 정보와 담론이 많아질수록 신화를 둘러싼 개념 혼란 역시 심각해진다. 신화는 '참된 이야기'로부터 '거짓된 이야기'까지 매우 다양한 편차의 규정들을 망라하고 있기 때문이다.

조르주 귀스도르프(George Gusdorf)가 지적하듯이, 신화 시대의 인간에게 신화는 '진리 자체(la vérité même)'였다.[3] 신화가 오늘날까지 살아 움직이며 종교 생활의 토대를 형성하고 있는 문화에서 신화는 결코 '허구(fiction)'를 지칭하는 것이 아니라 '전형적인 진리(vérité par excellence)'를 표현하는 것이다.[4] 미르치아 엘리아데에 의하면 신화는 거룩한 역사, 즉 태초(ab initio)에 일어난 원초적인 사건을 이야기한다.[5] "신화를 '말하는' 것은 태초에 일어난 사건에 대해 선포하는 것이다. 신화가 한번 이야기되면, 다시 말해 계시되면 그 신화는 명백한(apodictique) 진리가 되며, 절대적인 진리가 된다."[6]

엘리아데의 이러한 입장은 신화에 대한 '민족-종교적(ethno-religieux)' 관점이며, 또한 이것이 고유한 의미의 신화 정의에 입각한 관점이다. 이 관점에서 볼 때 신화는 의례(rite) 혹은 종교와 깊은 관련을 맺고 있다. 그런데 인간은 신성한 힘에 경이를 느끼는 존재인 동시에 자신에게 전달된 신앙 체계에 대해 지성적인 의문을 품는 존재이기도 하다. 더 나아가 인간은 자신의 입장과 관점에서 신화를 변형하고 재구성하기까지 하는 존재이다. 엘리아데에 의하면 신화는 문화의 고대 단계에서 이미 '비신화화(혹은 탈신화화(démythisation))'되기도 한다.[7] 전통적인 신화에 대한 변용은 특히 '문화'가 발달한 지역일수록 두드러진다. 근동(이집트)이나 인도의 신화 전통은 각각 신학자들과 사제들이 재해석하고 다듬은 것이라고 엘리아데는 판단한다.[8] 그리스 신화의 대부분은 헤시오도스와 호메로스, 음유시인들과 신화작가들의 이야기를 통해 전달된 것인데, 이는 결국 그들에 의해 수정되고 조정되고 체계화된 것이다. 물론 '원시' 신화도 좀더 발달한 다른 문화들의 영향에 의해, 혹은 특출한 재능을 지닌 창조적 천재에 의해 세월의 흐름에 따라 변형되고 풍부해졌다. 그렇긴 하지만 그 변용에도 불구하고 원시 신화는 원초적인 상태를 여전히 반영하고 있다. 다시 말해 신화는 여전히 살아있으면서 인간의 모든 행동과 활동에 영향을 미치고 정당화하고 있다.[9]

'절대적으로 진실한 말'로서의 신화를 강조하는 진영에서는 신화를 좁은 의미로, 즉 종교적인 의미로서만 규정하고자 한다. 그리고 이러한 관점에서 볼 때 신화의 변형은 일종의 '타락(chute)'이다. 신화의 문학적 변형 역시 신화의 타락이다. 그런데 이러한 신화의 타락은 엘리아데가 말하듯이 '열매가 풍부한 타락(chute féconde)'이다.[10] 신화는 신성한 이야기의 수준(niveau)을 벗어나 점점 일상적인 수준으로 내려오면서, 즉 속화(profanation)되면서 신화에 바탕을 둔 혹은 신화적 요소를 포함한 새로운 문학 작품을 창조해낸다. 예를 들어 '행복의 섬' 이나 '지상 낙원' 신화는 세속인들의 상상력을 집요하게 자극하여 많은 문학 작품을 창조시켰다. 카모엔스(Camoëns)나 다니엘 디포(Daniel Defoe) 같은 작가들의 작품이 그 좋은 예이다. 신화의 '타락'을 통해, 비록 고유한 의미의 신화와는 강도(强度)가 다르긴 하지만, 문학 작품에는 여전히 '신화적 원형' 혹은 '신화적 구조'가 존속한다.

뒤랑은 고유한 의미의 신화, 즉 '민족-종교적 신화'와 비신화화의 과정 속에 형성된 '신화의 퇴화(dégradation)'[11]를 일단 구분한다. 종교적 계시에 가까운 신화와 문예 창작의 결과물인 신화가 동일한 것은 아니다. '민족-종교적 신화'를 대하는 신화 시대의 인간과 '퇴화된 신화'를 대하는 현대인의 태도 역시 다르다. 그러나 그 구분에도 불구하고 그는 양자 사이의 불연속성보다는 연속성을 더 주목한다. 신화와 문학의 관계에서도 그는 레비스트로스와 다른 입장을 취한다. 클로드 레비스트로스는 신화와 문학을 명확히 구분하고, 신화를 문학보다 우위에 둔다.[12)] 반면에 질베르 뒤랑은 신화와 문학의 연속성을 더 강조한다.[13)] 뒤랑은 신화의 종교적 측면보다 신화의 인간학적 측면과 예술적 측면에 더 주목한다. 우리는 아래에서 뒤랑이 발전시킨 신화방법론인 '신화비평'과 '신화분석'을 고찰하고자 한다.

2. 신화비평

신화와 문학작품의 연속성을 토대로 삼고 뒤랑이 제시하는 비평이 '신화비평(mythocritique)'이다. 『신화적 형상과 작품의 얼굴 *Figures mythiques et visages de l'œuvre*』에서 뒤랑은 신화에 토대를 둔 비평인 '신화비평'이라는 자신이 새롭게 만든 개념을 이렇게 설명하고 있다. "'신화비평'이란 용어는 1970년경에 만들어진 개념으로서, 이는 이미 이십년 전에 샤를 모롱(Charles Mauron)이 창안한 심리비평(psychocritique, 1949)을 모델로 삼아 만든 것이다. 신화비평은 모든 이야기의 의미에 본질 직관(Wesenschau)으로 내재해 있는 신화적 이야기에 그 이해 과정의 초점을 맞추는 문학 혹은 예술의 비평 방법을 의미한다."[14)]

뒤랑의 '신화비평'을 이해하기 위해 우선 모롱의 '심리비평'을 간략하게 다루는 것이 필요하다. 심리비평은 다음 네 단계로 요약된다.[15)] 첫째 단계에서, 비평가는 연구 대상 작가의 상이한 텍스트들을 중첩(superposition)함으로써 그들 사이에 중첩되는 강박 관념적이며 아마도 무의식에서 산출되었을 연상의 망(網), 혹은 이미지의 군(群)을 드러나게 한다. 둘째, 동일한 작가의 작품 전체 속에서 첫째 단계의 조작을 통해 분리해낸 구조(연상망, 이미지군)가 어떤 방식으로 반복되며 변형되는가를 추적해 본다. 다양한 테마 분석을 꿈 그리고 꿈의 변용 분석과 결부시켜 봄으로써 '개인적 신화'에 이르게 된다. 셋째 단계는 이와 같이 추출된 개인적 신화에 대한 정신분석적 해석의 단계로서, 개인적 신화와 그 변전은 무의식적 인격과 그 진화의 표현으로 해석한다. 마지막 단계는 이상의 조작을 통해서 얻어진 결과를 작가의 삶과 비교해 봄으로써 텍스트 분석의 성과가 유효한가 아닌가를 검증해 본다.

뒤랑은 여기서 이미지군의 추출 작업과 그 이미지군을 신화와 결부시키려는 모롱의 시도 자체는 인정한다. 그러나 뒤랑은 모롱의 방법에 대해 전적으로 찬동하지는 않는다. 뒤랑이 심리비평에 만족하지 못하는 주된 이유는 모롱 비평의 핵심적 개념인 '개인적 신화'와 관련되어 있다. 우선 모롱의 '개인적 신화'는 자아(ego)의 수준에만 한정되어 있으며, 또한 모롱의 '신화'는 뒤랑이 보기에 신화라고 말하기 곤란하다. 이 두 요소를 좀더 구체적으로 알아보자.[16]

뒤랑은 모롱의 신화비평이 '지나치게 편협한 프로이트주의'에 머문다고 판단한다. 그리고 '개인적 신화'는 근본적으로 '자아의 충동' 그리고 '자아중심주의(égotisme, égoïsme)'의 모티프들과 결부되어 "작품에 대한 포괄적인 정당화를 최종적으로 설명해주는 데는 불충분한" 개념이다. 작품의 줄거리 전개를 근본적으로 정당화시키는 것은 바로 신화이다. 그런데 이때 신화는 개인적 무의식에 한정되지 않는 신화이다. 개인을 넘어 집단으로 일반화될 수 있는 것이며, 자아 충동보다 훨씬 더 심층적이고 훨씬 더 강력한 것이다. 특히 걸작품은 심리비평이 특권영역이라고 여기는 범위를 초월해 있다. "위대한 문학 작품은 샤를 모롱이 창안한 심리비평의 주요 개념인 강박적인 이미지와 '개인적 신화'를 넘어서 하나의 문화사의 시간을 통하여 혹은 거대한 사회 사건들이 자리매김하는 특권적인 순간 속에서 전 인류에 뿌리 박혀 있는 신화들에까지 이르는 것이다."[17]

사실 모롱은 개인적 신화를 '지속적인 환각(phantasme persistant)' 혹은 '무의식적 인격의 이미지, 그리고 인격의 역동성 이미지'로 간주한다.[18] 따라서 개인적 신화는 전적으로 심리학적인 개념이며, 거룩함(le sacré)과 누미노제적 요소

(numinosité)를 함축하고 있는 원래적 의미의 신화와는 큰 공통점이 없다. 신화에 본질적인 이러한 특성의 결여로 인해 뒤랑은 모롱의 개인적 신화를 '개인적 콤플렉스(complexe personnel)'로 간주한다.

뒤랑이 보기에 모든 작품의 원동력으로 작용하는 것은 콤플렉스가 아니라 신화이다. "변덕스런 자아가 제공하는 힘보다 훨씬 더 우월한 권능을 신화에게 부여해야 한다. 신화적 원동력에 '신성한' 혹은 '거룩한' 권능인 누멘(numen)을 부여하는 신화만이 인간 작품의 동기들의 총체를 최종적으로 설명해줄 수 있다. 신화는 개인, 인간의 행동과 이데올로기를 훨씬 멀리 훨씬 많이 넘어선다."[19] 뒤랑은 심리비평에 만족해하진 않지만, '개인적 신화'를 전적으로 배척하는 것도 아니다. 모롱의 심리비평은 작품 이해를 위해 충분한 것도 아니며, 본질적인 요소도 아니지만 신화비평 속으로 편입될 수 있다. "신화비평은 최종적으로 원초적인 신화를 질문하는 것이다. 이 신화야말로 문화유산들에 침윤되어 있으며, 강박관념들과 개인적 신화 그 자체까지도 포괄하고 있는 것이다." 따라서 우리는 뒤랑의 신화비평이 심리비평을 한층 넓은 지평으로 확대시킨 '일반화(généralisation)'라고 평가할 수 있다.

2.1. 문학 행복의 사냥을 위한 사냥개들

모롱은 심리비평이 '부분적인' 비평임을 스스로 인정하고 있으며, 따라서 자신의 비평이 좀더 포괄적인 비평 속으로 편입되길 원했다. 모롱은 심지어 자신의 비평이 전통적인 비평을 대체한다고도 주장하지 않는다. 그는 단지 전통적인 비평을 풍부하게 하는 것으로 만족해했다. 하지만 신화비평을 창안한 뒤랑의 야심은 매우 크다. 그는 신화비평으로써 그 동안 첨예하게 갈등을 빚어 오던 비평 방법들을 화해시키고 연합시키길 원한다. "신화비평은 그 동안 비생산적으로 대치해왔던 문학과 예술의 다양한 비평들, 구비평과 신비평 사이의 건설적인 종합을 지향하는 방법이다."

뒤랑에게서 화해의 정신은 매우 두드러진다. 그는 '인류학적 도정(trajet anthropologique)'이라는 개념으로써 심리주의와 사회문화주의 사이의 논쟁을 해결하고자 하였다. 또한 그는 '구상(具象) 구조주의(structuralisme figuratif)'라는 개념으로써 레비스트로스의 구조주의와 리쾨르 해석학 사이의 적대성을 화해시키려 하였다. 통시성보다 공시성을, 역사보다는 초역사를 강조하는 레비스트로스의 구조주의를 받아들이되, '빈' 구조가 아닌 '의미 있는 내용'을 담는 구조를 추구한다. 뒤랑은 중재와 종합, 그리고 화해를 매우 중시한다. 비평 영역에서도 뒤랑은 동일한 정신을 지니고서 활동하고 있다.

뒤랑의 견지에서 비평의 핵심은 '행복한 독서(lecture heureuse)'의 즐거움을 증가시키는 일이다. 그리고 "행복의 사냥을 위해서는 모든 사냥개가 다 허용 된다".[20] 1960년대 초반의 '신비평 논쟁' 이후 비평은 "과학적인 논쟁을 가장한 이데올로기 전투장"이 되어 버렸다. 이러한 투쟁적 현실에 직면하여 뒤랑은 이 모든 비평적 요소들이 다 유용하다고 주장하며 상호 간의 화해를 도모한다. 그리고 그는 작품을 그 유기적 전체성 속에서 검토할 것을 요구한다. 뒤랑의 비평은 이러한 요구를 모두 충족시키는 '종합적인 비평'을 지향할 수밖에 없다.

문학비평이 과학이건 혹은 예술이건, 비평 방법의 화해와 종합은 필요하다. 만일 비평이 과학이라면 — 현대 물리학에서 빛이(루이 드 브로이에 의하면 물질도) 입자인 동시에 파동이라는 모순된 사실을 인정하듯이 — 상호 모순되어 보일지라도 개의치 말고 "모든 땔감을 다 사용하여 불을 지펴야" 한다. 뒤랑은 바슐라르가 말한바 과학철학은 '부정의 철학(philosophie du non)'이라는 데 동의한다. 이는 과학적 진리의 총체는 '일관성 있는 다원론(pluralisme cohérent)'을 구성할 수 있음을 우리에게 가르친다.

사실 뒤랑의 비평 방법은 '경험적'이고, 심지어는 '과학적'이기를 추구하기까지 하지만, 문학비평이 과학이라고는 믿지 않는다. 그는 문학비평이 과학보다는 예술 쪽에 더 가깝다고 생각한다. 따라서 뒤랑이 보기에 비평의 핵심은 즐기는 것이며, '행복한 독서'의 즐거움을 증가시키는 일이다. '행복한 독서'에 빠져들기 위해 바슐라르는 — 특히 후기의 바슐라르는 — 현상학에 머물렀다. 그리고 그가 강조하는 현상학적 '울림'은 '분리된 이미지 수준'에서만 가능한 일이었다. 즉 미시적인 독서의 수준에서만 적절히 작용했고 거시적인 독서 수준에서는 제대로 작동하지 않는다고 보았다. 그런데 뒤랑은 행복한 독서를 위해 현상학 이외의 다른 방법도 사용하고자 한다. 독서의 즐거움을 위해 도움이 되는 방법이면 무엇이든 배제할 이유가 없다. 그리고 그는 작품을 분리된 이미지 수준에서가 아니라, 총체성 속에서 고찰하고자 한다.

2.2. 종합적 비평으로서 신화비평

뒤랑은 기존의 문학비평을 그 비평들이 전제로 삼고 있는 이데올로기에 따라 세 그룹으로 분류한다.[21] 첫째는, 텐(Taine)의 실증주의에서 루카치(Lukács)의 마르크스주의에 이르는 비평으로서 이는 '인종, 환경, 시대'에 의거해서 작품을 설명한다. 둘째는, 보두앵(Ch. Baudouin)이나 모롱같은 이의 심리학적 혹은 정신분석학적 비평, 그리고 두브로브스키(S. Doubrowsky)의 실존적 정신분석학이다. 이들은 작품을 작가의 전기로 환원하여 설명하려는 경향이 있다. 셋째는 야콥슨이나 그레마스에서 보듯이 작품의 설명이 텍스트 그 자체에 혹은 작품과 그 구조의 형식적인 놀이 속에 있다. 그런데 이들 세 그룹에서 각각의 비평은 자신이 견지하는 사상을 '지배적 요인'으로 간주한다. 따라서 각 비평은 작품을 자신의 철학적 이데올로기에 맞추어 작품을 환원시킨다. 비평의 각 진영이 자신이 선호하는 요소를 지배적인 요인이라고 간주함으로써 결국은 다른 요인들을 쉽게 배제하기에 이른다.

그런데 작품의 설명과 이해를 구성하는 요소들은 사실상 상호간에 밀접하게 연결되어 있으며, 그 요소들은 근본적으로는 상호 분리할 수 없는 것들이다. "구조, 역사 혹은 사회 역사적 환경, 심리적 제반 장치 등은 상호 불가분적인 것으로서, 이들은 예술 작품 특히 문학 '이야기'의 의미와 이해의 토대가 된다."[22] 신화비평은 종종 상호 적대적인 이 모든 요소들을 신화라는 개념으로 집중화시킨다. 뒤랑에 의하면 신화는 "텍스트의 다양한 접근, 다시 말해 다양한 독서들이 수렴되는 의미론적 교차로이다".[23]

신화비평이 그렇게 포괄적인 힘을 소유하고 있는 것은 신화비평이 작품을 구성하는 모든 요소들을 신화소(神話素, mythèmes: 신화의 최소 단위)로서 검토하기 때문이다. 『신화적 형체와 작품의 얼굴』에서 뒤랑은 신화비평의 진행 과정을 다음과 같이 세 단계로 설명하고 있다.[24]

1°) 작품의 신화적 동시성(synchronicité)을 구성하는 반복되는 (혹은 강박적인) 주제나 모티프의 추출

2°) 등장인물이 처한 상황과 배경에 대한 검토

3°) 레비스트로스가 오이디푸스 신화에 대해서 행한 '미국식' 방법으로서, 특정 신화가 지닌 상이한 교훈들의 추출, 한 신화의 교훈이 바로 일정한 시간과 문화적 공간 속의 다른 신화들이 제공하는 교훈들과 맺는 상관관계의 포착

신화비평은 위의 세 단계에서 보듯 심리학, 사회학, 구조주의 등을 적절히 고려하여 이들을 수용하는 포괄적인 비평을 지향한다. 그렇다고 해서 그것이 전체주의적인 비평인 것은 아니다. 신화비평은 개별 과학의 고유성은 충분히 인정하기 때문이다. 신화비평은 단지 이 모든 요소들을 통합하고 조화시키기를 원하는 것이다.

2.3. 주도 신화, 작품, 그리고 신화비평

신화비평은 독서에 선행하는 전제가 없는 비평을 자처하지는 않는다. 신화비평가는 상상력이 흘러가는 대로 자신을 맡기면서 문학 작품을 읽고서 비평하는 것은 아니다. 신화비평에서는 비평가가 '작품이 신화의 육화(肉化, incarnation)'

라는 가정 속에서 독서하길 원한다. 작품 독서의 첫째 목표는 작품에 내재해 있는 신화를 식별하는 일이다. 사실 신화의 역동성은 끊임없이 문학 이야기를 창조해 내기 때문이다. 그 역동성 속에서 신화는 작품의 모델 역할을 감당하고 있다. 따라서 뒤랑은 이러한 신화를 '이상적 신화(mythe idéal)' 혹은 '주도 신화(mythe directeur)'라 부른다.

주도 신화를 작품 속에서 어떻게 확인할 수 있는가? 작품 속에 신이나 영웅의 이름이 등장한다고 해서 바로 그 사실로 인해 해당 작품이 그러한 인물들에 관한 신화를 다룬다고 말할 수는 없다. 왜냐하면 어떤 인물의 이야기가 그 인물과 관련된 고유한 신화와 실제적으로 아무런 관련이 없을 수 있기 때문이다. 예를 들어 스피틀러(Spittler)의 프로메테우스는 원래의 프로메테우스 신화와는 아무런 관련이 없다. 그 작품은 원래의 신화를 도치시키기까지 하기 때문이다.[25] 뒤랑에 의하면, 일정한 신화를 확인해 주는 것은 "일정한 정족수의 신화소"이다. 문제의 작품 속에 담긴 신화소들이 충분히 발견될 때 하나의 혹은 여럿의 주도 신화를 확인할 수 있다. 그런데 신화소의 포착은 단순한 작업이 아니다. 왜냐하면 신화소는 명시적(patent)일 수도 있지만 암시적(latent)일 수도 있기 때문이다. '명시적인 신화소'란 신화소의 내용(상황, 인물, 인블렘 등)이 명백한 반복을 보이는 경우이다. '암시적인 신화소'는 신화소의 내용이 명백하게 드러나지는 않고 단지 암시적으로만 반복되기에 이를 포착하기가 더 어렵다.

문학 작품은 신화의 '파생(dérivation)'이라 말할 수 있다. 작가는 의식적이든 무의식적이든 주도 신화의 신화소들을 포착하여, 이들을 작품의 시간과 공간 속에서 구체화시킨다. 그런데 작가는 자신의 작품에서 모델로 삼은 이상적인 신화를 쇄신 혹은 재창조한다. 따라서 작품은 항상 새로움을 소유하게 되는 것이다. 작품이 새롭다는 것은 주도 신화 혹은 그 신화에 토대를 둔 다른 작품들과 비교해서 나름대로의 차이가 있다는 말이다. 이때 이러한 차이를 낳는 주요한 요인들은 많다. 신화비평은 주도 신화 그 자체 뿐 아니라 차이를 이루는 주된 요소들 — 역사적, 사회적, 심리적, 문화적 요소들 — 을 함께 고려한다. "신화비평은 한 작가 속에서, 그리고 일정한 시기와 환경을 다룬 작품 속에서, 주도 신화와 그 의미 있는 변형들을 드러내는 작업이다. 신화비평은 작가의 개인적인 성격의 어떠한 요소가 주도 신화의 변형에 기여하는지, 혹은 그와 반대로 어떤 주도 신화를 강조하고 있는지를 보여 준다."[26]

20세기 후반의 인식론적 상황을 포용하는 동시에, 비평들 간의 투쟁을 종식시키고 화해시키는 길을 열려는 뒤랑의 야심은 신화비평을 통해 구현되는데, 이 비평은 한 작품에 내재한 신화를 파악하고, 그 신화가 작품 내에서 이루어지는 변형의 다양한 측면을 추적함으로써 원형과 변형, 같음과 다름, 보편성과 상대성, 초역사성과 역사성을 동시에 추구하고 있다.

3. 신화분석

신화비평은 문예비평 장르에 속한다. 그리고 그것은 작품 그 자체에 초점을 맞춘다. 주도 신화와 신화소의 포착은 결국 작품 그 자체의 이해와 감상을 위한 것이다. 그렇기 때문에 뒤랑은 신화비평을 문학과 예술의 '신비평'의 연장으로 간주한 것이다. 하지만 '신화분석(mythanalyse)'은 비평의 영역 내에 머물고자 하는 것은 아니다. '신화분석'은 문학과 예술에만 적용될 수 있는 것이 아니라 심리학, 사회학, 철학 등에도 적용될 수 있는 방법론이기 때문이다. 인간에 관한 학문에서 학문의 지나친 파편화, 과도한 전문화를 근본적으로 거부해온 뒤랑은 신화분석 개념이 미학과 윤리의 다원주의에 입각한 '인간에 관한 단일한 학문'의 요구에 잘 부응하는 방법론이라 생각한다. 신화분석은 역사적이고 문화적인 상황에 대한 신화적인 방향을 해독해 내고자 한다.[27]

신화비평과 신화분석이 서로 차이가 있긴 하지만 그 방법론적 경계가 아주 명확하진 않다. 신화분석에서 신화비평으로의 이행은 신화비평들의 자체적인 요구에 의거한다. 일정한 시기와 일정한 사회 속에 각각의 신화비평들이 축적되었을 때, 신화분석은 포착된 신화들이 처해있는 문맥을 중시한다. 그런데 사실은 신화비평도 문맥을 중시한다. "신화비평은 텍스트 혹은 연구 대상 문헌을 확장시키고, 작품을 넘어 저자의 전기적 상황으로 확장시킬 뿐 아니라 저자의 사회, 역사, 문화적 관심사와 연결시킨다."[28] 하지만 신화비평에서 가장 중요한 것은 어디까지나 작품 이해이다. 작품의 이해를 위해 맥락을 고려하는 것이다. 한편 신화분석에서는 작품 분석에서 드러난 신화들을 비교분석함으로써 일정한 시대와 사회의 방향을 가늠해보고자 한다. "정신분석이 개인 심리와 관련되듯이, 신화분석은 문화적 상황과 사회적인 총체와 관련된다." 사실 신화분석은 신화비평의 확장이며 일반화이다. 그리고 신화비평은 신화분석을 위한 예비적이고 필수불가결한 작업이라 할 수 있다. "방법론적으로 모든 신화분석은 일정한 문화와 시기의 '작품들'에 대한 철저한 신화비평에 대한 검토로부터 시작해야 한다."[29]

3.1. 신화분석 개념의 원류

피에르 브뤼넬이 『신화비평』에서 지적하듯이, '신화분석'이란 용어는 뒤랑에 앞서 스위스의 드니 드 루즈몽(Denis de Rougement)이 발전시킨 개념이다.[30] 브뤼넬에 따르면, 루즈몽은 자신의 저서인 『사랑의 신화』(1961)에서 "이 신조어 어휘를 풍부하게 하고 이 새로운 학문의 대상을 규정"한다. 하지만 자신의 주저인 『사랑과 서구』(1939)에서 이미 루즈몽은 이 신화분석의 실례를 제시했다.[31] 이 용어에 대해 루즈몽은 다음과 같이 말한다. "내가 제시하는 이 신화분석은 사람들에게만 적용될 수 있는 것은 아니라, 예술의 인물들과 삶의 방식들에도 적용될 수 있다. 이러한 방법의 직접적인 목표는 우리가 선택한 것의 모티프들을 해명하고, 또한 그것들이 함축하는 바를 해명하는 일인데, 그 함축하는 바는 사회적일 뿐 아니라 너무나 자주 무의식적이고 정신적인 것이다."[32]

루즈몽의 '신화분석' 개념은 뒤랑의 '신화분석'과 어느 정도는 근접하고 있다. 그리고 뒤랑도 이 사실을 부인하지는 않는다. 하지만 뒤랑의 신화분석 개념

형성에는 루즈몽의 개념 이외에도 다양한 학문들의 거대한 합류가 필요했다. 『신화적 형체와 작품의 얼굴』의 1992년 판 서문에서 뒤랑은 자신의 방법론의 선구자들에 대해 이렇게 밝힌다. "이 신화분석은 선구자들이 있다. 여기서 그들에게 경의를 표하도록 하자. 1938년 이래로 프랑스 문학의 상당한 부분에 나타난 트리스탕 신화에 대해 탐사하기 시작한 드니 드 루즈몽, 스타일과 감성의 발달 단계에 대해 연구하는 역사가인 뵐플린(H. Wölfflin, 1888)과 도르스(E. d'Ors, 1934), 그리고 좀더 최근 학자로는 소로킨(P. Sorokin, 1947) 등이 바로 그들이다." 그 뿐 아니라 뒤랑은 자신의 스승인 바슐라르도 시의 축과 관련한 첫째 저서인 『불의 정신분석』(1938)에서 이미 '신화분석'에 착수했으나 완수하지 못한 상태로 남겨 두었음을 지적한다.[33] 뒤랑이 판단하기에 바슐라르의 '콤플렉스' 개념은 '신화소'와 다르지 않다는 것이다. 뒤랑은 스승에 의해 미완으로 남은 과제를 자신이 완수할 책임이 있다고 느낀 것이다.

그런데 '신화분석'이라는 뒤랑의 개념 형성에서 더 중요한 요소는 융과 그 협력자들의 작업이다. 뒤랑은 저명한 분석심리학자인 융이 현대 게르만 신화인 보탄(Wotan) 신화에 대해 신화분석을 실행했다고 평가한다. "게르만학을 연구한 융은 1936년 이래로 자신의 유명한 논문인 "Neue Schweizer Rundschau"에서 '보탄'에 대한 완벽한 진단을 내놓았다. 이 논문에서 융은 마르틴 니크(Martin Nieck)의 *Wotan und germanischen Schiksalsglaube*라는 책(1935)에 대해 다루며 비판하고 있는데, 융의 이 글이야말로 우리가 알기에 최초의 신화분석 작업이다."[34] 융에 의해 시작된 바로 이러한 방법론적 물결에 융의 동역자들과 제자들이 합류했다. 그리고 드 루즈몽, 뒤메질(G. Dumézil), 뒤비(G. Duby)의 작업들이 자신들도 모르는 사이에 그 물결에 동참하였다.[35]

이러한 새로운 방법론적 운동은 실증주의, 역사주의, 유물론을 약화시키고, 신화에 우월성을 부여한다. 신화분석의 선구자들과 특히 뒤랑이 보기에 과연 신화는 개인과 사회에 깊은 영향을 미치는 원동적인 에너지이다. 인간의 행동과 작품은 결국 신화적인 이야기를 되풀이하는 것이다. 이를 다른 시각에서 이야기하자면, 신화야말로 시간과 공간 속에서 영원히 변모하는 것이다. 따라서 신화와 그 변형은 일정한 시대와 사회를 이해하기 위한 본질적인 요소이다. 한 시대의 문화적 상황에서 주도적인 신화들을 포착하기 위해 뒤랑은 1972년에 '신화분석'이란 개념을 창안해 낸다. 이는 '정신분석(psychanalyse)'이란 용어를 모델로 삼은 개념이다. 신화분석이라는 방법론으로써 뒤랑은 심리학적인 의미뿐 아니라 사회학적인 의미까지 도출하길 원했다. 사실 이 둘은 상호불가분적인 것이다.[36)]

3.2. 이상적인 신화, 그 신화의 변형, 그리고 신화분석

엄격하게 말해, 뒤랑의 신화분석은 매우 복합적인 과정을 요구한다. 신화분석은 신화비평 이상으로 종합적이고, 다학문적이고, 심지어는 과학적이기까지 한 방법을 추구하기에 그러하며, 또한 신화가 역사 속에서 재출현하고 부상했다가 쇠락하는 과정을 추적할 것을 요구하기에 더욱 더 그러하다. 이 방법론에 대한 포괄적인 설명을 보기 위해서는 『신화적 형체와 작품의 얼굴』 결론을 참조해야 한다. 뒤랑이 거기서 제시한 과정을 살펴보기로 하자.

신화분석은 역사 속에 구현되어 있는 신화를 분석함으로써 한 시대의 문화적인 상황의 거대한 방향을 밝혀내기 위한 작업이다. 신화분석의 첫 단계는 신화비평의 경우와 마찬가지로 한 시대의 이상적인 신화를 포착하는 작업으로부터 시작한다. 연후에 "특정 신화를 구성하는 모든 교훈들을 관통하는 신화소 전체에 대한 완벽한 일람표를 작성"[37)]해야 한다. 이러한 일람표를 작성하기 위해서는 그리말(P. Grimal)과 로셰(W. Roscher)와 같은 신화학자들이 편찬한 신화 사전이 도움을 줄 수 있다고 평가한다.

신화비평이 작품과 주도 신화 사이의 관계에 주된 관심을 가진다면, 신화분석은 원래의 신화를 담고 있는 텍스트에서부터 주된 연구 대상 작품들에 이르기까지의 신화의 영속성과 변천을 신화의 변형 과정을 추적해 가면서 좀더 구체적으로 드러내고자 한다. 뒤랑의 관점에서 신화는 고정된 실체가 아니다. 신화는 유기체와 마찬가지로 시간의 흐름과 아울러 변모하는 생명력 있는 존재이다. 변모하는 동안에 신이나 신적인 영웅의 이름은 손상을 입지 않을 수 있다. 하지만 어떤 경우엔 신이나 영웅의 이름이 다른 이름으로 바뀌는 경우도 종종 있다. 예를 들어 프로메테우스 신화는 사탄으로(『사탄의 종말(*La Fin de Satan*)』), 장 발장(『레 미제라블』)으로 맨프레드(바이런)로, 가인(낭만주의자들)으로, 돈환과 파우스트라는 이름으로 육화된다고 뒤랑은 지적한다.[38] 작품 속에서 신화적인 인물들을 확인할 수 있는 것은 신화비평에서와 마찬가지로 명시적인 혹은 암시적인 신화소들의 포착을 통해서이다.

'장기 지속'의 기간 동안 특정 사회에서 활기를 띠는 하나의 신화는 일정 기간 동안 강화되다가 그 후엔 약화된다. "신화의 시간적인 움직임 속에는 팽창의 시기가 있고 수축의 시기가 있다."[39] 신화분석 작업은 작품 속에 나타난 신화소의 빈도수를 조사함으로써 이 움직임을 추적해 나간다. 주목할 만한 빈도수가 보일 때, "역사적인 관련(상호 관계)과 모티프"를 정교하게 연구해야 한다. 반면에 신화소들의 명백한 소진은 해당 신화의 '마모'를 의미한다. "한 신화가 너무 많은 수의 신화소를 잃으면 그 신화는 변질된다."[40] 하지만 어떤 신화가 결정적으로 몰락한다 하더라도 그 신화가 소멸되지는 않는다. 그 신화는 항상 재생(再生)을 위한 적절한 기회를 엿보고 있는 것이다.

하나의 문화는 매우 복합적인 사회-심리 연합체이기에 특정 사회에서 하나의 신화가 오랜 기간 동안 그 사회를 독점적으로 지배할 수는 없다. 물론 그 강력한 신화는 그 절정에 이르면 당대의 문화 전 영역에 침투하려는 경향이 있다. 하지만 이 제국주의는 필연적으로 다른 신화들의 저항을 초래하게 된다. "이데올로기, 제도 등으로 '현실화한' 신화는 바로 그 사실에 의해 잠재화된 반대 신화(contre-mythe) 혹은 최소한 '다른' 신화를 야기한다. 그 반대 신화의 표출은 현실화한 신화보다 덜 명시적이다."[41]

질베르 뒤랑은 인간의 영혼이 '얼룩져 있다(tigré)'고 생각한다. 다시 말해 인간의 프쉬케(psyché)는 복수적이라는 것이다. 따라서 인간의 영혼은 단일한 신화의 독점으로 인해 절단된 영혼을 거부한다. 한 인간의 영혼이 '얼룩져' 있을 진대, 하나의 사회는 그보다 훨씬 더 '얼룩져' 있다. 이 얼룩짐은 존재(Sein)일 뿐 아니라, 당위(Sollen)이기도 하다. "모든 문화는 당연히 '얼룩져' 있어야 한다. 그렇지 않으면 그 문화는 사멸한다."[42] 바로 그 사실에 의해 복수적인 신화의 필요성이 요청된다. "하나의 사회는 역할의 다원성 — 따라서 가치의 다원성 — 을 인정해야 한다. 바로 이 사실이 신화의 복수성을 보장해 준다. (…) 따라서 모든 사회에는 (…) 적어도 두 개의 주도적인 신화 사이에 긴장이 존재한다."[43] 바로 이 맥락에서 뒤랑은 신화분석을 "하나의 특정한 사회와 시기 속에서 긴장 관계에 있는 신화들의 분석"[44]으로 규정한다. 그리고 그는 이렇게 말한다. "지나치게 단순화된 문화주의로의 환원에 반대하여, 특정 시대의 모든 '신화분석'은 최소한 두 개의 기본적인 신화를 드러내고 있음을 확인해야 한다."[45]

유일한 신화로써 한 사회를 지배하려는 시도는 매우 위험한 것이다. 왜냐하면 그 유일한 신화는 그것만으로는 결코 만족시킬 수 없는 인간의 욕구들을 배제하기 때문이다. 히틀러 같은 이들의 종족 신화에 대한 강박 관념이 바로 그 경우이다. 뒤랑은 다음과 같이 강조한다. "만일 어떤 사회가 이 이원성을 인정하길 원하지 않는다면, 그리고 만일 그 사회의 '초자아'가 상반되는 신화를 노골적으로 억압한다면, 그때는 위기와 격렬한 분열이 초래된다. 모든 전체주의는 유일한 논리에 의한 억압과 배척에 의해 탄생한다."[46]

뒤랑 자신은 신화분석을 실행하면서 현 시대의 서구를 지배하는 세 개의 커다란 신화를 간파한다. "서구에서는 세 개의 신화가 지속하면서 서구를 삼분하고 있는 것으로 보인다. 군주들, 공작들, 남작들의 신화가 있는데, 이는 최근의 수많은 파국들과 거대한 진보주의로 인해 숨을 제대로 내쉬기도 힘든 상황에 놓여 있다. 다른 신화는 매스 미디어의 주신제(orgie) 속으로 격렬하게 스며들고 있는 신화로서, 이는 디오니소스적인 반항의 신화이다. 마지막 신화는 최근에 일어나고 있는 신화인데, 이는 학자와 시인(창조자)과 같은 엘리트가 체험하고 있는 것으로 보인다. 그것은 바로 헤르메스 회귀의 신화이다."[47] 사실 근대 서구는 데카르트와

뉴턴 이래로 거대한 진보주의에 의해 과도한 강박증에 시달리고 있다. 프로메테우스가 바로 그 대표적인 존재이다. 뒤랑은 프로메테우스 신화의 귀결, "근대 '사유'의 패러다임"[48]이 바로 아우슈비츠라고 평가한다. "프로메테우스적 꿈의 절정, 그 저속하고 거친 절정은 아우슈비츠의 '밤과 안개(Nacht und Nebel)' 속에서 실종되었다."[49]

19세기 말부터 '비정상적인 디오니소스'가 점차적으로 '교만한 프로메테우스'를 대체하기 시작했다.[50] 20세기에 실증주의, 과학주의, 전체주의적인 프로메테우스주의가 학교 교육과 공식적인 제도를 통해 끈질기게 지속되어 온 반면에 디오니소스 신화는 특히 매스 미디어 속에서 요란하게 움직여 왔다. "매스 미디어는 디오니소스의 귀환을 분명히 드러낸다."[51] 그런데 최근의 인문학 연구, 그리고 '바슐라르 이후'에 전개된 과학과 철학의 '거대한 변혁'은 '헤르메스로의 귀환'을 보여 주고 있다. 회귀, 다원주의, 중재, 화해, 종합 등은 우리 시대의 특징들이다.[52] 전기 낭만주의의 타이탄주의(titanisme), 그 후에 발흥한 디오니소스주의의 쇠퇴 이후에, 이제 우리는 새로운 주도 신화로 재진입했다고 뒤랑은 판단한다. 헤르메스 신화야말로 우리 시대를 선도하는 신화이다.

4. 신화방법론에 대한 평가

질베르 뒤랑의 신화비평과 신화분석은 신화에 토대를 둔 새로운 문학 및 예술 방법론이다. 그러한 방법론적 시도는 신화에 대한 인식론적 재평가 위에서 가능한 작업이었다. 신화는 더 이상 허황된 이야기로만 여겨지지 않는다. 신화는 그 절대적 진실성을 더 이상 믿지 않는 현대인에게도 여전히 진실로 인정된다. 그것은 신화가 오랜 세월 동안 인류와 함께 지내면서 인간 경험의 원형을 간직하고 있기 때문이다. 생로병사, 기쁨과 슬픔, 희망과 좌절, 시간과 죽음에 대한 공포와 이를 극복하고자 하는 노력, 인간 조건의 한계와 그 초월 등 모든 인간이 공유할 수 있는 기본적인 상황을 신화가 담고 있기 때문이다. 신화는 가변적인 것 속에 존재하는 불변적인 핵심 요소이다. 그리고 신화는 작가가 모르는 사이에도 작가를 사로잡아 그 신화를 되풀이하게 한다. 따라서 작품 속에서 신화를 포착해내는 작업은 작품 이해의 관건이 된다.

문학 및 예술의 비평에서 뒤랑이 가졌던 문제의식은 각 비평들 간의 투쟁적 상황이었다. 구비평과 신비평, 이후에는 신비평 간의 비생산적인 투쟁이 이어지는 현실에서 뒤랑이 화해책으로 제시한 비평이 바로 '신화비평'이었다. 신화비평을 더욱 발전시켜 뒤랑은 한 시대와 문화의 방향을 가늠해보는 작업인 '신화분석'을 제시하였다.

신화에 대한 재평가에 토대를 둔 이 신화 방법론들을 최초로 체계적으로 제시했다는 점에서 뒤랑의 공로를 부인할 수 없다. 하나의 학문으로 작품에 접근하려는 환원적 접근과, 작품에서 개인 심리가 더 중요한지 아니면 사회 문화가 더 중요한지를 다투는 이원적 접근을 극복하려고 시도하는 점에서 뒤랑의 신화비평은 분명히 고유성을 지닌다. 종합을 통해 화해를 추구하는 뒤랑의 정신은 대립과 갈등의 시대에 매우 필요한 것임에 분명하다. 그리고 그의 신화비평은 문학 및 예술 작품을 이해하는 데도 폭넓은 시각을 제시하는 것은 분명하다. 그런데 뒤랑의 이러한 장점은 동시에 약점이기도 하다.

비평의 핵심은 '행복한 독서'의 즐거움을 증가시키는 일이며, "행복의 사냥을 위해서는 모든 사냥개가 다 허용 된다"라고 뒤랑이 말한 바를 상기해보자. 그리고 탐정의 수사를 방불하게 하는 구비평의 실증주의적 태도를 그가 비판하였음을 기억하자. 그런데 뒤랑이 제시한 신화비평을 수행하기 위해서는 엄청난 지식이 필요하다. 우선 신화에 대한 방대한 지식이 선행되어야 한다. 작품과 신화의 관련성을 포착하기 위해서는 신화에 대한 폭넓은 지식이 필수적이다. 특히 '암시적인 신화소'를 포착하는 작업은 신화에 대한 깊은 지식이 없이는 불가능한 작업이다. 나아가 신화비평은 심리학, 사회학, 구조주의 등과 같은 학문들에 대한 지식도 요구한다. 이렇게 많은 지식을 소유하는 비평가가 과연 얼마나 될까? 이러한 지식을 소유한다 하더라도 이렇게 과도한 지식을 동원한 비평 작업이 '행복한 독서'일 수 있는가? 과연 '즐거움'을 증가시켜 주는 비평일 수 있겠는가? 화해와 종합의 사명 앞에서 비평가는 과도한 짐을 지고 있는 것이 아닌가?

신화분석에 대해서도 우리는 그것의 과도한 요구를 비판할 수 있다. 한 시대와 문화의 주도 신화를 파악하기 위해서는 개별 작품들에 대한 분석을 통해 당대의 주도 신화를 포착해야 한다. 그런데 일정한 시대의 작품은 그 수가 엄청나다. 그 많은 작품을 다 읽고서 주도 신화를 포착하는 작업은 한 개인으로서는 완수하기가 거의 불가능하다. 따라서 연구 대상 작품을 제한할 수밖에 없는데, 이 경우 어떤 작품을 고려의 대상에 넣어야 할지를 선택하는 문제에서 기준이 문제가 된다. 뒤랑의 신화분석은 그 선택의 기준에 대해서는 침묵한다.

결국 뒤랑의 신화비평과 신화분석을 뒤랑 자신이 제시한 '도식' 그대로 작품에 적용하기는 너무나 힘든 일이다. 따라서 각 비평가 혹은 연구가는 뒤랑이 제시한 방법론을 도식적으로 적용하기보다는 각기 나름대로 단순화하여 실행하지 않을 수 없다. 실제로 뒤랑의 이론을 적용하여 논문을 쓰는 경우에, 우리가 관찰한 바로는 뒤랑의 방법론을 엄격하게 적용하는 경우는 거의 없다. 뒤랑의 방법론 가운데 각 연구자가 핵심적인 요소라고 파악한 바를 취하고, 여기에다 상상력 이론의 주요한 스승들(융, 바슐라르, 코르뱅, 엘리아데 등)의 이론을 적절히 보완하여 작업을 실행하는 것이 일반적이다. 그러나 그 연구가 뒤랑적인 연구이기 위해서는 '신화'에 토대를 둔 연구여야 하며, 작품 속의 주도 신화에 대한 분석에서 출발해야 한다는 최소한의 동의는 필수적이다.

질베르 뒤랑의 신화방법론은 신화 자체에 대한 지식과 더불어 방대한 인문사회과학의 지식이 요구된다. 이 난관을 극복한다 하더라도 이 방법론을 동아시아문학에 적용시킬 때 다소간의 어려움이 존재한다.

가장 큰 어려움은 서구와 동아시아간의 문화적 차이에 기인한다. 우선, 서구에는 방대한 그리스·로마신화와 히브리신화(성서)가 문헌으로 잘 전승되어왔을 뿐 아니라, 신화가 문화예술 전반에 있어 주변적 위치를 차지하지 않았다. '본질적으로 기독교 사회인 서구'에서 성경은 오래 동안 정통적인 지위를 유지해 왔고, 그리스-로마 신화도 문학가, 화가, 음악가 등 많은 문화인들에게 지속적으로 큰 영향을 미쳐왔으며 한편 그들에 의해 작품화되면서 계승되어 왔다. 문제는 서구문화에 미친 신화의 영향력과 동일한 정도의 역동성을 동아시아 문명권에서도 발견할 수 있는가라는 점이다.

동아시아 문명의 주축을 형성한 중국의 경우 특정의 신화체계가 정통적인 지위를 차지해본 적도 없거니와, 국가의 이데올로기(법가, 불교, 유교)는 신화적 요소를 극복하고 철학화하는 방향으로 나아갔다. 비록 산해경(山海經), 회남자(淮南子) 등과 같이 신화적 자료가 많이 담긴 서적들이 보존되긴 했으나 그 속에 담긴 신화의 세목들이 중국의 지성인의 정신 속에, 서양에서 성경과 그리스-로마 신화와 같은 정도로, 깊이 뿌리내리기는 어려웠던 것으로 보인다. 그리고 우리나라의 경우도 사정이 중국과 크게 다른 것 같지는 않다. 오히려 중국보다 더 불리한 여건이었던 것으로 보인다.

또 하나 지적할 수 있는 문제점은 동아시아에서의 주체적인 신화연구의 결핍이다. 서양에서 이루어진 신화연구에 자극을 받아 20세기에 들어오면 중국을 비롯한 동아시아에서도 나름대로의 신화연구가 진행된다. 그런데 초기에 연구가들은 자신들의 신화를 서구적인 신화학 관점에 입각해서 연구하려 한 오류를 범했고 이 오류는 아직도 완전히 극복되지 못한 것으로 보인다. 그 오류는 창조신화와 관련된 것이다. 서구학자들의 신화관의 핵심은 역시 '창조(création)'다. 신화는, 엘리아데[53]가 정의하듯이, 항상 '창조의 이야기'이며 '무엇인가가 어떻게 생성되었는지 어떻게 존재하게 되었는지'를 이야기해 준다는 것이다. 따라서 서구의 신화서는 일반적으로 창조신화로부터 시작한다. 자신들의 신화뿐 아니라 타 문명권의 신화들도 동일한 출발점에서 전개한다.

중국의 신화연구가들은 이 점에서 난관에 봉착했다. 왜냐하면 중국인에게는 전통적으로 창조와 창조주의 관념이 희박했기 때문이다. '천지자연(天地自然)'이라는 표현에서 보듯이 천지를 '스스로 그러한' 존재로 파악했지 조물주에 의해서 창조된 것으로 파악하지 않았다. 그럼에도 불구하고 중국의 신화연구가들은 서구적인 신화학의 도식에 의거해서 중국신화를 서술해야 한다는 강박관념에서, 그리고 중국에도 타 문명권에서와 마찬가지로 창조신화가 존재한다는 아폴로지적인 성격을 지닌 채 신화를 탐구하게 되었다. 이러한 맥락에서 그들은 중국에도 창조신화가 분명히 존재하며 반고(盤古)가 그 주인공임을 밝혀내고, 그 창조신화로부터 중국신화를 기술하였다. 그러나 "중국에서 반고 전설의 출발은 매우 늦었으며, 3세기 이전의 어떤 기록에도 알려져 있지 않았다"고 더크 보드(Derk Bodde)는 지적한다.[54] 게다가 이러한 창조신화는 중국사상에 지속적인 영향을 끼치지도 않았다고 한다. 얼핏 매우 주체적인 것 같아 보이는 중국신화 연구가들의 창조신화에 대한 항변은 사실상 서구적인 틀에 종속된 것일 뿐임을 확인할 수 있다.

중국과 마찬가지로 우리나라에서도 신화 연구는 서구와 비교할 때 아직까지 성숙한 단계에 도달해 있지 않다. 한국 문학에 대한 신화비평을 실행하기에 앞서 우선적으로 한국 신화에 대한 체계적인 연구가 진행되어야 한다. 그리고 그 연구는 서구적인 틀 속에서가 아니라 우리의 신화와 세계관의 특수성을 충분히 고려하면서 진행되어야 한다. 그리하여 신화 사전, 문학신화 사전, 상징 사전 등 공구서적들을 편찬하는 동시에 신화에 접근하는 다양한 이론들에 대한 활발한 연구도 병행되어야 한다. 이러한 기반 위에서 우리의 신화가 한국문학사에 등장하는 수많은 고전들 속에서 어떻게 (명시적으로 혹은 암시적으로) 드러나 있는지, 현대문학작품들과는 어떠한 관련을 맺으며 이어지고 있는지, 그리고 그 신화의 문학 속에서의 변용이 어떤 의미들을 지니는지에 대해서 본격적인 탐사를 시작할 수 있을 것이다.

리쾨르의 상징론과 신화론

윤성우

1. 몇 가지 제약 조건들

어떤 학술적인 논문이나 글을 쓰는 경우도 마찬가지겠지만, 어느 정도 알려진 철학자의 중요한 주제나 쟁점을 다루려면 반드시 고려해야 할 몇 가지 사항이 있다. 첫째, 동일하거나 유사한 주제를 다룬 선행연구의 검토와 그 차별성 확보가 중요하다. 둘째, 동일한 철학자 내에서 지금 다루고자 하는 주제가 가지는 의미와 역할을 잘 드러내는 일이다. 전자의 경우, 국내의 선행연구는 풍부하다고 말할 순 없지만, 적지도 않다.[1] 따라서 여기서 아주 새로운 접근과 내용을 담는 일은 쉽지 않은 일임에는 틀림없다. 하지만 그런 기존 연구에 대한 세부적인 검토는 그 자체로 일종의 메타적 연구될 것이므로 여기서는 피할 것이며, 이 장에서 펼칠 연구의 차별성 확보는 기존 연구와의 '상대적' 차이를 담지하는 것을 목표로 삼는다. 그 '상대적' 차이를 확보함에 있어 출발점은 다음과 같다. 곧, 리쾨르 관련 기존 선행연구들은 '상징론과 신화론'이 그의 해석학에서 차지하는 유의미성 및 가치를 다룰 때, 그의 철학 전체의 맥락을 상대적으로 덜 논의했다는 점이다. 1948년 야스퍼스에 관한 저술[2]을 시작으로 작고하는 2005년까지의 긴 학문적 여정에서 그의 '상징론과 신화론'이 주제적으로 그리고 문헌학적 차원에서 빈번히 등장하는 시기는 대략 1960년을 전후해서 1970년 초중반에 걸쳐 있다. 다시 말해 그 이전과 그 이후는 리쾨르가 이 주제를 전면에 내세우거나 근본적으로 재론하지 않았다고 보는 것이 맞다. 이는 통시적으로 매우 옳고 합당한 지적이다. 그렇지만 이런 지적은 '부분' 관점에서는 어느 정도 맞고, '전체' 관점에서는 어느 정도는 교정과 보완이 필요한 관점이다. 따라서 '부분'과 '전체' 사이의 해석학적 순환이 온전한 이해의 방법이라면, 부분과 전체, 이 둘의 관점 사이에는 상호적인 조정이 요구된다. 전체의 맥락과 흐름에서 볼 때, '상징론과 신화론' 이전엔 '의지론'이 먼저 있었고, 이후엔 '텍스트론'이 있으므로 순환의 거점과 이정표에 대한 대강의 윤곽은 그려진 듯하다. 다만 중심적으로 다루어 질 것이 '상징론과 신화론'이라는 점에서 '의지론'과 '텍스트론'은 전자의 것을 새롭게 맥락화하는 정도 내에서 논의되는 것이 합당할 것이다.

2. 의지론

리쾨르의 독자적인 첫 주저인 1950년의 『(의지의 철학 1권) 의지적인 것과 의지적이지 않은 것』(*Philosophie de la volonté I: Le volontaire et l'involontaire*)는 리쾨르의 저작들 중에서 가장 덜 읽혀졌고 그래서 가장 덜 평가된 저작인데 여기서 이른바 '의지론'이 처음으로 등장한다. 방법의 측면과 내용의 측면에서 살펴보자. 전자의 측면에선 인간의 의지활동이라는 "사태(事態)에 대한 본질을 기술"하는 현상학, 즉 형상적 현상학의 방법이 채택된다.[3] 특정문화, 특정 공간, 특정 시간에 속한 구체적 인간의 의지 행위에 대한 분석을 담고 있는 것이 아니라, 인간이라면 누구나 보여주는 의지 행위의 본질적인 사태를 기술하려 한다. 내용의 측면에서 보자면, 인간의 의지는 "결정", "그 실행", "그 실행의 근본적 제약으로서 비의지적인 것의 승인"이라는 3단계의 순서를 밟는다.[4] 이때 '의지'는 비록 그것을 근본적으로 제약하는 비의지적인 것(탄생, 생명의 성장, 성격 등)을 승인하다 하더라도 그 모습은 필연적이고 보편적인 양상을 가진다. '필연적'이라 함은 비의지적인 것이 '반드시' 의지를 제약하므로 그 의지는 그것을 인정하고 받아들이는 것 말고는 다른 대응을 할 수 없다는 뜻이고, '보편적'이라 함은 특정 시공간에 구애됨이 없이 구체적 개인을 모두 포함하여 제약한다는 뜻이다. 따라서 이때 '의지'는 존재론적으로 '이미 그러하게' 조건 지어진 것이므로, 윤리적으로나 도덕적으로 중립적이다. 따라서 그 자체로 '나쁘다'거나 '악한' 의지라고 할 만한 것은 없다. 육체적 한계나 제약으로 조건 지어진 의지 자체를 나쁘다거나 악하다고 할 수 없다는 점에서 그렇다. 더구나 1950년의 주저에서 등장한 의지에 대한 철학과 현상학은 나의 의지와는 또 '다른' 의지와의 만남의 관계에서 오는 갈등, 투쟁, 정념의 상황을 고려하는 의지에 대한 기술을 포함하지는 않았다.[5] 따라서 본질 기술의 대상이 되는 이때의 '의지'는 일상적이고 가변적인 모습, 자연적 태도에서 보이는 현실적 의지의 모습이 아니라, 이것들이 다 에포케되고 나서, 불변의 상수들로서 드러나는 의지의 사태적 측면들이었다. 결국, 1950년의 대표적 주저 『의지적인 것과 의지적이지 않은 것』에서 채용된 방법론의 한계는 그 성과와 함께 거의 동시적으로 감지되었다. 형상적 현상학의 본질 환원의 방법으로는 현실의 잘못된 의지, 불균형과 불투명함에 빠진 의지의 현실적 모습을 충분히 독해해 낼 수 없다는 것이다.

흔히들 1960년 『악의 상징』(*La Symbolique du mal*)에 와서야 리쾨르의 상징 해석학이나 신화론이 등장하는 것으로 알지만, "악의 상징(la Symbolique du mal)"이라는 타이틀은 『의지의 철학 2-2권』(*Philosophie de la volonté II-2*)의 부제목에 해당된다는 점은 종종 간과된다. 더구나 이 저서는 『(의지의 철학 2-1권) 잘못할 수 있는 인간』(*Philosophie de la volonté II-1: L'homme fallible*)이라는 저서와 동시에 출간된 것이다. 따라서 '잘못할 수 있는', '오류를 저지를 수 있는', '틀릴 수 있는' 인간 의지에 대한 분석이 그의 상징론과 신화론에 이론적으로나 시간적으로나 선행한다고 보는 것이 정당하다. 잘못을 저지를 수 있는 인간, 그럴 가능성과 현실성을 담지한 인간에 대한 분석이야말로 '악'의 상징과 신화에 대한 이해나 분석의 계기를 마련할 수 있기 때문이다. 리쾨르가 말하는 '잘못 가능성'은 인간을 그 자체로 나약하고 깨지기 쉬운 존재로 만들어 버리는 모종의 "불균형"(disproportion)을 인간이 안고 살아갈 수밖에 없다는 데서 찾아야 한다.[6] 리쾨르가 논증하는 악의 가능성으로서의 잘못은 이미 인간을 구성하는 다양한 요소에서 발견된다. 우선, 시공간적 한정성을 조건으로 하는 우리의 지각은 우리에게 한정되고 제한된 "유한한 관점"(persepective finie)만을 제공해줄 뿐인데,[7] 이런 관점들의 제한을 넘어서게 할 수 있는 것이 바로 "무한한 말"(verbe infinie)이다.[8] 그 이유는 언어를 통해 우리가 보지 못하고 듣지 못하는 세계의 양상과 측면들을 공유할 수 있게 되기 때문이다. 그리고 지각의 수용성과 언어의 지성적 규정성, 이 두 서로 환원 불가능한, 이질적인 영역을 매개할 "순수 상상력"(imagination pure)이 요구된다는 것이다.[9]과연 악의 인간적 구성적 조건으로 이해되는 이런 불균형, 유한성에 대한 천착은 전적으로 리쾨르에게서 처음으로 등장하는 새로운 것인가? 그렇지는 않다.

이미 데카르트는 『성찰』 4장에서 "나는 이를테면 신과 무(無) 사이 그 어디에 중간적 존재로서, 다시 말해 최고 존재와 비존재 사이 어디에 처해 있는 것이다. 결국 나는 나 자신을 무나 비존재의 성질을 띠는 자로서, 즉 나 스스로 최고 존재가 아닌 존재로서, 다함이 없는 결핍에 시달릴 수밖에 없는 존재이므로, 내가 실수하거나 오류를 저지른다 해도 전혀 놀란 만한 일은 아닌 것이다."라고 말한 바 있다.[10] 유한자와 무한자의 데카르트적 불균형의 보다 근대적인 버전으로 우리는 칸트의 지성과 감성, 그리고 이 두 능력간의 상호적 이종성과 이질성을 매개하는 것으로서 상상력을 언급하지 않을 수 없을 것이다. 감성은 사물들의 현전, 그것도 아주 특정한 측면과 관점의 제한 아래서 '수용하는' 능력인 반면, 지성은 '개념'(범주)을 스스로 산출하는 '자발적' 능력이다. 이런 이질적 능력을 '매개', '중개'하고 결국엔 '종합'하는 제3의 능력으로서 상상력인 것이다. 하지만 '초월적 도식'으로 알려진 이 능력은 감성과 지성이 각각의 고유한 자신의 '대자(對自)'로서, 즉 카운트파트너로서 감각적 다양이나 잡다 또는 개념들을 가지는 것과는 달리, 자신의 고유한 대자가 없다. 오직 감성과 지성만이 자신의 대자를 가질 뿐이다. 철두철미하게 중간적 능력으로의 한계와 유한성을 보여주는 대목이 아닐 수 없는 것이다. 아마도 이런 맥락에서 칸트는 상상력을 두고 '인간 영혼의 깊숙한 곳에 감춰진 하나의 기술', '미지'의 것, '맹목적이지만 필요불가결의 기능'이라 말했는지도 모른다. '오류를 범할 수 있는' 인간 의지의 가능성을 논하는 맥락에서 보자면 상상력의 이러한 특징은 인간 능력들 중에서 탁월하게 '어두운', '불투명한' 부분을 보여주는 것이라 말해도 좋을 것이다. 아마 아리스토텔레스가 『영혼론』에서 감각 지각적 영혼과도 다르고, 사유하는 영혼과도 "다른" 상상하는 영혼을 말한 바 있는데, 이와 근본적으로 다르지 않을 것이다.[11)]

실상 유한자에 내재된 '무한자'(infinite) 개념을 적극적으로 신 존재 증명의 논거로 삼은 데카르트, 인간 영혼의 감춰진 혼탁한 영역으로서의 상상력을 말한 칸트를 포함하여 중세의 여러 철학자나 신학자들의 논변에 인간 실재의 근본적 구조로서의 "중간적"(intermediaire) 또는 "혼성적"(mixte) 성격이 자주 등장하는 것은 결코 낯선 일이 아니다.[12)] 하지만 나름의 엄밀한 논증적 사유나 절차 속에서 비교적 빈번하게 등장하는 오류성, 중간성, 불균형의 사유는 실상 '전-철학적인', '선-철학적인' 기원을 가진 것이다. 플라톤의 『국가』편 4권에서 '영혼'의 이성적 부분과 비이성적 부분 사이에 위치하는 "thymos"(격정, 기개, 분노)의 문제는 중간적, 즉 "제3항적"(Metaxu) 성격을 잘 보여준다.[13)] 도시국가의 구성과 영혼의 구성을 비유하는 플라톤에게서 사멸하는 사물들과 불멸하는 이데아들 사이를 방황하는 인간 영혼의 운동적 성격이 전(前)-철학적으로, 즉 '신화적'으로 묘사된 것이다. 또 『향연』에서 풍요의 원리 Poros와 궁핍의 모태 Penia의 만남으로 Eros가 탄생한 것은 인간 존재의 극적인 "혼합적" 상황을 잘 보여준다.[14)] 이 근원적 궁핍이 도대체 어찌 '나쁜', '악'한 인간 의지의 기원이 된단 말인가? 마지막으로 하이데거의 『존재와 시간』 42절에 나오는 '염려(쿠라, Cura) 신화'는 인간의 근원과 본성을 구성하는 혼성적 요소들(영혼과 육체, 그리고 쿠라), 그리고 그 중에서 '쿠라'의 우위를 '존재론 이전', 즉 전(前)-철학적 신화를 통해서 주장한다는 점에서 하이데거 역시 '혼합적', '혼성적' 인간론의 대열에 속한다고 볼 수 있을 것이다.[15)]

이런 서양철학사의 전통의 관점에서 보자면 리쾨르의 의지론이 그의 상징론과 신화론에 앞서고, 오히려 이들을 준비하고 요청한다고 보는 것이 더 타당할지도 모른다. 상징론과 신화론을 통해 리쾨르는 서양철학이 품어오던 가장 불투명하고, 가장 덜 해명된 인간 실재성의 어떤 측면을 자신의 해석학의 방식으로 해명하려고 노력하는지도 모른다.

3. 상징론

우리가 의지론을 상징론에 앞세운 것은 이유가 있다. 의지론은 상징론에 와서야 본격적으로 유한자로서의 인간의 현실적이고 구체적인 그 모습을 획득하게 되기 때문이다. 인간 의지가 그 본질의 측면—의지 철학의 1단계—에서 분석되었고, 또 그 가능성의 구조적 측면—의지철학의 2단계—에서 논의되었으므로, 마지막으로 그 현실적 실재성의 측면—의지철학의 3단계—에서 해석되어야 한다는 것이다. 특히 인간이 가진 악한 의지의 모습—그 악이 자신이 저지른 것이든 자기 밖에서 온 외래적인 것이든—은 그 스스로 등장할 때, 직접적인 표현이나 그 의미가 명백한 담화를 즐겨 쓰지 않고, 에두르거나 중의적인 표현인, 상징적 표현들을 주로 사용한다는 점이 중요하다. 의지 철학 시리즈의 세 번째 출판물로 1960년에 출간된 『악의 상징』이 주로 이 점을 강조하고 있고, 욕망의 원초적 정립이 인간 사유의 의식적 자기-정립보다 더 우선적이고 본래적이라는 점을 근본테제로 주장하는 1965년 저작 『해석에 대하여』(*De l'interprétation: essai sur Freud*)도 핵심적으로 이 점을 천명한다.

우리는 리쾨르 상징론의 특징을 다음의 두 가지 명명으로 크게 윤곽 짓고자 한다. '상징인식론'과 '상징존재론'이 그것이다.[16] 전자는 '상징'이라는 개념과 그 구조와 출현 영역 등을 해명함으로써 상징과 상징 아닌 것을 구별하고, 상징만이 지닌 인식의 능력, 상징만이 산출하는 '앎'의 독특한 특징을 다루는 분야이다. 후자는 전자의 상징인식론을 바탕으로 제공되는 상징적 앎의 성격을 '상징은 사유를 불러일으킨다'(le symbole donne à penser)[17]로 간결하게 정리하면서, 여기서의 '사유'와 '불러일으킨다'는 주장의 의미를 해명하고자 하는 분야이다.

3.1. 상징인식론

리쾨르 상징론에 대한 논의에서 가장 먼저 언급되어야 할 점은 그의 상징 개념이 언어적 구조와 언어적 영역에 국한되어 있다는 점이다. 시각적 성질을 가진 이미지의 영역이나 회화에서 등장하는 상징은 배제된다. 다만 그것이 이중적 또는 다중적 의미를 담지한다면, 리쾨르가 말하는 의미에서 충분히 '상징적'이라는 형용사를 공유할 수 있을 것이다. 상징 개념과 그 구조와 출현 영역을 알아보자.

상징의 '개념'은 다음과 같이 명료하게 정의된다. '1차적이고, 문자적이고, 분명하고, 직접적 의미'를 담고 있는 언어적 기호로서 '2차적이고, 비문자적이며, 불투명하고, 간접적인 의미'가 그 안에 거주하고 있는 이중적 및 다중적 의미 표현들.[18]

상징의 '구조'는 아래와 같이 표시될 수 있을 것이다.

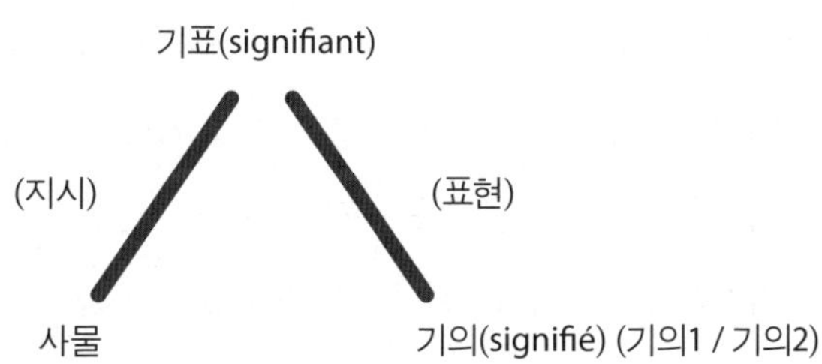

여기서 핵심적인 것은 우리가 흔히 '의미하다'라는 말로 '지시'와 '표현'을 다 가리킨다는 것이며, '상징'은 '일상적' 기의를 갖되, 반드시 '상징적' 기의를 갖는 언어적 표현물을 가리킨다는 점이다. 결국 상징적 표현으로서 상징은 기의1, 즉 일상적 의미를 갖되, 2차적인 간접적·상징적 의미(기의2)를 갖는 언어들을 가진다

는 점이다. 이것이 상징의 구조적 특징인 것이다.

그 다음으로 '상징인식론'에서 언급되어야 할 것은 상징의 출현 영역들이다. 무수한 영역들은 언급할 수 있겠지만, 리쾨르의 상징이 언어적 특징을 가지는 만큼, 그는 다음 세 가지 담론 영역에서 등장하는 상징들을 언급한다. 종교적 고백 및 성스러움 체험 영역(구약 및 엘리아데의 종교현상학), 꿈의 영역(프로이트의 정신분석학), 시적 상상의 영역들.[19] 이런 상징의 출현 영역들을 가로지르며 등장하는 상징 인식의 특징이 더 중요하다. 우리는 리쾨르의 많은 언급과 분석들 중에서 그 특징을 '구속적'(拘束的, lié), '동화적'(同化的, assimilé)이라는 두 형용사에서 그의 상징적 특징을 잡고자 한다.

> 상징은 이중적 의미에서 구속적이다. …에(à) 구속적이면서 동시에 …을 통해서(par) 구속적이다. 상징은 1차적, 문자적, 감각적 의미에 구속되어 있다. 이것이 상징의 불투명성을 만든다. 반면, 문자적 의미는 바로 그 자신에 거주하는 상징적 의미를 통해서 구속된다. 이것이 상징의 비은폐적(계시적) 능력을 만드는 것이며, 상징이 가진 불투명성에도 불구하고 그것이 상징의 힘을 만드는 것이다.[20]

> 나는 1차적 의미에 의해 이끌려 지지만, 2차적 의미에로 향한다. 우리가 외부에서 객관적으로 고려할 수 있는 모종의 유사성(similitude)과는 달리, 상징은 우리로 하여금 유사성을 지성적으로 장악하는 것이 아니라, 상징된 것에 우리를 지향적으로 동화시키려는 1차적 의미의 운동 그 자체이다.[21]

상징은 구속적이면서 동화적인 한에서 우리에게 무엇인가를 생각하도록 강제하는 것이다. 구속적이면서 동화적인 상징의 힘은 도대체 무엇을 말하는가? 우선 상징이 기본적으로 의미의 이중적 또는 다중적 구조를 가지는 언어표현이라는 점에서 "구속적"인 것은 1차 의미와 2차적 의미 사이의 결속(結束)적 관계를 말한다. 반드시 일상적 의미를 지니되, 그 일상적 의미에 비일상적, 비범한, '다른' 의미가 더해지고 중첩되어지는 구조를 가진 것이 상징이라는 것이다. 형식논리학의 '기호'나 기술공학적 '기호'의 경우, 그것이 상정되거나 협약된 것 이상의 다른 의미를 가질 수 없다는 점에서 아무것도, 누구도 실존적으로 구속하거나 결속하지 않는 기호 표현이라고 볼 수 있을 것이다. 반면 상징은 1차적 의미에 거주하는 2차적 의미를 반드시 이끌고 들어와, 소위 2차적 의미인 상징적 의미를 통해, 더 이상 공허하지 않는, '또 다른 의미를' 구속/결속하는 언어표현이 되는 것이다. 윤동주의 「서시」에 등장하는 '하늘', 제사장이 제의(祭儀) 속에서 민중의 기원과 소원이 향하게 하는 지평으로서의 '하늘'은 '눈에 보이는 가시적인 푸른 하늘'(기의1)만을 뜻하지 않는다. 반드시 또 다른 의미, 즉 '우주적 질서'(기의2)를 결속시키는 것이다. 리쾨르는 이런 상징적 언어를 가리켜 "충만한 언어", "구속적 언어"(langage plein, lié)라고 말한다.[22)]

결국 우리가 던지는 질문은 이렇다. 의미(기의1)와 의미(기의2)를 결속시키는 상징은 우리를 어떻게, 무엇에 구속시키고 결속시키는가? 그의 대답은 이렇다.

> 2차 의미에로 나를 이끌어 향하게 하는 [상징의] 운동이 나를 상징적으로 말해진 것에 동화시키는 것이며, 나에게 선포된 것에 나를 참여(paricipation)시키는 것이다. 상징의 힘이 거주하면서 동시에 상징의 비은폐(계시적) 능력이 기원하는 유사성은, 내 앞에 노출된 관계로서 내가 파악할 수도 있는 일종의 객관적 닮음(ressemblance)이 아닌 것이다. 오히려 그것은 유비의 운동을 통해 나의 존재를 존재에 실존적으로 동화시키는 것이다.[23)]

3.2. 상징존재론

상징인식론을 통해 우리는 '상징'을, 1차적인 의미를 넘어서서 2차적 의미에로 우리로 하여금 향하게 하는 언어적 운동과 힘, 그리고 능력을 가진 것으로 정리했다. 심지어는 2차적 의미라는 것이 결국엔 '상징된 것'(le symbolisé), 즉 '하늘'이라는 상징에서 보면 '우주적 질서'를 가리키는 것으로 파악해 본다면, 그리고 이것에 '나의 존재가 실존적으로 동화'되는 것을 목표로 삼는다면 상징은 단순히 의미들 간의 관계나 구조를 다루는 의미론적 차원만을 가진 것이 아니라, 이를 넘어서는 또 다른 차원을 갖는 것이다. 상징에는 비(非)의미론적인, 정확히 말하자면 초(超)의미론적인 계기가 있는 것으로 봐야 할 것이다. 따라서 "상징이 사유를 불러일으킨다는 것"은 이런 의미론적 차원의 해명과 파악을 통해, 즉 이중적이거나 다중적 의미를 해명하는 해석의 작업을 통해, '나의 존재'를 더 고차원의 '존재'(예를 들어, 우주적 질서)와 연관 짓는, 구속시키는, 동화시키는 존재론적 차원으로 나아가는 것을 뜻할 것이다. 1차적이거나 물리적인 "때"나 "얼룩"은 "인간의 상황, 즉 성스러운 그 무엇 앞에서 때 묻고 더러워진 인간의 상황"을 가리킨다는 것이다.[24] '물'로 세례를 주는 경우, 그것은 목마름의 욕구를 채우는 그것, 아침의 세면 시 수도관을 통해 나오는 그것만을 가리키지는 않는다. 이전의 위반, 탈선, 악행, 죄와의 단절, 그것의 제거를 통해 새로이 존재론적 전환을 맞이하게 되는 의례에서 정화의 기능을 하는 '물'인 것이다. 리쾨르는 『악의 상징』의 말미에서 상징 존재론의 내용을 다음과 같이 압축한다.

> 만일 상징을 단순히 자아의식을 드러내는 것으로 보면, 상징의 존재론적 기능을 무시하게 된다. '너 자신을 알라'는 말을 흔히 반성 차원의 문제로 알지만 실은 존재 안에 자리를 잘 잡으라는 충고다. (…) 결국 상징이 말하는 것은 삶의 터인 존재 한 가운데 처한 인간의 상황이다. 그러므로 상징의 인도를 받는 철학자는 자아 인식의 담을 헐고 반성의 특권을 제거해야 한다. 상징은, 코기토(Cogito)가 존재 안에 있는 것이지 그 반대가 아니라는 생각을 불러일으킨다.[25]

여기서 물어야 할 것은 왜 상징의 해석을 통해 우리는 그런 존재론적인 전환의 계기를 마련해야만 하는가? 상징의 의미론적 풍부성과 존재론적 함의의 측면에서 굳이 시작하지 않고 철학의 내재적 요구와 궁핍의 측면에서 찾는다면 어떻게 되는가? 그 자체로 전(前)철학적이고, 다양한 역사와 문화 전통에 의존하는 상징에 대한 해석은 왜 요구되는가? 실상 철학은 이제 스스로의 내용과 진로에 새로운 방향성을 부여하기 위해 상징(및 신화)에 의존해야 할 내재적인 이유들을 축적해왔는지도 모른다. 철학은 오랫동안 반성(反省, réflexion) 내지 반성적 활동으로 파악되어 왔다. 멀리 소크라테스까지 거슬러 올라갈 수도 있지만, 서양의 근대 철학은 인간 주체의 자기(自己) 반성이 그 핵심을 이루어 왔다. 이런 반성 활동의 시발점은 늘 참된 인식을 갈구하는 주체의 자기 정립(position du soi)이었다. 이 자기 정립이야말로 데카르트를 시작으로 칸트·피히테·헤겔, 심지어는 후설에 이르는 유럽 철학의 반성적 전통의 제1진리였다. 한마디로 자기 스스로가 스스로를 (대상 인식과 대상 파악의) 토대와 근거로서 정립하는 진리였다. 주체의 존재와 주체의 (사유) 활동은 동시에 정립된다. 다시 말해 (인식 주체인) 내게서 존재한다는 것은 사유하는 것이며, 나는 내가 사유하는 한 존재한다. 하지만 데카르트를 비판하며, 말브랑슈(Malbranche)는 주체의 이런 직접적인 자기 포착과 정립은 명석하도고 판명한 관념이 아니라 "하나의 느낌"(un sentiment)에 불과하다고 비판했다.[26] 더 나아가 칸트는 우리의 모든 표상 활동에 자아(Ego)의 통각(統覺, aperception)이 동반한다는 것을 날카롭게 발견했다. 이건 분명 데카르트에 비해 큰 진보지만, 이런 자아의 통각은 사물 인식의 주체 내재적이고 선험적인 조건에 불과한 것으로서, 인간이 자신에 대해 가지는 자기 이해와 자기에 대한 앎이라고 보기는 어렵다. 후설의 용어로 말해보자면, 생각하는 자아의 존재는 필증적(必證的, apodictique)이지만 반드시 충전적(忠全的)인 것은 아니다. 이와 유사한 맥락에서 프로이트의 발견을 반성 철학적으로 풀이해본다면 다음과 같을 것이다. '내가 그렇다고 여기고 생각하는 나의 모습과 실제로 존재하는 나의 모습에는 괴리가 있다.' 이는 반성 철학 전통이 지녔던 반성의 추상성, 공허함, 심지어는 기만성을 비판적으로 지적하는 말이다. 그렇다고 우리가 반성 자체를 버릴 필요는 없을 것이다. 푸코의 초기 철학이나 들뢰즈의 입장은 철학이 더 이상 반성은 아니라는 것이지만, 리쾨르는 반성의 구체성과 해석을 통한 의식의 자기 배움의 길을 포기할 필요는 없다고 보는 것이다. 따라서 "내가 사유한다", "나는 사유한다"라는 근대적 정초나 토대의 길을 가기보다는 상징 언어의 (의미론적) 충만성이 오히려 인간에게 그 의미를 사유하도록 자극하는 해석의 먼 길을 택한다는 것이다. 인간은 상징적 언어들의 의미 충만성에 의해 "불려 세워진 주체"(sujet interpellé)[27], 또는 "소환된 주체"(sujet convoqué)[28]가 되며, 자신의 기호와 상징에 대한 해석을 매개하거나 거치지 않은 방식, 즉 데카르트가 『철학의 원리』에서 말하는 "직접적인 (자기) 파악"[29]의 방식은 더 이상 유효하지 않다는 것이다.

인간 주체의 자기반성에 살과 피를, 내용과 충만함을 채울 사유의 질료를 어디서 구할 수 있을까? 인간의 실존하려는 열망과 노력을 증언하는 상징과, 이 상징들의 의미 있는 엮음으로 만들어진 신화야말로 그 원재료가 아닐까? 철학은 오랫동안 자신의 출발점, 시발점 또는 아르케(arche)를 찾으려고 경주해왔다. 그 아르케를 무엇으로 삼든, 출발점을 찾는 게 잘못된 것이 아니라 전제 없는—하이데거적으로 말하자면 선이해의 지평을 고려하지 않는—출발점을 상상하는 것이 문제다. 해석학을 통해 서양철학이 상징(과 신화)를 그런 전제로 받아들일 수 있게 되었다면 과장된 말일까? 철학이 이렇게 상징과 신화에 밀접한 상관성을 갖기 시작하면, 그 철학은 상징과 신화의 시공간적 태생과 기원에 따르는 문화적 우연성과 다의적 언어들, 그리고 심지어는 이를 해석하는 방식들 간의 갈등을 피해나갈 수 없다. 우리는 리쾨르가 자신의 전 작품을 통해 신화를 해석한 모든 예를 상론할 수도 또 그럴 필요도 없다. 다만 그의 해석학적 관점이 부각되는 몇몇 지점만을 일별해보자.

4. 신화론

연대기적으로 봐서 리쾨르의 신화론은 그의 상징론과 거의 동시에 전개되었다고 볼 수도 있으며, 철학적 콘텐츠의 맥락으로 봐서도, 상징론과는 물론이지만, 이에 앞서는 의지론과도 일정한 유의미한 연관성 아래에서 살펴야만 할 것이다. 소쉬르와 그의 언어학의 철학적 및 사상적 버전인 구조주의가 프랑스 지성계 및 유럽 사상계를 평정할 무렵, 리쾨르는 프랑스식 백과사전을 대표하는 *Encyclopedia Universalis*로부터 몇 가지 중요 항목[30]의 편찬과 집필을 의뢰받는다. 1971년부터 1973년에 출간된 그 항목의 제목은 단연 우리의 주목을 받을 만하다. "Liberté"(자유), "Langage (Philosophies du)"(언어 철학), "Mythe: L'interprétation philosophique"(신화-그 철학적 해석), "Ontologie"(존재론), "Signe et sens"(기호와 의미), "Volonté"(의지). 그의 초기 및 중기 철학의 전반을 아우르는 방대한 주제적 포괄성과 천착이 돋보이는 주제어들이다. 그의 신화론은 1960년 『악의 상징』, 그리고 1965년 『해석에 대하여: 프로이트에 관한 시론』에서 집중적으로 등장하고, 1971년 "Mythe: L'interprétation philosophique"라는 항목에서 다시금 비판적으로 조명된다. 특히나 이 세 참고문헌 중 마지막 글은 리쾨르 자신의 신화에 대한 고유한 입장 자체를 담는 측면도 있지만, 당대의 신화 연구 전반에 대한 상당한 메타적 연구의 성격[31]을 갖는다는 점에서 우리의 주목을 끌기에 충분하다. 다만 그 메타적 연구들 중, 리쾨르가 가장 비중 있게 다루는 구조적 신화 분석을 여기서는 대표적으로 소개한 뒤, 리쾨르 자신의 신화론을 살피고자 한다.

4.1. 구조적 분석에 대한 비판적 접근

이 접근은 고대 인도-유럽의 신화들에 대한 구조적 분석과 연구의 선구자 듀메질(Georges Dumézil)과 "타자들에 대한 열정"으로 한평생을 살았던 레비스트로스의 그것이라 볼 수 있을 것이다. 신화에다가 그 어떤 기능을 부여하기에 앞서 그것이 지닌 고유한 속성들과 논리들을 추출하려고 노력해왔던 레비스트로스는 원주민들에게도 그들의 고유한 논리와 사유, 그리고 세계관이 있다는 사실을 주장하며, 신화 연구를 거의 신화학(mythologie) 또는 신화과학(mytho-logique)의 수준에 올려놓기에 이른다. 이는 그가 원용하고 있는 구조주의 언어학의 방법론적 전제들과 절차들을 활용했기 때문이다. 결국 구조적 분석은 신화가 특정한 순간(예를 들어 제의 기간)에 이야기되고 회자된다는 사실에 대한 의미 부여와 이해에 초점을 두지 않는다. 오히려 신화는 동일한 신화의 다양한 버전과 변양 속에서 그 신화의 통일성을 구축해내는 공시적 구조, "형식", 다시 말해 신화소(mythème)의 발견을 통해, 또 몇몇 신화소들 사이의 결합과 대립을 통해 구성되는 것이다. 이를 통해 구조적 분석에서는 원주민들의 친족 구조, 사회 구조, 동식물 및 사물의 분류들까지도 가능해진다고 보는 것이다.

흥미로운 사실은 레비스트로스의 『야생적 사고』[32)]가 1962년 출간되자 리쾨르를 중심으로 한 *Esprit* 지(紙)의 철학 연구모임은 몇 번의 걸친 독회를 했으며, 1963년 6월 레비스트로스가 이 마지막차 모임에 기꺼이 참여하여 몇몇 물음들에 답을 하게 되었다는 점이다. 이 논쟁적 대담이 그해 11월호 게재되었으며, 최근 2004년 1월호(n°301)에 레비스트로스 관련 특집호를 꾸미며 다시금 그대로 실리게 된다.[33)] 당시 고전학자 피에르 아도(Pierre Hadot), 미학자 미켈 뒤프렌느(Mikel Dufrenne) 등이 같이 참여하지만 주도적으로 논쟁을 이끈 이는 리쾨르였다. 이 대담을 통해 우리는 구조적 분석에 대한 리쾨르의 비판적 시각의 실체에 접근할 수 있다. 리쾨르-레비스트로스, 두 사람의 논쟁의 핵심이 된 몇 가지 논점들, 특히 신화와 언어적 상징들과 의미를 둘러싼 쟁점들을 대화의 방식으로 풀어서 재연해보면 다음과 같다.[34)]

R(리쾨르) : 1. 음운론 중심의 언어학에서 빌려온 당신의 방법에 보다 적합한 지역적 및 문화적 권역들이 존재하는 것이 아닌가? 2. 그렇다면 구조주의적 분석에 덜 적합한 신화적 사유의 영역들이 있는 게 아닌가? 3. 공시태가 우선적인 분석 모델에서는 통시태는 방해가 될 뿐인데, 결국 구조와 사건의 관계, 공시태와 통시태의 관계는 구조주의적 분석과는 다른 분석 모델에서는 어떻게 되는가?

L(레비스트로스) : 1. 물론 구조적 분석이 유일한 설명의 유형은 아니며, 성경(聖

經) 같은 텍스트의 분석에 까지 나아간 사람들이 없진 않지만 나로서는 그 정도로 과감할 수 없었다. 2. 특히나 고대 유대교의 민족지학적 맥락과 관련 하에서만 (성경에 등장하는) 상징들의 의미가 접근 가능하지 (성경에 등장하는) 신화들만 분석해서는 접근이 불가능하다는 점, 다시 말해 상징들의 의미는 민족지학적 맥락과 관련 하에서 단지 "위치"할 수밖에 없으며, 내재적인 의미작용을 가질 수 없다는 점을 고려해 본다면, 구조적 분석이 자제할 수밖에 없는 영역이 있는 것이다. 3. 약속한 땅을 순례하는 사건들을 담은 구약의 신화들에서 이야기되어지는 "행복의 약속, 구원의 보장, 부활의 확신" 등은 이 신화를 내면화하는 사람들에게나 발견되어지는 것이지, 외부에서(du dehors) 이를 연구하는 사람에게는 지각될 수 없는 것이어서 (나의 구조적 분석에서) 간과될 수밖에 없는 것이다.

R(리쾨르) : 공시태보다 통시태적 성격이 우세한 전(前)-헬레니즘 전통들, 인도 유럽 전통들, 고대 유대 전통들은 통사론적 접근 보다는 의미론적 접근을 통해 그 내용적 풍성함이 드러나는 것이 아닌가? 이런 신화들을 내가 내용적으로 이해함으로써, 내가 내 자신을 더 잘 이해할 수 있는 지점에 이르지 못한다면, 다시 말해 의미라는 것이 (나의) 자기이해(自己理解)의 한 부분이 아니라면 '의미'라는 것이 무엇인지 정말 모를 일이 아닌가?

L(레비스트로스) : 만일 그렇다면 우리는 주관성(subjectivité)에 사로잡히는 것이어서 우리가 사태들을 외부에서 이해함과 동시에 내부에서 그것들을 이해하려고 시도할 수는 없다. 실로 우리가 내부에서 태어나고, 내부에 존재할 때에만 우리는 사태들을 내부에서 이해할 수 있게 되는 결과를 초래하게 된다. 결국 당신이 추구하는 것은 의미에 대한 의미(un sens du sens), 즉 의미배후에 존재하는 의미이다. 하지만 나의 관점에서 의미란 제일 중요한 현상이 결코 아니며 그것은 늘 환원 가능한 것이다. 다시 말해 모든 의미배후에는 무의미(non-sens)가 존재하며 오히려 그 역은 성립하지 않는다. 결국 내가 보기에, 의미 작용은 늘 현상적(phénoménale)인 것에 불과한 것이다.

R(리쾨르) : 그렇지만 만약 내가 새롭게 붙잡은 의미라는 것이 내 자신이나 사물

들(사태들)에 대한 나의 이해를 확장시켜주는 것이 아니라면 그것은 '의미'라는 이름에 합당하지 않는다. 의미라는 것이 근본적 반성이나 기초존재론의 한 방향을 말해주는 것이 아니라면 우리가 도대체 의미에 대해서든 무의미에 대해서든 어떻게 언급할 수 있겠는가?

L(레비스트로스) : 철학자로서 그런 반론을 제기하는 것은 전적으로 정당해 보이지만 나로서는 그만큼 할 필요는 없다고 본다. 내게 의미라는 것은, 독자적으로는 맛을 낼 수 없는 요소들이 조합되거나 결합되었을 때, 의식이 감지하게 되는 독특한 맛(saveur)에 불과하다. 화학자가 화학적 구성물을 조합해내듯, 인류학자들도 요소들의 결합이나 조합을 통해 의미를 재구성내고, 만들어내며, 그 껍질을 벗겨 분석해내는 것이다.

R(리쾨르) : 의미가 의식에 대해 존재한다거나 의식에 의해 존재한다고 내가 말한 적은 없다. 무엇보다도 의미는 의식에게 무엇인가를 가르쳐주는 존재다. 특히 언어는 우리가 새롭게 취해야 할 의미의 담지자(擔持者)이다. 의미의 이런 잠재력이 나의 의식으로 환원되지는 않는다. 의미를 직접적으로 파악해내는 의식의 주관주의와 형식화된 의미의 객관주의 사이에 양자택일을 하는 문제여서는 안 된다. 구조주의의 반대쪽이 의미의 주관주의는 아니며, 오히려 의미의 객관적 차원이나 지평이 존재하며 이것은 의미를 새롭게 발굴해내는 의식에게만 나타나는 객관성의 차원이나 지평이다. 이것이 구조주의 반대편을 형성하는 것이다. 이런 새로운 발굴은 의미를 지배하는 의식이 아니라 의미를 통해 의식이 확장되는 계기를 보여주는 것이다.

L(레비스트로스) : 야생의 사유에 대한 분석을 통해 인간 정신이 어떻게 작동하는지를 알고 보여주는 것이 내 제1의 관심사이다. 그게 전부다. 인간 정신이 자신에 대해 시도한 분석을 통해 인간 정신이 보다 나아졌는지는 내 관심이 아니다.

R(리쾨르) : 당신의 구조적 분석에 결부된 구조주의적 철학에는 극단적인 형태의 근대적 불가지론(不可知論)이 보인다. 당신에게는 "메시지"라는 게 없다. 사이버공학적 의미에서가 아니라 예언 선포적 의미의 메시지 말이다. 당신은 의미의 절

망 속에 있는 것이다. 당신이 의미를 맛본다고 말하지만 그때 의미란 무의미의 의미, 그 어떤 것도 말해주지 않는 담화의 통사론적인 탁월한 재배열로서의 의미이다. 바로 이런 점 때문에 당신은 참 매혹적이면서도 당혹스럽기도 하다."

4.2. 리쾨르의 해석학적 접근

결국, 리쾨르 해석학의 관점에서 보자면, 앞선 세 가지 신화 연구가 가진 결정적인 문제점은 그들의 신화론에선 신화가 무엇에 대해, 누군가에게, 무엇을 말하려는 부단한 노력이자 표현이라는 사실이 간과된다는 점이다. 이런 리쾨르의 관점은 그의 상징론에서 '상징'이 부단히 '상징된 것'이나 2차적 의미로 우리를 실존적으로 동화시키는 언어표현이라고 주장한 관점과 정확히 연장선상에 있는 관점이다. 당대 사회에서 신화의 기능에 대한 분석이나 신화적 담론의 형태에 대한 기호학적 분석이 신화가 말하려는 그 어떤 현실 또는 실재의 모습과 진상을 은폐해서는 안 된다는 것이다. 상징이 드러내는 바가 있듯이 신화가 드러내려는 바는 무엇일까? 신화의 의미는 무엇인가? 신화가 일의적(一義的) 의미만을 띤 언어로 구성되어 있지 않다는 것과, 또 신화는 논리학의 의미에서 논증하려고 하지 않는다는 점, 다시 말해 신화가 이중적이고 다의적이기까지 한 의미를 지닌 언어들—즉 상징들—로 구성되어 있다는 사실을 인정한다면, 우리는 세계의 창조와 종말, 인간의 출현과 기원, 동물 및 자연 일반과의 연계성, 이 세상에 존재하는 온갖 불평등과 금기, 규율의 출현, 인간의 죽음 및 질병의 기원과 초자연 세계 사이의 관계 등에 대한 어떤 존재론적 메시지를 신화에서 발견할 수 있을 것이다.

리쾨르 해석학이 해석해낸 두 가지 신화 해석의 핵심적 논점으로 가보자.

4.2.1. 오이디푸스 해석[35)]

소포클레스의 비극 작품인 『오이디푸스 왕』을 전통적으로 해석할 때, 다시 말해 비극에 고유한 고전적인 해석에 따르면, 이 드라마는 운명의 비극이다. 즉 신들이 부과하는 비극적 운명에 맞서는 불행한 영웅의 인간적인 노력의 허무함 사이의 대조와 대립에 기반을 둔 비극이다. 이런 고전적인 해석을 거의 처음으로 도전한 이가 프로이트다. 그에 따르면, 이 비극이 진정 우리에게 감동을 주는 것은 운명과 이에 맞서는 인간적 자유 사이의 갈등 때문이 아니라, 오히려 이 운명의 성격이 문제다. 프로이트는 그의 주저 『꿈의 해석』에서 이 운명이 우리 자신의 운명일 수 있다는 것과, 유아기 이래로 우리가 지닌 오랫동안의 소망, 욕망 중의 하나를 실현시켰기 때문에 감동스럽다고 말한다.[36] 아마도 프로이트와 함께 우리는 소포클레스가 창작한 비극 속에는 유년기의 강렬하고 지속적인 꿈, 즉 유아기적 욕망 그 이상의 것은 없다고 말할 수도 있을 것이다. 반면 운명의 비극이라고 해석하는 것이 고전적이고, 욕망의 비극이 프로이트적인 해석이라면, '진리의 비극'이라고 명명할 수 있는 것이 리쾨르적인 해석이다. 독자나 관객에게 숨겨졌던 근친상간이나 부친 살해의 은밀한 욕망을 일깨우거나 발견하는 것이 더 이상 문제가 되지는 않는다. 소포클레스는 또 하나의 드라마틱한 심급(審級)을 만들어 가는데, 바로 자기의식과 자기인식의 비극이 그것이다. 왕 오이디푸스는 또 하나의 범죄를 저지른다. 즉, 근친상간과 부친 살해가 첫 번째 범죄라면, 온 나라에 퍼진 역병의 이름 모를 책임자가 자신일 수 있는 개연성을 완전히 배제하고 도외시한 것이 두 번째 범죄다. 작품 『오이디푸스 왕』은 점차 이런 허위적 결백과 기만적 무죄추정의 요구를 해체해나가는 방식으로 전개한다고 볼 수 있다. 이 교만한 어림짐작의 고집과 완강함은 더 이상 어린 오이디푸스의 내밀한 욕망이 아니라 어른인 왕 오이디푸스의 오만불손과 건방이다. 어른이자 동시에 왕인 그의 잘못과 불행은 프로이트적인 리비도와 충동을 가지고 있다는 사실보다는, 그 자신이 결코 그런 범죄와 질병의 용의자일 리가 없다는 무지와 비진리의 열광에 빠져 있다는 사실에 있다. 오히려 진리를 일찍부터 직관한 이는 견자(見者)인 티레시아스다. 그는 육체적으로는 맹인이지만, 정신의 차원에서 진리를 보고 갈파한 사람이다. 반면 왕 오이디푸스는 육체로는 볼 수 있지만 정신적으로는 진리를 볼 수 없었다. 그가 자기인식, 즉 진리에 도달하게 되는 것은 자신의 눈에 칼을 들이댐으로써 가능해진다. 참다운 비극은 어린 오이디푸스의 욕망에 있는 것만은 아니다. 어른인 왕 오이디푸스가 무지와 오만의 상태에서 고통을 통해 자기발견으로 이행한다는 점에서 이는 더 이상 운명의 비극도, 욕망의 비극도 아닌, 진리의 비극인 것이다.

4.2.2. 악의 기원과 종말에 관한 신화 해석[37)]

플라톤은 종종 여러 대화편들에서 너무 빨리 단일성을 찾거나 너무 빨리 다양성을 찾는 싸움을 피하고 그 중간 지점을 찾으라고 우리에게 권면하는데, 리쾨르는 『악의 상징』에서 악의 처음과 끝을 이야기하는 신화들을 해석할 때 이런 플라톤의 충고를 충실히 따르고 있다. 리쾨르는 먼저 고대 근동의 수메르-아카드(신발생)신화, 성경의 아담 신화, 그리스 비극, 오르페우스 신화를 악의 문제를 접근하기 위해 차례로 분석·비교하고, 그 다음으로 이 다양한 신화들을 아담 신화를 중심으로 재배치한다. 이런 재배치는 각 신화들의 중요한 악에 관한 사유적 모티브들을 수용함과 동시에, 악의 문제를 접근하는 데 아담 신화가 보여주는 뛰어난 해석학적 순환성에 근거를 둔다.

수메르-아카드 신발생 신화는 악이 그 인간적 기원을 갖기 이전에, 악이 세상과 우주의 발생과 더불어 처음부터 있어 왔다는 관념을 심어주기에 충분하다. 구구절절한 부연 없이 창세기에 등장하는 뱀의 존재는, 고대 근동 신화에서 유래하는 악의 전(前)/비(非)인간적 근거이자 흔적이다.

반면 아담 신화는 본질적으로 악을 인간의 잘못과 죄로 인해 이 세상에 유입된 것으로 설명하는 신화다. 선악과에 대한 하느님의 금기는 유한한 피조물의 인간적 조건과 윤리적 유한성을 보여주지만, 뱀의 유혹과 연약한 인간성의 대변자인 이브의 타락은 인간적 유한성을 간과하고 스스로가 자기 자신의 창조자가 되려는 무한의 욕망을 대변한다. 또한 그리스 비극은 인간의 타락과 죄가 단지 인간적 책임의 감당 아래에 있는 것이 아니라 선행하는 거대한 초월적 힘과 운명에 그 기원에 둔다는 점을 여실히 보여준다. 제우스의 명령을 어기고 불을 훔친 프로메테우스가 연출하는 운명과 자유의 변증법이 없었다면 비극은 없었을 것이다. 또한 구약의 욥기도 고난 받는 이런 비극적 영웅의 모습을 재현한다. 오르페우스 신화 또한 악의 선재성을 티탄이라든지 전생(前生)의 설정을 통해 보여주고 있다.

리쾨르는 처음에는 아담 신화가 악의 기원을 아담과 이브라는 인간의 축과, 뱀이라는 비인간적 축으로 분배한다고 보고, 윤리적 신관이 가장 공격적으로 도전을 받는 곳인 욥기를 통해, 세상의 온갖 불행과 악을 (욥에게) 허락하고 방임하는 비극적인 신의 모습인 '숨어 있는 하나님'(Deus Absconditus)을 정점에 세운다. 끝으로 그는 악이 존재의 결핍이 아니라 적극적인 존재의 범주요 실체라는 그동안의 (자신의) 관점을 극복할 수 있는 가능성을 그리스도론에서 찾고 있다. 그 이유는 하나님 자신이 고난 받는 종의 형상으로서 등장하고 예수를 통해 스스로 낮아지고 자기를 비움으로써 비극을 이루면서 동시에 제거하기 때문이라고 말한다.

5. 결론을 대신하며: 텍스트론

아마도 이중적 의미를 가진 상징의 영역과, 단순히 한 신화적 인물이 아니라 범례(範例)적 인물이자 인류 또는 인간성을 대변하는 대표 단수 기능을 하는 대변자들로서 인물들—아담·오이디푸스—을 담은 신화들의 영역만이 유독 코기토의 직접성과 불충전성을 매개하여 보다 구체적이고, 보다 진실된 인간의 자기이해[38]에 근접할 수 있다고 믿는다면 이는 좀 과장된 것이다. 그 이유는 인간의 언어활동의 층위가 그만큼 다양하고 심원하기 때문이다. 리쾨르가 상징론과 신화론을 내세울 때마다 자신 논의의 저변에 깔고 의존한 언어학적 관점에서 보자면, 즉 인간 언어를 구성하는 요소의 수준에서 보자면, 상징이 그 다양한 출현 영역과 무관하게 여전히 단어(mot) 차원의 언어 요소이다. 리쾨르가 상징을 넘어서 더 나아가 탐구한 신화는 구조언어학적 의미에서의 담화(discours) 또는 문장(phrase) 수준의 언어 요소이다. 결국 신화는 단어 수준의 상징들로 이루어진 초보적인 문장들의 결합체로 충분히 분석될 수 있을 것이다. 이런 관점에서 보자면, 리쾨르의 상징론과 신화론은 리쾨르가 철저하게 언어에 대한 실증적 연구로서의 구조언어학, 그리고 보다 총체적인 언어에 대한 민감한 자기의식 속에서 연구되었다고 볼 수 있다. 리쾨르의 상징론, 즉 상징 언어와 그 이해가 코기토에 우선하는 욕망과 존재의 정립을 말한다면, 그의 신화론은 인간과 세계의 실재에 대한 근본적 의미와 메시지를 담은 신화론, 즉 인간에 대해, 세계에 대해 늘 어떤 그 무엇을 말하려는 신화론을 말한다. 결국, 의지론을 넘어서 상징론과 신화론에 나아간 리쾨르 철학과 해석학은 어떤 의미에서 텍스트론을 준비하고 있는가? 리쾨르는 언어학의 연구 대상으로의 언어의 구성요소들의 변동과 그 층위를 보다 엄밀하게 주목하면서, 구조언어학에서의 "음소→형태소→어휘소"에로 발전에 상응하는 "단어→문장→복수문장의 결합"을 대면시키고, "상징→신화(담화, 은유)→텍스트"라는 코기토를 매개하는 언어적 요소의 장을 확장시켜왔다고 볼 수 있다. 그렇다면 상징론과 신화론에 걸맞은 텍스트의 의미는 무엇인가?

매개된 코기토의 매개 과정을 뒷받침하는 언어 요소가 텍스트로 확대됨으로써 그것이 인간의 자기이해라는 리쾨르의 해석학적 지향점에 미치는 영향력은 훨씬 복잡해진 형편이다.[39] "해석학적 우회의 확장"이라고 한마디로 규정할 수 있을 테지만, 텍스트에 비추어보거나 매개되지 않은 인간 주체의 직접적인 자기 이해나 직관적인 자기 인식이란 더 이상 신뢰할 수 없다는 점이다. 인간과 세계의 의미의 심급으로서 코기토나 자기 정립적 주체가 더 이상 과거의 지위를 누릴 수 없다면, 마찬가지로 텍스트의 의미에 대한 지배자나 주인 노릇하는 코기토가 아니라, 오히려 텍스트 앞에서, 이것에 비추어 보아 자기 자신의 이해를 구하는 것이 더 근본적인 철학적 문제가 된다. 리쾨르는 그 새로운 문제적 상황의 주체를 "텍스트의 제자로서의 자기"(le soi, disciple du texte)[40]라고 명한다.

Ⅱ

신화와 해석

손윤락 / 그리스 신화에서 세계의 이미지와 우주구조론

조명동 / 그리스 신화를 소재로 한 현대 문화콘텐츠의 악의 문제

김기홍 / 캠벨의 원질신화와 문화콘텐츠

신지영 / 들뢰즈에게 주체화의 문제: 오이디푸스와 햄릿의 경우

그리스 신화에서 세계의 이미지와 우주구조론

- 철학적 우주론의 연원을 찾아서

손윤락

1. 들어가는 말

서양에서 최초의 철학자로 불리는 탈레스는 "만물은 신들로 가득 차있다"(panta plêrê theôn)고 말한 것으로 전해진다.[1] 여기서 panta는 모든 존재하는 것들 즉 우주(pan)를 가리키므로, 이 말은 "우주는 신들로 가득 차있다"는 뜻이다. 여기서 '신들'은 더 이상 제우스나 포세이돈처럼 의인화된 신들이 아니라 우주 만물이 따르는 일종의 원리와 같은 것으로 볼 수 있다. 이렇게 "존재자들의 총합"이라는, 신화를 벗어난 우주 개념이 성립된 것을 탈레스를 비롯한 이른바 "최초의 철학자들"이 활동한 기원전 6세기 즈음으로 볼 수 있다면, 이때가 페르시아 지배하에서 바빌로니아와 이집트 등 동방의 영향을 받은 이오니아 지방의 그리스 지식인들이 신에 관한 전통적인 개념에서 벗어나는 시기라고 할 수 있다.[2] 탈레스 이후 우주의 모습은 둥글납작한 지구를 중심으로 반구형 하늘에 천체들이 수학적 질서를 가지고 정위되어 있는 것으로 이해되었으며, 그리스의 고전기로 불리는 기원전 5세기에는 구형 지구와 지구를 도는 항성들과 행성들의 궤도에 대한 지식이 널리 퍼진 것으로 보인다.[3]

크게 보아 '구형 우주'와 '지구중심주의'로 요약되는 이 자연관은 서양의 중세를 지나 근대에 이르기까지 하나의 상식으로 통하게 되는데, 본고는 이러한 '철학적인' 우주론의 연원을 찾아서 탈레스 시대보다 조금 더 거슬러 올라가 그리스인들이 남긴 신화 작품에서 세계의 모습을 찾아보기로 한다. 왜냐하면 신화는 인류가 원시적 사고를 벗어나 자기 자신과 세계를 체계적으로 이해하려고 한 첫 번째 시기의 지적인 산물로서, 한 사회의 세계관을 드러내는 흥미로운 이야기들이 나타나기 때문이다. 그리고 6세기 그리스의 철학적, 과학적 사고도 이러한 신화적 전통의 세계관 위에서 그것의 문제점들을 극복하면서 형성된 것이기 때문이다. 그리스 신화의 텍스트는 서사시로 시작되는데, 기원전 8세기 후반에 오랜 구전 시가의 전통들을 받아서 처음으로 호메로스가 신들과 영웅들의 이야기를 남겼고, 헤시오도스는 세상의 기원과 신들의 탄생에 관한 이야기를 모아 글로 남겼다. 이 두 시인의 작품들에서 세계의 모습을 추출해보는 것이 본고의 목적이다.

서사시와 같이 '이야기가 있는' 문학 작품에서 독자의 초점은 인물과 사건에 맞추어지지만, 그 사건들은 '언제 어디에서'라는 배경 위에서 일어난다. 그런데 신화 이야기에서는 이러한 사건의 배경이 흐릿할 때가 많다. 신들과 영웅들의 이야기인 만큼 현실의 시공간을 설정하기 어렵고, 이야기가 경이로운 만큼 그 배경은 묻히게 되기 때문이다. 그럼에도 불구하고 호메로스의 『일리아스』, 『오뒤세이아』와 헤시오도스의 『신들의 계보』에는 세상의 기원 및 현재의 모습과 함께 종종 신화적 사건의 구체적인 때와 장소가 언급되며, 특히 하늘과 땅, 산들과 바다, 강들과 호수 같은 공간 개념을 담은 단어들이 많은 신들의 이름으로 나타난다. 여기서 우리는 이런 말들이 표현되는 방식에 비추어 이 작품들이 형성된 시대의 사람들이 가졌을 법한 세계의 모습에 대한 생각을 추출해볼 수 있다. 물론 신화는 하나의 단일한 작가의 산물이 아니며 전승들은 상충할 수 있기 때문에 하나의 단일하고 완전한 세계 그림을 얻을 수는 없겠지만, 그럼에도 불구하고 전체적인 윤곽을 재구성해낸다면 거기서 우리는 최소한 '구형 우주'와 '지구중심주의'라는 서양의 전통적 자연관의 맹아를 찾을 수 있을 것이다.

2. 태어나는 신들과 세계의 그림[4)]

고대 그리스 사람들의 전승 이야기에 따르면 신은 하나가 아니고 여럿이며, 이 신들은 시간과 공간 안에서, 즉 언젠가 어디선가 누군가로부터 몸을 받고 태어나 살아가는 존재들이다.[5)] 땅과 하늘, 산들과 바다, 천체들과 성단들이 모두 신의 이름으로 불리는 그리스 신화에서 우주란 다름 아닌 신들의 몸이다. 그러므로 천체의 운행과 계절의 순환을 관찰하고 이해하는 것은 신들의 움직임을 지켜보고 이해하는 것과 같은 것이다. 신들의 기원에 대해서는, 조상들이 전해준 이야기만 해도 많았다. 그들은 이 이야기(mythos)에 귀를 기울였으니, 왜냐하면 그들에게 신들의 기원이란 다름 아닌 이 세계의 기원이었기 때문이다.

2.1. 호메로스에서 세계의 기원

2.1.1. 태초의 존재 오케아노스

호메로스에 따르면 태초에 오케아노스(Oceanos)와 테튀스(Tethys)의 결합으로 모든 신들이 비롯된 것으로 보인다. 여기서 오케아노스는 모든 신들의 조상으로서, 만물의 시간적인 기원으로 나타난다. 『일리아스』 14권의 다음 구절들을 보자.[6)]

> 그녀[아프로디테]에게 존경스런 헤라가 교활한 마음을 품고 말했다.[7)]
> "그러면 나에게 애정과 욕망을 주세요. 그것으로
> 그대는 불사신들과 필멸의 인간들을 모두 정복하니까요.
> 나는 신들의 아버지 오케아노스와 어머니 테튀스를
> 만나보려고 풍요로운 대지의 끝으로 가는 길이에요." (*Ilias*, 14.197-201)

그녀에게 달콤한 잠의 신이 이런 말로 대답했다.

"헤라여, 존경스런 여신이여, 위대한 크로노스의 따님이여!
영생하는 신들 중에 다른 분이라면 내가 쉽게 잠들게
할 수 있어요. 설사 그가 그들 모두를[8] 생겨나게 한
오케아노스 강의 물줄기라 하더라도 말이오." (*Ilias*, 14.242-246)[9]

그[제우스]에게 존경스런 헤라가 교활한 마음을 품고 대답했다.
"나는 신들의 아버지 오케아노스와 어머니 테튀스를
만나보려고 풍요로운 대지의 끝으로 가는 길이에요." (*Ilias*, 14.300-302)

2.1.2. 세상을 둘러싸고 떠받치는 오케아노스

호메로스에 따르면 오케아노스는 또한 가이아의 가장 먼 데를 휘감아 흐르는 거대한 강으로, 평면적으로 세상의 끝을 이룬다. 이런 그림을 보여주는 가장 선명한 장면이 호메로스에서 "아킬레우스의 방패"로 널리 알려진 『일리아스』 18권의 이야기다. 여기서 헤파이스토스가 아킬레우스의 어머니 테티스(Thetis)의 부탁으로 이 영웅이 사용할 방패를 만드는데, 그는 방패 안에 대지와 하늘, 천체들과 성단들, 바다와 강들, 그리고 자연의 사계절과 인간 세상의 희노애락까지 모든 이야기를 소상히 새겨 넣는다.

거기에 그는 대지와 하늘과 바다와
지칠 줄 모르는 태양과 만월을 만들었다.
그리고 하늘을 장식하고 있는 온갖 별들을,
플레이아데스와 휘아데스와 오리온의 힘과
사람들이 짐수레라고도 부르는 큰곰을 만들었다.
큰곰은 같은 자리를 돌며 오리온을 지켜보는데
이 별만이 오케아노스의 목욕에 참가하지 않는다. (*Ilias*, 18.483-489)

이어서 방패에는 결혼식 피로연, 재판장의 판결, 전쟁과 매복, 그리고 신들의 개입에 이르기까지 인간들이 겪는 평화와 전란이 세밀하게 그려져 있어, 마치 한 폭의 영웅찬가를 이미지로 축소해놓은 듯하다. 신들의 대장장이인 헤파이스토스의 손길이 만들어내는 장면 장면은 마치 현실에서 보듯이 생생하여, 아킬레우스의 방패 안에는 하늘과 대지가 펼쳐지고 실제의 인간 세계와 인간들의 온갖 삶이 그려지는 것처럼 보인다.[10] 이 대목은 서양 문학의 전통에서 세계의 모습에 대한 가장 걸출한 묘사 가운데 하나로서, 흔히 호메로스의 '세계상'(imago mundi)으로 전해진다. 전쟁이라는 좁은 시각의 이야기 한 가운데, 놀랍게도 전쟁과 평화, 삶과 죽음 등 모든 것을 포함하는 인간의 세계에 대한 광각의 이야기가 압축적이고도 세밀한 묘사를 통해 등장하는 것이다.[11] 그리고 이 이야기의 맨 끝에 다시 오케아노스가 나온다.

> 거기에 그는 또 튼튼하게 만든 방패의 맨 바깥 쪽
> 가장자리를 따라 오케아노스 강의 위대한 힘을 넣었다. (*Ilias*, 18.607-608)

그러므로 헤파이스토스는 아킬레우스의 방패 안에다 이 세계의 삼라만상을 다 담은 뒤, 그 가장자리에 오케아노스를 새겨 넣는다. 헤파이스토스의 이야기 혹은 그 작가인 호메로스의 세계는 오케아노스가 대지의 가장자리를 두르고 있는 것이다. 그런데, 오케아노스는 이렇게 대지인 가이아의 사방 끝을 휘감을 뿐 아니라, 가이아를 밑에서 떠받치는 존재이기도 하다. 『일리아스』 9권의 한 장면을 보자.

> 두 사람은 노호하는 바다의 기슭을 따라 걸어가며
> 아이아코스의 손자의 위대한 마음을 쉽게 설득할 수 있게 해달라고
> 대지를 떠받치고 대지를 흔드는 신에게 열심히 기도했다. (*Ilias*, 9.182-184)

여기에서 "두 사람"은 아킬레우스를 설득하러 가는 네스토르와 오뒤세우스다. "대지를 흔드는"(ennosigaios) 신은 포세이돈이며, 네스토르와 오뒤세우스가 기도하는 대상은 포세이돈이 맞지만, 그러나 "대지를 떠받치는"(gaiêokhos) 신은 오케아노스일 수도 있다. 어쩌면 시인은 영웅들이 포세이돈에게 기도하는 장면에서 짐짓 포세이돈보다 더 원초적인 힘의 존재를 언급하려고 했는지도 모른다. 포세이돈은 가이아의 표면에 해당하는 부분 즉 땅거죽과 바다 위를 관장하며 지진으로 땅이 흔들리고 갈라지거나 바다가 출렁이게 하는 신이다.[12] 사실 포세이돈은 가이아의 표면을 관장하지 그 아래를 관장하는 신이 아니다. 오히려 가이아의 아래에는 하데스가 위치하고 있으나, 하데스의 역할도 "떠받치는" 것은 아니다. 그에 비해 오케아노스는 그리스에서 볼 때 바다의 끝이자 헤라클레스의 기둥 너머로 뱃길이 열린 서쪽뿐 아니라 거기서 다시 남쪽과 북쪽으로, 즉 모든 방향으로 펼쳐져 가이아를 온통 두르고 있다.[13] 뿐만 아니라 오케아노스는 가이아의 아래로 "깊이 흐르는"(bathyrroos) 것으로 그려지는데,[14] 그렇게 대지가 그 위에 떠있게 한다. 따라서 이곳 9권에서 "대지를 떠받치는 신"이라는 표현에서도 시인은 은연중 더 원초적인 바다의 존재인 오케아노스를 염두에 두었다고 볼 수 있다.[15]

오케아노스는 이렇게 규정된 사물로서의 세상 만물의 시간적 기원으로서 모든 신들의 아버지인 "태초의 존재"인 동시에, 세상의 공간적 기원으로서 대지의 끝을 두르면서 또한 대지를 밑으로부터 떠받쳐주는 토대가 되기도 한다. 이 마지막 토대라는 개념은 특히 중요한데, 왜냐하면 고대 문명들에서 이 거대한 세상을 굳건한 토대 위에 정초하는 일은 인간에게 불가결의 과제로 여겨졌기 때문이다.

2.1.3. 세상의 토대

대지를 떠받치는 오케아노스라는 개념은 고대 천체론에서 "부동의 원동자"(unmoved first mover)[16] 역설에 의해 불거지는 무한 소급의 문제와 닿아 있다. 이것은 '우주를 처음 움직인 그 존재는 누가 움직였는가?' 혹은 '세상을 마지막으로 떠받치는 존재는 누가 떠받치는가?'라는 물음이 주는 무한 소급의 문제인데, 로마 속담에서처럼 '병사들은 보초가 지켜주지만, 보초들 자신은 누가 지켜줄 것인가?'(Quis custodiet ipsos custodes?)라는 순환적 인과의 역설이다. 우주 신화들에서 세상의 모든 것은 대지 위에 있고, 대지는 결국 토대로서의 거북의 등에 얹혀 있다는, 이른바 "거북"의 비유는 오늘날 스티븐 호킹의 이야기를 통해 대중에게 알려지게 되었다. 호킹 박사의 『시간의 역사』 첫 구절에 이런 이야기가 나온다.

> 어떤 유명한 과학자가 천문학에 관한 대중 강연을 했다. 그는 어떻게 지구가 태양 둘레를 도는지, 그리고 어떻게 다시 태양이 우리의 은하라고 불리는 광대한 성단의 중심 둘레를 회전하는지 설명했다. (…) 한 노부인이 말하기를, "당신 얘기는 엉터리예요. 이 세계는 거대한 거북의 등 위에 놓여 있는 납작한 판자라구요." 과학자가 묻기를, "거북은 무엇 위에 서있나요?" 노부인이 대답하길, "참 똑똑하시군요, 젊은 양반. 하지만 그건 밑으로 계속 거북이란 말이에요!"[17)]

사실 오늘날까지도 남아 있는 세상의 토대에 대한 이런 생각은 여러 문명에서 나타나는데, 힌두 신화에 따르면 이 세상은 사방에서 거대한 코끼리들이 떠받치고 있다. 그러면 코끼리들은 무엇을 딛고 서있는가? 코끼리들은 더 거대한 한 마리 거북의 등을 밟고 서있다. 그러면 거북이는 무엇을 밟고 있나? 거북은 거대한 뱀 위에 놓여 있고, 이 뱀이 세상의 모든 것을 완전히 둘러싸며 자신의 꼬리를 물고 있다. 같은 이야기를 캄보디아 앙코르 와트 사원에 있는 "우유바다 굳히기"(amrita-manthana)라 불리는 부조에서도 볼 수 있다. 여기서 힌두교의 주신이며 우주의 순환적 운행을 주재하는 비쉬누 신이 태초에 세상의 양편 즉 좋은 신들과 나쁜 신들을 중재하여 양쪽에서 번갈아 돌리게 함으로써 우유바다를 굳히는데, 맨 아래에는 거북이가 이 모든 것을 떠받치고 있다.[18)] 여기서도 거북이가 세상의 마지막 토대인 것이다. 동서를 막론하고 최초의 사유자들은 세상의 토대를 놓는 것을 매우 중요한 일로 여겼음을 알 수 있다.

다시 말하면, 호메로스의 『일리아스』에서 보이듯 고대 그리스인들은 원초적 강의 신인 오케아노스를 세상을 둘러싸고 밑에서 떠받치는 존재로 그렸는데, 이것은 신화시대의 끝자락에 걸친 탈레스가 만물의 기원을 물이라고 보고 세상이 물 위에 떠있다고 주장한 것과 통한다.

2.2. 헤시오도스에서 태초의 공간과 신들의 탄생

2.2.1. 카오스

현대 물리학에서 우주는 한 점에서 '빅뱅', 즉 큰 폭발이 일어나 시작되었다는 설명이 지배적이다. 빅뱅 모델에 따르면, 우주는 과거 어느 한 시점에 무한대의 밀도와 온도를 가진 한 점의 상태(singularity)로 수렴했고, 이 순간 원초적 대폭발이 일어났으며, 이때부터 팽창하면서 식은 결과가 현재의 우주다. 빅뱅과 함께 시공간으로 표현되는 우주가 시작한 것이다. 그런데 빅뱅이 있으려면 폭발이 일어날 '자리'가 먼저 필요할 것으로 생각되지만, 물리학에서는 그 '자리'가 어떻게 생겨났는지를 묻지 않는다. 물론 우주의 '바깥'도 존재하지 않는다.

헤시오도스의 우주 시작에 대한 설명도 사실 이와 비슷하다. 맨 처음에 거대한 틈인 카오스(Chaos)가 생겼고,[19] 여기에 처음으로 가이아와 타르타로스와 에로스가 생겨났다는 것이다.[20] 카오스는, 후대에 "혼돈"이라고 해석되는 것과는 뜻이 많이 다르다. 우리말에서 혼돈이란, 중국 신화의 "혼돈"도 그렇지만, 모든 것이 구분되지 않고 뒤섞여 있는 상태를 의미한다.[21] 반면에 그리스 신화의 카오스(Chaos)는 그런 혼돈이 아니라 "세상 만물이 생겨날 자리"로서 아직 아무것도 없는 '빈 터'를 뜻하는 말이다.[22] 물론 카오스도 "태어난 신"이지만, 텅 빈 틈에 지나지 않는 것으로, 그것에 어떤 규정성을 부여하기 어렵다.[23] 그러므로 규정성을 가진 존재로서는 가이아가 태초의 존재라고 할 수 있다. 이러한 규정성은 그리스 신화 특유의 인격화로 나타나는데, 이 점은 카오스가 다른 존재들이 거기서 태어나는 빈 터에 불과한 반면, 가이아는 혼자서도 자식을 낳지만 대부분 성적인 결합을 통해서 자식을 낳는 데서 잘 볼 수 있다.[24]

2.2.2. 가이아의 자손들과 공간의 전개

헤시오도스가 전하는 신화에서는 존재하는 모든 것들은 최초의 존재 가이아가 낳는 그룹과, 카오스에서 나온 또 다른 어미인 뉙스(밤)가 낳는 그룹으로 나뉜다. 가이아 계열의 신들은 우라노스(하늘), 우레아(산맥), 폰토스(바다) 등 공간적인 존재들인 반면, 카오스-뉙스 계열은 헤메라(낮), 아이테르(밝음)처럼 중립적인 것도 있지만 휘프노스(잠), 타나토스(죽음), 모모스(비난), 오이쥐스(고초), 에리스(불화) 등 대부분 부정적이거나 추상적인 개념들이다.

여기서 가이아 계열의 신들 즉 가이아로부터 생겨난 자식들은, 다는 아니지만 일정한 정도로, 현 세계의 공간적 배치를 설명해주고 있다. 그런데, 어미가 자식을 낳는 것은 새로운 세대를 생산하는 것이므로, 이야기는 자연스럽게 시간 순으로 공간이 배치되고 확장되는 방식으로 전개된다.[25] 먼저 가이아는 혼자서 우라노스(하늘)와 우레아(산맥), 폰토스(바다)를 낳는다. 가이아는 다음으로 우라노스와 결합하여 6남 6녀 열두 자식을 잉태하는데, 이들을 티탄 신족이라고 부른다. 다만 우라노스는 여전히 가이아의 배 위에 바짝 붙어 있고, 그는 자식이 태어나는 족족 가이아의 뱃속에 도로 밀어 넣어버린다.[26] 드디어 잘 알려진 "크로노스의 우라노스 거세"가 있고,[27] 열두 자식들이 세상에 나왔는데, 이 가운데 둘은 원초적 공간 개념을 가지는 신격으로, 다름 아닌 오케아노스(Oceanos)와 테튀스(Tethys)다.

여기서 오케아노스의 자매이자 그와 결합하는 테튀스는, 그 역시 원초적인 바다의 여신인데, 사실 오케아노스의 분신으로서 생산을 위해서 성을 분리한 것일 수 있다.[28] 이야기가 이즈음에 이르면 벌써 위로는 우라노스가 있고 그 아래로 우레아와 폰토스, 오케아노스와 테튀스가 있으며,[29] 그 모든 자식들을 가이아가 자궁 속에 품고 있고, 가이아의 아래 저 깊은 곳에 타르타로스가 자리 잡고 있는 형국이 된다.

티탄 신족의 6남 6녀 가운데 테미스와 므네모쉬네는 나중에 제우스의 아내가 되지만, 나머지는 남매간에 둘씩 짝을 이루는데, 그 중 오케아노스와 테튀스가 결합했고, 이 둘 사이에서 강의 신 포타몬(Potamon)과 물의 요정 오케아니스(Oceanis)가 각각 삼천 명씩 태어났으니, 바다와 강, 호수와 샘 등 물과 관련된 모든 공간이 다 이들의 자손이라고 할 수 있다. 이것은 앞에서 본 것처럼, 호메로스가 세상의 태초를 오케아노스와 테튀스의 결합에서 비롯된 것이라고 노래한 것과 통한다.[30] 재미있는 것은, 오케아노스는 나중에 티탄 신족과 제우스를 필두로 하는 올림포스 신들 사이에 전쟁이 벌어졌을 때 자기 형제들인 티탄 신족의 편을 들지 않고 프로메테우스, 테미스와 함께 전쟁에서 물러나 있었다는 사실이다. 이는 새롭게 열릴 세계, 즉 제우스가 주재하는 현세에도 오케아노스가 여전히 가이아를 두르는 긍정적인 공간으로 자리해야 하기 때문일 것으로 이해된다.

이제 호메로스와 헤시오도스 시대의 사람들이 당시에 전해 내려오는 이야기를 통해서 상상했던 세계의 모습에 대한 설명들을 모아 그림을 재구성해보자. 우선 대지의 그림을 평면적으로 그리고, 다음으로 우주의 모습을 가능하면 입체적으로 그려본다.

2.3. 구형 우주와 지구중심주의

2.3.1. 둥글납작한 지구와 반구형 하늘

호메로스와 헤시오도스의 공통적인 세계 그림(cosmography)을 평면적으로 단순화 시켜서 그려보면, 가이아가 가운데 있고 사방에서 오케아노스가 두르고 있는 모양이 된다. 이것은 후대인 6세기 말에 밀레토스의 역사학자 헤카타이오스(Hecataios)가 남긴 이야기와 일치한다. 그는 페르시아와 이집트 등 멀리까지 여행하여 지리에 관한 지식을 쌓고 세상의 모양을 상상하여 설명했는데, 이것은 전통으로 전해 내려오던 이야기인 호메로스와 헤시오도스 시대의 신화적 그림보다 조금 자세한 것으로, 큰 틀에서 가이아가 세상의 중심에서 사방으로 펼쳐져 있고 그 가장자리를 온통 오케아노스가 두르는 그림이라는 점에서는 같다고 할 수 있다.[31]

그리스 사람들은 아폴론의 신전이 있는 델포이를 "가이아의 배꼽"(omphalos)으로 부르며 그곳을 세상의 중심이라고 생각했으니, 이 배꼽을 중심으로 "가슴이 넓은" 가이아가 펼쳐져 있고 그 위에 산맥(우레아)과 바다(폰토스), 강(포타몬)들이 있고, 사방으로 끝까지 간 데에 오케아노스가 가이아를 두르고 있는 것이다. 뱃사람이 바다를 항해한다면 대체로 지중해거나 흑해이고, 서쪽으로는 헤라클레스의 두 기둥을 넘어가지 않는 것이 보통이다. 그것은 인간에게는 금기였는데, 그 너머에는 오케아노스가 있고 한 번 그 강물에 휘말리면 다시는 돌아올 수 없기 때문이다. 그런데, 호메로스의 『일리아스』 1권에는 테티스가 아들 아킬레우스의 청에 답하는 중에,[32] 제우스를 비롯한 올림포스 신들이 지금 아이티오페스 사람들의 잔치에 참석하기 위해 남쪽 오케아노스로 가 있다는 이야기가 나온다.

> 제우스께서는 어제 나무랄 데 없는 아이티오페스족의 잔치에
> 참석코자 오케아노스로 가셨고, 다른 신들도 모두 따라갔다.
> 열이틀째 되는 날 다시 올림포스로 돌아오실 것인즉,
> 내 그때 문턱이 청동으로 된 제우스의 궁전으로 가서
> 그분의 무릎을 잡겠다. 아마 내 청을 들어주실 것이다. (*Ilias*, 1.423-427)

이때 오케아노스는 통상 인간이 바다의 끝까지 항해해서 금기의 선인 헤라클레스의 기둥을 넘으면 도달한다고 하는 서쪽 오케아노스가 아니다. 아이티오페스족은 남쪽 바다 너머, 그것도 이집트 너머 가장 남쪽에 사는 족속으로 알려져 있으므로, 제우스와 신들이 간 곳은 남쪽 오케아노스를 가리키는 것으로 보아야 한다. 또한 호메로스의 『오뒤세이아』에도 남쪽 오케아노스 이야기가 나오는 것으로 보인다. 11권에 그려지는 오뒤세우스의 하데스 방문 직전, 10권에서 키르케가 오뒤세우스가 귀향을 위해서는 반드시 거쳐야 할 여정을 예언하는 대목을 보자.

> 그러면 북풍의 입김이 그대의 배를 날라다 줄 거여요.
> 그러나 그대는 배로 오케아노스를 건너, 야트막한 해안과
> (…)에 닿거든,
> 그곳 깊이 소용돌이치는 오케오노스 가에서 배를 육지로 모세요. (*Odysseia* 10.507-511)

하데스의 입구는 보통 서쪽 오케아노스 너머에 있는 것으로 알려져 있는데, 인용 구절에 따르면 오뒤세우스의 배가 북풍을 받아 남쪽 오케아노스를 거쳐 그곳으로 간다는 것이 된다.[33] 여기서 오뒤세우스는 "북풍이 날라준" 항해 결과 남쪽 오케아노스에 도달하고 그 흐름을 타고 서쪽 오케아노스까지 가는 것일 수도 있지만,[34] 남쪽에서 그대로 "깊이 흐르는" 오케아노스를 건너 헬리오스의 빛이 도달하지 않는 곳에 있는 하데스의 입구에 닿는 것일 수도 있다. 사실 오케아노스는 '먼 바다'로서 사방에서 가이아를 두르고 사방에서 가이아의 아래로 "깊이 흐르는" 모습이므로 남쪽이든 서쪽이든 끝에서는 함께 하데스로 이어지며, 곧 우주의 '입체적 그림'에서 보겠지만 결국 타르타로스 위에 이르면 바다의 뿌리로서 대지의 뿌리와 만나게 된다. 그렇다면 11권에서 "그때 배가 깊이 흐르는 오케아노스의 경계에 닿았소. (…) 그리로 가서 우리는 오케아노스의 흐름을 따라 걸어갔소."[35]라는 오뒤세우스의 말은 남쪽이든 서쪽이든 오케아노스를 건너간 세상의 끝을 가리키는 것이 된다. 물론 이 여정이 현실의 항해가 아니기에 언급된 방위들을 그대로 받을 수는 없지만, 오뒤세우스는 사방의 오케아노스 너머 어딘가에 있는 세상의 경계에서 하데스의 입구에 도착하는 것으로 볼 수 있다.[36]

오케아노스의 위치를 전체적으로 보자면, 태양 신 헬리오스가 매일 아침 동쪽 끝으로부터 마차를 몰고 떠올라 낮 동안 하늘의 궁륭을 지나가고 저녁에 서쪽 오케아노스에 내려앉아 말들에게 목을 축이게 한 다음, 밤 동안 오케아노스의 흐름을 타고 북쪽으로 올라가는데 대지를 반 바퀴 돌아서 다시 동쪽 끝으로 돌아간다는 점을 들 수 있다. 그러니 그리스 신화에서 대지의 사방이 모두 오케

아노스로 둘러져 있는 것이다. 이렇게 오케아노스가 대지의 사방으로 끝 간 데에서 가이아를 두르며 흐르고 있으므로, 가이아의 가장자리는 중심에서 볼 때 등거리에 있다. 따라서 전체적으로 지구의 외형은 둥근 모양을 띠고 있음에 틀림없다. 그림이 평면적이지만, 중요한 것은 "가장자리가 둥근 지구"라는 이 생각이 입체적으로 "구형 지구"를 그리게 되는 단초가 된다는 사실이다.

2.3.2. 우주의 입체적 그림

우라노스는 처음에 가이아의 위에 붙어서 생식행위에 몰두하며 자식이 태어나면 도로 밀어 넣기를 반복하고 있었는데, 수많은 자식을 뱃속에 품게 된 가이아가 견디지 못해 크로노스와 함께 음모를 꾸몄고, 우라노스는 아들 크로노스에게 거세당한 뒤로 가이아에게서 떨어져 하늘의 거대한 궁륭이 되었다. "신들의 거처"로 불리는 우라노스는 이제 사방으로 세상의 끝인 오케아노스 너머에서부터 가이아를 완전히 둘러싸고 있다.[37] 그 모양은 반구(hemisphere)의 형태로 그 천정 아래, 땅에서 보면 올륌포스 산꼭대기 위의 구름 속에 제우스의 궁전이 있다.

우리에게 궁금한 것은 하늘에서 땅까지의 거리다. 땅에서 우라노스의 정점까지의 거리가 얼마인지는 알 수 없으나, 신화 속에서 제우스의 궁전에서 땅까지가 어느 정도 거리에 있는지를 짐작하게 하는 지표는 있다. 하늘에서 물건을 떨어뜨리면 얼마나 지난 뒤에 땅에 떨어질까? 『신들의 계보』에는 하늘에서 청동 모루가 떨어지면, 그것이 9일 낮밤을 꼬박 자유낙하를 하여 열흘째 날에 땅에 닿는 것으로 묘사되고 있다.[38]

> 대지에서 안개 낀 타르타로스까지는 그만큼 멀었다.
> 왜냐하면 청동 모루가 아홉 밤 아홉 낮을 하늘에서
> 떨어져야 열흘째 되는 날 대지에 닿고,
> 다시 청동 모루가 아홉 밤 아홉 낮을 대지에서
> 떨어져야 열흘째 되는 날 타르타로스에 닿기 때문이다. (*Theogonia*, 721-725)

이 이야기에 따르면, 하늘에서 땅까지의 거리와 땅과 하데스 밑바닥까지, 즉 타르타로스의 입구까지의 거리는 같다. 그런데 청동 모루가 떨어지는 것을 비유로 들고 있기 때문에, 그 출발점은 천정이 아니라 올륌포스 궁전의 한 편에 있는 헤파이스토스의 작업장이고, 높이로 볼 때 천정보다 조금 아래라고 할 수 있다. 그러니까 거기서 땅까지가 "청동 모루가 9일간 떨어지는 거리"이고 또 그만큼이 땅에서 타르타로스 입구까지의 거리다. 이것은 신화시대의 우주 그림을 입체적으로 그리는 데 도움이 된다. 타르타로스의 모습을 조금 더 살펴보자.

> 타르타로스 주위에는 청동이 둘러져 있고,
> 그 목 주위에는 어둠이 세 겹으로 펼쳐져 있으며
> 그 위에는 대지와 추수할 수 없는 바다의 뿌리가 나 있다.
> 그곳 안개 낀 암흑 속에 티탄족은
> 구름을 모으시는 제우스의 뜻에 따라 숨어 있다.
> 그곳 곰팡내 나는 곳에, 거대한 대지의 끝에.
> (…)
> 그 앞에는 이아페토스의 아들이 넓은 하늘을
> 머리와 지칠 줄 모르는 두 손으로 떠받치고
> 꿋꿋이 서 있으니, 그곳은 밤과 낮이 거대한
> 청동 문턱을 넘을 때 서로 다가가 인사하는 곳이다. (*Theogonia*, 726-749)

타르타로스는 하데스의 맨 밑바닥에 위치하는 곳으로 제우스가 크로노스의 권좌를 찬탈한 후 티탄신족들을 가두어둔 감옥인데, 하늘을 주름잡던 신들이 여기에 갇혀 있다는 것은 신들의 운명으로 보아도 의미심장하고, 우주의 그림으로도 흥미롭다. 그런데 타르타로스 자체에 대한 묘사가 주목을 끈다. 타르타로스는 하데스의 가장 깊은 곳에 자리하고 있어 "어둠이 세 겹이나 펼쳐져" 있으며, "그 위에는 대지와 추수할 수 없는 바다의 뿌리가 나 있다." 여기서 타르타로스

위로 뻗어 있는 이 "대지와 바다의 뿌리"는 모든 것의 뿌리로서, 가이아의 시작점이자 오케아노스의 시작점이라고 할 수 있다.[39] 또 그곳은 "밤과 낮이 거대한 청동 문턱을 넘을 때 서로 인사하는 곳"이라고 했는데, 청동 문턱은 타르타로스의 입구를 가리키는 것이니, 그렇다면 오케아노스가 가이아의 사방을 두르며 가이아 아래로 뻗어, 하데스의 밑바닥 타르타로스의 입구까지 뻗어 있어 가이아를 떠받치고 있는 그림이 완성된다. 한편, 호메로스의 『일리아스』에는 물건이 떨어지는 것보다 더 심각한 경우도 나오는데, 헤파이스토스 신이 하늘에서 떨어지는 사건이다. 한 번은, 제우스가 아들 헤파이스토스를 집어던진 것이다.

> 그분께서는 전에도 한 번 제가 어머니를 구해드리려 했을 때
> 제 발을 잡고 신성한 하늘의 문턱에서 내던지신 적이 있습니다.
> 그래서 저는 온종일 떨어지다가 해질 무렵 렘노스 섬에
> 닿았을 때는 숨이 거의 끊어지다시피 했습니다.
> 하나 그곳에 떨어진 저를 신티에스족이 곧 보살펴주었지요. (*Ilias*, 1.590-594)

여기서 헤파이스토스가 부르는 "어머니"는 면전의 헤라다. 이 이야기에서는, 청동 모루가 떨어진 경우와는 달리 신의 몸이 떨어졌을 때, 하늘에서 땅까지 떨어지는 시간은 9일이 아니라 하루, 그것도 밤낮이 아니라 하루 낮이 걸린 것이다. 헤파이스토스가 비록 어린 나이였겠지만, 신은 거대한 존재로 청동 모루보다 무거울 것이고, 갈릴레오의 실험을 알지 못하는 신화시대인지라, 청동 모루보다 확연히 짧은 낙하 시간을 상정한 것으로 보인다. 아니면 반대로, 헤시오도스가 시기적으로 더 뒤의 사람이므로, 헤시오도스가 호메로스의 이야기와 다른 전통에서 받은 '청동 모루' 이야기를 전해주면서 신의 낙하 시간보다 확연히 긴 9일 낮밤을 상정한 것으로 볼 수도 있다. 그런데, 『일리아스』의 다른 곳 18권에는 헤파이스토스의 추락이라는 동일한 모티브가 완전히 다른 이야기로 나오기도 한다.

여신께서는 나를 구해주셨지요. 내가 절름발이라고 해서
나를 없애버리려던 파렴치한 어머니의 사악한 속셈 때문에
내가 멀리 추락하여 고통당하고 있을 때 말이오. 그때 만일
에우뤼노메, 도로 그 자신 속으로 흘러들어가는 오케아노스의 딸
에우뤼노메와 테티스께서[40] 나를 품속에 받아주시지 않았던들
나는 마음속으로 고통당했을 것이오. 나는 아홉 해 동안 그분들 곁에서
지내며 속이 빈 동굴 안에서 브로치며 나선형의 팔찌며 귀걸이며
목걸이 같은 장신구를 수없이 많이 만들었지요. 그리고 주위에서는
오케아노스의 흐름이 요란하게 거품을 일으키며 끝없이 흘러갔지요. (*Ilias*, 18. 395-594)

여기서는 "여신"이 헤파이스토스의 앞에 있는 테티스다. 이번에는 어머니 헤라가 헤파이스토스를 집어던진 것으로 나온다. 그것도 "아들이 절름발이여서"라는 것이 이유다. 그런데 이번에 헤파이스토스가 떨어진 곳은 오케아노스 강가다.[41] 아마도 헤라가 아이를 너무 세게 던져서 "세상의 끝까지" 닿은 것 같다. 그렇다면 하늘과 땅 사이의 거리는 얼마나 될까? 사실 이런 자료들을 바탕으로 한다고 해도 우리는 하늘과 땅 사이의 거리를 정확하게 알 수는 없다. 청동 모루든 헤파이스토스 신이든, 9일 낮밤을 혹은 하루 종일 떨어져야 닿는 거리라면, 하늘과 땅 사이의 거리가 "굉장히 멀다"고 말하는 정도로 만족해야 하겠다.

그러나 신들의 행위를 묘사하는 이러한 서사시의 행간으로부터 우리는 꽤 선명한 하나의 세계 그림을 재구성해 낼 수 있다. 즉, 가이아 위로 하늘의 궁륭이 펼쳐져 있는 거리만큼 아래로도 그만큼의 깊이까지 하데스의 나라 하계가 있고, 그 각각의 높이는 청동 모루가 아흐레 낮밤 동안 떨어져야 닿을 수 있는 거리다. 그리고 하데스의 밑바닥에는 신들도 몸서리치는 타르타로스의 입구가 있어 거기서 밤과 낮이 교대하는 자리가 되는 그런 그림이 된다.

3. 나가는 말

이상이 우리가 그리스 신화 텍스트 속에서 발견할 수 있는, 최초의 사람들이 그렸을 법한 평면적이고 입체적인 세계상, 즉 우주의 그림이다. 존재하는 모든 것의 질서 있는 총합을 코스모스(cosmos)라고 한다면, 이것이야말로 가이아가 생겨나기 전의 빈 터인 카오스(chaos)와는 전적으로 대비되는 세상 만물이 가득 찬 질서 있는 우주, 즉 코스모스 개념이다.[42] 가이아의 탄생 이후, 신적인 존재들이 하나씩 생겨나는 만큼 그만큼의 공간이 열리고 마침내 지금의 세계가 형성되었으므로, 이것을 우리는 공간의 시간적 전개라고 할 수 있겠다. 그리고 마침내 그들이 도달한 세계 그림은 지구 중심의 반구형 우주이며, 하데스와 타르타로스까지 포함한다면, 그 이후에 형성될 구형 우주의 초기 버전이라 할 수 있는 모습이 된다.

사실 이 구형의 우주가 구체적으로 완전한 원형인지 아니면 타원형인지, 타원형이라면 횡으로 퍼진 형태인지 세로로 길쭉한 형태인지는 알 수 없다. 인간은 우주의 구조나 자연의 이치를 다 알지는 못하지만, 세계가 일정한 구조를 가지고 일정한 이치에 따른다는 사실은 알고 있다. 이 세계는 전체적으로 신들의 거처인 하늘과 인간이 사는 대지, 그리고 그 아래, 생각보다 복잡한 하계로 이루어져 있다. 대지에는 산과 바다, 강과 호수들이 공간적 질서로 일관되게 구현되어 있고, 그 끝에 오케아노스가 가이아 아래까지 뻗어서 대지를 받쳐주는 토대가 되는 안정된 세계 안에서, 신들의 뜻에 거스르지 않는다면, 하루살이 인간들도 내일을 기약하며 빛살 같은 삶을 살아갈 수 있는 것이다.

근대 과학은 우주의 가장자리 혹은 바깥 둘레라는 개념을 무의미한 것으로 본다. 과학이 우주를 물질의 총합으로 보는 것처럼 철학이 그것을 존재자의 총합으로 본다면, 철학에서도 우주의 가장자리 혹은 겉모습은 앎의 대상이 아니다. 그러나 인간은 아주 오래전부터 세상의 모든 것을 알고 이해하기를 원했고, 우주의 먼 천체들에 대해서까지 많은 지식을 가지게 된 오늘날에도 그 전체에 대한 궁금증을 포기할 수 없다. 인류는 오늘도 이 세상은 처음에 어떻게 생겼으며 어떻게 우주가 이렇게 질서 있는 방식으로 존재하는지, 또 미래에는 어떻게 변해갈지에 대한 연구를 계속하고 있는 것이다.

신화시대부터 근대에 이르기까지 시대에 따라서 그리고 동서양 지역에 따라서, 인간이 그리는 세계와 우주의 모습은 달랐다. 오늘날 인간은 지구와 달, 태양계의 행성들에 대해 상당히 많이 알게 되었고, 태양계 너머까지 미지의 공간을 탐험하고 있다. 또한 시간을 끝까지 거슬러 올라가 빅뱅 직후 태초에 우주가 어떻게 생성되었는지 그 흔적을 찾아 해석하고, 반대로 먼 미래에 있을 은하계의 대충돌도 예견하게 되었다. 이제 과학적 지식은 인류 공동의 자산으로 인식되어 교육받은 대중들은 그 지식을 상식으로 소비하는 시대가 되었다.

그렇다면 우리는 지금 어떤 우주 그림을 그리고 있는가? 우리가 대체로 빅뱅 이론을 받아들이고 있다면, 빅뱅과 함께 시간이 시작되고 공간이 열리며 유한한 전체가 팽창하여 이제 무한할 정도로 큰 공간에 무한할 정도로 많은 천체들이 펼쳐져 있는 그림을 그릴 것이다. 이것은 이 시대의 세계 그림이다. 신화시대 사람들에게 세계의 그림이 중요했던 것처럼, 우주가 유한한 한, 과학의 영역이든 상식의 차원이든 아니면 영화에서처럼 그 둘이 혼재하는 상상의 세계에서든, 오늘날 우리에게도 우주의 모습을 그려보는 것은 나름의 의미가 있을 것이다.

그리스 신화를 소재로 한 현대 문화콘텐츠의 악의 문제

조명동

1. 그리스 신화를 소재로 한 콘텐츠들

서양의 신화를 소재로 한 문화콘텐츠라고 하면 내게 제일 먼저 생각나는 것은 커크 더글라스 주연의 영화 《율리시즈》이다.[1)] 주로 시대극에 많이 출연했던 그는 그리 큰 덩치는 아니지만 상의를 벗어젖힌 단단하고 섬세한 상체 근육과 야무진 턱 선으로 유명한 배우였다. 그런 그가 외눈박이 거인을 상대로 자신의 부하들을 구하고 결국 그 거인의 하나뿐인 눈을 찔러서 멀게 한 후 배를 타고 탈출하던 장면은 지금도 눈에 선하다. 그 외에 또 많이 봤던 영화는 TV 영화나 극장 영화로 여러 번 제작된, 이아손과 아르고원정대라는 제목으로 주로 번역 됐던 《아르고나우티카》였다. 왕자의 신분으로 태어났으나 어려서 숙부에게 왕권을 빼앗기고 궁에서 탈출하여 시련의 시기와 수련의 과정을 거쳐서 결국 왕권을 되돌려 받기 위해 겪었던 많은 신기한 고난의 순간들은 어린 나를 흥분시키기에 충분히 재미있는 이야기들이었다.

물론 이 영화의 소재들과 줄거리들이 그리스 로마 신화에서 비롯되었다는 것을 알게 된 것은 훨씬 후에 일이다. 또한 이 영화들이 널리 알려진 그리스 로마 신화의 이야기들을, 비록 선별적이기는 하지만, 매우 잘 반영하고 있다는 사실 역시 뒤늦게 알게 되었다. 그래서 그리스 로마 신화를 직접적으로 접하기도 전에 나는 이미 많은 이야기들을 영화나 다른 매체들을 통해서 접했고, 나중에 가서야 그것들이 그리스 로마 신화 이야기들 중의 하나였음을 깨닫게 되었다. 이런 식으로 내가 알고 있는 그리스 로마 신화의 대부분은 다양한 매체를 통해서 그저 재밌는 이야기 정도로만 접해왔던 많은 문화콘텐츠들을 통해서 알게 된 것들이다. 그리고 한참 뒤에 가서야 그리스 신화를 본격적으로 접하게 되면서 그 때야 비로소 이것들 대부분이 그리스 신화를 이루고 있는 이야기들로부터 비롯된 것이었구나 하고 깨닫게 되었다.

대학에서 그리스 신화 관련 강의를 하게 되면서 그리스 신화를 소재로 한 영화나 애니메이션 같은 콘텐츠들이 새로 나오면 아무래도 그 이야기들에 관심을 가지게 되는데, 최근에 나타난 경향들은 전과는 매우 다른 특징들을 가지고 있다. 그것은 익히 잘 알려진 이야기들로부터 캐릭터들과 소재들을 가져다 사용하고 있지만, 이미 널리 알려진 캐릭터들의 조합을 그대로 가져다 쓰지는 않는다는 것, 그리고 이야기의 진행도 익히 잘 알려진 방식대로 진행하기 보다는 좀 더 다양하게 재구성하거나 거의 창작에 가깝게 새로 구성하고 있다는 점이다. 예를 들어 페르세우스 신화를 소재로 한 《타이탄》[2]이란 영화 같은 경우 큰 줄기는 페르세우스 이야기이지만 출연하는 캐릭터들도 일반적으로 알려진 이야기들과 일치하지 않는 부분도 있고 이야기의 진행도 꼭 일치하지는 않는다. 헤라클레스를 소재로 하여 《헤라클레스》[3]라는 제목으로 극장에서 상영되기도 하고 한때 TV에 연재되기도 했던 디즈니 만화영화 역시 내용적인 측면에 있어서는 익히 알고 있던 그리스 신화의 에피소드들이나 신들과의 관계 등과는 동떨어진 매우 어색하게 느껴질 수 있는 부분들이 많다. 그래서 이미 기존의 이야기들에 익숙한 사람들에게는 이러한 어색함이 조금은 불편하게 느껴질 수도 있었을 것이다.

물론 이것은 단지 신화에만 해당하는 현상은 아니다. 최근 국내외를 막론하고 이미 잘 알려진 이야기들을 거의 창작에 가까운 각색을 하거나 여러 흥미로운 캐릭터들을 추가하는 행위는 매우 흔한 일이다. 우리 매체 환경만 해도 최근 유행했던 많은 사극들의 생산자들은 소위 팩션(faction = fact + fiction)이란 새로운 장르의 영향을 받아 많은 가상인물들을 추가하고 시청자 또는 독자의 흥미를 끌 만한 에피소드 등을 첨가하여 도대체 어디 까지가 사실이고 어디 까지가 허구인지를 알 수 없는 많은 콘텐츠들을 생산하고 있다. 그래서 종종 이러한 팩션물들은 역사왜곡이나 곡해의 위험을 가지고 있고 실제로 비난의 대상이 되기도 한다.[4] 이미 우리가 아주 흔하게 알고 있는 이야기들은 설령 그 내용을 조금 왜곡시켰다고 해도 재미를 위한 것이므로 어느 정도 이해하고 넘어갈 수도 있다. 그러나 그 내용이 그리 널리 알려져 있지 않은 역사적 사실이거나 또는 마치 실제 역사적 사실인 듯이 이야기가 전개되고 있다면 많은 사람들에게 혼란이나 오해를 불러일으킬 수 있고, 특히 아직 역사적 콘텐츠들을 많이 접하지 못한 어린 세대들에게는 잘못된 역사적 사실이나 왜곡된 역사적 의식을 가지게 하는 좋지 않은 계기가 될 수도 있다. 그래서 비록 팩션이 하나의 문화 예술적 장르이기는 하지만, 그래서 어느 정도의 역사적 사실들을 변조하거나 왜곡해서 새로운 창작물을 만드는 것이 용납될 수도 있지만, 그러나 여전히 잘못된 역사적 사실과 역사의식을 주입시킴으로써 역사왜곡이나 비교육적이라는 비난을 받을 여지 또한 항상 열려있다.

그러나 신화의 경우는 사실 이런 팩션 사극과는 경우가 많이 다르다 하겠다. 한 가지 분명한 것은 신화는 역사가 아니라는 것이다. 그래서 신화를 소재로 한 이야기들에 대해서는 팩션(faction)이라는 용어가 적절치 않아 보인다. 왜냐하면 신화 자체가 팩트(fact)가 아니라 픽션(fiction)이기 때문이다. 물론 지금 모든 신화의 에피소드들이 한낱 허구에 불과하다고 주장하는 것은 아니다. 많은 학자들이 여전히 신화 이야기들이 어떤 역사적 사실이나 인물들을 토대로 하고 있다고 주장하고 있고 그럴 가능성 역시 매우 높다.[5] 그러나 분명한 것은 많은 신화적 에피소드들이 설령 실존 인물이나 실제 사건을 모티브로 하고 있을 지라도 그것은 너무나 오랜 시간 동안의 상징과 과장과 왜곡으로 인해 역사적 사실이라고 결코 말할 수 없을 정도로 그 원래 사건들과는 너무 거리가 먼 이야기들이 되어있을 가능성이 매우 높다. 따라서 누군가가 신화나 설화 또는 이미 알려지고 익숙한 옛날이야기들을 소재로 해서 부분적이든 전체적이든 이야기 속 인물들이든 스토리이든 새롭게 가공하는 것은 얼마든지 가능하고 조건 없이 허용될 수 있다고 주장해도 크게 반론을 제기하기 어려울 것이다. 예를 들어 우리가 그리스 신화라고 하는 것은 어차피 그리스어로 분류될 수 있는 언어를 사용하는 많은 사람들에 의해 오랫동안 지중해 주변 여러 지역에서 만들어지고 또한 많은 사람들의 입을 거쳐 전해졌던 수많은 이야기들 중에서 몇몇 사람들에 의해서 문헌으로 남아 우리에게 전해지는 극소수의 살아남은 이야기들이다. 실제로 지금도 가끔 발견되어지는 오래 전 도자기 파편 등에 그려진 그리스 신화 에피소드들 중에는 우리에게 익숙한 이야기들과는 조금 다른 내용의 에피소드들을 전하는 그림들도 많이 발견되고 있다. 그래서 우리가 우리에게 익숙한 이야기들만이 진짜 그리스 신화의 이야기들이라고 주장할 근거는 사실상 없다. 단지 다양한 버전의 이야기들 중에서 몇몇 살아남아서 우리에게 전해진 버전들이 우리에게 익숙하게 된 것이라고 말해야 할 것이다. 따라서 신화를 소재로 한 현대의 콘텐츠들은 실제 역사물을 소재로 한 것들 보다는 그 이야기들을 가공하거나 창조에 가까운 개정 등에서 훨씬 자유롭다고 할 수 있겠다. 그러므로 그리스 신화에 등장하는 인물들이나 작은 에피소드들을 이용해서 완전히 새로운 이야기들을 창작해 내거나 기존에 널리 알려진 이야기들과는 좀 다른 콘텐츠를 만드는 것은 큰 문제가 되지는 않는다고 누군가가 주장해도 크게 문제 삼기 어려울 것이다.

2. 현대 문화콘텐츠의 한 특징

우리의, 특히 전통적인, 이야기들의 가장 큰 특징을 꼽으라면 아마도 권선징악(勸善懲惡)을 꼽을 수 있을 것이다. 우리가 알고 있는 우리의 수많은 이야기들, '콩쥐 팥쥐'니 '장화홍련전'이니 '춘향전'이니 '홍길동전'이니 하는 전래 동화 또는 창작물부터 '연산군'이니 '장희빈'이니 하는 역사물에 이르기 까지 오랫동안 사람들에게 사랑받고 또한 반복적으로 각종 문화콘텐츠물로 재생산되어 온 이야기들은 대부분 권선징악이라는 말로 그 특징을 묘사할 수 있을 것이다. 서양의 이야기들의 가장 큰 특징 중의 하나는 아마도 구세주(救世主) 사상인 것 같다. 고대 그리스의 영웅 이야기들이나 유태인들의 메시아 사상이나 기본적으로 구세주의 등장을 바라는 간절함의 표현으로 해석할 수 있고, 기독교의 재림 예수에 의한 완전한 구원 사상 또한 이러한 구세주 사상의 일환이라 할 수 있다. 특히 오랫동안 기독교가 서구사회를 지배해오면서 이 구세주 사상은 서구 기독교 사회의 매우 중요한 특징으로 자리 잡은 것처럼 보인다.

근본적으로 사람들은 이 세상을 험난한 것으로 보고 있고, 이 세상에서의 삶을 힘든 것으로 여기는 것 같다. 세상은 온통 위험과 어둠, 또는 죄악으로 가득 차 있어서 이러한 세상에서 산다는 것 자체가 고역이고 고통이어서 누군가 우리를 이 험한 세상으로부터 또는 악한 세상으로부터 구원해주기를 바라는 마음은 동서고금(東西古今)을 막론하고 항상 있어왔던 바람인 것 같다. 특히 고대 사회는 더욱 더 그러했을 것이다. 그래서 사람들은 항상 우리를 구원해 줄 영웅을 기다리거나 세상을 구원할 메시아, 또는 미륵불(彌勒佛) 등을 간절히 바랬던 것인지도 모른다. 물론 많은 이야기들이 꼭 긍정적인 것만은 아니다. 많은 콘텐츠들이때로는 중립적인 결말이나 오히려 선한 이들의 패배로 끝나기도 한다. 그러나 대부분 대중들의 인기를 끌었던 작품들은, 즉 흥행에 성공했던 작품들은, 선(善)으로 상징되는 우리 편이 악(惡)으로 상징되는 상대편을 응징하고 우리를 그 악의 억압으로부터 해방시켜주는 이야기들로 이루어져 있다. 이것은 현대의 이야기들 역시 예외가 아니어서 커다란 대중적 인기를 끌었던 콘텐츠들은 거의 예외 없이 응징이나 구원 같은 개념들이 그 바탕에 강하게 깔려있다. 《터미네이터》[6]나 《매트릭스》[7]와 같은 암울한 미래를 그리고 있는 작품이나 《반지의 제왕》[8]이나 《해리포터》[9] 시리즈와 같이 환타지 세계관을 바탕에 둔 작품들, 심지어는 《명량》[10]과 같이 이순신과 임진왜란이라는 역사적 인물과 사건을 토대로 한 작품까지도 악을 응징하고 만민을 구원한다는 기본적인 구세(救世)의 사고를 그 바탕에 깔고 있다.

이러한 작품들의 공통점은 그것이 AI, 즉 인공지능이든, 모르고스나 샤우론 또는 볼드모르트 같은 가상적 존재이든, 구루시마 미치히사 같은 역사적 인물이든, 악으로 상징되는 막강한 존재가 상정되어 있고, 대중은 의식적으로든 무의식적으로든 불편부당한 상황이나 절체절명의 위기 상황에 놓여있으며, 선한 AI나 네오, 프로도, 해리 포터 또는 이순신과 같은 세상을 구할 메시아가 있어, 그가 대중을, 또는 우리를 지켜주고 결국은 세상을 구원한다는 것이다. 이러한 구세의 이야기들이야 말로 현대사회에 이르기까지도 많은 대중들로부터 큰 인기를 끌고 있다는 것은 비교적 자명한 것처럼 보인다. 특히 대표적 대중 예술인 영화에서는 더욱 그러한 것처럼 보인다. 여전히 많은 사람들은 세상살이를 힘들어 하고, 세상에서의 나의 삶이 지금보다는 좀 더 나아지기를 바라고 있고, 그래서 누군가가 나타나 현재의 이 고통스러운 삶으로부터 나를 구원해주기를 바라는 마음에서 이런 작품들을 통해 잠시라도 대리만족을 느끼고 싶어 하는 것 같다.

이런 구세 이야기들에는 크게 세 가지 공통적 요소가 있어 보인다. 첫째는 악과 부조리, 그리고 불편부당함으로 가득 찬 세상이다. 그 속에서 사람들은 절망과 고통에 허덕이며 암담한 현실뿐만 아니라 미래에 대한 뚜렷한 희망 없이 하루하루를 근근이 살아가면서 누군가 자신을 구해줄지도 모른다는 작은 희망을 가지고 산다. 두 번째는 결국엔 우리를 구원해 줄 우리의 구세주 주인공이다. 그러나 지금은 그 또는 그녀도 역시 우리와 마찬가지로 이 비참한 현실 속에서 우리의 이웃의 모습으로 살고 있다. 대체로 주인공이 처음부터 마치 크립톤 행성 조각이 없을 때의 수퍼맨처럼 너무 강력하면 재미가 떨어진다. 물론 주인공은 우리와는 좀 다른 특별한 인간이어야 하겠지만, 그렇다고 해서 애초부터 우리와 너무 동떨어진, 인간의 능력을 초월한 절대적 능력의 소유자라면 일반 대중으로부터 공감대를 얻기도 힘들고 감정이입도 잘 안될 것이다. 그래서 우리의 구세주도 우리와 비슷한 조건을 가졌거나 우리와 유사한 고통과 고난을 겪는 등 공통적 경험을 공유해야만 한다. 그러다 어떤 계기를 통해 각성하거나, 감춰진 개성이나 능력이 발산되거나, 특별한 지도나 경험을 통해 새로운 능력을 체득하거나 해서 마침내 일반 대중보다는 좀 더 우월한 존재로 거듭나야 한다.

세 번째로, 그리고 특히 현대 이야기에서 가장 강조되고 중요하게 다뤄지는 요소는 악역이다. 요즘 콘텐츠들에서 특히 강조되고 가장 심혈을 기울여서 묘사되는 요소는 바로 이 악역이라고 말해야 할 것이다. 영화든 애니메이션이든 드라마든 악역을 얼마나 잘 활용하는가가 대중적 인기를 얻는데 가장 크게 영향을 미치는 것으로 보인다. 세상이 이렇게 사악하고 고통스럽고 부조리한 것은 단지 자연스러운 현상이거나 필요 불가결한 요소들이 아니라 어떤 악의 힘, 또는 악의 축에 의해 부자연스럽게 억지로 야기되는 현상들이다. 자신의 이익을 위해서든 자기만족에서든, 아니면 단지 호기심에서든 어떤 사악한 존재가 있어, 그것이 이 세상의 모든 악과 부조리와 불편부당함의 원인이며 오로지 그것 때문에 우리가 이러한 고통과 고난을 겪고 있는 것이다. 그리고 이 악역은 아주 강력한 힘과 능력을 가지고 있어서 결코 물러서거나 물리쳐지는 것이 불가능할 것처럼 보이는 매우 사악한 존재이다. 더욱이 이 사악한 존재는 이야기의 거의 전체를 통해 자신의 강력한 힘과 능력을 마음껏 발휘한다. 영화를 예를 들면, 만약 그 영화가 90분짜리라면, 거의 80분 이상을 이 존재의 위력과 잔인함, 그리고 범접할 수 없는 능력을 각종 표현방식을 이용하여 묘사하는 데에 할애한다.

이와 관련하여 내게 가장 인상적이었던 영화는 《터미네이터 2》[11]였다. 액체금속으로 만들어진 미래의 로봇이 악역으로 나오는 이 영화는 그 액체로봇의 강력함이 매우 인상적인 영화다. 자유자재로 변신하는 능력도 막강했지만 이 영화의 압권은 수송차량에서 쏟아진 액화산소를 뒤집어쓰고 꽁꽁 얼어붙은 이 로봇을 구형로봇인 주인공이 총 한방으로 산산조각으로 박살을 내지만, 주변의 열기로 인해 그 조각들이 녹아 방울방울 액체구슬로 변했다가 마침내 하나로 뭉쳐져서 다시 일어서는 장면이다. 이 장면에서 나는 감탄하지 않을 수 없었다. 분명 우리의 주인공이 저 로봇을 결국은 이기고 제거하겠지만, 그것은 당연한 결과이지만, 도대체 저렇게 막강한 로봇을 과연 어떻게 쓰러뜨릴 수 있을까, 나로서는 전혀 상상할 수가 없어서 정말로 큰 기대와 흥분을 가지고 그 장면을 지켜보았던 기억이 생생하다. 물론 실제 영화에서는 그 해결책이 기대에 못 미쳐서 크게 실망하기는 했지만, 또 그래서 이 영화가 보다 더 높게 평가받지는 못했지만, 악역의 막강한 힘과 능력을 제대로 묘사한 영화임에는 틀림없다.

현대의 이야기들, 특히 대중적 인기를 끌었던 이야기들은 이렇게 예외 없이 강력한 악역을 가지고 있다. 우리를 구원하고 이 세상을 구할 우리의 주인공이 굳이 막강한 힘을 가질 필요는 없다. 오히려 주인공이 처음부터 너무 강력하면 콘텐츠 소비자들은 식상해 하고 재미없어 한다. 우리의 주인공은 우리처럼 악역에 비해 무능하고 부족하며 이야기 내내 우리와 함께, 아니면 오히려 우리보다 더 큰 고통과 고난을 겪어야만 한다. 다만 그저 마지막에 가서 극적인 반전이나 획기적인 방법을 통해 그 사악한 존재를 제거할 수만 있으면 된다. 그래서 대중적 이야기에는 반드시 강력한, 그래서 또 매력적인 악역이 반드시 있어야 하며 그 악역을 어떻게 묘사할 것인가가 흥행의 관건이라고 해야 할 것이다. 그리고 이 부분에서 우리가 악역으로 가장 대표적으로 떠올릴 수 있는 대상은 바로 사탄일 것이다.

3. 악의 대명사 사탄

사탄이라고 하면 우리는 가장 먼저 기독교의 사탄을 떠올릴 수 있다. 기독교적 측면에서 보면 사탄은 이 우주를 창조하시고 세상의 모든 생명을 창조하셨으며, 마지막에 자신들의 형상을 따라 인간을 만들어 이 세상을 인간들에게 맡긴 창조주인 하나님에 대항하여, 이 세상을 파멸로 몰아가고, 하나님의 피조물로 하나님을 사랑하고 경배하며 제물을 바쳐 자신의 조물주를 찬양하는 인간들을 유혹하고 타락시켜서 자신의 주인인 하나님으로부터 등을 돌리게 하여 자신의 편으로 끌어들이고, 종국에는 이 세상을 자신의 것으로 만들거나 아니면 파멸시키려는 사악한 존재이다. 사탄은 그 자체로 거의 절대적인 사악한 존재일 뿐만 아니라 서구 기독교 사회에서는 모든 악의 근원이자 고통스럽고 부조리한, 잔악한 이 세상의 모든 현상들의 원인이자 근거이기도 하다. 그래서 사탄이야 말로 서구 이야기 속에서는 가장 강력하고 일반적인 악역의 대명사라고 할 수 있을 것이다. 설령 그 어떤 것이 '사탄'이란 이름으로 불리지 않을 지라도 사탄은 모든 악역들이 가지는 가장 대표적인 이미지인 것만은 틀림없다. 원래 '사탄'이란 단어는 '적, 또는 대항자'라는 뜻의 단어이다. 신약성서를 기록한 희랍어인 코이네 헬라어나 구약성서를 기록한 히브리어 양쪽에서 '사탄'이란 단어는 '적'이란 의미로 쓰였다. 상대적 의미에서 '사탄'은 단순히 적을 뜻한다. 따라서 사탄의 적도 역시 사탄이라 불린다. 그러나 절대적인 의미에서 사탄은 기독교 사회의 공통의 적이자 모든 적들의 근원으로서 오늘날 우리가 가지고 있는 이미지의 사탄을 가리키는 일종의 고유명사가 되었다.

우리는 매트릭스의 스미스든, 반지의 제왕의 사우론이든, 해리포터의 볼드모르트이든, 심지어 명량의 구루시마 미치히사에게서 조차도 이런 사탄의 이미지를 읽어낼 수 있다. 사탄은 한마디로 악의 화신, 악의 대명사이다. 앞서도 이미 말했듯이 하나의 이야기가 대중적인 인기를 끌기 위해서는 악역이 매우 중요하다. 사람들은 이 험난하고 고통스럽고 부조리한, 악으로 가득 찬 세상에서 우리를 구원해줄 구원자를 필요로 하고, 최소한 이야기 속에서 라도 그러한 구원을 간접적으로 체험하는 대리만족을 얻기를 간절히 원하고, 그래서 먼저 이 세상을 온통 악으로 가득 채워 줄 강력한 악의 근원, 악의 화신, 악의 대변자의 선제 출현을 기대한다. 악역이 강하면 강할수록, 그의 악행이 잔인하면 잔인할수록, 그래서 이야기 속에서 그려지고 있는 세상의 현실이 더욱 끔찍하면 끔찍할수록, 마지막 순간에 우리의 구원자를 통해 얻게 되는 그 환희와 절정은 더욱 커지게 되기 때문이다. 그래서 모든 악역의 이미지의 대명사는 바로 '사탄'이라 말할 수 있겠다.

4. 하데스

하데스는 크게 세 가지 의미를 갖는다. 하나는 죽은 자들이 거하는 지하 세계를 가리키는 말이며, 또 하나는 그곳의 지배자인, '지하 세계의 제우스(Zeus katachthonios)'[12]로 불리기도 하는 하데스 신을 가리키며, 마지막으로 그가 거하는 궁을 가리키기도 한다. 하데스 또는 아이데스는 아-이데인(a-idein)에서 유래된 이름으로 글자 그대로 보이지 않는다는 뜻이다. 하데스는 산자에게는 보이지 않으며, 그래서 볼 수 없고, 그래서 또한 봐서는 안 되는 존재이다. 하데스를 볼 수 있는 자는 오로지 죽은 자들뿐이며, 그래서 그에게 제물을 바치는 자들도 결코 하데스를 쳐다보지 않았다고 한다. 만약 우리가 그를 본다면, 그는 죽은 자들만이 볼 수 있음으로 우리는 이미 죽은 것이다. 하데스는 지하 세계의 왕이며, 죽음과 죽은 자들의 신이며, 장례식의 주재자이며, 죽은 자가 정당히 장례 받을 권리의 수호자이다. 또한 하데스는 부의 상징이기도 한데, 그것은 땅으로부터 곡식들이 양분을 얻으며, 금과 은, 그리고 각종 값진 금속과 보석들이 땅에서 나기 때문이다.

티탄들과의 전쟁인 티타노마키아 이후에 크로노스의 세 아들들은 제비뽑기를 통해 대지를 중심으로 이 세상을 셋으로 나누어 각각의 영역으로 삼았다. 이때 하데스는 침침한 어둠의 세계인 지하 세계를 차지하게 된다.[13] 지하 세계 하데스는 모든 죽은 자들이 가는 곳이다. 하데스가 죽은 자들의 세계이고, 또 하데스는 죽은 자들의 신이니 언뜻 지옥(地獄)이나 연옥(煉獄) 같은 느낌이 들 수도 있고 그곳을 관장하는 사탄이나 염라대왕(閻羅大王) 같은 느낌이 들 수도 있을 것이다. 그러나 하데스는 그런 곳은 아니고 하데스는 그런 신도 아니다. 하데스는 죄지은 자들이 특별히 가는 곳이 아니며 그저 모든 죽은 자들이 가는 곳이다. 또한 하데스는 죄지은 자들을 벌주거나 사악한 무리들을 이끄는 신도 아니고 그저 죽은 자들의 제우스, 즉 그들의 신일뿐이다. 하데스는 특별히 자신이 이 어둡침침한 지하 세계에 있다고 해서 불평을 하거나 불만을 품고 있는 것처럼 묘사되지도 않으며, 오히려 제우스의 충직한 형제로 언급되고 있다. 하데스는 사악한 존재도 아니고 벌을 주는 자도 아니며 제우스의 반대자나 대항자, 또는 적으로 묘사되지도 않는다.

하데스와 관련하여 알려진 폭력적인 사건은 아마도 제우스와 데메테르의 딸인 페르세포네를 납치하여 결혼한 것을 들 수 있을 것이다. 하데스는 오케아노스의 딸들과 꽃을 따며 놀던 페르세포네가 땅에 핀 수선화를 따려는 순간 갑자기 갈라진 땅의 틈으로부터 솟아나와 어린 소녀를 자신의 마차에 태워 납치해간다. 언뜻 이렇게만 이야기하면 하데스는 자신의 어린 조카를 납치하여 성폭력을 행사한 매우 파렴치한 사악한 존재로 여겨질 수도 있을 것이다. 그러나 전해지는 이야기에 의하면 이 사건은 하데스가 혼자서 저지른 파렴치한 범죄만은 아니다.[14)] 페르세포네를 하데스의 아내로 주기로 한 것은 그녀의 아버지인 제우스였다. 다만 제우스는 자신의 아내들 중의 하나이자 그녀의 어머니인 데메테르가 페르세포네를 지하 세계로 보내는 것을 허락하지 않을 것으로 생각해 이런 납치결혼을 계획했다. 더욱이 그들의 할머니인 가이아 또한 지하 세계의 신을 즐겁게 해주기 위해 페르세포네를 사로잡을 만한 아름다운 수선화를 피어나게 했다. 결국 이 파렴치한 범죄행위는 하데스의 사악함에서 비롯된 것이라고 말해질 수는 없을 것이다. 그래서 하데스는 선악의 문제와는 관련 없이 죽은 자들이 거하는 곳이고, 하데스는 징벌자나 처벌자가 아닌 단지 죽은 자들의 신이며, 다른 형제들의 영역인 밝은 세상을 탐하는 적대적 존재가 아닌 자신의 지하 세계를 관장하는 검은 턱수염의 당당한 풍채를 가진 하데스의 주재신이다.

5. 현대 문화콘텐츠에서 사탄의 필요성

그리스 신화를 소재로 한 최근의 이야기들은 앞서 언급했듯이 다른 여타의 문화 콘텐츠들처럼 우리에게 익숙한 형태의 이야기들과는 그 출연진들이나 각 캐릭터들 간의 관계, 그리고 주요 에피소드들 까지도 많이 변형되어 왜곡이라는 말을 사용해도 무리가 되지 않을 만큼 많은 부분에서 큰 차이를 보이고 있다. 예를 들어 디즈니의《헤라클레스》같은 작품에서 헤라클레스는 헤라의 아들로 설정되어 있다.[15] 또한 익히 우리가 알고 있는 것처럼 헤라클레스의 스승을 켄타우로스인 케이론이 아니라, 헤라클레스가 네소스의 겉옷을 입고 괴로워하다 스스로 장작더미를 올려 화장 하려할 때 그 장작더미에 불을 놓아 줘서 그의 장례를 돕고 그의 활과 히드라의 독이 묻은 화살을 얻었던 필록테테스로 설정하고 있다.《타이탄》이라는 영화에선 메두사의 목을 벤 후 페가수스를 타고 하늘을 날아서 돌아오던 페르세우스가 중간에 구해준 안드로메다 공주를 공격하는 괴물이, 그리스 신화에는 전혀 나오지 않는, 오히려 북유럽 설화를 통해 대중들에게 널리 알려져 있고, 특히 영화《캐리비안의 해적》[16] 시리즈를 통해 우리에게도 익숙한, 크라켄이라는 괴물로 설정되어 있다. 그러나 거의 모든 현대의 그리스 신화를 소재로 한 이야기들의 공통적인 특성은 하데스를 악역의 대명사로 사용한다는 것이고, 그리고 그를 마치 사탄처럼 묘사하고 있다는 것이다.

죄는 크게 두 가지 측면에서 언급될 수 있다. 하나는 해야 할 일을 하지 못한 것을 의미하며, 그래서 잘못한 것을 말한다. 두 번째는 해서는 안 되는 일을 한 것이며, 이는 어떤 규정이나 규칙, 규범 등을 어긴 것을 말한다. 고대 사회에서는 지금보다는 해서는 안 되는 일이 많지 않았을 것으로 여겨진다. 고대 그리스인들은, 그 이후의 제국시대나 중세 기독교 시대 그리고 이후의 법치국가 시대에 비하면, 절대적 가치나 보편적 진리 등을 주장하기에는 아직 일러서 가치에 있어 훨씬 상대주의적이었기 때문에 그들에게 있어 죄는 해야 할 일을 못하거나 실패한 것을, 즉 잘못한 것을 의미한다. 사실 고대 사회는 상대적으로 해서는 안 되는 일, 즉 금기가 그 이후 시대보다는 훨씬 적었을 것이다. 금기(禁忌)란 보다 절대적이고 보편적인 가치가 확립된 보다 체계적인 사회적 종교적 규범에서 나오는 것이기 때문이다. 그래서 죄악의 근원에 관한 것이나, 사후에 이에 대한 응징과 대가를 치르는 것에 관한 이야기들은 그 이후 특히 기독교적 문화권에 비하면 매우 경미하다

하겠다. 물론 가정 내에서 가부장이나 장자의 권한을 침해하는 폭력행위에 대해 끝까지 쫓아다니며 응징하는 에리니에스에 관한, 또는 테미스의 법도를 어기거나 제우스의 명을 어긴 자들에 대한 네메시스의 철저한 응징 등에 관한 이야기들이 있기는 하지만, 사람들을 유혹하여 신의 뜻을 어기게 하고 그리고 그렇게 죄지은 자들을 한 데 모아 잔인한 처벌을 가하는 그러한 사악한 존재에 관한 이야기는 없는 것 같다.

그러나 앞서 이야기 했듯이 이야기를 재미있게 끌고 나가기 위해서는 반드시 강력하고 사악한 악역이 필요하다. 페르세우스 이야기 중에서 안드로메다를 공격한 괴물은 잘 알려진 바로는 폰토스의 자녀들 중의 하나인 케토이다. 케토는 바다의 위험성, 공포를 상징하는 바다 괴물이다. 그러나 별자리 중 고래자리가 케투스인 것으로 보아 이것은 거대한 고래의 모습을 처음 본 고대인들의 공포심이 반영된 괴물로 생각된다. 고래가 무엇인지 잘 몰랐던 그들에게 멀리서 바다를 가로질러서 지나가는 거대한 고래들의 모습은 공포 그 자체였을 것이다. 그래서 바다의 거대한 위험성을 상징하는 괴물로 케토를 생각해 냈을 것이다. 그러나 현대인들의 입장에서 보면 고래는 그렇게 공포스러운 괴물은 아니다. 물론 거대한 고래들의 모습이 위협적일 수는 있어도 그것이 흉포한 괴물의 상징으로는 적합해 보이지 않는다. 과연 고래를 시각적으로 얼마나 무섭고 사악하게 묘사할 수 있을지는 매우 회의적일 수밖에 없어 보인다. 반면에 크라켄은 특히 북유럽의 전설 등에 자주 출몰하는 바다 괴물이다. 많은 사람들이 아마도 이것은 거의 길이가 15미터 내외인 대왕 오징어의 목격담에서 비롯된 것으로 추측하고 있다. 이 대왕오징어는 심해에서 살기 때문에 실제로는 사람들에게 위협적이지는 않지만 여러 해안가에서 이 대왕오징어의 사체에 대한 목격담이 전해지고 있기 때문에 예부터 유럽의 많은 뱃사람들은 바다의 괴물로 이 크라켄을 매우 두려워했던 것 같다. 더욱이 오늘날에도 많은 서양 사람들은 여전히 오징어나 문어와 같은 연체동물을 매우 꺼려하고 싫어한다. 그래서 아마도 페르세우스를 소재로 한 영화를 만드는 제작자들이 그들에게 보다 괴물로 친숙하고 혐오스러운 크라켄을 안드로메다를 습격하는 괴물로 설정했을 것이다. 영화에서 페르세우스는 결정적인 순간에 메두사의 머리를 이용해 이 괴물을 석화시키고 안드로메다를 구한다.

그러나 그리스 신화를 소재로 한 현대 이야기들의 가장 공통적인 특징은 역시 모든 죄악의 근원이요, 상대적으로 선한 신으로 묘사되는 제우스로부터 인간들의 사랑과 지지를 빼앗아 올림포스 신전을 차지하고, 이 세상을 독점하려 하는, 그것이 안 된다면 차라리 이 세상을 파멸로 몰고 가려 하는 가장 사악한 존재로 하데스를 설정하고 있다는 점이다. 디즈니의 《헤라클레스》에서 하데스는 올림포스 신전을 차지하는 데에 헤라클레스가 방해가 될 것이라는 운명의 여신들의 예언을 피하기 위해 그를 납치하여 죽이려고 인간으로 만든다. 타이탄에서 하데스는 역시 올림포스와 이 세상을 차지하기 위해 인간들을 충동질해서 제우스 등 신들에게 반기를 들게 하고 자신의 아들로 설정되어 있는 크라켄을 이용해서 세상을 파멸시키려 한다. 또 2편에서는 타르타로스에 갇혀 있는 티탄을 이용해 제우스의 세상을 역시 파멸로 몰고 가려 한다. 이들 이야기들의 공통점은 하데스가 자신의 처지, 즉 어둠침침한 지하 세계에 갇혀 있는 자신의 처지를 불평등하게 여겨서 제우스를 거역하여 올림포스 신전을 차지하고 이 세상의 최고신이 되려는 야심을 품고 있으며, 그러기 위해 세상을 파멸과 고통과 비참한 현실로 몰고 가는 이 세상의 모든 악한 것들의 원인으로 등장하며, 자신이 가질 수 없다면 다 부서뜨릴 수도 있는 최고의 악으로 묘사되고 있다는 점이다.

그러나 이미 주지한 바와 같이 그리스 신화에서 하데스는 이러한 사악한 존재가 아니다. 그가 거하는 하데스가 비록 어두운 곳이기는 하나 그렇다고 지옥처럼 사악한 곳은 아니다. 그곳에는 오직 죽은 자들만 거하고 있지만 그렇다고 지옥처럼 죄 지은 자들만이 가는 곳도 아니다. 하데스는 지하 세계의 제우스(Zeus katachthonios)로 불리듯이 지상 세계만큼이나 거대하고 많은 자들이 거하는 지하 세계의 주재자이다. 그래서 하데스는 제우스의 그림자처럼 묘사되기도 한다. 그는 자신의 세계 이외의 곳을 탐하지도 않으며 그의 형제인 제우스의 충직한 형제로 묘사되곤 한다. 그럼에도 현대 이야기에서 하데스를 굳이 사악한 존재로 활용하는 것은 소위 사탄의 대역으로 또 지옥을 대신할 장소로 하데스가 제일 그럴싸하게 보이기 때문일 것이다. 특히 기독교적 내세관에 따르면 사람들의 죽음은 한 번 뿐인 삶의 끝이고, 모든 사람은 죽은 후에 그의 생전의 행적에 따라 심판을 받아 하늘나라로 또는 지하 세계로 가게 된다. 그리고 그 지하 세계는 이 세상에서 지은 죗값을 치루기 위해 가는 곳이므로 기독교의 영향을 받은 사람들에게 지하 세계는 오로지 죄 지은 자들을 처벌하기 위한 지하 감옥, 즉 지옥(地獄) 뿐이다. 그러므로 그 지옥을 관장하는 자, 지하 세계의 주재자는 모든 악의 근원인 사탄뿐이다. 물론 기독교의 사탄 개념에는 어떤 모순이 있어 보인다. 사탄은 죄 지은 자들을 잡아다가 지옥에 가두고 그들의 죗값을 물어 온갖 고통스러운 형벌을 가하는 존재이다. 그런데 이것이 사악한 짓인가? 죄 지은 자들을 징벌하는 것은 오히려 정의로운 일 아닌가? 대표적인 존재로 우리는 염라대왕(閻羅大王)을 들 수 있다. 물론 사람들이 악행을 행하는 원인이 바로 이 사탄의 유혹에 빠져서 그런 것이므로 사탄이 모든 악의 원인이라고 말할 수 있겠지만, 사탄 자신의 의지를 따라 악을 행한 자들을 죽은 후에 징벌한다는 것은 앞뒤가 잘 맞지는 않아 보인다.

이야기를 재미있게 이끌고 나가기 위해서는, 특히 폭력과 난잡한 성적 묘사들로 가득 찬 현대의 오락성 짙은 이야기에서는, 악역의 선택과 그에 대한 묘사는 매우 중요하다. 그리고 특히 스펙터클한 영화와 같은 이야기에는 가장 적합한 악역의 대명사는 역시 사탄이 최고이다. 이러한 악역의 대명사인 사탄에 필적할 상대를 우리가 그리스 신화에서 찾으려고 한다면, 강력한 힘과 권력을 가졌으며, 사악하고 흉포한, 모든 악의 근원이자 평화의 파괴자인, 이 세상의 파멸자인 사탄의 상징적 대체자로 언뜻 보기에 하데스만큼 적합한 자도 없어 보인다. 그래서 하데스를 사탄처럼 묘사하는 것을 크게 잘못되었다고 말하기도 어렵다. 어차피 하데스는, 최소한 우리에게 있어서는, 실존 존재도 아니고, 그와 관련된 신화적 에피소드 역시 역사적 사실들도 아니므로, 오래 전에, 오랜 시간 동안, 많은 사람들에 의해서 만들어져선 그 일부가 오늘날 우리에게 전해지는 이야기들일 뿐이므로 전해지는 바대로 하데스를 묘사하지 않았다고 해서, 그와는 전혀 다르게 묘사했다고 해서 그러지 말라고 단호하게 말할 근거나 권리는 그 누구에게도 없어 보인다. 이미 말했듯이 심지어 역사적 사실들이나 인물들을 소재로 한 이야기들 속에서도 역사왜곡이라고 비판할 수 있을 정도로 소위 팩션물이라는 이름 하에 많은 소재와 에피소드들의 변형이 흔하게 행해지고 있는 현 상황에서 그리스 신화 속 소재들의 변형을 문제시 하는 것 자체가 어쩌면 어불성설(語不成說)일지도 모른다. 그러나 한 민족의 신화를 전래되는 내용과 다르게 왜곡하는 것이 그저 무조건 허용되어질 수 있다고 말해야 하는가?

어떤 이들은 그리스 신화를 고대 그리스인들의 집단 무의식의 발로라고 주장하기도 한다. 물론 그리스 신화라고 한 단어로 표현하기는 하지만, 이것은 긴 시간 동안 지중해 지역 여러 지역에서 그리스어로 분류되는 언어를 사용하던 많은 사람들에 의해서 만들어진 이야기들의 총체다. 따라서 언제 어느 지역의 어떤 사람들의 집단 무의식을 말하는 것인지, 아니면 고대 그리스인들 모두를 통틀어 그들의 집단 무의식이라고 말하는 것인지 정확하게 파악할 수는 없지만, 그러나 우리는 정확히 어느 시대 어느 곳이라고 딱 꼬집어 말하기는 힘들지라도 옛 이야기들을 통해서 그 누군가의 의식 구조, 특히 고대 인류의 의식들의 한 단편들을 신화나 설화, 옛 이야기 등을 통해서 들여다 볼 수도 있다. 그리고 그것은 최소한 지적 즐거움을 우리에게 줄 수 있고, 또는 우리보다 훨씬 앞선 인류들의 내면을 들여다보는 계기를 제공하기도 한다. 그래서 단순히 대중적 즐거움을 위해, 정확히는 흥행을 위해, 비록 엄격한 감시나 통제의 대상이 아닐지라도, 신화적 소재와 에피소드들을 임의로 변형하는 것을 무조건 허용해야 한다고 말할 수는 없을 것이다. 만약 누군가가 이야기의 재미를 위해 환웅이 환인의 서자가 아니라 장자였다고 묘사하거나 환웅의 아내가 웅녀(熊女)가 아니라 묘녀(猫女)였다고 단군신화의 일부를 변형시킨다면, 그리고 그 작품이 크게 흥행에 성공해서 많은 사람들이 그것이 원래 이야기라고 믿게 된다 해도 전혀 문제가 없다 말할 수 있을까? 또는 유대 신화 중에서 하와를 유혹한 것이 뱀이 아니라 두꺼비였다고 사람들이 생각하게 된다면 그래도 아무런 문제가 없다고 말할 수 있을까? 물론 그래도 세상은 크게 변하지 않을 것이다. 그러나 이러한 변형들은 옛 선조들 또는 고대 인류에 대한 우리의 이해에 대해서도 역시 뭔가 변화를 가져올 수 있을 것이고, 이것은 또한 우리 인간에 대한 우리 자신의 이해 자체에도 영향을 줄 수 있을 것이다.

캠벨의 원질신화와 문화콘텐츠

김기홍

1. 문화콘텐츠의 획일성 문제와 신화

본 연구는 영화를 비롯한 서사 형식의 대중문화에 있어 창작의 거푸집으로 여겨지고 있는 캠벨(Joseph Campbell)의 원질신화(monomyth)에 대한 것으로, 현상 검토 및 평가와 함께 현대 대중문화 연구에 던지는 인문학적 함의를 짚어보고자 한다.

경제가 정치를 밀어내고 사회 가치체계의 전면으로 부상한 것과 맞물려, 자본과 밀접한 상관관계가 있는 미디어와 정보통신기술이 과거와 같이 단순히 '기술 발전' 정도의 평가에 그치지 않고 사회적으로 괄목할 만큼의 위상 제고를 이루었다. 미디어와 밀접한 관련이 있는 대중문화 콘텐츠는 이런 '양적 배경'에서 문화의 주류로 떠올랐다.

사회적 파급, 경제적 효과와 함께 질적 문제의 검토도 이루어져야 할 것이다. 주지하다시피, 문화연구(cultural studies)를 간판으로 내 건 미디어와 대중문화 연구는 의미가 텍스트에 내재되어 있지 않음을 주창한 후기구조주의와, 음성, 문자 중심으로 조형된 의미와 가치의 위계질서(logocentrism)를 탈중심화한 해체주의, 거대서사의 종말을 고한 포스트모더니즘과 연계되었고, 대중문화의 권위는 반사

이익적인 위상제고를 경험한 바 있다.

과거 위대한 문인의 작품 연구에 천착했던 문학연구의 관습과 태도를 영화와 같은 매체에 적용하는 것을 거부하는 동시에, 텍스트 내부가 아니라 외부의 사회, 정치, 경제, 문화적 현실과 텍스트간의 상호관계성이 논해지며, 이제 오락영화나 게임, TV드라마, 광고, 대중음악을 비롯한 다양한 콘텐츠들이 다채로운 방법으로 연구되고 있다. 문화상대주의적 관점이 팽배해 지면서 대중문화에 가해졌던 수많은 폭력적 비난들은 먼 과거의 일이 되었고, 영화나 TV 드라마라는 이유만으로 검토될 가치가 없다는 식의 주장은 더 이상 찾아볼 수 없다.

오히려 질적 문제는, 그래서, 더욱 중요해 졌다. 과거와 같이 '좋은 작품의 이데아'가 존재하는 것으로 상정하고 그에 수렴하는 작품들의 가상의 순위를 매겨 수준의 높낮이를 판별하는 것이 불가능하다면, 그러면서도 '질적 검토'를 포기하지 않는다면, 이제 스마트미디어를 통해 24시간 소구되는 소셜네트워크형 콘텐츠까지 가세해 우리의 일상생활을 일생토록 지배할 것이 틀림없는 대중문화 콘텐츠의 질은 무슨 잣대로 검토되어야 하는가?

본 연구는 이러한 근본적 문제의식에서, 우선 검토대상으로 다양성 문제를 주제로 삼았다. 문화산업은 그 용어의 최초 제안자가 예술의 존립 지평인 미학적, 창발적 다양성의 부재를 비판할 목적으로 조어한 것일 만큼,[1] 획일성이 고전적인 비판의 대상이었다. 이런 의미에서 유사한 내러티브를 양산해 내는 것으로 비판받는 원질신화, 좀 더 구체적으로는 영웅여정의 단계별 도식(Hero's Journey framework)에 대해 알아보고 혐의를 구체적으로 검토하며 함의를 해석하고자 한다.

2. 원질신화와 문화콘텐츠에의 적용

2.1. 캠벨의 원질신화

캠벨은 많은 문화권의 방대한 신화들을 검토하며 모든 신화에 적용될 수 있는 동질적이고 보편적인 기본 구조를 발견하고 이를 원질신화[2)]라 칭한다. 모든 인간 사회에서 동일하게 관찰되는 문화 현상은, 약속에 의한 것일 리는 없으므로, 인간의 무의식에 보편적으로 내재된 그 무엇의 발현을 원인으로 보아야 한다. 심리분석에 매료되었던 캠벨은 '그 무엇'을 집단무의식이나 원형(archetype)으로 해석한다.

원형은 프로이트(Sigmund Freud)가 고대의 잔재(archaic remnants)라고 부른 것을 융(Carl Gustav Jung)이 계승·발전시킨 개념이다.[3)] 이들 심리학자들은 꿈이 현실세계의 보상 목적을 가진 작용이며, 무의식적 반응이나 자연발생적인 충동을 의식에 전달하는 지극히 정상적인 심리현상으로 여긴다. 따라서 연상과 맥락이 꿈 이미지에서 발견되면 그 꿈을 해석할 수 있다는 것이 기본 가정이다. 그런데 가끔 망상적이거나 개인의 경험으로부터 도출될 수 없는, 먼 과거 누군가 다른 이의 경험인 듯 여겨지는 꿈이 보고된다. 이를 해명하기 위해 프로이트가 제안한 것이 고대의 잔재로서, "개인 자신의 생활의 어떤 것으로도 그 존재를 설명할 수 없는, 인간정신의 토착적이고, 선천적이고, 물려받은 형체들로 보이는 정신형태들"[4)]이 그 정의다.

융은 현대인이 묘사한 꿈 이미지와 원시적 정신의 산물인 집단적 이미지 및 신화적 모티프들 사이에 유사성이 있음을 반복 관찰하고, 인간의 신체가 진화의 산물이듯 정신도 진화했으며, 이 과정에서 "고대인간의 정신의 생물학적, 선사적, 무의식적 발전"의 결과물인 심리형태들이 인간 정신의 기초를 이루게 되었다고 해석한다. 그리고 프로이트를 계승하여 이를 원형이나 원시이미지(primordial image)로 부르게 된다.[5)]

원형이론을 전제로 삼은 캠벨은 인간의 일생이라는 유사한 과정의 오랜 반복에서 비롯된 무의식적 패턴, 혹은 패턴반복의 무의식화가 신화 내러티브의 보편구조로 승화된 것이라 해석한다. 대표성 있는 사례로 출생, 명명, 성인, 결혼, 장례 의식 등 통과제의(rites of passage)가 검토된다. 개별 의식의 모양새는 서로 다르지만, 문화권을 막론하고 성장과 발전의 상징 의식은 한 인간의 정체성의 변형(transformation of identity)을 의미한다는 점에서 동일하다. 모든 인간 집단의 통과제의는 대저 출발(Departure), 입문(Initiation), 회귀(Return)의 양식으로 구성된다. 신화의 대단히 중요한 모티프이자 캐릭터인 영웅과 영웅의 여정 이야기는 문화권을 막론하고 바로 이 통과제의의 원형적 양식을 표준 궤도로 삼는다. 이것이 모든 신화를 아우르는 하나의(mono) 패턴을 의미하는 원질신화다.[6)]

원형인 이상 원질신화는 내용과 형식을 망라하는 동질성을 가지는데, 내용면에서는 영웅과 같은 다양한 인물과 여러 상징들의 궁극적인 의미의 유사성을, 형식의 면에서는 어머니의 자궁을 떠나 죽음에 이르는 개인의 인생 여정[7)]의 축소판이라 할 패턴의 동일성을 보인다. 캠벨은 다양한 신화를 논거로 제시하며, 아래와 같이 원질신화로서의 영웅여정 서사의 패턴을 정리[8)]한다.

1) 분리(혹은 출발)

① 모험에의 소명 혹은 영웅 소명의 표적, ② 소명의 거부 혹은 신으로부터의 우매한 도주, ③ 초자연적인 조력, 즉 어느 수준까지의 모험에 도전한 사람에 대한 뜻밖의 도움, ④ 첫 관문의 통과, ⑤ 고래의 배, 혹은 밤의 영역으로의 여행

2) 입문(시련과 입문의 성공)

① 시련의 길, 혹은 신들의 위험한 측면, ② 여신과의 만남 혹은 다시 찾은 유아기의 행복, ③ 유혹자로서의 여성, 오이디포스 고뇌의 체득, ④ 아버지와의 화해, ⑤ 신격화, ⑥ 궁극적인 홍익

3) 회귀

① 회귀의 거부 혹은 버림받은 세계, ② 불가사의한 도주 혹은 프로메테우스의 도주, ③ 외부로부터의 원조, ④ 회귀 관문의 통과 혹은 일상의 세계로의 복귀, ⑤ 두 세계의 주인, ⑥ 살기 위한 자유, 즉 궁극적인 홍익의 성질과 기능

캠벨은 위의 패턴을 "영웅은 일상적인 삶의 세계에서 초자연적인 경이의 세계로 떠나고 여기에서 엄청난 세력과 만나고, 결국은 결정적인 승리를 거두고, 영웅은 이 신비스러운 모험에서, 동료들에게 이익을 줄 수 있는 힘을 얻어 현실 세계로 돌아오는 것"[9]으로 요약하고 있다.

2.2. 원질신화의 문화콘텐츠 적용

캠벨의 작업은 그가 타계하기 직전까지 대중적으로 크게 인기를 얻은 저술가이자 강연자였던 데서 쉽게 짐작할 수 있듯, 곧 널리 알려지게 되었다. 특히 동양의 신화와 철학에 지대한 관심을 표명하며 정신적이고 영적인 것을 강조하는 그의 연구는 저항과 히피문화가 조형한 1970년대 미국의 해체주의적 문화토양에 잘 스며들었다. 대중문화 영역에도 큰 영향을 미치게 되는데, 예를 들어 공전의 히트 영화인 《스타워즈(*Star Wars*)》의 감독인 루카스(George Lucas)와 같은 이들이 대표 사례다.[10]

1977년 개봉한 이래 3년 주기로 제작된 3부작의 구조만 보아도 캠벨의 영향을 알 수 있다. 즉, 1편인 《스타워즈》는 출발, 2편인 《제국의 역습(*Empire Strikes Back*)》은 시련과 입문, 3편인 《제다이의 귀환(*Return of the Jedi*)》은 제목 자체가 'return(회귀)'으로 되어 있다. 1편인 출발은 주인공 스카이워커(Luke Skywalker)가 외딴 행성에서 농사를 짓다가 '모험에의 소명'을 받고 떠나 제국군과 전쟁 중인 저항군에 합류하는 과정을 그렸고, 2편인 시련과 입문은 제다이의 기사로서 스승이자 도사인 요다(Yoda)를 찾아가 수련을 하고, 적장인 다스베이더(Darth Vader)

가 자신의 부친임을 알게 되는 순간 팔목이 잘리는, 정신적, 육체적 고통을 겪는 내용을, 3편인 회귀는 적들을 모두 물리치고 부친을 사망 직전 교화시키면서 마무리하는 내용이다.

3부작 전체의 구조뿐만 아니라 개별 작품 또한 위에 제시된 분리, 입문, 회귀의 하부 단계인 16개 단락으로 구성되어 있다. 이 패턴은 회자되고 학습되어, 특히 영화를 제작하거나 학술적으로 공부하는 이들에 의해 반복적으로 분석되고 있다.[11]

특히 3부작(trilogy) 영화에서 영웅여정 패턴의 사용은 대단히 빈번하다. 《반지의 제왕》 3부작이 사례다. 1부는 주인공인 난장이 호빗(Hobbit)족 프로도(Frodo Baggins)가 여정을 떠나는 '출발'을 그리고 있으며, 2부는 다양한 시련과 성장 과정을, 3부는 악을 평정하고 홍익을 실천하는 과정을 그리고 있는데, 그 제목이 '*Return of the King*', 즉 《왕의 귀환》인 것이다. 2016년 개봉해 미국 역대 흥행 1위를 기록한 《스타워즈: 깨어난 포스》는 새로운 3부작의 제1편으로서, 과거 주인공들의 다음 세대 여주인공을 내세워 새로운 '출발'을 그리고 있다. 향후 2편이 추가로 제작될 예정인데, 다음 작품은 여주인공이 출생의 비밀을 알게 되고 시련을 겪으며 제다이로 훈육 받는 '입문'의 과정을, 마지막 작품은 당당한 기사로 '귀환'하여 악의 세력을 물리치고 악당의 편에 선 형제를 교화시키며 끝나도록 예정되어 있는 것이다. 이것이 '패턴'이다 보니, 다른 가능성을 찾기 힘들게 구조화 되어 있다.

권위 있는 영화 사이트 IMDb는 이 구조에 부합하는 영화 수십 편을 소개하고 있는데, 실제 영웅 캐릭터가 등장하는 액션영화는 물론 《주홍 글씨》(1995) 《오만과 편견》(2005), 《델마와 루이스》(1991)와 같은 문학 원작 영화나 《카사블랑카》(1942), 《햄릿》(1948)과 같은 고전 영화도 포함되어 있다.[12]

따라서 원질신화가 분석비평의 도구이지 창작의 도구는 아니라고 할 수 있다. 1948년 제작된 《햄릿》 같은 영화들이 영웅여정 도식을 이용해서 만들어졌을 가능성이 없기 때문에, 이 프레임으로 서사를 분석해보면 잘 맞아 떨어진다는 정도에서 그치게 되는 것이다. 영화기획 단계에서 도식이 실제 사용되었는지 아닌지 알기도 힘들며, 영감을 얻은 정도라면 관찰의 대상조차 되기 힘들다.

그러나 최근의 경향은 이 도식의 직간접적 영향력을 노골적으로 드러낸다. 특히 할리우드에서 활동하는 보글러(Christopher Vogler)라는 인물에 의해 도식의 실제 적용과 사용이 노골화되면서 영향력은 확연해진다. 디즈니(Disney)와 폭스(Fox) 등 할리우드 메이저 영화사에서 이야기와 소재 발굴, 시나리오 평가 등을 수행하는 스토리 애널리스트 업무를 보던 인물로, 업무상 수많은 이야기를 접하며 패턴반복에 대한 자연스러운 호기심을 가졌고, 영화 학교에서 캠벨의 저작을 읽고 크게 고무된다.[13] 영화스토리 창작의 실패가능성을 줄이고 전반적인 완성도를 높이기 위해 그는 캠벨의 원질신화 영웅여정을 아래와 같이 시나리오 집필을 위한 할리우드 형 영웅여정 모델로 변형시켜 '실용적 안내서'라는 이름으로 제시한다.[14]

<table>
<tr><td rowspan="5">제1막
(30쪽 분량)</td><td>① 일상세계</td><td rowspan="6"></td></tr>
<tr><td>② 모험에의 소명</td></tr>
<tr><td>③ 소명의 거부</td></tr>
<tr><td>④ 정신적 스승과의 만남</td></tr>
<tr><td>⑤ 첫 관문의 통과</td></tr>
<tr><td rowspan="4">제2막
(60쪽 분량)</td><td>⑥ 시험, 협력자, 적대자</td></tr>
<tr><td>⑦ 동굴 가장 깊은 곳으로의 접근</td><td rowspan="4">위기</td></tr>
<tr><td>⑧ 시련</td></tr>
<tr><td>⑨ 보상(검을 손에 쥠)</td></tr>
<tr><td rowspan="3">제3막
(30쪽 분량)</td><td>⑩ 귀환의 길</td></tr>
<tr><td>⑪ 부활</td><td rowspan="2">클라이막스</td></tr>
<tr><td>⑫ 영약을 가지고 귀환</td></tr>
</table>

이후 그는 저서와 UCLA 등 이름 있는 영화학교에서의 강연 활동을 통해 큰 반향을 얻게 된다. 대중문화 서사 기획과 구축 관련 업계와 학계에서는 캠벨과 이름을 나란히 하기도 한다. 학계에서 캠벨-보글러 모델은 영화학교의 교육용으로 사용되거나, 영화의 분석프레임 내지 응용프레임으로 사용되고 있으며,[15] 할리우드에서는 원질신화의 적극적 응용을 위한 계승적 연구들이 지속되고 있다.[16]

이런 과정에서 영웅여정 패턴은 전범의 유행이나 관행을 넘어 주류 대중문화 창작의 시대적 관습으로 자리매김하고 있다. 어벤저스류 마블 히어로와 슈퍼맨, 배트맨 등 21세기 들어 흥행 면에서 독보적인 주류장르로 자리매김하고 있는 만화원작 할리우드 슈퍼히어로 영화들은 여전히 캠벨의 원질신화와 보글러의 영웅여정 공식을 따르고 있는 것으로 조사되고 있다.[17]

영화를 벗어나 다양한 장르와 매체로의 확장도 이루어졌다. 미국의 전 부통령 고어(Al Gore)가 출연해 유명한 기후온난화 다큐멘터리 《불편한 진실(*An Inconvenient Truth*)》 역시 원질신화 프레임으로 제작되었고,[18] 관광학에서도 여행 프로그램 개발에 통과제의를 연상시키는 영웅여정 도식을 응용한 '변형 관광(transformational tourism)'이 화제를 모으고 있으며,[19] 자기발전의 모티프를 제공해 상담효과를 높이는 테라피(therapy) 심리치료의 프레임으로 쓰이고 있기도 하다.[20]

원질신화라 부르건 영웅도식이라 칭하건 캠벨이 주창한 서사의 통과제의적 보편성은 분명 현대 서사체 문화콘텐츠의 중요한 이슈인 것이다.

3. 서사적 유사성과 수용태도의 문제

같은 이야기 구조에 약간의 변주를 주는 식의 창작 편의성 추구는, 창작이 원래 없던 것을 새로이 만드는 고통스러운 작업이라는 직관에 위배된다. 실제 보글러가 변형하여 제시한 캠벨의 영웅여정 도식이 할리우드 창작자에게 악영향을 주었다는 비판은 일찍이 제기되었다. 한 영화 비평가는 당대 루카스가 시나리오를 쓰거나 제작한 할리우드 블록버스터로서 관객과 비평가에게 모두 외면 받은 《윌로우(*Willow*)》, 《하워드 덕(*Howard the Duck*)》 등을 예로 들며, "그저 빨리 돈을 버는 공식만을 찾는 데 혈안이 되어 있는 무식하고 태만한" 스튜디오 경영자들이 보글러의 접근을 "만병통치약으로 맹신"하여 작가들에게 먹이는 데 급급함으로써, 결국 "작가들의 창조성을 질식"시켰고, 흥행에도 실패하고 엇비슷한 졸작들을 양산시켰다고 거칠게 비난 한다.[21]

이는 실패하지 않는 일종의 '문화산업 표준 서사구조'에 대한 환상이 존재했음을 방증한다. 원질신화에 대한 캠벨의 방대한 논의는 영웅여정 도식으로 단순화되었고, 영화를 비롯한 모든 콘텐츠에 적용 가능한 분석 프레임 내지는 제작 거푸집이라는 오해가 생겨났다. 이런 오해는 캠벨 스스로 자초한 점이 있다.

> 재미삼아 귀를 기울여보는 콩고 주술사의 잠꼬대 같은 주문이나, 점잖은 취미로 읽어보는 알 듯도 하고 모를 듯도 한 노자 경구집의 얇은 번역본이나, 이따금씩 깨뜨리고 보는 견고하기 그지없는 토마스 아퀴나스의 논법이나, 기괴한 에스키모 요정 이야기의 빛나는 의미나 그 내용면에 있어서는 별로 다를 것이 없다. 즉 변화무쌍한 듯하지만 실은 우리가 일상적으로 만나는 이야기의 일정한 패턴을 따르고 있다는 것이다.[22]

주술사의 주문, 노자의 경구, 아퀴나스의 논법, 에스키모 요정 이야기는 장르적으로, 문체론적으로, 의미론적으로 완전히 다른 것들인데 그 패턴이 모두 같다면, 하나의 매체에 속한 내러티브는 말할 것도 없이 동일한 패턴일 것이라는 가정이 가능하다. 패턴은 주옥같은 작품들도 포함하기에, 그러한 패턴에 수렴하는 서사구조로 창작을 한다면 성공 가능성을 높이게 될 것이라는 기대 역시 당연한 것이다.

그러나 완벽한 보편서사 도식과 같은 것이 존재할 리 없다. 영화만 보더라도, 1920년대 형식주의에 영향 받은 소비에트의 역사-유물론적 영화나 프랑스의 예술 영화는 스타일뿐만 아니라 플롯구조가 영웅여정 도식으로 설명될 수 없는 것들이다.[23)] 아방가르드 영화들의 서사구조가 영웅여정의 도식을 벗어난다는 이유로 폄훼되는 일도 없었다.

이야기 형태 문화산업에의 광범위한 원질신화 적용은 '서사의 유사성'이라는 보편적 현상과, 그 유사성을 논한 캠벨의 원질신화라는 주장의 특수성이 정리되지 못한 채 뒤얽히는 결과를 초래했다. 그 과정에서 '세계의 모든 이야기는 결국 같다'는 보편성 주장이나, 비슷한 이야기로 만든다는 목표의 달성을 도와주는 창작 가이드의 유용성만 남게 된 것이다. 한국의 경우도 상당수의 연구들이 캠벨의 도식을 콘텐츠의 서사분석에 응용하고 있다. 그러나 캠벨의 진의 해석 노력은 찾아보기 힘들다.

일련의 원질신화 오·남용 현상은 전 세계 문화산업에 행사하는 미국의 영향력이라는 관점에서 접근할 필요가 있다. 전술한 바와 같이 원질신화는 모든 내용과 형식의 영화에 적용 가능한 것이 아니다. 미국영화에 잘 들어맞는 것이다. 할리우드 영화가 대체로 단순하고 직선적 플롯의 영웅 스토리이거나 그와 유사한 방향을 추구하기 때문이다. 이런 미국영화의 영향력이 워낙 강하다보니, 국경을 초월한 원질신화나 보편신화라는 오해가 생겨난 것이다.

소위 할리우드 클래식으로 칭해지는 미국영화산업의 초기 환경은 거대 영화 스튜디오가 주도하는 시장이었다. 투입되는 자본이 점점 커지고 흥행실패에 따른 도산 위험이 과도해지자, 업계는 관객들이 대체로 선호해서 실패하지 않을 내러티브 구조 발견과 창작에 힘을 쏟게 된다. 그 결과 장르적으로 액션과 로맨스가 결합하고, 스타시스템이 도입되어 젊은 남녀 주인공이 반드시 등장하고, 논리적으로 쉽게 이해가 가능한 직선적 서사전개가 추구되고, 편집은 도드라지지 않게 봉합되는 등의 관습이 생겨난다.[24)]

캠벨의 영웅여정 도식은 이런 관습으로 만들어진 영화들에 매우 잘 들어맞는다. 영웅서사 보편성을 논한 캠벨의 특수성이 익숙한 서사구조의 안전한 반복과 변주를 지향하는 미국 영화 산업적 특수성과 잘 맞아 떨어진 것이며, 이는 전적으로 우연의 산물이다.

산업적 환경뿐만 아니라 모티프와 등장인물 등 내용구성 요인들의 미국적 특수성 또한 원질신화 오·남용 현상 이해를 위해 고려되어야 한다. 캠벨의 논의를 변형해 미국의 원질신화(America Monomyth)를 논한 연구에서 로렌스(John Shelton Lawrence)와 즈위트(Robert Jewett)는 현대 슈퍼히어로 장르의 원류를 역사적으로 추적한다.[25] 영국을 상대로 한 반 식민정책 반란, 노예제도, 인디언과의 폭력투쟁, 서부 개척시대의 경험, 독립전쟁과 남북전쟁 등 미국의 역사가 미국적 서사원형 형성에 영향을 미쳤다는 것이다. 그들은 두괄식으로 미국적 원질신화를 다음과 같이 제시하며 논의를 전개한다.

① 이상향에 가까운 조화로운 소규모 공동체가 악의 힘에 의해 위협받는다.
② 원로원과 같은 기본적인 자위조직은 이 위협을 막는 데 실패한다.
③ 사심 없는 영웅이 나타나 마을을 구원하는 임무를 수행한다.
④ 운명과도 같이 그는 결정적 승리를 통해 마을을 원래의 이상향 상태로 돌려놓는다.
⑤ 영웅은 어딘가로 홀연히 사라진다.[26]

이들에 따르면, 미국 원질신화는 미국 역사의 전개와 함께 형성된 미국인의 의식과 무의식의 반영이다. 제시된 도식에서 보듯, 미국 원질신화 서사는 이상향에서 시작되는데, 그 세계관의 모델은 에덴동산으로서 청교도들의 이상이 반영된 것이며,[27] 이상세계에 위협을 가하는 적들의 원형은 북미 원주민들이다.[28]

세계적으로 유래가 드문 미국 특유의 자경단 문화 역시 핵심 요소다. 미국은 광활한 땅으로, 경찰과 같은 국가의 제도적 장치는 애초부터 인디언과 백인 떼강도 등의 폭력과 약탈로부터 모든 개척자들을 보호해줄 수 없어서, 마을단위로 자경단이 조직되고 총기로 무장하게 되었다. 특히, 남북전쟁 이후인 1873, 1883, 1893년의 경제공황은 정부와 국가제도만 믿고 있을 수 없음을 명백히 한 사건으로, 고도로 발전된 문명공동체를 지향하는 미국인의 정신적 충격은 대단히 컸다고 한다.[29] "보호받지 못하는 문명의 수호자로서의 개척자 자경단이 서부의 현실적 조건에 의해 실체로 주어진 것"[30]이다. 그 결과 '스스로를 보호하기 위한 선량한 무장농민'이라는 이미지와 이들의 사회를 수호하는 카우보이 영웅 신화가 탄생했으며, 서부영화, 전쟁영화, 액션영화, 슈퍼히어로 영화의 제작과 소비 관습으로 연계된 것이다.

따라서 미국의 대중문화에서의 영웅이야기는 구원(redemption)에 관한 것이며, 유대-크리스트교의 공동체 구원의 드라마가 세속화된 것으로 해석할 수 있다. 슈퍼히어로와 같은 영웅들은 과학적 합리주의, 무신론의 확산 등에 의해 희미해진 예수의 구원자적 기능을 대체한다는 것이다.[31]

캠벨의 영웅여정 도식이 이런 특수한 관습으로 만들어진 할리우드 서사에 매우 잘 들어맞는 것은 사실이다. 그러나 신화가 가진, 한 인간의 획기적 성숙을 일컫는 의미적 동질성 담보 기재로서의 패턴의 유사성을 논한 캠벨의 진의가 실종되고, 논의과정에서 가시적 결과물 내지는 대중들을 위한 요약 정도로 제시된 패턴의 유사성만 발췌하여 매뉴얼화 하고 재조명, 재생산한 것은 일종의 왜곡행위로 보아야 한다.

왜곡은 산업계의 이윤추구 동기 외에 학계의 연구태도에서도 비롯되었다. 세상에 이야기가 워낙 많다 보니, 그들의 유사성에 관심을 둔 연구자 또한 대단히 많았다. 캠벨 이전 핀란드의 뢴롯(Elias Lönnrot)은 자국의 민담을 수집해 칼레발라(Kalevala)로 알려진 자국 민담을 정리했고, 크론(Julius Krohn)은 이를 바탕으로 스웨덴, 러시아, 독일, 타타르 등 외국의 것들과 비교해 유사성을 논한 바 있다.[32] 아르(Antti Aarne)은 민담의 다양한 이야기 유형을 카테고리로 정리했고,[33] 러시아의 프롭(Vladimir Propp)은 수백 편의 요정민담의 플롯과 등장인물 기능의 유사함을 논했다.[34] 캠벨 이후로 가장 잘 알려진 것은 레비스트로스(Claude Levi-Strauss)

에 영향 받은 미국의 대중영화연구자인 라이트(Will Wright)의 서부영화 장르에 대한 구조주의 연구[35]와 이후 유사한 방법론으로 행해진 방대한 접근들일 것이다.[36]

이들이 실증주의적 연구인식론의 실천인 반면, 캠벨의 접근은 신화학, 심리학, 문학, 철학, 종교학 등 보편인문학에 바탕을 둔 일종의 '영적인 주장'이었다. 이 점이 강조될 필요가 있다. 서사의 구조적 유사성만 강조하다보면 그 도식이 설명하지 못하는 영화들(이를 테면 《지난해 마드리앙바드에서(*L'annáèe dernière à Marienbad*)》나 《전쟁은 끝났다(*La guerre est finie*)》 등 프랑스 예술영화)이 논거가 되어 캠벨의 논의를 엉터리로 내몰게 된다. 혹은 캠벨에게는 억울하게도, 몇몇 미국식 영화에만 통하는 도식 제공자 정도로 매도될 수도 있다. 이에 대해 다음 장에서 자세히 논하겠다.

4. 토론: 보편서사에 대한 캠벨의 입장과 문화적 함의

캠벨이 이야기의 유사성에 주목한 것은 분명한 사실이다. 캠벨의 연구인생을 전, 후기로 나누어 보자면, 후기 연구들이 동서양을 망라하는 신화 수집과 인류학적 비교에 천착했다면, 초기의 연구들은 다양한 이야기 형식, 즉 신화, 전설, 민담(tale), 일화(anecdote), 우화(fable), 서사시(epics), 발라드(ballads), 중세 프랑스의 시-산문 이야기(chante-fable), 환상이야기(Sage)와 전설(Legande)의 독일식 구분이나 기사문학의 궁중연애시(Minnesang) 등의 전개 과정과 내용적 변형의 미디어 역사를 고찰하는데 할애되고 있다.[37]

그 중에서도 신화와 전설, 민담의 비교에 무게가 실린다. 신화는 "그림과 같은 형식의 우주창조론적(cosmogonic)이고 존재론적 직관"을 담은 "종교적 낭송"이고, 전설은 "특정 사회의 세팅과 인간의 좀 더 직접적인 삶"을 다룬 것이다.[38] 이 둘은 한때 진지한 교육적 기능을 수행했으나 고등종교와 과학에 의해 '헛소리'로 간주되어 힘을 잃어버렸다. 그러나 그 본질은 대중들의 시간보내기용 취미인 민담으로 이전되어 살아남는다. 민담은 "극적 대비, 서사적 서스펜스, 반복과 해결 등을 통해 새롭게 조형"되며 독일의 메르헨(Märchen)과 같이 대중적 지지를 얻으며 살아남은 것이다.[39)]

'껍질은 바뀌었지만 알맹이는 같다'가 주제이지만, 매체사적 연구이다 보니 자연스럽게 껍질이 바뀌어가는 구체적인 양상 추적이 주된 내용이 된다. 신화와 전설은 구체적으로 동물 민담과 요정 민담, 영웅이나 로맨틱 모험담에 많은 소재(raw materials)를 제공했으며 구전과 재창작 과정에서 수정을 거치며 발전하게 된다. 한 때 유럽대륙과 아일랜드 신과 악마가 독일의 거인이나 그놈(gnomes), 아일랜드의 소인, 아더왕 이야기의 용, 기사, 아씨로 둔갑한 것이다. 그 과정에서 시작과 마무리의 공식이 형성되는 등의 형식적 발전을 거치며 하나의 문학 장르로 자리를 잡게 된다. 예를 들어, '옛날 옛적에(once upon a time)', '자애로운 아더왕 시절에(In the days of good King Arthur)'로 시작하거나 '그 뒤 그들은 영원히 행복하게 살았답니다(And so they lived happily ever after)', '생쥐는 달아나버렸고, 이야기도 끝납니다(A mouse did run, the story is done)'와 같은 마무리가 그것이다.[40)]

이런 경로를 거치면서 보편 서사는 다양한 연령대와 문화권에 특화된 수많은 형태의 이야기로 변모되었고, 원래부터 그 지역에 내려오는 이야기처럼 자연화 된다. 캠벨이 강조하고자 했던 것은 신화에 내재되어 있었던 본질이 형태변형의 과정에도 불구하고 전달되고 있다는 것이다. 의미의 문제를 논한 신화의 모티프 해석에서 이와 관련된 캠벨의 태도가 발견된다.

그는 유헤머리즘(Euhemerism)에 대한 스터레슨(Snorri Sturleson)의 해석과 인도 게르만 문헌학자 뮐러(Max Müller)의 해석을 검토하는데, 유헤머리즘은 기원전 4세기 경 그리스의 학자 유헤메루스가 알렉산더 대왕이 죽은 지 얼마 되지 않아 이미 반신(demi-god) 전설로 회자된 것을 목격하고, 실존 인물의 신격화를 신화 형성의 요체로 파악한 것을 의미하며,[41)] 뮐러의 것은 자연에 대한 감각적 묘사에서 신화가 유래한 후 언어적 특질에 의해 변형되어 간 연구이다.[42)] 신화를 합리적으로 설명하고자 한 이들 연구를 단순하고 짧게 기술한 것과 대비되게도, 캠벨은 뒤르켐(Emile Durkheim)의 이론에 상당한 관심을 보인다.

뒤르켐은 인간 사회에서 합리적으로 관찰 가능한 것 이면에 존재하는 보이지 않는 힘의 이해에 관심이 있었다. 그에 의하면, 원시사회에서 발견되는 집단 광기(surexcitation)와 모임의식은 구성원들 각자의 내면화되고 전염된 힘인 마나(mana)에 의한 경험이다. 이 힘은 집단이나 부족의 상징(emblem)인 토템(totem)의 발현으로 이해되는데, 토템은 마나가 가득한 영물로서 세속적인 다른 어떤 것들과도 차별된 지위를 가진다. 토템과 마나는 종교적 대상이 되어 모든 이들을 감염시키는 데, 이를 통해 믿음 체계를 형성하고 공동체를 공고하게 만든다.[43)]

캠벨은 "뒤르켐 이론이 다른 이론과 차별화되는 가장 중요한 점은 종교를 병적인 과장이나 잘못된 가설, 혹은 계몽되지 못한 공포와 같은 것이 아니라 감성적으로 경험된 진실, 개인의 집단에 대한 관계의 진실로 표상한다는 점"[44)]이라고 평가한다. 그의 연구 인식론이 신화에 대한 객관적 설명이 아니라 그 본질적 기능과 참여자에게 미치는 영적인 영향의 이해를 지향하고 있음이 잘 드러난다.

그 자신이 융의 이론 소개를 위한 저서 편집자이기도 한 캠벨은[45)] 『천의 얼굴을 한 영웅』의 머리말 첫 구절부터 아래와 같이 프로이트를 인용하고 있는데, 그의 기본적 문제의식, 기획의도, 시각과 자세를 고스란히 대변하고 있다.

> 종교 교의에 녹아들어 있는 진리는 대개가 변형된 데다 체계적으로 위장되어 있기 때문에 많은 사람들이 이것을 진리로 알아보지 못한다. 이는, 우리가 아이를 상대로 갓난아기는 황새가 물어다준다는 이야기를 들려주는 상황과 흡사하다. 우리는 이 큰 새가 무엇을 의미하는지 알고 있다. 따라서 이 경우, 우리는 상징으로 분식된 진리를 말하고 있는 셈이다. 그러나 아이는 알아듣지 못한다. 아이는 우리가 말하는 내용 중 변형된 부분만을 알아듣고는 속았다고 생각한다. 우리는 어른에 대한 아이들의 불신과 면역성이 종종 이러한 부정적 인상에서 유래한다는 사실을 경험을 통해 알고 있다. 우리는 아이들에게 이야기를 들려줄 때 진리

의 상징적 분식을 피하고 아이들의 지적 수준에 맞추어 사건의 진상을 알게 하는데 인색하지 말아야 한다는 것도 알게 되었다.[46)]

심오한 신화의 본질은 대중에게 전달될 때 아이에게 그러하듯 상징적 분식을 피해 쉽게 전달 될 필요가 있다. 대중을 위한 쉬운 이야기인 민담이 사례다. 오늘날 지배적인 대중 이야기는 영화 등속의 서사체 문화콘텐츠다. 이들 안에 신화의 본질이 융해되어 있다는 것이다. 그 신화의 본질이란 무엇이며 어떤 영향을 미치는가가 검토될 필요가 있겠다.

캠벨은 "우주론이나 역사, 전기로 오독되고 있지만 신화학은 심리학"[47)]이라고 주장한다. 신화에 심리를 치유하거나 더 나은 상태로 만들 수 있는 힘이 있기에 개인에게 의미가 있다는 것이다. 『신의 가면(*Masks of God*)』에서 그는 신화의 네 가지 핵심 기능을 제시한 바 있는데,[48)] 그 중 네 번째인 "개인을 그 자신의 심리라는 현실의 질서에 입문시켜서 그를 그 자신의 영적 풍요와 자각으로 안내하는 것"[49)]을 강조하고 있다. 다른 저서 『신화의 힘』에서도 되풀이하여 네 번째 기능을 조명하며 "우리에게 주어진 이 삶을 이 특정한 상황에서 어떻게 살아 낼 것인가 하는 문제와 관련된 교육적 기능"으로서 중요하다고 강조하고 있다.[50)]

그가 하고자 한 바의 진실 된 국면은 신화에 '대해서' 연구하는 것이라기보다는 "신화의 형태로 가려져 있는 진리를 밝히"고[51)] 그 의미를 공유하는 일이었다. 『황금가지』로 유명한 신화학자 프레이저(James Frazer)와 캠벨을 비교한 한 연구에 의하면, 근본적으로 합리주의적인 시각으로 접근한 프레이저는 신화를 과학적인 현대인에게 있어 더 이상 필요치 않은(superfluous) 것으로 간주한 반면, 낭만주의적으로 접근한 캠벨은 신화가 오히려 현대에 반드시 필요 한 것으로, 모든 현대인들에게 필수적이라고 주장했다.[52)]

캠벨이 말하는 현대인들에게 반드시 필요한, 신화에서 발견할 수 있는 진리란 도대체 무엇인가? 추가 논의와 논쟁이 필요한 큰 주제이지만, 초기의 문제의식을 담은 에세이 모음집 『야생 숫거위의 비행(*The Flight of the Wild Gander*)』에서 해

답을 찾아볼 수 있다. 야생 숫거위는 산스크리트어인 함자(hamsa)나 파라마함자(Paramahamsa)의 번역으로, 힌두의 영적 스승에게 붙여지는 존칭이다. 거위의 메타포가 의미하는 바는, 육지에서나 물에서나 편안한 거위와 같이, 현자는 육체·정신, 물질계·영적 세계 등 이항대립의 세계나 상황에서 균형을 잃지 않고 항구적으로 깨어있어야 한다는 의미다.

현대인들의 과학적 사고와 그 결과로서의 개인주의는 신화나 영적인 것에 냉소하게 만들지만, 정작 그것이 행복을 가져다주는 것은 아니다. 합리를 추구하나 인간은 완전히 합리적일 수도 없고, 개인주의를 추구하지만 완전한 개인이나 '개인성' 같은 것은 존재할 수 없다. 캠벨이 보기에 현대인들은 '이쪽'과 '저쪽' 세계의 가운데서 방향을 잃었고, 통과제의와 아무 관련 없는 삶을 살면서 자신의 정체성 또한 잃어버렸다.

신화의 가르침을 상징하는 숫거위의 '비행'은 양자가 균형을 잃지 않은 평온한 영혼으로의 비행이며, 그러한 경지에 도달하기 위한 변형(transformation) 상태로의 비행이며, 개인이 모두 자기 인생의 영웅으로서, 모험에의 소명을 거부하지 않는 진정한 영웅으로의 비행이며, '나'를 찾아 떠나는 비행이다.

> 살아있는 신화는 잘못된 관념이 아니다. 그것은 책에서 솟아나는 것이 아니다. 참과 거짓으로 판단될 수 있는 것이 아니며, 효과가 있느냐 없느냐, 치유적인가 병원성인가(maturative or pathogenic)의 문제다. 그것은 효소와 같아서 자신들이 활동하는 육체의 산물인 것이며, 사회적 몸체(body social)의 산물로서의 동질적 사회 집단들과도 같다. 그것은 발명되는 것이 아니라 발생하는 것이며, 예언자나 시인에게 지각된 후 고양되어 영적인(예를 들어 심리학적인) 웰빙의 촉매제로 쓰일 수 있는 것이다.[53)]

신화는 원형의 발현이며, 그 원형은 인간의 무의식에 보편적으로 내재되어 있다. 내러티브의 성질을 가진 신화가 우리 안의 원형과 조우하게 되면, 우리는 잊고 살았던 (그러나 우리의 무의식에 내재한) 원형공동체성을 재활시키게 되고, 이는 개인들 삶의 심리적 웰빙으로 연결된다. 이를 위해 개인들은 자신의 영웅이 되어야 한다. 즉 변형을 통한 획기적인 자기발전을 가져올 수 있는 정신적 영웅여정의 과정과 인생의 통과제의를 받아들이고 수행해야 하는 것이다.

다양한 신화들은 이를 가능하게 하는 보편적인 영적 가르침을 담고 있으며, 깨달음을 기다리고 있다. 서사의 보편성에 대한 그의 방대한 논의는 다양함에 대해 하나하나 따져 묻고 설명하는 방식으로 다양함을 제거하면서, 유사성과 보편성, 궁극적으로는 원형성을 드러내면서 그 안에 내재한 가르침을 이야기하고자 한 것으로 볼 수 있는 것이다.

이상 살펴본 바와 같이 캠벨의 영웅서사연구와 원질신화론의 핵심은 도식이 아니라 변형과 자아발전으로서, 신화가 대중에게 가질 수 있는 의미를 크게 부각시켰다고 보겠다. 이런 의미에서 레프코위츠(Mary Lefkowitz)는 누구나 자신만의 신화를 만들 수 있으며, 이를 통해 인생을 변화시킬 수 있다고 주장하는 캠벨을 "새롭고 매력적인 자아발전 종교로서의 영웅 컬트의 사제"라고 평가하기도 했다.

분명, 서사체 문화콘텐츠가 캠벨의 주장을 좇아 드높은 영적인 경지와 같은 것을 추구해야 한다는 식의 주장은 과도해 보인다. 대중서사에 심리치료와 같은 목적성을 부여하는 일은 창작을 오히려 제약할 수 있다. 그러나 신화를 통한 자아발전과 변형, 비행 등의 개념은 과학을 통해 편의를 추구할 수 있으나 행복을 얻을 수는 없음을 깨달은, 그렇다고 종교공동체 성격의 사회 안에서 정체성 문제를 해결했던 전근대로 회귀할 수도 없는 '공중에 매달린' 현대인들의 심리적 불균형과 불안 문제를 직시한다는 점에서 진지하게 검토될 필요가 있다. 이들 현대인은 바로 문화콘텐츠의 수용자들이며, 창작과 소비의 경계가 흐릿해진 디지털 문화콘텐츠의 세계에서 창작의 주체이기도 한 것이다.

오늘날 서사체 문화콘텐츠는 캠벨의 통과제의적 영웅도식을 차용해 엇비슷하면서도 새로운 '영웅 만들기'에 매우 바쁘다. 그러나 그 전개과정에서 캠벨의 진의인 수용자 개개인의 '영웅 되기'를 독려하는 신화의 자아발전적 성격에 관심을 두는지 의심스럽다. 문화콘텐츠의 서사 안에 캠벨이 주장한 신화의 본질과 같은 것이 용해되어 있다면, 그것이 수용자 개개인의 원형성과 조응하여 그들의 심리적 웰빙의 촉매제로 쓰일 수 있다면, 직업 창작인들 뿐만 아니라 누구라도 창작에 참여할 수 있는 디지털 미디어 환경은 살아있는 신화로 충만한 건강한 문화콘텐츠 생태계가 될 수도 있을 것이다. 캠벨의 원질신화론은 그 가능성에 대한 진지한 검토를 강하게 요청하고 있다.

5. 문화콘텐츠 원형으로서의 원질신화

캠벨은 서사가 획일적이라는 의미에서 보편성을 강조한 것이 아니었다. 그의 관심사는 상이성과 동일성의 이항대립이 아니라 원형의 발견이었다. 그것을 발견하고자 노력한 이유는 종교와 과학, 제도와 계몽 등 다양한 이유로 인류가 '원래 상태'인 공동체 속에서의 나를 잃어버렸기 때문이다. 사회학적 의미의 공동체성이 아니라, 같은 고대의 잔재를 공유한 원형-존재로서의 군집의 발견을 의미하며, 이는 곧바로 원형-주체적 자아의 정체성 발견으로 연결되는 것이다.

캠벨이 말하고자 하는 바를 그가 인용한 두 철학자의 구절로 간단히 정리하자면, 이렇다. 사르트르는 신의 사망이 선포된 이후 "인간은 자유롭도록 저주받았다"고 했다. 자유가 저주가 되도록 내버려둬서는 안 될 것이어서 우리는 초인적인 그 무엇을 찾아 헤매게 된다. 그 초인적 영웅은 바깥 세계 어딘가에 있지 않으며, 우리 인간의 의식과 영혼 속에 실존하고 있다. 그래서 니체의 차라투스트라는 말한 것이다. "나의 사랑과 희망으로 그대에게 간청하나니, 그대의 영혼 속에 있는 영웅을 내치지 말라"고.

따라서 통과제의를 받아들이고 겸허히 수행하는 영웅과 비교했을 때 퇴행을 거듭하는 것으로 보이는 현대인들에게 모험에의 소명을 거부하지 않을 용기를 북돋아주어 진정한 자기 자신의 영웅, 자기 인생의 영웅으로 거듭나 풍요로운 삶을 살 수 있도록 도와주는 것이 그의 목적이었다고 볼 것이다.

이런 의미에서 서사체 문화콘텐츠에 있어서 캠벨의 원질신화와 영웅여정 도식은 제작과 연구 편의성 추구 경향에서 벗어나 좀 더 다양하게 검토될 필요가 있다. 특히 현대인의 심리적 웰빙의 촉매제로서 신화를 제시한 그의 진의는 문화콘텐츠 기획에서 일반 목표로서 진지하게 검토될 필요가 있다. 세상의 모든 서사가 결국 똑같다는 진술의 허무함을 초월하여, 세상의 모든 서사가 똑같이 추구하는 목표로서 신화적 의미의 자아 발견과 인간의 행복 추구라는 이상으로 '비행'할 필요가 있는 것이다.

들뢰즈에게 주체화의 문제:
오이디푸스와 햄릿의 경우

신지영

1. 근대적 주체 〈이후〉의 문제

주체의 문제를 개진하기 위해 다음과 같은 사실로부터 시작해보기로 하겠다. 우리는 이를테면 베르그송의 형이상학적 체계에서 근대적 의미의 주체를 찾을 수는 없다. 근대의 후예인 일상인으로서의 우리는 스스로를 막연하게 그리고 당연하게 〈주체〉로 생각하지만, 우리가 생각하는 그 〈주체〉가 베르그송에게는 단지 〈특정한 이미지들의 체계〉일 뿐이다. 베르그송이 생각하기에 이 우주에는 두 가지 상이한 체계가 있는데 "한 체계에서는 각 이미지가 자기 자신에 대해서, 그리고 그것이 주변 이미지들의 실제적인 작용을 받고 있는 명확한 한도 내에서 변화하고, 다른 체계에서는 모든 이미지들이 단 하나의 이미지에 대해서, 그리고 이 이미지들이 이 특권적 이미지의 가능적 행동을 반사하는 다양한 한도 내에서 변화한다."[1] 우리가 〈주체〉라고 생각하는 그 사람은 단지 이미지들 가운데 이미지, 모든 이미지들이 그 가능한 행동을 반사하는 특권적 이미지일 뿐이다. 〈인간〉 혹은 〈주체〉를 그저 우주 만물 가운데 하나의 존재에 불과할 뿐이라고 생각하는 것이 베르그송과 그 이후의 철학자들만의 낯선 생각은 사실 아니다. 고대의 철학자들 역시 〈인간〉을 존재 가운데 특별한 존재로 생각하지 않았으며, 근대적 의미의

〈주체〉라는 것도 없었다. 그러나 우리는 근대인으로서 부지불식간에 모든 사유를 근대화하여 받아들이는 경향이 있어서, 철학을 처음 배우는 학생들의 경우에는 고대 철학의 사유가 근대적 인간이 없는 사유라는 사실을 아주 오랫동안 이해하지 못한다. 그렇다면 우리는 탈근대의 시대에, 근대적 주체가 아닌 한 개인이 과연 누구이며, 그가 어떻게 작동하는지 알고 있는가? 근대적 주체가 허구라고 한다면 어떤 문제가 발생하며, 근대적 주체가 없어도 우리는 여전히 현대의 복잡한 문제들, 그것이 정치적, 사회적, 역사적 문제들일 경우에도, 이 문제들을 해결할 수 있는가? 우리는 이 개인을 어떻게 지칭해야 하는가?

이 탈근대적 개인이라는 존재는 아주 미시적이고 개인적인 차원에서부터 거시적이고 정치적인 차원에 이르기까지 우리에게 많은 골치 아픈 문제들을 제시한다. 만약 그것이 정신분석적 상황 속에서라면 〈누가〉 고통받는가 라는 질문으로 제기될 것이고, 그것이 마르크스적 문제틀 속에서 사유된다면 〈누가〉 혁명을 일으키는가라는 질문으로 제기될 것이기 때문이다. 이러한 질문들은 수도 없이 많이 던질 수 있다. 그 개인이 오이디푸스적 구조 속에서, 그리고 권력관계 속에서 구성된 존재로 사유되는 상황에서는 문제가 더욱 심각해진다. 만약 그 개인이 근대적 주체가 아니고 기껏해야 구성된 존재라면 과연 그는 그 수동성 속에서 벗어날 수 있을 것인가? 사토 요시유키는 이것을 〈권력과 저항〉이라는 문제틀 속에서 사유한다. 그는 "전통적으로 규정된 저항은 권력에 저항할 힘/권력을 신비스럽게 부여받았다고 인식된 주체에게 속한 어떤 속성이나 특징을 가리킨다"[2]고 본다. 즉 근대적 주체는 세상을 구성하는 주체일 뿐만 아니라, 그 세상에 저항하는 힘을 부여받은 주체이다. 그런데 만약 근대적 주체라 허구라면, 그리고 구성된 주체에 불과하다면 그 주체는 권력에 저항할 수 있는가? 즉, 우리는 이데올로기적 조작으로부터 해방되고, 자유로울 수 있는가? 들뢰즈와 동시대의 여러 철학자들의 태도는 이 점을 중심으로 가장 격렬한 비판을 받아왔다. 비판자들이 보기에 탈근대적 사유가 근대적 주체를 허구라고 말하고 주체는 단지 구성된 존재일 뿐이라고 한다면, 그에 따라 우리에게는 저항도 해방도 자유도 가능하지 않을 것이기 때문이다.[3] 요시유키의 작업도 바로 여기에 개입한다. 그는 "권력에 의해 생산된 주체가 권력에 대해 저항할 수 있는 전략이 구조주의 이론에 내재적인 방법으로 보여지지 않는다면, 하버마스나 페리·르노처럼 '주체로의 회귀'가 향후에도 반복될 것이며 또한 구조주의 이론의 혁명적인 성과 자체가 억압되고 은폐되어버릴 것"[4]이라고 쓰면서, 푸코, 들뢰즈, 라깡 등에서 과연 저항적 지점이 어떻게 발견될 수 있는지에 천착한다.

우리는 이 문제를 들뢰즈에게서 사유해보고자 한다. 들뢰즈에게 근대적 주체 이후의 문제 역시 여러 가지 방식으로 많은 논의의 대상이 되어 왔다. 한 예로, 들뢰즈-가타리의 작업을 마르크스적으로 계승한 것으로 평가되는 네그리는 이들 철학으로부터 〈다중〉이라는 비인간적 개념을 이끌어내는데, 이것은 근대적 주체가 아닌 한에서 탈근대적 철학 체계에 적합한 새로운 주체 개념을 고안하는 과정에서 만들어진 개념이라고 할 수 있다. 램버트는 〈다중〉이라는 정치적 〈주체〉의 한계에 대해 고민하면서 다시 다음과 같이 묻는다. "왜 우리는 다중을 능동적인 정치적 주체로 만들기 위해 (…) '독특한 전제군주적 인격체'로 재영토화하는 명칭인 '인간성'이란 개념을 다시 끌어와야 하는가?"[5] 램버트의 고민은 위에서 정리한 〈주체〉를 둘러싼 고민과 다르지 않다. 다중이 저항적이고 능동적인 정치적 주체가 되기 위해서는 다시 〈인간〉을 소환해야 하는가라는 질문은, 탈근대적이고 구성된 주체는 결코 능동적인 정치적 주체가 될 수 없는가라는 질문과 맞닿아 있는 것이다. 그것은 혹시 들뢰즈적 존재론으로부터 사유할 수 있는 그 〈누군가〉라는 존재가 정치적으로 무능력하고 무기력한 존재일 뿐인가라는 근본적인 의문을 품고 있기도 하다. 그러므로 우리는 들뢰즈의 철학적 체계 내에서 이 〈누군가〉를 자세히 그려볼 필요가 있다. 들뢰즈는 〈주체〉는 없고 만약 있다면 동일성 없는 주체일 뿐이라고 언급한 이외에 그 주체에 대하여 독립된 주제로서 다룬 바가 없기 때문에 이런 저런 논의에서 이렇게도 저렇게도 해석되고 있다. 그러므로 가능한 한 가장 체계적인 형태로 들뢰즈에게서 발견할 수 있는 이 〈누군가〉의 모습이 무엇인지 일목요연하게 정리해볼 필요가 있다고 본다. 그래야 지금까지도 수없이 반복되는 위와 같은 의구심 섞인 질문들에 대답할 수 있으며, 또한 그렇게 해야만 들뢰즈가 이루어낸 존재론적인 성과가 의구심 없이 인정될 수 있을 것이다.

2. 탈주체화

들뢰즈에게서 〈주체화〉라는 개념을 찾아볼 수는 없다. 그렇더라도 이 개념을 들뢰즈에게서 사유해보기 위해서 이와 유사한 개념이 있는지를 찾아본다면 우리는 〈탈주체화〉라는 개념을 발견하게 된다. 『들뢰즈의 개념어 사전』에서 이 개념을 정리한 엘리자베스 리갈은 "들뢰즈의 의도가 (우리가 종종 그렇게 생각하는 것과는 반대로) 결코 주체의 죽음을 주장하는 것이 아니라"[6]고 말한다. 그녀는 더 나아 "들뢰즈가 사유하려고 했던 것은 예측불가능성(되기의 순진무구함)이 아니라 우발성이며, 그가 긍정한 것은 〈죽을 수밖에 없는 영혼들의 다수성〉이 아니라, 〈수적으로 하나이며 형태적으로 다수인〉 주체의 성격"[7]이라고 말한다. 앞으로 자세히 살펴보겠지만, 들뢰즈가 말하고 싶어 했다는 그 주체라는 것이 어찌 되었든 수적인 하나라고 하는 것을 보면, 우리는 위에서 제기했던 문제를 들뢰즈에게서 찾아볼 수 있음을 우선 확인할 수 있다. 그녀는 주체에 대한 들뢰즈의 사유가 〈탈주체화〉라는 개념을 둘러싸고 이루어지는 것으로 보고 있다. 그렇다면 〈탈주체화〉라는 개념은 들뢰즈에게 어떻게 사용되었는가? 사실 이 개념은 "들뢰즈의 자료 전체 안에서 (…) 아마도 한 번 정도밖에 쓰이지 않은, 용례가 매우 드문 단어"[8]이다. 이 개념이 등장하는 문맥은 다음과 같다.

> 인간을 구속하는 주된 지층들은 유기체, 의미생성과 해석, 주체화와 예속이다. (…) 탈지층화하라, (…) 그래서 의식이 스스로의 분신이 되지 않게 만들고, 열정이 다른 이에 대한 분신이 되지 않게 만들자. (…) 의식과 정념을 탈주체화하자.[9]

리갈의 지적대로 들뢰즈는 "흄이 (이후로는 베르그송이) 주체화라는 용어로 사유했던 것을 탈주체화라는 용어로 재번역"[10]하고 있다. 다시 말해서, 들뢰즈에게서 주체화가 가능하다면, 그것은 탈주체화를 경유해야 한다고 볼 수 있는 것이다. 위 인용문에서 보듯이 들뢰즈에게 〈주체화〉라는 개념은 우선 인간을 구속하는 지층으로 사유된다. 흄과 베르그송 이후 동시대 철학자들이 구성된 주체의 조건을 벗어나는 운동을 지칭하기 위해 〈주체화〉라는 개념을 사용했던 반면, 들뢰즈는 이 개념을 우선은 〈주체가 구성된다〉는 의미로 비판적으로 사용한다. 들뢰즈가 주체를 개념화하는 것을 이 〈탈주체화〉라는 개념이 등장하는 맥락에서 보자면, 우선 주체를 하나의 기호의 체제로 보는 것으로부터 이야기를 시작해야 한다. "특수한 표현의 모든 형식화"를 〈기호 체제〉로 규정한 들뢰즈는, 우리가 사용하는 기표적 기호계는 여러 기호 체제 가운데 하나일 뿐이라고 보며, 다음과 같은 의미에서 그러한 기표작용적 체제의 불충분함을 역설한다.[11]

> 기호의 기표작용적 체제(기표작용적 기호)의 공식은 아주 일반적인 것이다. 즉 기호는 다른 기호를 지시하고, 또한 다른 기호만을 지시하며, 이런 식으로 무한히 나아간다. (…) 원칙적으로 우리는 기호가 지칭하는 사태, 또는 기호가 의미하는 실재가 기호와 맺는 관계를 알지 못하며 (…) 중요한 것은 무정형의 대기 연속체에 자신의 그림자를 투영하는 시작도 끝도 없는 그물망을 형성하기 위해서 기호가 어떤 다른 기호들을 참조하는지, 어떤 다른 기호들이 그 기호에 덧붙여지는지를 아는 일이다. 바로 이 무정형의 연속체가 일단은 "기의" 역할을 한다. (…) [또한] 기호는 또 다른 기호들로 가기 위해 기호에서 기호로 처음 기호를 나른다. "순환해서 회귀해도 좋으니까(…)." 하지만 중요한 것은 기호들의 순환성보다는 원들이나 사실들의 다양체이다. 기호는 같은 원 위의 다른 기호만 지시하는 것이 아니라 다른 원, 다른 나선 위의 기호도 지시한다.[12]

즉 기호의 체제는 기호가 다른 기호를 무한히 지시하는 체제인데, 그 결과 기호가 다른 기호에 의해 돌려보내지는 회귀가 일어난다. 그런데 기호들이 이루는 원환은 하나가 아니라 여럿이며, 기호는 자기가 속한 원환의 기호를 지시하기만 하는 것이 아니라, 다른 원환의 기호를 지시하기도 한다. 요컨대 기호의 체제는 상대적 탈영토화의 체제이다. 들뢰즈는 다음과 같은 레비스트로스의 말을 인용하여 기호의 원환들과 지시 관계를 설명한다. "아내가 부정을 저질렀을 때 크로우 인디언 남자는 아내의 얼굴을 베어버린다. 반면 같은 불운의 희생물이 된 호피 족 남자는 침착함을 잃지 않고 가뭄과 기근이 마을을 덮칠 것을 역설한다."[13] 호피 족 남자는 왜 아내의 부정 앞에서 가뭄과 기근이 올 거라고 주장하는가? 호피 족에게 사회적 무질서와 가정의 불상사, 그리고 우주의 체계의 여러 층위는 다양한 대응관계에 의해 통일되어 있기 때문이다. 그래서 "어떤 한 판 위에서 대혼란이 벌어졌다면 그것은 다른 층위들을 변용시키는 다른 혼란들이 그 판에 투사된 것으로밖에는 이해할 수 없고, 또 그래야만 도덕적으로 참아낼 수 있다."[14] 바로 여기에 〈주체〉에 대한 설명이 들어온다. "한 원에서 다른 원으로 도약하고, 항상 장면을 바꿔버리고, 다른 곳에서 그 장면을 상연"하는 것은 "주체라는 사기꾼의 히스테리적 조작"이며, 체계 안에 존재하는 〈기만〉이다.[15] 주체를 이렇게 개념화 하는 것은 『차이와 반복』에서 〈주체는 없으며, 있다면 동일성 없는 주체〉라고 언급한 것에 비하면 무척 구체화된 것이라는 점을 알 수 있다. 들뢰즈는 이 두 권의 저서에서 공히 〈주체는 없다〉라는 주장을 반복하는데, 그 〈없음〉의 의미는 근대적 의미의 자기 동일성, 자발성, 확실성으로서의 주체에 대하여 하는 말이며, 만약 〈주체가 있다〉고 한다면, 그것은 〈동일성 없는 주체〉이거나 〈기만〉 혹은 〈사기꾼의 히스테리적 조작〉으로서의 주체가 있음을 의미하는 것이다. 이때 이 〈기만〉으로서의 주체는 자발적이고 자기 동일한 주체이기는커녕, "어떤 배치물"[16]일 뿐이기 때문에, 이러한 주체로 탄생하는 것을 〈주체화〉라 명명한 것이다. 그러므로 흄과 베르그송이 구성된 주체의 조건을 벗어나는 운동을 지칭하기 위해 사용한 개념인 〈주체화〉에 이르기 위해서는, 들뢰즈가 생각하는 이러한 기만적인 〈주체화〉를 벗어나는 〈탈주체화〉라는 과정을 거쳐야만 하는 것이다.

3. 의식의 탈주체화

그런데 우리가 위에서 인용한 〈탈주체화〉라는 개념이 등장하는 문장을 다시 한 번 살펴보면, 탈주체화의 대상이 의식과 정념임을 알 수 있다. "그래서 의식이 스스로의 분신이 되지 않게 만들고, 정념이 다른 이에 대한 분신이 되지 않게 만들자. (…) 의식과 정념을 탈주체화하자." 다시 말해서 위와 같은 과정에서 주체화된 주체는 의식과 정념의 주체이다. 프로이트의 후예들인 라깡과 알튀세, 들뢰즈 그리고 푸코가 사유한 주체에 대면하는 우리는, 종종 그렇게 구성된 주체가 〈무의식적〉인 것이라서 의식적인 주체는 이 문제를 어떻게든 다루기 어렵다고 생각한다. 그러나 이러한 생각은 매우 막연한 것이다. 프로이트가 의식-무의식의 위상학으로부터 이드-자아-초자아의 위상학으로 넘어가야만 했던 이유를 생각하면 이러한 우리의 막연한 생각이 어디에서 비롯되는지 알 수 있다. 프로이트는 우리의 심적 구조를 의식과 무의식으로 나누는 것이 불충분하다고 생각했기 때문에 두 번째 위상학으로 넘어갔던 것인데, 이때 자아는 일정 부분 의식적이고 일정 부분 무의식적인 것으로 사유된다.[17] 그러므로 구성된 주체라는 것은 그것이 어떤 〈외부〉에 의하여 〈구성되었다〉고 할지라도, 반드시 무의식적이기만 한 것은 아니라는 것이다. 그 주체는 의식적이면서 정념적인 것으로 사유된다. 주체에 대한 들뢰즈의 설명을 마저 들어보기로 한다.

> 편집증적 체제에는 두 축이 있다. 한편으로 기호는 (기표를 통해) 다른 기호를 지시하며 다른 한편으로 기표는 기의를 지시한다. 이처럼 정념적 체제, 주체화의 선 역시도 두 축을, 통합축과 계열축을 가지고 있다. 우리가 방금 보았듯이 첫 번째 축은 의식이다. 정념으로서의 의식은 정확히 말하면 두 주체의 이러한 이중

화, 즉 언표행위의 주체와 언표의 주체로의 이중화이며, 전자가 후자로 투영되는(rabattement) 작용이다. 하지만 주체화의 두 번째 형식은 정념으로서의 사랑, (…) 다른 유형의 분신, 이중화, 투영이다.[18)]

들뢰즈에 따르면 주체는 두 축으로 이루어져 있는데, 하나의 축은 의식의 축이고 다른 하나의 축은 사랑의 축이다. 그리고 두 축이 모두 정념으로서 이해된다. 정념으로서의 의식의 축은 하나의 기호가 다른 기호를 지시하는 체제이고, 정념으로서의 사랑의 축은 기표가 기의를 지시하는, 혹은 기표와 기의가 결합하는 체제이다. 주체는, 위에서 기호의 체제와 더불어 살펴보았듯이, 상대적으로 탈영토화하는 기호의 체제를 편집증적으로 혹은 신경증적으로 조작하는 체제이다. 의식적 주체는 하나의 기호를 집착적으로 다른 하나의 기호와 연결시키며, 정념-사랑의 주체는 하나의 기표와 하나의 기의를 결합한다. 즉, 주체는 기호의 탈영토성을 끝내고 이를 다시 재영토화한다. 이러한 주체화의 과정으로부터 진정한 주체화의 과정으로 나아가기 위해서는 소위 〈탈주체화〉의 과정이 필요한 것이다. 그것은 "의식이 스스로의 분신이 되지 않게 만들고, 정념이 다른 이에 대한 분신이 되지 않게 만"드는 것인 것이다. 그것은 주체의 탈영토화이다.

〈의식〉을 보다 본격적으로 다룬다면 더 복잡한 논의가 필요하겠지만, 여기에서는 주체화를 논하기 위해 필요한 부분만을 다루어보도록 하겠다. 들뢰즈가 의식에 관해 언급하는 부분은 니체에 관한 저서에서 찾아볼 수 있다. 그는 "프로이트처럼 니체도 의식을 외부 세계에 의해 촉발된 자아의 영역이라고 생각한다."[19)] 이는 정확히 프로이트의 2차 위상학에서 자아에 대한 인식과 동일하다. 또한, 의식은 결코 자의식(conscience de soi)이 아니라 의식적이지 않은 자기(soi) 그 자체와 관련한 어떤 자아(moi)의 의식이다. 그것은 주인 의식이 아니라, 의식적이지 않음에 분명한 한 주인과 관련한 노예의 의식이다. 〈의식은 어떤 전체가 어떤 우월한 전체에 종속되길 원할 때만 습관적으로 나타난다(…).〉 의식의 노예성은 그와 같다. 그것은 단지 〈우월한 신체의 형성〉만을 나타낸다.[20)21)]

프로이트-니체-들뢰즈는 모두[22] 의식을 외부에 의하여 촉발된 자아의 영역으로 보며, 그 의식이 의존하고 있는 더 큰 자아를 무의식으로 혹은 신체로 이해하고 있는 것이다. 또한 이 이해에서 보듯이 무의식적 자기인 신체는 오히려 우월한 존재로서 탈영토화되어 있는 영역이며 해방의 가능성을 담지하고 있는 것으로 이해된다. 탈주체화해야 할 축은 편집증적인 의식의 축이며, 정념의 축이 된다. 의식은 스스로의 분신이 되기를 멈추지 않기 때문에 재현에 능하며, 구성된 자신으로부터 벗어나지 못한다. 그러나 의식적 주체가 자기를 어떻게 탈주체화할 것인가?

4. 균열된 나와 분열된 자아

4.1. 균열된 나

의식적 주체가 자기를 탈주체화한다는 것에 대해 말하기에 앞서, 들뢰즈가 주체와 자아에 대해 어떤 이해를 가지고 있었는지를 간략하게 검토해보도록 하겠다. 들뢰즈가 주체와 자아를 언급할 때 항상 균열된 나(le je fêlé)와 분열된 자아(le moi dissous)라고 표현하는데, 나의 균열과 자아의 분열이란 무엇이고, 어떻게 도출되며, 왜 이런 개념을 제안하는지 정리하는 것이 필요하다. 근대적 주체라는 개념을 정초하고 완성한 데카르트와 칸트가 이 주체를 어떻게 개념화했는지, 들뢰즈는 이를 어떻게 이해했는지를 살펴보자.

> 데카르트는 인간을 어떤 종류의 동물, 가령 "이성적 동물"로 정의하는 것을 거부했고, 유와 종차를 통해 이루어지는 일체의 인간 정의를 거부했다. (…) 근본적인 심리적 상관관계는 "나는 자아를 생각한다."라는 정식을 통해 표현된다. (…) 그렇기 때문에 나와 자아는 각기 그 나름의 차이들을 통해 시작되지만, 처음부터

이 차이들은 양식과 공통감의 요구들에 합치하여 결국 소멸되고 마는 방식으로 분배되어 있다. 따라서 또한 나는 마지막에 이르러 어떠한 차이들도 지니지 않는 심리적 삶의 보편적 형상으로 나타나고, 또 자아(le moi)는 이런 형상의 보편적 질료로 나타난다.[23]

들뢰즈가 데카르트를 위와 같은 패러다임으로 취하는 것에 대하여 윌리엄스는 다음과 같이 논평한다. "그[들뢰즈]는 데카르트를 이러한 철학의 패러다임으로 취하고, 데카르트가 주체를 사유하는 자라는 유-예를 들어 사유하는 동물-의 하위종으로 취하기를 거부했다고 논증한다. 왜냐하면 그렇게 될 경우에 어떠한 사유든 규정 가능한 사유를 하는 사유하는 주체의 동일성은 깨질 것이기 때문이다. 데카르트에게 사유는 오로지 주체의 사유일 수밖에 없으나, 들뢰즈에게 사유는 주체의 사유보다 훨씬 더한 무엇이다."[24] 인간이 〈사유하다〉라는 종차와 〈동물〉이라는 유에 의하여 정의되는 것은, 인간이 사유하는 동물의 하위종이 된다는 뜻이고, 그렇게 되면 사유하는 주체의 자기 동일성이 깨진다는 것이다. 이를 조금 다른 관점에서 파악해도 마찬가지 결론에 이른다. 즉, 〈인간은 사유하는 동물이다〉라는 정의는 〈사유하다〉라는 속성이 인간의 외부에 있다는 것을 뜻한다는 점에 주목해보자. 그렇게 본다면 〈사유〉라는 존재는 인간이라는 형태 너머에 있는 것이 된다. 이는 매우 고전적인 관점이다. 알-킨디(Al-Kindi)와 알 파라비(Al-Farabi) 등의 중세 이슬람 철학자들은 아리스토텔레스가 구분한 두 종류의 지성, 즉 무언가를 만드는 〈능동적 지성〉과 무언가로 되는 〈수동적 지성〉을 해명했다. "알 파라비에 따르면 능동적 지성은 인간의 지성이 어떻게 잠재성에서 현실성으로 나아가는지 설명하기 위하여 필요하다. (…) 그의 난점은 (…) 이 능동적 지성이 인간과 분리된 어떤 초인적인 실재와 동일한가 아니면 오직 인간을 언어를 사용하지 않는 동물과 구별해주는, 인간 종의 특별한 능력으로 보아야 하는가라는 질문과 관련된다. (…) 알 파라비의 뒤를 이은 이슬람 철학자들은 (…) 지성적 사고에 포함된 초인간적인 요소를 강조하였다. (…) 능동적 지성은 사실상 반신반인이다."[25] 인간이 세계를 인식할 수 있는 로고스를 가지고 있다면, 그것은 이 세계에 로고스가 있기 때문이다. 이 사유를 오로지 인간이라는 형태에 가둔 것은 근대의 성과이다. 이러한 주체의 형식이 현대에 이르러, 고-중세와는 다른 과정에 의해, 구성된 주체로서 그것을 구성하는 사건을 결코 완전히 통제하지 못하는 불충분한 존재로 고발당하고 있는 것이다.

데카르트의 주체에 대한 비판이 사유를 인간이라는 형태 안에 가둔 점, 그 결과 주체라는 형태의 동일성을 확보한 점에 있다면, 이 주체에 〈시간〉이라는 형식을 추가하여 근대적 주체를 완성했다고 간주되는 칸트에 대한 비판은 이 시간에 의해 균열된 주체가 다시 통합되는 과정에 개입한다. 인위적으로 통합된 주체는 사유의 조건으로서 성공적으로 자리매김했을지는 몰라도 사유의 진정한 근원이 되지는 못했다고 보는 것이다. 이 점이 신칸트주의자들에게는 〈발생〉이라는 문제로 제기된다. 칸트의 주체를 구성하는 것들에 대한 들뢰즈의 비판적 검토를 살펴보면서 이 문제를 다루어보도록 하겠다.

> 여기서 이념은 코기토의 세 측면을 고스란히 다시 취하고 있음이 분명하다. 규정되지 않은 실존인 나는 존재한다, 이 실존이 규정 가능하게 되는 형식인 시간, 규정에 해당하는 나는 생각한다가 다시 되풀이되고 있는 것이다. 정확히 말해서 이념들은 바로 코기토의 사유들, 사유의 미분들이다. 또 코기토 배후에는 어떤 균열된 '나'가 있고, 이 나는 자신을 가로지르는 시간의 형식에 의해 처음부터 마지막까지 쪼개져 있다. 그런 한에서 이렇게 말해야 한다. 이념들은 그 균열의 틈바구니에서 우글대고 있고, 그 균열의 가장자리로 계속 기어 나오고 있다. (…) [그러나] 칸트에 따르면, 그 세 계기 중 둘은 외생적 특성들로 남아 있다. (…) 게다가 칸트에게서 이 계기들은 서로 구별되는 이념들을 통해 구현된다. 가령 자아는 무엇보다 규정되지 않은 상태에 있고, 우주는 규정 가능하며, 신은 규정성의 이상이다. 칸트 이후의 철학자들이 비난하는 것처럼, 칸트가 발생의 관점에 도달하지 못한 채 단지 조건화나 정당화의 관점에 머물고 마는 진정한 이유들은 아

마 여기에 있을 것이다.[26)]

칸트의 주체는 데카르트의 코기토에 〈시간〉이라는 〈규정가능성〉을 추가함으로써 그 스스로 균열된다. 들뢰즈가 보기에 코기토 배후에는 어떤 균열된 '나'가 있고, 이 나는 자신을 가로지르는 시간의 형식에 의해 처음부터 마지막까지 쪼개져 있다. 그렇지만 칸트는 차이를 〈외생적인 것〉으로 사유하고, 차이 나는 것들을 〈조화〉시킴으로써, 차이를 외화시키고 통합시킨다. 그 결과 칸트적 주체는 사유의 조건이 될 수 있을 뿐, 사유의 발생이 될 수는 없었던 것이다. 왜냐하면 차이가 내재적이어야만 그 자체로 발생의 근거가 될 수 있기 때문이다. 들뢰즈는 칸트가 서로에게 외면적인 것으로 만들어놓은 이념의 세 계기가 "객관적이고 문제제기적인 어떤 내적 통일성"을 가진다고 말하는데, 이것이 바로 〈차이의 이념적 종합〉이다. 만약 미규정성으로서의 자아, 규정가능성으로서의 세계, 완전한 규정의 이상이라는 신의 세 계기가 내적으로 통일되어 있다면, 그 존재는 내적 차이와 불균등성에 의하여 끊임없이 생산할 것이다.

코기토를 이러한 문제틀 속에서 사유함으로써 데카르트와 칸트를 비판한다는 사실은 들뢰즈의 존재론이 근대적 주체를 배제한 의미에서 존재와 사유가 일치함을 보여주고 있다는 점을 다시 한 번 보여준다.[27)] 코기토를 주체 너머로 보내버리는 이러한 입장은, 여러 가지 맥락에서 아주 다르기는 하지만, 위에서 언급한 고대적 사유, 즉 우주에 로고스가 있기 때문에 인간에게 로고스가 주어졌다고 보는 고대적 사유와 통하는 면이 있다. 윌리엄스는 들뢰즈의 이러한 비판을 다음과 같은 문제로 이해한다. 즉 "사유의 필수적인 형식으로 정의된 주체와, 어떠한 사유든 그 안에 맞추어져야 할 필수적인 유기적 구조로 정의된 자아는, 무엇이 사유를 개별적으로 만드는지를 설명하지 못하기 때문"[28)]에, "왜 우리는 같은 것을 생각하지 않는가?"라는 질문에 대답할 수 없다. 이에 대답할 수 있기 위해서는 "우리는 생각하기보다는 감각한다는 것, 그리고 서로 다르며 화해 불가능한 사유가 있다는 것,(…)생각하는 자아와 주체 너머에 무엇인가가 있어야만 한다는 것을 연역할 수 있다"[29]는 것이다. 윌리엄스는 이것을 〈들뢰즈의 근본적인 가설과 도전〉이라고 읽어낸다.

4.2. 분열된 자아

주체의 문제를 만약 들뢰즈에 따라 〈나〉와 〈자아〉로 구분해서 다룰 수 있다고 한다면, 우리는 위에서 〈나의 균열〉이라는 부분을 검토했다고 할 수 있다.[30] 들뢰즈는 자아를 "어떤 연속적인 유사성들에 의해 구성된 질료"로 이해한다. 이를 좀 더 자세히 설명하자면, "나와 상관관계에 있는 자아는 어떤 외연으로 이해되어야 한다. 즉 자아는 고유하게 심리적인 유기체를 지칭하고, 이 유기체가 지니는 특이점들은 나의 내포에 귀속하는 상이한 인식능력들을 통해 대변된다."[31] 심리적인 유기체이자 어떤 외연, 그리고 하나의 질료로 이해되어야 하는 이 자아는 어떤 것일까? 위에는 우리는 프로이트에게서 〈의식〉이란 무엇인가를 다루면서 〈자아〉에 대해 잠시 언급한 적이 있다. 프로이트만큼 이 〈자아〉를 구체적으로 설명한 사상가를 찾기 어려우므로 프로이트의 자아를 경유해 우리의 논의를 전개해보기로 하겠다. 먼저 〈자아〉에 대한 프로이트의 언급을 살펴보면 다음과 같다.

> 자아는 무엇보다도 먼저 육체적 자아이다. 그것은 표면적 실체일 뿐만 아니라 그 자체로 표면의 투영이다.[32]

> 〈지각〉 조직의 영향 외에 또 다른 요소가 자아의 형성과 자아가 이드로부터 분화되게 하는 데 일정한 역할을 하는 것처럼 보인다. 사람의 육체, 특히 그 표면은 외부적 지각과 내부적 지각이 생기는 장소다. 그것은 다른 대상물과 같아 〈보인다〉. 그러나 그것이 다른 것과 〈접촉〉할 경우 두 가지 종류의 감각을 지어내는데, 그 중 하나는 내부적 지각과 동일할 수 있다. 정신 생리학은 어떻게 해서 사람의 육체가 지각의 세계에서 다른 대상물 가운데 특별한 위치를 차지하게 되었는가

를 충분히 검토해 왔다. 고통 역시 그 과정에서 어떤 역할을 하는 것처럼 보인다. 그리고 우리가 어떻게 해서 고통스럽게 아플 때에 우리 기관에 대한 새로운 인식을 얻게 되느냐 하는 것은 아마도 우리가 일반적으로 우리 육체에 대한 지식에 도달하는 전형적 모델이 될 것이다.[33)]

프로이트는 자아를 무엇보다 육체적 자아라고 말하면서, 〈자아의 형성〉과 〈이드로부터 자아의 분화〉를 설명하기 위해 육체의 고통에 대해 기술한다. 〈나〉의 사유 대상이 되는 〈자아〉로서의 육체는 프로이트의 설명대로 어떤 측면에서 다른 대상물과 〈같아 보인다〉. 즉 나의 육체는 다른 대상물과 같은 사유의 대상이 되기도 하고, 대상을 대상화하는 하나의 〈내〉가 되기도 한다. 특히 〈고통〉이라는 지각 현상에서 육체의 이중성은 더 두드러진다. 〈고통〉을 매개로 하여 세계를 지각하기도 하지만, 그 고통은 내적 지각이 되어 〈나 자신〉에 대한 지각, 혹은 지식을 형성한다. 그러므로 어떤 육체를 형성하는가 하는 문제는 어떤 자아를 가지게 되는가 하는 문제와 밀접하게 관련된다. 들뢰즈는 자아에 대한 이러한 이해를 이렇게 요약하여 이해한다. "우리가 유기체에까지 확장시켜야 했던 이 모든 영역에서 문제가 되고 있는 것은 무엇인가? 흄은 그것이 정확히 습관의 문제임을 말했다."[34)] 즉, 자아는 습관이라고도 말할 수 있다는 것이다. 이때 습관은 들뢰즈가 자신의 시간의 종합 이론에서 첫 번째 종합을 일컫는 것으로서, 능동적 종합으로서의 습관이 아니라 수동적 종합으로서의 습관을 말한다. 일상생활에서 우리는 습관이란 능동적으로 습득할 수 있는 것으로 생각한다. 공부하는 습관을 들여라, 아침에 일찍 일어나는 습관을 들여라, 나쁜 습관을 버려라 등등의 말이 그런 인식을 전제한다. 그러나 들뢰즈는 이런 생각을 뒤집는다. 들뢰즈는 수동적 종합이 우리의 삶의 습관을 구성한다고 본다. 그런 맥락에서 그는 "심장, 근육, 신경, 세포 등에는 어떤 영혼이 있다고 해야 한다. 하지만 이 영혼은 응시하는 영혼이며, 이 영혼의 모든 역할은 습관을 수축하는[붙이는] 데 있다. (…) 우리를 유기적으로 형성하는 수천의 수동적 종합들에 관련되어 있다. (…) 습관의 연속성 이

외의 다른 연속성[은] 없다"[35]고 말한다. 즉, 자아는 근본적으로 육체적인 것으로서, 수천 수만의 영혼, 수천 수만의 목격자들, 수천 수만의 국소적 자아로 분열되어 있는 것이다.[36] 프로이트의 자아에 대한 연구가 들뢰즈로 오면서 이렇게 급진화된다. 그러나 자아가 이렇게 국소적으로 분열되어 있다고 해도, 습관이 연속성인 한 자아 역시 연속성 속에서, 유기적으로 서로를 얽어매고 있을 뿐이다. 그래서 분열된 자아의 차원에서는 여전히 탈주체화를 말하기가 어렵다.

5. 시간의 비선형성과 무의식의 능동성: 오디이푸스와 햄릿의 행위

5.1. 시간의 비선형성

그래서 들뢰즈는 그의 사유를 주체와 자아라는 개념을 통해 전개하려고 하지 않고 오히려 개체화라는 개념을 통해 전개하고자 한다. "그러므로 개체화 요인들, 개체화에 함축된 요인들에는 나의 형상도 없고 자아의 질료도 없다. 이는 나라는 것이 어떤 동일성의 형상과 분리될 수 없고 자아는 어떤 연속적인 유사성들에 의해 구성된 질료와 분리될 수 없기 때문이다."[37][38] 하지만 우리가 여기에서 다루려고 하는 것은 서두에서 말한 대로 어떤 수적인 하나로서의 주체이기 때문에, 근대적 주체의 형상과 유기적인 자아의 질료가 동일성과 유사성을 벗어날 수 없다고 해도, 사건의 차원에서 말해야 하는 〈개체화〉의 개념으로 넘어가지 않고, 이 모든 검토를 끝마친 후에도 존속할 수 있는 어떤 〈새로운 주체〉, 그리고 탈주체화를 거친 두 번째 의미의 〈주체화〉의 가능성에 대해 여전히 물으려고 한다.

앞서 〈탈주체화〉라는 개념을 다루면서 이 개념을 정리하고 논평한 리갈의 발언을 다시 한 번 들어볼 필요가 있다. 그녀는 들뢰즈의 의도가 결코 주체의 죽음을 주장하는 것이 아니라고 말하면서 "그의 의도는 오히려 주체에 대한 질문을 "유한한 주체의 정착적 한계들"안에 기입하는 것이 합법적이지 않은 것만큼이나, 이 질문을 "무한한 존재의 고정된 개별성"에 정박하도록 하는 것도 합법적이지 않다는 점"[39]을 보여준다고 말한다. 이 논평은 우리가 바로 앞에서 들뢰즈가 주체와 자아라는 개념의 한계를 지적하면서 차이의 존재를 적절히 사유하기 위해 개체화라는 개념을 적극적으로 도입한 것과 관련한 것이라고 읽을 수 있다. 개체화의 문제 역시 그 자체로 매우 중요한 문제로서 해명해야할 과제이지만, 주체와 자아의 문제틀에 대한 사유를 전개함에 있어서, 주체와 자아의 개념이 한계를 가지고 있다고 해서 주체 문제 그 자체를 손에서 놓을 필요는 없다는 점을 잘 지적하고 있다. 또한 바로 이러한 문제의 흐름 때문에, 들뢰즈라는 철학 지평에서는 〈주체〉의 문제를 사유할 수 없다고 쉽게 판단하거나, 그의 철학에서는 모든 것이 해체되어 미분적인 것으로 와해된다고 비난하는 경로로 접어들어서는 안된다는 점 역시 지적하고 있다고 볼 수 있다. 리갈의 말처럼 들뢰즈의 문제를 주체의 한계에 고정시켜서는 안 되는 것처럼, 무한히 해체중인 개별성으로 모든 것을 환원시키는 것도 적절하지 않다고 본다. 그렇다면 우리는 탈주체화를 겪은 이후의 새로운 주체화를 어떤 과정과 개념으로 사유해볼 수 있을까?

리갈의 논평으로 우리의 마지막 논의를 시작해보고자 한다. 그녀는 "이 개념[탈주체화라는 개념][이] 내부와 외부의 공유라는 유령적 성격이 나타나도록 했을 뿐만 아니라, 주체를 시간성의 지평 안에 단번에 기입해야할 필요성과 시간성을 비선형적인 것으로 규정해야 할 필요성을 드러냈다"[40]고 말한다. 주목해야할 부분은 바로 〈주체를 시간성의 지평 안에 기입해야한다〉는 점과 〈시간성을 비선형적인 것으로 규정해야 한다〉는 점이다. 사유하는 주체를 시간성 안에 기입한다는 것은 낯설지 않은 주장이며, 이미 선배 철학자들에 의해 상당히 시도되었다. 그렇다면 문제는 〈비선형적인 시간성〉에 있다. 이는 위에서 검토한 자아와 습관의 연속성과 관련하여 생각해볼 수 있는 부분이기도 하다. 문제는 습관의 〈연속성〉 혹은 〈선형성〉이 아니라, 〈비선형성〉이다. 들뢰즈는 이 〈비선형적인 시간성〉을 시간의 세 번째 종합에서 다룬다.

들뢰즈는 첫 번째 시간으로부터 두 번째 시간으로, 그리고 두 번째 시간에서 세 번째 시간으로 넘어갈 때, 앞선 시간의 불충분성을 제시하면서 논리적으로 다음 시간을 연역하는 방식으로 진행한다. 첫 번째 시간이 습관에 대응하는 현재라면, 두 번째 시간은 이 현재가 지나가도록 하기 위한 근거로서 소환된다. 첫 번째 시간이 습관과 자아의 연속성과 유기성에 묶여있는 한계가 있다면, 두 번째 시간인 기억은 그것이 여전히 현재들의 재현에 묶여 있다는 점이 그 불충분성으로 제시된다.[41] 그렇다면 연속성과 유기성, 그리고 재현에의 구속에서 벗어난 비선형적인 세 번째 시간은 어떤 시간인가? 들뢰즈는 이 시간을 논리적인 언어로 제시하기보다는 우선 문학적 은유로 표현한다. "시간의 축은 빗장이 풀려 있다." 이는 다시 시간의 빗장을 풀기, 태양을 폭파하기, 화산 속으로 뛰어들기, 신이나 아버지를 죽이기 등으로 변주된다.[42] 세 번째 시간의 논증의 또 한 가지 특이한 점이라면, 그 시간이 논리나 사유의 과정 속에서 필수불가결한 것으로 제시되는 것이 아니라, 〈행위〉의 관점에서 제시된다는 것이다.[43] 세 번째 시간이란 "행위가 '자아에게는 너무 벅찬' 이미지로 다가오는 어떤 시간"[44]과 관련한다. 자아에게는 너무 벅찬 행위가 자아에게 요구되는데, 이 행위를 하지 못한 채 그 행위의 이미지와 관련하여 살아가는 시간이 과거이며, 그 행위를 마침내 해내는 시간이 변신의 현재, 그리고 변신 이후의 시간이 미래가 된다. 자아에게는 너무 벅찬 이미지의 시간과 관련하여, 자아는 자아로서의 유기적-연속적 시간성 속에 있는 경우 결코 이 행위를 하지 못한다. 그것은 논리적으로도 자명하다. 그는 영원히 과거에 머물면서 과거적 행위를 반복하게 된다. 그러므로 이 세 번째 시간은 연속성과는 상관이 없는 시간이며, 내용의 흐름과 상관이 없는 시간이므로 내용이 텅 빈 형식이다. 그러나 만약 그가 〈자아에게는 너무 벅찬 이미지〉의 행위를 드디어 하게 된다면 어떻게 되는가? 그렇게 되면 그는 더 이상 〈자아〉의 유기적 구조에 갇히지 않는 어떤 존재자가 되지 않겠는가? 그것이 바로 어쩌면 우리가 찾는 새로운 주체의 모습일 것이다. 탈주체화의 과정을 거친 이후의 두 번째 〈주체화〉 말이다. 들뢰즈는 이를 다음과 같이 기술한다.

> 미래를 발견하는 세 번째 시간의 경우 - 이 시간은 사건, 행위가 자아의 일관성을 배제하는 어떤 비밀스런 일관성을 지니고 있음을 의미한다. 이 일관성은 사건과 행위에 필적할 수 있게 된 자아에 등을 돌리고, 자아를 수천 조각으로 쪼개어 투사한다. (…) 즉 자아가 필적하게 된 것, 그것은 즉자적 비동등이다. (…) 그 출구는 이름도, 가족도, 특질도, 자아나, 나도 없는 인간. (…) 그는 이미 초인, 흩어진 사지가 숭고한 이미지의 주위를 맴돌고 있는 초인이다.[45]

자아가 자아에게는 너무 벅찬 이미지의 행위를 드디어 하게 된 순간, 그리고 그 이후에 남는 것은, 논리적으로도 역시 자아를 배제한 사건일 것이다. 그 시간에 동일성과 유사성은 수 천 조각으로 쪼개지지만 그럼에도 어떤 〈비밀스런 일관성〉이 남는다. 그 비밀스런 일관성을 가지게 된 〈그〉를 들뢰즈는 여기에서 〈초인〉이라고 부르고 있다. 들뢰즈는 여기에서 오이디푸스와 햄릿의 예를 든다. 햄릿은 극 초반부에 알게 된 사건의 진실을 앞에 두고 아버지를 배신한 어머니와 삼촌에 대한 복수라는, 〈자아에게는 너무 큰 행위의 이미지〉를 두고 번민한다. 오이디푸스는 극 후반부에 자신이 아버지를 죽이고, 어머니와 결혼했으며, 어머니와의 사이에서 자식을 낳았다는 사건의 진실을 알게 되고, 그 역시 〈자아가 견디기에는 너무 큰 행위의 이미지〉에 압도당한다. 우리는 나라는 동일성이나 자아의 유사성에 근거하여 우리 앞에 전개되는 사건에 대해 이해하고 판단하며 행동한다. 이때 대부분의 판단과 행동은 그 동일성과 유사성의 틀 속에서, 자신이 감당할 수 있는 것들을 계산에 두고 이루어진다. 그렇게 살아갈 때, 우리는 언제나 주체의 차원에서, 혹은 나쁜 의미의 주체화의 차원에서 과거라는 시간 속에 살아가는 것이다. 그러나 사건이라는 질서는 주체와 자아의 동일성-유사성의 계산으로는 계산이 안 되는 질서이며, 세상은 항상 우리 뜻대로 되지 않는다. 탈주체화한다는 것은, 이러한 동일성-유사성의 틀을 그 스스로 넘어서서 자아의 일관성을 배제하는 질서에로 나아간다는 것에 다름 아니다. 그렇게 되면 자아로서는 생각지도 못한 질서가 펼쳐지는 것을 목도할 수 있을 것이다.

5.2. 무의식의 능동성

마지막 질문을 던져야 하겠다. 이러한 탈주체화의 과정을 자아가 해낼 수 있는가? 자아는 언제나 반동적이 아닌가? 능동적 의식이라는 것은 언제나 재현의 질서에 얽매여 있는 것이 아닌가?

들뢰즈에게서 종합은 언제나 수동적인 종합으로 알려져 왔다. 능동적인 종합은 부차적인 것으로서 수동적 종합위에 포개진다. 그러나 세 번째 시간의 종합을 개진할 때 들뢰즈는 이 종합을 수동적 종합이나 능동적 종합으로 한정하여 지칭하지 않는다. 『차이와 반복』에서는 세 번째 종합과 관련하여 〈능동성〉이나 〈수동성〉이라는 개념을 개진한 부분이 없으나, 행위와 행위자를 반복적으로 언급한 것을 보면, 세 번째 종합을 수동적 종합으로만 보기 어려우며 일종의 능동성을 도입해야 한다고 볼 수 있다. 그러므로 첫 번째와 두 번째 종합에서 능동성이 의식의 능동성으로서 사유되었다면, 세 번째 종합과 관련해서는 능동성을 〈무의식의 능동성〉으로 사유할 필요가 있다. 또한 이 저서 이전에 『니체와 철학』에서 그리고 이후에 『안티-오이디푸스』에서는 명백히 이 무의식의 능동성을 이야기 한 바 있다는 점에 주목해야 한다.

> 힘들의 능동성은 필연적으로 무의식적이다. (…) 신체의 능동적인 힘들은 바로 신체를 하나의 자기로 만들며 (…) '더 강력한 역량을 가진 존재, 알려지지 않은 현자, 그것이 자기라는 이름을 갖는다. 그는 너의 신체 속에 살며, 너의 신체이다.[4)]

> 따라서 욕망하는 생산의 능동성은 주체(의식-전의식 체계)의 능동성이 아니라 무의식적 욕망의 능동성이다. (…) 능동적 역량은 특이성들로서의 무의식적 욕망 속에 보존되어 있다.[47)]

물론 무의식이 능동적이라는 것이지 의식-주체가 능동적이라는 것은 아니지 않은가라고 반문할 수 있다. 의식-주체의 능동성이 가지는 한계와 반동성은 이미 충분히 밝혀져 왔다. 그러므로 중요한 것은 우리에게 긍정적인 의미의 능동성이 주어져 있다는 점이고, 그 능동적 행위의 주관자가 의식-주체가 아니라 무의식이라는 점이다. 그리고 인용문에 나와 있다시피 그 무의식적 능동성은 〈신체를 하나의 자기로 만든다〉. 신체는 나와 자아의 틀을 벗어나는 어떤 자기의 부분을 갖는다는 것이다.[48] 몸이 자아의 틀을 넘어서는 어떤 다른 질서의 능동성을 가지고 있다면, 원칙적으로 나는 그의 말에 귀 기울여 자아를 넘어서는 어떤 행위를 할 수 있는 것이다. 신체와 무의식이 나의 행동을 주관할 수 있도록 의식과 주체가 자리를 내주는 것. 그것이 탈주체화 → 주체화의 길이 될 수 있겠다. 이를 좀 더 받아들이기 쉽게 서술하자면, 우리는 우리에게 주어져 있는 로고스, 혹은 이성을 주어진 역량에 맞춰 사용할 수 있기만 하면 되는 것이다. 들뢰즈가 반복하는 주장 가운데 하나가 바로 이것이다. 그는 "우리가 신체가 지닌 역량들에 관한 인식을 획득하고자 하는 것은 그와 평행하게 의식을 벗어나는 정신의 역량을 발견하기 위해서이다."[49] 우리가 경계해야하는 것은 의식적 주체의 전횡이지, 정신의 역량이 아니다. 의식적 주체에 의해 축소되지 않은 정신의 역량을 발견한다는 것은, 자아의 틀 안에 가두어지지 않는 몸을 발견한다는 것과 같다. 의식을 부정하는 것이지 이성을 부정하는 것이 아니라는 들뢰즈의 주장 역시 이와 관련하여 되새긴다면, 우리에게는 들뢰즈적 맥락에서도 능동적인 주체가 될 수 있는 가능성이 있다고 할 수 있다.

6. 나가면서

글을 마무리하면서 우리는 과연 근대적 주체와 인간의 형태를 허구라고 비판하는 탈근대의 작업이 그렇게 수세적이기만 한 것인지 되물어볼 필요가 있다.

여기서 램버트의 질문을 다시 되새겨볼 필요가 있다고 생각한다. 그는 "오늘날 〈인간〉[이] 실제로 다른 권력에 저항하는 가장 커다란 잠재력 혹은 저항의 능력을 표현하는 형태가 될 수 있을까?"[50]라고 묻는다. 이 질문은 근대적 주체, 근대가 만들어낸 〈인간〉이라는 형태가 권력에 저항하는 가장 적절한 형태인지에 대한 회의적인 시각을 표현한 것이다. 그의 말을 좀 더 자세히 들여다보면 이러하다. 그는 "엄격히 말해 주체가 과연 '권력'인가? 자본을 구성하는 힘들은 나를 주체로 취급하고 있는 걸까? 차라리 나를 통해 그 힘들은 직접적으로든 간접적으로든, 생산하고 소비하는 나의 힘과 나를 연결하는 또 다른 힘들을 지향하고 있는 게 아닐까? 요컨대 내 주체성과는 무관하게 삶의 힘들을 직접 조형하고 있는 것은 아닐까?"라고 물으면서, "주체의 죽음, (…) 이는 허무주의적 표현이 아니라 응답해야할 물음"[51]이라고 말한다. 지금까지 주체를 둘러싼 논쟁은 사실상 이 〈허무주의적 틀〉 속에서 진행되어 왔다고 볼 수 있다. 주체가 죽었다면 누가 저항할 것인가와 같은 무기력한 허무주의적 틀 속에서 말이다. 그러나 탈근대가 낳은 주체의 죽음이라는 테제가 오히려 우리가 대답해야 하는 하나의 물음이라고 할 경우, 이 문제의 성격은 완전히 달라진다. 이 달라진 성격이 무엇인지를 보여주는 들뢰즈의 텍스트가 있어 인용해보면 다음과 같다.

> 미시-파시즘만이 다음과 같은 포괄적인 문제에 대답을 줄 수 있다. 욕망이 자신에 대한 억압을 욕망하는 이유는 무엇이며, 그것은 또 어떻게 억압을 욕망할 수 있는 것일까? 확실히 대중은 권력에 수동적으로 복종하는 것이 아니다. 또 그들은 일종의 피학적인 히스테리 속에서 억압되기를 '원하는' 것이 아니며, 이데올로기적인 속임수에 의해 함정에 빠지는 것도 아니다. 오히려 욕망은 자세, 태도, 지각, 기대, 기호계 등을 이미 모양 짓는 미시적 형성체들을, 그 분자적 수준을 필연적으로 관통하는 복합적인 배치와 불가분의 것이다. 욕망은 무차별적인 충동적 에너지가 아니라 정교한 몽타주의 결과요, 고도의 상호작용을 엔지니어링한 결과 그 자체다. (…) 분자적이고 개인적이며 집합적인 것과 더불어, 파시스트

는 자기 자신일 수 있다는 것, 자신이 그것을 견지하고 배양하고 있으며 그것을 소중하게 껴안고 있다는 것을 알지 못한 채 다만 몰적인 수준에서 반파시스트가 되는 것은 너무도 쉬운 일이다.[52)]

〈주체의 죽음〉이라는 푸코의 테제를 허무주의적이지 않은 방식으로 이해한 램퍼트의 질문 즉, "〈인간〉[이] 실제로 다른 권력에 저항하는 가장 커다란 잠재력 혹은 저항의 능력을 표현하는 형태가 될 수 있을까?"라는 회의적 질문은 바로 "다만 몰적인 수준에서 반파시스트가 되는 것은 너무도 쉬운 일이다"라는 들뢰즈의 대답과 공명한다. 만약 우리가 여전히 근대적 주체와 근대의 인간 형태를 중심으로 문제를 사유한다면, 자신의 억압을 욕망하는 현상에 대한 설명을 제대로 해낼 수 없을 것이다. 근대의 문제틀 속에서 이 문제는 권력의 강제에 의한 수동적 복종이나, 속임수라는 함정에 빠짐 등으로밖에는 설명될 수밖에 없기 때문이다. 진정으로 저항과 해방과 자유를 사유하기 위해서 오히려 근대적 주체와 인간의 형태는 방해가 되는 개념일 수 있다. 물론 그것은 현대가 근대와 다른 시대이며, 다른 환경이기 때문일 수도 있다. 그러나 적어도 우리는 근대적 주체의 죽음이라는 테제가 반드시 허무주의적 결론으로 우리를 이끄는 것은 아니라는 점은 지적해볼 수 있다. 몰적인 자기-거시적 의미에서 식별되는 수적인 하나로서의 자기가 스스로 반파시스트라 목청을 높여도, 분자적인 수준에서 파시스트를 견지하고 배양하고 소중하게 껴안고 있다면, 그러한 거시적 자기가 진정한 저항의 근거이며 해방의 동력이 될 수 있을까? 그런 의미에서 램버트 역시 "본능의 혁명을 동반하지 않는 제도적 수준에서의 혁명이란 있을 수 없다"[53)]고 말하는 것이다. 그리고 우리는 이러한 긍정적인 전망을 위하여 들뢰즈에게서 주체를 둘러싼 여러 개념과 논의들을 검토해보았다.

결국 우리가 들뢰즈에게서 발견한 것은 무의식적이면서 능동적인 주체라고 할 수 있다. 본문에서 여러 가지 방식으로 이미 지적한 것처럼, 의식과 의식적 주체를 배제한 것이 무차별적인 무정형의 충동이나 의식을 잃은 상태와 같은 어떤 무기력함을 부각시키는 것은 아니다. 의식적 주체를 비판적으로 바라보고, 구성된 주체[주체화]를 부정하는 것은 의식의 질서로 환원되지 않는 역량을 발견하기 위한 것이다. 그 힘은 막연한 우주적 에너지가 아니라, 우리의 몸이 보존하고 있는 비선형적 능동성이며, 이 역량을 발견한다는 것은 바로 의식의 한계에 머무르지 않는 정신과 이성의 능력을 재발견하는 것에 다름 아니다. 수적인 하나로서 스스로 여전히 〈주체〉라고 생각하는 우리 근대인들에게 걸맞는 새로운 〈주체〉는 본문에서 검토한 종류의 균열된 나와 분열된 자아를 거쳐 〈자아에게 너무 벅찬 이미지〉라는 시련을 거친 새로 태어난 자로서의 주체와 같은 것이어야 할 것이다. 극이 끝날 때 아버지의 죽음 이후로 그를 괴롭힌 그에게는 너무 벅찬 행위를 결국 실행에 옮긴 햄릿과, 자기의 눈을 파고 먼 길을 떠난 오이디푸스처럼.

III

대중문화콘텐츠와 신화

강미라 / 영화《호빗》3부작에 대한 신화적 해석: J. 캠벨의 관점에서

김성수 / 『나니아 연대기』의 상징성:
애니메이션《사자, 마녀, 그리고 옷장(1979)》을 중심으로

임우형 / 애니메이션《이집트 왕자》에 나타난 성서『출애굽기』의 신화적 해석

안효성 / 신화 속 영웅들의 콘텐츠적 재귀:
슈퍼 히어로가 된 헤라클레스와 그 서사적 의미

박치완 / 애니매트릭스《제2의 르네상스》에 나타난
기계-인간론과 가상세계의 신화 비판

임대근 / 중국 설화의 콘텐츠화 전략:
『수신기(搜神記)』의 트랜스 아이덴티티 캐릭터를 중심으로

송희영 / 공연예술축제와 신화성:
프랑스 방데의 역사야외극《시네세니》를 중심으로

영화 《호빗》 3부작에 대한 신화적 해석
- J. 캠벨의 관점에서

강미라

1. 들어가는 글

영화 《호빗》 3부작은 《호빗: 뜻밖의 여정》(2012), 《호빗: 스마우그의 폐허》(2013), 《호빗: 다섯 군대의 전투》(2014)를 이른다. 이 영화들은 그 보다 앞서 발표되었던 《반지의 제왕〉 3부작, 즉 《반지의 제왕: 반지 원정대》(2001), 《반지의 제왕: 두 개의 탑》(2002), 《반지의 제왕: 왕의 귀환》(2003)의 프리퀄에 해당한다. 이 두 가지의 삼부작은 모두 피터 잭슨에 의해 연출되었으며, 존 로널드 루엘 톨킨의 『호빗』(1937)과 『반지의 제왕』(1954)을 각각 원작으로 한다.

《호빗》과 《반지의 제왕》은 모두 전형적인 모험 이야기이다. 이 영화들은 모두 톨킨이 창조한 복잡한 내면의 캐릭터들이 할리우드 블록버스터다운 스케일의 모험을 벌인다는 점에서 매혹적이다. 이 영화들을 분석하는 방법은 무수하겠지만, 여기서 나는 톨킨과 잭슨의 손을 이끌어 캠벨의 손과 잡게 하려 한다. 조셉 캠벨의 『천의 얼굴을 가진 영웅』(1949)이 할리우드에 미친 영향은 적지 않다. 크리스토퍼 보글러는 자신의 저서 『신화, 영웅 그리고 시나리오쓰기』가 캠벨의 "영웅의 여정"이라는 아이디어를 현대적인 스토리텔링에 접목한 시도라고 밝혔다.[1] 또한 캠벨과 보글러의 저서들로부터 직접적으로 영향을 받았음을 고백한 스튜어트 보이틸라는 『영화와 신화』에서 할리우드 장르영화의 스토리텔링 구조를 분석했다. 많은 비판에도 불구하고 보글러와 보이틸라를 통해 캠벨이 심오한 종교적 의미를 부여했던 영웅모험담은 할리우드의 영웅모험담으로 다시 태어났다고 평가할 수 있다. 물론 《호빗》의 시나리오 작가팀이 위의 저서들의 영향권 하에 있음은 의심의 여지가 없다. 본고에서는 캠벨의 영웅의 여정에 되도록 충실히 입각하여 《호빗》 3부작의 이야기 구조를 분석하고자 한다. 그러나 종종 등장인물이나 사건의 의미를 파악하는 데 보글러나 보이틸라가 제시하는 개념적 용어들이 유용할 때에는 보글러나 보이틸라로부터 그러한 개념들을 차용할 것이다.

이 글이 계속 진행되기 위해서는 캠벨이 말하는 영웅의 여정이 어떤 것인지를 대략이라도 짚을 필요가 있다. 영웅과 여정 혹은 모험은 별개일 수 없다. 영웅은 모험을 통해서 영웅이 된다. 모험은 영웅이 아닌 자를 영웅으로 만들기에 모험이다. 집 안은 아늑하다. 잠자리도 편하고 저장고엔 식품이 가득하다. 그러나 간달프의 말대로 "세상은 책이나 지도에 있지 않고, 저기 문 밖에 있다." 빌보가 집 안에만 머물렀으면 모험도 없고 영웅도 없었을 것이다. 그런데 캠벨에 따르면 동서고금의 영웅 모험은 길가메쉬가 하든, 바리데기가 하든, 해리 포터가 하든, 모두 유사한 구조 즉 분리, 입문, 회귀의 통과 제의의 양식을 띤다. 즉 "영웅은 일상적인 삶의 세계에서 초자연적인 경이의 세계로 떠나고 여기에서 엄청난 세력과 만나고, 결국은 결정적인 승리를 거두고, 영웅은 이 신비스러운 모험에서, 동료들에게 이익을 줄 수 있는 힘을 얻어 현실 세계로 돌아오는 것이다."[2] 다시 말해 이 구조는 안락한 현실을 떠나 심연에서 시험을 받고 세상에 지복을 가져오는 삼 단계의 구조이다. 모험을 하는 사람은 결과적으로 세상에 지복, 이익을 가져오기 때문에 세상의 입장에서 보면 영웅이다. 그러나 모험 당사자의 입장에서 보았을 때, 그는 엄청난 세력과의 대결에서 이기면서 세상을 구할 영약(靈藥)을 손에 넣을 자격을 갖추었기 때문에 영웅이 되었고, 영웅이 된 것 자체가 그에겐 엄청난 지복이다.

영웅의 모험담이 유사한 삼단계로 구성되어 있는 이유를 이렇게 설명할 수도 있다. 길가메쉬, 바리데기, 해리 포터가 보여주는 것은 아침이니까 일어나고, 가야하니까 학교에 가는 판에 박힌 일상을 충실히 사는 것이 아니다. 그들은 그러한 일상을 떠났으며, 두렵고 위험한 비일상의 세계로 갔다. 저 세계에서 그들은 정신적으로 다시 태어났고, 삶을 새롭게 했다. 우리의 정신이 현실에 매몰되어 전체성을 잃고 파편화되어 삶이 위기에 빠졌을 때, 진정 필요한 것은 망각된 근본으로 되돌아가는 것이다. 신화는 이러한 삶의 근본으로 되돌아갈 필요를 촉구하는 이야기이다. 이러한 신화는 언제나 누구에게나 필요한 메시지이며 이런 이유로 신화는 콩쥐팥쥐 이야기부터 《어벤져스》까지, 등장인물의 생김새와 성격, 그들의 적대자, 그들이 가져와야 하는 영약, 그들이 겪게 될 시련이 각기 다름에도 불구하고, 결국 적대자로부터 시련을 겪고 영약을 가져와 세상을 구원한다는 공통점을 갖는다.

영화 《호빗》 역시 모험을 하게 된 평범한 사람이 엄청난 적대자를 만나 어머어마한 시련을 겪고 영웅으로 재탄생하는 이야기이다. 지금부터 이 영화의 스토리를 캠벨의 시각으로 분석해보자. 모든 재미있는 이야기에는 화려함 뒤에 숨은 은근한 의미가 있기 마련이다. 캠벨의 시각은 그 의미를 찾는 데 도움이 될 것이다.

2. 분리

캠벨의 『천의 얼굴을 가진 영웅』에서의 모험의 여정은 아래와 같이 정리할 수 있다.

출발, 분리	범속한 나날의 세계 모험에의 소명 소명의 거부 초자연적인 조력 첫 관문의 통과 고래의 배
하강, 입문, 통과	시련 여신과의 만남 유혹자로서의 여성 아버지와의 화해 신격화 궁극의 은혜
귀환	귀환의 거부 불가사의한 탈출 외부로부터의 구조 관문의 통과 귀환 두 세계의 스승 삶의 자유

캠벨이 제시한 단계 내지는 구조는 영웅모험담에서 보편적으로 구현되고 있지만, 그의 주장을 검증의 대상으로 여기는 것은 어울리지 않아 보인다. 그의 방법론은 융의 분석심리학적인 것이며, 목표가 되는 지점은 종교의 본질에 일치한다. 그의 주장은 선험적인 영역에 해당하는 것으로 여겨야 한다.

한편 보글러의 목표는 훨씬 실용적인 데 있다. 그는 시나리오를 잘 쓰기 위한 방법을 제시하려는 목표를 위해 캠벨의 것을 변형하여 다음과 같이 구조를 제시했다. "영웅 여행의 지도"는 다음의 12단계를 거치게 된다.[3] ① 일상세계 ② 모험에의 소명 ③ 소명의 거부 ④ 정신적 스승과의 만남 ⑤ 첫 관문 통과 ⑥ 시험, 협력자, 적대자 ⑦ 동굴 가장 깊은 곳으로의 접근 ⑧ 시련 ⑨ 보상(검을 손에 쥠) ⑩ 귀환의 길 ⑪ 부활 ⑫ 영약을 가지고 귀환.

이 두 구조는 약간 상이하지만 대체로 비슷하다. 모험 이야기라면 무엇이든 이 구조들로 대략 분석이 될 듯하다. 또한 모험 이야기는 무엇이 되었든 이 구조를 곧이곧대로 따르지는 않을 것이다. 이야기들이 이러한 구조를 띠는 것은 무의식적이므로 이야기들은 유연하게 이 구조들을 변용하여 적용할 것이다. 《호빗》 역시 마찬가지이다. 따라서 이 두 가지 구조를 모두 염두에 두고 이야기를 따라가는 것이 유용해 보인다.

대부분 이야기의 첫 부분에서는 "물에서 뭍으로 갓 나온 물고기"[4]가 묘사된다. 골목쟁이네 빌보 배긴스는 늘 그렇듯 집 앞에 앉아 아침 햇살을 만끽하며 연초를 피우고 있었다. 빌보는 "범속한 나날의 세계"에 안전하고 안일하게 잘 있다. 그 때 잘그락거리는 소리를 내며 회색의 마법사가 나타났다. 마법사의 무례하고 뻔뻔한 시선에 언짢아진 빌보는 무슨 일인지를 묻는데, 마법사는 모험을 갈 사람을 구하고 있다고 대답한다. 배긴스는 "샤이어의 호빗들은 모험에 별로 관심이 없다."는 진실을 전하며 그를 무시하려 한다. 그렇게 그를 따돌린 줄 알았으나 며칠 후 역시 안전하고 안일한 그의 집에 충격적인 한 무리의 손님이 도착한다. 소란스럽고 너무나 많이 먹으며, 남의 물건을 소중히 여기지 않는 난쟁이들이 도착을 한 것이다.[5]

이야기의 첫 부분에서 "모험에의 소명"과 "소명의 거부"가 묘사된다. 평범한 삶을 깨고 등장한 것은 회색 마법사 간달프이다. 일단 호빗의 마을에 마법사가 나타난 것 자체가 평범한 일은 아니다. 그는 "전령관"이다. 전령관이 등장했을 때부터 운명은 갈림길에 들어섰고 "모험에의 소명"이 제시되었다.

그러나 대부분 모험에의 소명을 받은 이는 "소명을 거부"하려 든다. 게다가 호빗은 원래 모험을 싫어한다. "더럽고 짜증나고 불편할 뿐 아니라 저녁 식사에도 늦기 때문이다."(《호빗: 뜻 밖의 여정》 00:15:05) 호빗은 목가적인 중세의 농부 풍의 소박하고 평범한 삶을 지향하며 무엇보다도 식사와 여흥을 중요시 한다. 따뜻하고 편한 집을 떠나 동가숙서가식해야 하는 것은 질색이다. 친숙하고 편한 세계를 떠나 위험이 들끓는 미지의 세계로 갈 용기를 내는 것은 누구든 쉽지 않다. 그러므로 대부분의 이야기에서 "소명의 거부"는 일어난다. "뜻밖의 파티"[6)] 다음 날 여느 때와 다름없이 혼자 일어난 프로도는 자신의 집이 비어있음을 발견하고 안도한다. 그러나 결국 그는 계약서를 들고 일행을 따라 나선다. "세상은 책이나 지도에 있지 않고, 저기 문 밖에 있다."는 간달프의 속삭임이 솔깃했던 것일까? 안온한 호수에 던져진 돌멩이가 일으킨 파문으로 그의 마음은 일렁였다. 그러나 오랜 습관이 쉽게 바뀔 리가 없으며 망설임이 없을 수는 없다. 그는 여전히 말 타는 것을 싫어하고, 손수건을 가지러 집에 되돌아가고 싶어 한다. 그런 그에게 간달프는 조언한다. "손수건 따윈 잊어라. 다른 많은 것들도. 이 여정이 끝날 때까지는 샤이어의 언덕과 작은 강에 익숙하겠지만 이젠 고향을 뒤로하고 앞에 놓인 세상을 만나라."(00:45:59)

여기까지 빌보는 자신이 무엇을 하게 될지, 이 여정의 목적이 무엇인지 잘 알지 못한 채 길을 떠난다. 빌보가 받은 소명은 '모험을 떠나라.'는 것이었고, 난쟁이들과는 좀도둑의 역할로 계약을 했을 뿐이다. 이 여정의 목적은 2편인 《호빗: 스마우그의 폐허》의 도입에서야 제시된다. 《호빗: 스마우그의 폐허》는 샤이어 인근의 한 술집에서 소린이 간달프로부터 소명을 받는 장면으로 시작한다. 간달프는 소린에게 난쟁이 일곱 종족을 규합하여 에레보르를 되찾으라는 소명을 제시한다. 난쟁이 일곱 종족(난쟁이답게 남의 말은 듣지 않는 고집불통일)을 규합하려면 용 스마우그가 차지하고 있는 난쟁이 왕의 상징 아르켄스톤이 필요하다. 스마우그로부터 아르켄스톤을 훔치는 것, 바로 이것이 이 여행이 목적이자 빌보의 임무이다.

어쨌든 야영 중 트롤의 먹잇감이 될 뻔한 원정대는 구사일생으로 살아나지만 오크들의 추격을 받게 된다. 오크들을 따돌리고 좁은 바위틈을 빠져나온 원정대는 요정들의 땅 리벤델에 이르게 된다. 리벤델에 오게 된 것은 우연은 아니었다. 에레보르의 닫힌 성문을 여는 방법은 고대 난쟁이어(게다가 알고 보니 달빛문자)로 적혀 있는데, 이를 읽을 수 있는 존재가 리벤델의 왕 엘론드였기에 간달프는 원정대를 리벤델로 인도한 것이다. 엘론드는 "개똥지바뀌가 두드릴 때 회색 바위 옆에서서 기다리라. 두린의 날, 지는 해가 마지막 빛으로 열쇠 구멍에 비칠 것이다."라고 쓰인 문서를 해독해 주었다. 또한 리벤델에서 간달프는 사루만과 갈라드리엘을 만나 고민을 나눈다.[7] 간달프는 사우론이 일으킬 전쟁을 염려한다. 또한 이 대화에서 처음으로 절대반지에 대한 언급이 나온다. 소린의 아버지인 스라인이 끼고 있던 반지(총 7개 중 한 반지)가 스라인의 실종과 함께 없어졌다는 내용이다.

리벤델에서의 엘론드와 갈라드리엘과의 만남은 "초자연적인 조력"에 해당한다. 캠벨은 말한다. "소명을 거부하지 않은 모험 당사자는 영웅적인 편력 도중 첫 번째 보호자를 만난다. 노파나 노인의 모습으로 자주 등장하는 이 보호자는 모험 당사자가 곧 만나게 되는 용과 맞설 호부(護符)를 준다."[8] 톨킨의 세계에서 요정은 여러 가지 신비한 능력을 가지고 있다. 《호빗》에서 뿐만 아니라 《반지의 제왕》 시리즈 전체에서 요정은 보호자로 늘 등장한다. 엘론드는 신비한 언어로 쓰인 문서를 읽어 중요한 비결을 알려준다. 또 갈라드리엘은 두려워하는 간달프를 "당신은 혼자가 아니다. 도움을 필요로 하면 다시 오겠다."는 말로 안심시킨다. 갈라드리엘은 《호빗: 다섯 군대의 전투》에서 다시 등장해 이 약속을 지킨다. 특히 갈라드리엘은 "자비로운 힘, 숙명적 보호 세력", "모험을 나선 당사자가 그것을 알고 그 존재를 믿기만 하면 언제나 나타나는 시공을 초월한 안내자"[9]로 설명되는 보호자의 전형이다. 《반지의 제왕》에서 갈라드리엘은 반지원정대원 하나하나에게 어울리는 선물을 준다. 프로도는 검 스팅과 갑옷 미스라엘, 별빛이 담긴 유리병을 받는다. 이 선물들은 모험 중 프로도가 처한 위기를 돌파할 중요한 수단이 된다. 뿐만 아니라 모르도르의 좁고 어두운 길에서 지쳐 쓰러졌을 때 나타나 프로도를 일으키고 용기를 불어넣어 준다.

리벤델을 떠난 일행은 안개산맥의 계곡을 지나게 된다. 이 계곡에서 스톤 자이언트들의 싸움에 휘말려 생사의 고비에 놓였던 원정대는 살아났다 싶은 순간 다시 한 번 고블린의 땅 속으로 떨어지면서 위기를 맞는다. 고블린의 영역에서 난쟁이들은 한 덩어리로 잡혀가지만 빌보만은 여기에서 떨어져 더 깊은 곳으로 추락한다. 고립된 일개 호빗의 운명은 또 한 번 소용돌이친다. 빌보는 그곳에서 매우 기이한 존재, 그러나 관객은 모두 다 아는 존재, 골룸을 만나고 절대 반지를 손에 넣게 된다. 여기가 캠벨이 말한 "고래의 배"에 해당할 것이다. 고래의 배는 재생의 공간이다. 즉 그곳에 들어가면서 기존의 자아는 죽음을 맞고 다시 태어나게 된다. 성당의 좁은 문은 죽음과 재탄생의 산도이기 때문에 좁다. 사실 성당의 문이 통과하기 어려울 만큼 좁은 것은 아니나, 노트르담 성당이 보여주는 것처럼 겹겹의 조각으로 좁아 보이는 효과가 있다. 그 문을 통과하면서 신도는 세속적 인격을 버리고 신자로 재탄생한다. 이후의 모험의 여정은 귀환 전까지 이 재생의 공간에서 펼쳐질 것이다. 빌보는 골룸과 대결하고 절대반지를 손에 넣었다. 빌보는 이제 비밀이 생겼다. 어떻게 살아나왔냐는 물음에 그는 주머니에 손을 넣었다가 멈칫한다. 반지에 대한 이야기는 결국 하지 않는다. 또 하나. 빌보는 이제 징징거리지도 않는다. 빌보는 고블린의 동굴로 떨어지기 직전까지 여러 번 되돌아갈 생각을 했지만, 이제 빌보는 달라진 모습을 보인다. 그는 마침내 난쟁이들이 왕국을 되찾도록 돕기로 마음먹는다. 이렇게 보자면, 고블린의 땅 속으로 떨어졌던 것은 "첫 관문의 통과"이며 고블린은 "관문의 수호자"이다. 관문의 수호자가 있는 곳은 세계의 경계를 나타낸다. 그의 뒤는 어둠이며 미지의 세계이다.

고블린의 땅에서 나온 원정대는 한 시도 쉴 틈이 없이 이번엔 오크의 추격을 받는다. 여기에서 소린은 오크 대장, 아조그와 맞대결을 벌인다. 소린에게 아조그는 가문의 원수이며, 아조그에게 소린은 팔이 잘리는 치욕을 안긴 원수이다. 이 둘의 재대결은 숙명이라 할 수 있다. 어쨌든 난쟁이들은 나무에 매달려 절벽으로 떨어지기 직전이고, 소린은 오크의 칼날에 놓였다. 절체절명의 위기에 빠진 소린을 구한 것은 오호라! 이전에 칼 한 번 들어본 적 없는 호빗이었다. 빌보의 활약에 용기를 얻은 난쟁이들은 도망갔던 나무에서 뛰어내려와 전투에 돌입하고 덕분에 간달프가 부른 독수리 떼가 도착할 때까지의 시간을 벌었다. 이전까지 빌보는 원정대의 "짐" 취급을 받았으나, 이를 계기로 빌보는 원정대의 중요한 일원으로 자리 잡는다. 반지를 이용해 몸을 감춘 상태에서 빌보는 골룸을 죽이지 않고 검을 거둔다. 간달프는 빌보에게 검을 쓸 때 보다 쓰지 않을 때가 언제인지 아는 것이 진정한 용기임을 말한 적이 있다. 빌보는 검을 쓸 때와 쓰지 않을 때를 구분하는 지혜와 용기를 발휘하여 난쟁이들을 움직인다.[10]

3. 입문

독수리들에 의해 구조된 원정대는 베오른의 조력을 받아 숲에 들어가고 숲에서 거미의 공격도 받는다. 이러한 위기를 거쳐 그들은 숲 속 요정들과 만나게 된다. 한편 간달프는 숲의 입구에서 난쟁이들과 헤어져 홀로 엘 굴드라르로 향한다. 그곳에서 어둠의 세력의 실체를 확인하려는 것. 이제 입문의 첫 단계 "시련의 길"이 시작된 것이다. "영웅은 이곳에서 거듭되는 시련을 극복하고 살아남지 않으면 안 된다. 신화와 모험에서 가장 흥미롭게 다루는 부분도 바로 이 국면이다. …… 영웅은 거듭나는 데 필요한 충고와 호부(액막이), 그리고 이 영역에 이르기 전에 만났던 초자연적인 조력자의 밀사로부터 도움을 받는다."[11] 《호빗: 스마우그의 폐허》는 영화 전체가 시련의 길에 해당한다고 볼 수 있다. 영웅은 시련의 길을 걸어 적대자들을 차례차례 해치운다. 그리고 이윽고 용을 만나게 된다. 《호빗: 스마우그의 폐허》에서 거미의 숲이나 돌 굴두르로 들어감은 보다 깊고 어두운 심연으로 들어가는 것이다. 그들은 점점 빛이 없는 어둠으로 들어가는 고역을 겪을 것이고 이는 그들로 하여금 어둠을 뚫을 빛을 밝힐 힘을 갖게 할 것이다.

스마우그를 만나기 전에 원정대는 숲 속 요정들과 만나게 된다. 숲 속 요정은 원정대를 잡아갔지만, 거미로부터 구해준 것이기도 하다. 또 그들은 호수마을에서 온 어부 바르드를 만나 그들의 목적지인 에레보르 바로 아래에 있는 호수마을까지 가게 된다. 이들은 모두 영웅의 여정에서 만나게 되는 조력자들이다. 또한 종족 간의 갈등과 관계가 심화되어 마지막을 향해 가는 장면이기도 하다.

보글러는 영화에서 시련은 관객입장에서는 "희망이 검게 채색되어 버린 순간"[12]으로 다가온다고 말한다. 소년이 소녀를 '다시' 만나기 위해서는 일단 그는 소녀를 잃어야 한다. 소년은 소녀를 다시 만날 기회를 영영 잃은 듯이 보인다. 시련을 겪는 영웅은 마치 죽은 듯이 보인다. 다시 재생을 하려면 불가피한 일이다. 이전 단계의 여정을 통해 관객은 자신의 운명과 영웅의 운명을 동일시하는 심리를 갖게 된다. 영웅의 죽음은 마치 자신의 것인 양 느껴져 관객의 감정 역시 가라앉게 된다. 킬리는 부상이 깊어져 호수 마을에 남았고, 사경을 헤매게 된다. 원정대는 압도적인 용의 위력에 압도되어 도망가기 급급하고, 간달프는 사우론에 의해 억류된다.

그러나 그들은 이 위기에서 벗어남으로 영웅으로 거듭나고 모험은 계속된다. 킬리는 요정 타우리엘에 의해 치료를 받는다. 그는 되살아났을 뿐만 아니라 사랑까지 얻은 것이다. 간달프는 갈라드리엘과 사루만의 구조를 받는다. 사우론은 갈라드리엘과 사루만에 의해 쫓겨났다. 사우론의 입장에서 보자면 이때는 아직 충분한 힘을 얻지 못했거나, 충분한 힘을 드러내기에는 너무 일렀다. 결국 그는《반지의 제왕》에서 가운데 땅 최강자로 다시 등장한다. 한편 소린은 숨지 않고 맞서기로 한다. 소린은 왕다운 지혜와 용기와 통솔력으로 그는 스마우그로부터 자신의 성을 되찾지만, 스마우그는 죽지 않았고, 날개를 펼쳐 호수마을로 날아간다. 여기에서《호빗: 스마우그의 폐허》는 끝난다.

《호빗: 다섯 군대의 전투》는 호수마을을 태우는 용의 불길로 시작한다. 아직 시련이 끝나지 않은 것이다. 영화의 전반부는 전투를 향해 간다. 여기에서는 각 종족간의 갈등뿐만 아니라 동료와의 갈등, 자기 자신과의 갈등이 드러난다. 위기와 절망은 사람의 약한 부분을 파고든다. 특히 소린은 황금의 마력에 사로잡혀 고난을 함께 해 온 동료들마저 믿지 못하고, 왕좌 깊숙이 틀어박히고 만다. 소린이 환상에 시달리는 장면은 — 스마우그를 잡았던 황금물이 소용돌이가 되어 자신을 가라앉히는 — 그의 광기를 시각적으로 묘사한다. 가장 충직한 발린의 눈물어린 호소마저 뿌리쳤던 소린이지만, 이러한 환상 속에서 그는 동료들의 목소리와 자기 자신의 목소리를 듣는다. 결국 그는 그 광기에서 스스로 나와 왕관을 벗어 던지고 진정한 난쟁이 일곱 종족의 왕이 전투에서 할 법한 일, 즉 소수의 정예

부대를 이끌고 "뱀의 머리"를 친다.

소린은 시련을 통해 진정한 왕으로 거듭한 것이다. 이것이 소린의 보상이다. 영웅은 죽음에서 되살아나, 용을 물리치고, 찾아 헤매던 보물을 손에 넣게 된다. 이것이 보상, 캠벨이 표현대로 하자면 "궁극의 은혜"이다. 그런데 캠벨은 "궁극의 은혜" 이전에, "여신과의 만남", "아버지와의 화해", "신격화"의 단계를 서술하고 있다. 캠벨의 관점에서 이 세 단계는 모두 영웅모험담이 단지 인간의 재미있는 이야기에 대한 본능을 충족시키기 위한 것만이 아니라 인간의 정신적 성숙과정과 자기실현의 원형이기도 하다는 점을 보여주는 종교적 차원과 연관된 중요한 단계이다. 그러나 바로 이러한 점 때문에 시나리오에서는 무시되는 단계들이기도 하다. 영화는 심오한 종교적 상징이기보다는 엔터테인먼트이길 추구한다.《호빗》 시리즈에서도 마찬가지이다. 그래도《호빗》은 판타지이다 보니, 여신이 자연스럽게 등장할 여지는 있었다. 갈라드리엘은 여러모로 여신의 전형을 보여준다. 용을 처치한 영웅은 미녀를 얻게 된다. "잠자는 여성은 미인의 본보기 중의 본보기이며, 모든 욕망에 대한 응답, 모든 영웅의 지상적, 비지상적 모험의 은혜로운 최종 목표다."[13] 동화에서 가시덤불을 헤치고 들어간 왕자는 잠자는 공주에게 입을 맞추고, 민담에서는 그녀의 곁에 눕는다. 그렇지만 영웅의 미녀와의 결합은 성적인 결합에 그치는 것이 아니다. 그것은 풍부한 상징이다. 여신은 영웅을 모험으로 초대하는 유혹자이다. 그녀는 여기까지 온갖 어려움을 물리치고 오면, 보상이 따를 것이라고 유혹한다. 그녀가 무엇을 줄지는 정해져 있지 않다. 그것은 거기까지 간 영웅의 됨됨이에 달려있다. 이런 점에서 시련의 길에서 맞닥뜨리는 적대자들은 그가 여신을 만날 자격을 갖추도록 단련시켜주는 조력자들이기도 했다.

이 여신은 은혜롭고 아름다운 모습으로만 있지 않다. 힌두교의 칼리처럼 이 여신은 대극의 합일로 나타난다. 즉 "절대 절멸의 공포와, 비인격적이지만 모성적인 평화를 하나로 조화시키는 우주적인 권능, 우주의 전체성, 대립물의 조화"[14]이다. 칼리는 오른손으로는 평화의 손짓을 보내며, 왼손으로는 칼을 쥐고 있다. 아르테미스는 냉정하게 화살을 날리면서도, 탄생을 돕는다. 갈라드리엘은 너무나

아름답고 자애롭다. 자애로운 보호자로서의 그녀의 면은 앞서 언급한 바와 같다. 그런데 그녀는 돌 굴두르에서는 다른 한 편의 모습 즉 공포스러운 면을 보여준다. 돌 굴두르에서 간달프를 구하는 장면에서, 아직 정체가 밝혀지지 않아 강령술사(necromancer)로 불리던 사우론의 정체가 드러난다. 앞서 언급했다시피, 이때의 사우론은 아직 완전치 않았다. 그렇지만 그는 간달프를 간단히 제압할 정도는 되었으며, 백색의 마법사 사루만보다도 강하다. 만일 그렇지 않았다면, 사루만에 의해 사우론은 제거되어 이후 반지 전쟁은 일어나지 않았을 것이다. 사우론은 완전치 않은 상태였을 때에도 강력했던 것이다. 이러한 존재와 싸우는데 아름답고 자비롭기만 할 수는 없다. 갈라드리엘은 무시무시한 모습으로 강력한 힘을 발휘한다.

다시 각 인물들이 받은 보상이 무엇인지 생각해보자. 소린은 황금의 저주를 극복하고 자타가 공히 인정할 수 있는 진정한 왕의 권위를 얻었다. 그는 왕답게 싸우다가 마침내 아조그를 죽이고 본인도 죽는다. 이후 소린은 난쟁이들에게 전설적인 왕으로 남는다. 그리고 빌보에게는 "친구"로 기억된다.

키린과 타우리엘은 종족을 뛰어넘는 사랑을 나눈다. 키린의 주검을 안고 타우리엘은 왜 이렇게 가슴이 아픈지를 묻는다. 죽지 않는 요정들은 유한하고 사멸하는 슬픔을 알지 못한다. 그러한 요정이 진정한 사랑과 유한성을 알게 된 것이다. 한편 레골라스는 북쪽으로 가서 아라곤을 찾으라는 소명을 받는다. 그와 간달프는 각각 오랫동안 — 다음 이야기인 《반지 원정대》까지 무려 60년 — 전쟁을 대비했을 것이다. 그들에게 모험은 이제 시작인 셈이다.

바르드는 인간계의 소린으로 비유할 만하다. 바르드는 너른골의 영주였던 기리온 후손이나, 현실은 가난하고 핍박받는 호수마을의 선장일 뿐이다. 그러나 원정대를 만나게 되면서 그의 운명은 뒤바뀐다. 선조인 기리온이 남긴 스마우그의 상처에 단 한 발 뿐인 검은 화살을 명중시킴으로써, 3부작을 통틀어 가장 강력한 존재인 용을 잡은 것이다. 호수마을은 용의 화염으로 없어졌지만, 유민들은 어디서든 정착하여 뿌리를 내리고 살 것이며, 바르드는 그들의 리더로서 소임을 다 하게 될 것이다. 영화에는 그 후일담이 생략되어 버렸지만 원작에는 나오는데,

바르드는 호수마을을 재건하도록 황금과 기리온의 에메랄드를 받고(그러나 스란두일에게 바친다), 너른골을 재건하여 선정을 베풀었다.[15]

용은 바르드가 죽였으되, 그 전에 보물은 빌보가 훔쳤다. 빌보는 아르켄스톤을 훔치는 데 성공했다. 영화에서는 잘 드러나지 않지만, 원작소설에서는 난쟁이들뿐만 아니라 스란두일이나 바르드 등도 아르켄스톤 앞에선 평정심을 잃는다.[16] 물론 난쟁이 일곱 종족의 왕을 상징하는 보석이기에 이 보석은 난쟁이들을 가장 매료했지만 말이다. 빌보는 이렇게 중요한 아르켄스톤에 큰 집착을 보이지 않는다. 이것이 빌보의 매력이며, 호빗의 장점이다. 호빗은 기본적으로 소박하고 큰 야망을 갖지 않는다. 그래서 순수하게 옳은 일을 해나갈 용기를 발휘할 수도 있다. 전체 시리즈의 주인공이 마법사도 요정도 아닌 가장 보잘 것 없는 능력을 가진 호빗인 이유가 이것이다. 《호빗: 뜻밖의 여정》에는 갈라드리엘이 간달프에게 왜 호빗을 선택했는지 묻는 장면이 있다. 그 때, 간달프는 이렇게 대답한다. "사루만은 위대한 힘만이 악을 가둘 수 있다고 믿지만, 평범한 사람들의 일상적인 소소한 행동들이 악을 잠재우죠. 선행과 사랑 같은 …… 왜 빌보 배긴스냐구요? 내가 두려울 때 그가 용기를 주거든요."(01:52:20) 또한 죽기 전 소린은 빌보에게 이런 말을 남긴다. "잘 있게, 좀도둑 선생. 자네의 책들, 자네의 안락의자로 돌아가게. 자네의 나무를 심고, 자라는 것을 지켜보게. 사람들이 금보다 고향을 더 귀하게 여겼다면, 이 세상은 더 아름다웠겠지."(《호빗: 다섯 군대의 전투》, 01:56:23) 이러한 호빗의 성격은 빌보가 모험을 통해 얻은 것이 아니라, 이전부터 가지고 있었던 것이므로 소린처럼 내면의 변화와 지위의 변화가 동시에 일어난 것이 곧 영약인 경우와는 다르다. 빌보의 경우, 그의 성격과 행동이 세상 편에서는(간달프가 고백한 것처럼) 오히려 영약이었던 셈이다. 그의 영약은 오히려 모험 자체가 아닐까? 프로도는 간달프에게 골목쟁이집 어느 누구도 이런 모험을 해 본 적이 없다고 말한다. 빌보는 호빗과는 과히 인연이 닿지 않는 명검이라든가, 방패라든가, 투구 등을 주렁주렁 매달고 귀환하게 된다.[17] 그러나 그가 가장 마음에 들어 한 선물은 난쟁이들과의 우정과 이야깃거리일 것이다. 물론 당연히 반지를 빼놓을 수 없다.

이 절대반지(the One Ring)는 사악하다. 그것은 소유욕을 불러일으키고 소유자를 조정하여 반지 자체의 의지에 굴복시킨다. 갈라드리엘조차 그 유혹이 가까스로 저항한다. 간달프는 반지를 만진 적조차 없다. 건넬 때에도 직접 만지지 않는다. 강력한 소망과 능력을 품은 자가 이 반지를 가지게 되면 더 영향력 강한 타락을 할 뿐이다. 이러한 반지의 능력 때문에 빌보는 주머니에 반지를 슬쩍 넣었고, 자신도 모르는 이유로 비밀리에 간직한다. 반지의 소유자는 늙지 않는다.《반지 원정대》에서 빌보는 111세의 생일에도 정정한 모습으로 있다. 골룸이 늙지도 죽지도 않은 기이한 모습으로 타락하여, 반지에 사로잡혀 있는 것과 비교해 보면, 빌보는 꽤 잘 살고 있었던 셈이다.[18] 이 모든 것이 낙천적이고 욕심없는 호빗의 종족적 특성 덕분이라 할 수 있다. 이러한 호빗의 특성은 프로도도 공유하는 것이었다. 나중에 프로도에게 반지를 넘기고도 빌보가 갑자기 강력한 집착을 순간 드러냈다가 곧장 후회하면서 사과하는데, 60여년을 반지의 소유자로 있었던 것을 생각하면 역시 호빗답다. 나름 고귀한 성격이었던 브로도가 짧은 순간 타락한 것을 보면, 반지는 야심이 많은 사람을 특히 잘 유혹할 수 있다. 반지는 프로도의 동반자인 샘 감지를 유혹한 적도 있다. 위대한 영웅이 되어 바랏두르를 무너트리고 모르도르를 꽃이 만발한 정원으로 만들라는 것이었다. 정원사인 샘에게 적당한 유혹이라고 여겼던 것일까? 그러나 샘은 영웅이 될 생각도 없을 뿐더러 그렇게 큰 정원을 만들 생각도 없었다. 원하는 것을 속삭여야 유혹이 될 텐데, 호빗이 원하는 것은 따뜻한 동굴 집에서 맛있는 식사를 하는 것 정도밖에 없다. 어쨌든 보상으로서의 절대반지는 중의적이다. 한편으로 빌보에게는 모험의 산물이며, 다른 한편으로는 세상으로서는 안전히 숨겨져 있어야 이로운 절대반지가 안전하게 보관되고 있던 것이다.

4. 귀환

캠벨은 마지막 귀환의 단계를 "귀환의 거부", "불가사의한 탈출", "외부로부터의 구조", "관문의 통과", "귀환", "두 세계의 스승", "삶의 자유"로 나누어 제시한다. 말 그대로 떠났던 일상세계로 되돌아오는 것이다. 또한 궁극의 은혜를 가지고 일상의 세계로 돌아와, 그 은혜로 세상을 구하는 것을 포함한다. 승리를 거둔 영웅은 무책임하지만 그가 떠나온 비천한 세계로 돌아가고픈 마음이 없어져 버릴 수도 있다. 그렇다면 그는 돌아오지 않을 것이나, 세상을 구할 책임감에 결국 귀환을 택하게 될 것이다. 그는 탈출의 형태로 귀환을 할 수도 있고, 구조를 받을 수도 있다. 톨킨의 세계에서 간달프의 독수리는 모든 힘을 소진한 영웅을 구조하는 외적 조력자로 등장한다. 그러나 《호빗》 시리즈의 마지막에서 귀환의 과정은 상당히 적은 분량으로 처리되고, 캠벨이 제시한 귀환 관문통과 등은 거의 생략된다. 영화로서 《호빗》은 《반지의 제왕》 시리즈의 프리퀄이며 전체 시리즈의 앞부분이므로, 《호빗》 시리즈 자체가 귀환에 중점을 둘 일은 아니었다. 원작에서 빌보는 요정들 및 간달프와 동행하고, 베오른의 집에서 겨울을 난다. 여기가 "귀환 관문의 통과"에 해당한다. 그리고 봄이 왔을 때 "지금은 내 안락의자에 앉아 있고 싶은 생각밖에 없어요!"라는 말을 남기면서 "모험의 여정에 등을 돌렸다."[19)]

그토록 그립던 "안락의자와 책"이 있는 고향 집으로 돌아왔지만, 빌보가 맞닥뜨린 것은 자신이 '추정 사망자'로 간주되어, 애지중지하던 물건들이 경매처분당하고 있는 현실이었다. 빌보는 돌아왔지만 환영받지 못한다. 배타적인 호빗들은 다른 종족들과 어울리거나 걸핏하면 사라지는 빌보를 별종 취급했다. 그러나 이러한 동족의 은근한 무시는 그를 불행하게 만들지 못한다. 빌보는 이전의 빌보가 아니고 평범한 호빗이 아니었다. 그는 어린 조카들에게 금화와 은화를 슬며시 선물할 수 있었으며, 호빗 외에도 많은 친구가 있었다. 요정의 땅을 방문하는 호빗이 그 외에 또 누가 있겠는가? 집 안에만 있었으면 몰랐을 세상을 그는 겪었으며, 이 경험이 그의 일상을 특별하게 만들 것이다. 간달프의 대사, "평범한 사람들의 일상적인 소소한 행동들이 악을 잠재운다."는 말의 의미도 역시 중의적이다. 하나는 평범한 사람들의 일상 속에 반지를 보관함으로써, 그 반지가 안전히 보관되었다는 의미일 수도 있다. 다른 하나는 평범한 호빗이 보여주는 평범한 일상이야말로 모험의 최종 목적이라는 것이다.

이런 관점에서 보았을 때 시리즈 전체에서 가장 영웅다운 캐릭터는 샘 감지가 아닐까 싶다. 빌보는 호빗으로서나 모험가로서나 좋은 삶을 살았지만, 반지를 둘러싼 전쟁의 한 가운데 속해 있지는 않았다. 그는 반지를 훔친 좀도둑이자 세상으로부터 잘 감추어둔 보관자였다. 프로도는 반지의 운반자였고, 반지 전쟁에서 뜻밖의 가장 중요한 존재였다. 그러나 그는 반지를 무게로 인해 고통 받았고, 결국 귀환에 성공하지 못했다. 프로도는 샤이어에 돌아 온 후에도 나즈굴이 입힌 상처로 인한 고통을 시시때때로 겪어야 했다. 결국 그는 요정들의 땅 발리노르로 떠나 안식을 취하게 된다. 그는 저 세상으로 영원히 간 것이다. 그러나 감지네 삼 와이즈는 연모하던 아가씨와 혼인하여 아들, 딸 낳고 오랫동안 행복하게 살 것이다. 감자도 심고 정원도 가꾸면서 말이다. 그의 순박함은 유지될 것이나, 모험이 가져다 준 삶과 세계에 대한 통찰이 그의 순박함에 인격적 깊이를 더 해 줄 것이다. 귀환의 결과 또는 모험의 종착은 영웅의 완성에 다름 아니다. 안타깝지만, 영웅의 완성과 관련하여 캠벨이 전하는 심오한 종교적 내용은 생략되었다. 이 글에서는 심오한 종교적 내용을 줄이는 것은 가능치 않을 뿐더러 의미도 없기 때문이다. 그럼에도 불구하고 지금 다루는 부분과 관련하여 간단히 언급하자면, 영약을 가지고 일상세계로 귀환한 자, 영웅이 되었다는 것은 우리 삶의 불완전성, 파편성(우리가 아는 삶과 자기 자신은 일부이며, 유한하다)을 극복하고 보이는 것 너머, 미지의 영역 등으로 표현되는 확장된 자기 인식, 이분적인 대립을 넘어선 인식, 완전성 등을 획득했다는 의미이다. 범속한 눈에 샘의 변화는 보이지 않을 것이다. 그러나 그와 함께 생사를 건 모험을 동행한 관객은 그의 변화를 또한 자신의 것으로 받아들일 수도 있을 것이다.

미지의 영역에서 가져온 영약은 삶에 생명력을 불어넣어, 삶을 완전한 것으로 만든다. 이것이 캠벨이 영웅모험담에서 발견해낸 종교적 차원이다. 삶이 진전되지 못하고 답보상태에 머무를 때, 죽어가는 지도 모른 채 방 안에 틀어박혀 있을 때, 일상의 요구에 급급한 채 쫓기며 살고 있을 때, 문을 똑똑 두드리고 들어와 나를 언짢게 하는 이는 어쩌면 전령관일지도 모른다.

5. 톨킨 세계와 북유럽신화의 유사성

결론을 대신하여 《호빗》과 《반지의 제왕》 시리즈로부터 북유럽 신화의 요소를 찾아보고자 한다. 전문가의 권위를 딱히 빌 필요도 없이, 톨킨의 작품에는 신화적 요소들이 많이 들어있다. 특히 북유럽 신화와 유사성이 눈에 띈다. 그리스·로마 신화의 요소는 찾을 수 없다. 이야기를 더 하기 전에 북유럽 신화의 범위를 한정할 필요가 있어 보인다. 북유럽은 일단 알프스 산맥 이북을 말한다. 그런데 이 지리적 장소에는 또 두 가지 다른 갈래의 전통이 있다. 하나는 게르만 전통이고 또 다른 하나는 켈트 전통이다. 여기에서 이 두 역사적·문화적 전통을 자세히 살필 여유는 없을 듯하다. 켈트 신화는 오늘날 아일랜드, 웨일즈, 스코틀랜드 지방을 지리적 범위로 하며, 그 외의 북유럽은 게르만 신화의 범위라고 거칠게 요약할 수 있다. 그러나 오랜 역사상 이 두 신화는 (대략 중세에) 글로 쓰이기 전에 이미 영향을 주고받았고 어느 정도 혼합되었다는 점을 무시할 수 없다. 오늘날 특히 문화콘텐츠와 관련하여 게르만신화라는 용어보다는 북유럽신화라는 용어가 더 선호된다. 요컨대 북유럽신화는 켈트신화와 구분된다.

톨킨의 세계는 주로 북유럽 신화적 요소들로 채워지며 종종 켈트 신화적 요소들의 영향도 보인다. 이를 세 가지 공간, 시간, 종족으로 나누어서 살펴보자. 먼저 공간. 톨킨의 세계는 영화에 나온 것보다 시공간적으로 훨씬 방대하다. 가장 큰 범위에서 보면, 왼쪽의 Undying lands는 말 그대로 불사의 땅으로 엘프들이 사는 곳이다. 가운데에 있는 섬은 누메노르는 사라진 섬이다. 210살까지 산 아라곤은 이 섬에 살던 누메노르인의 후예이다. 오른쪽이 영화의 배경이 되는 가운데땅이다. 가운데땅도 무척 방대하다. 그리고 시간대에 따라 그곳에 거주하는 종족이 달라지는 등 시간적 복잡성까지 한 몫을 한다. 인터넷을 쓸 수 있는 세상에서 영화 《반지의 제왕》의 팬들은 구글어스 같은 3차원 가운데땅 지도도 만들면서 즐긴다.

어쨌든 특정한 지역에 특정한 종족이 산다는 아이디어 자체가 북유럽 신화와 유사한 점이다. 북유럽 신화에서 세계는 이그드라실이라는 나무를 중심으로 또는 나무로 형성되어 있다. 나무의 뿌리는 셋인데 각각 신이 사는 세계 아스가르트, 인간이 사는 미드가르트, 죽은 자의 세계인 니플하임에 있는 샘에 닿아 있다. 이처럼 세 세계는 수직적으로 나뉜다. 또 각 세계는 수평적으로도 나뉘며 그 세계들에 거하는 존재들도 구분된다. 아스가르트는 아제신들의 거주지이고, 알프하임은 요정(elf)의 거주지이다. 바나하임은 바네신의 땅이다.[20] 아스가르트와 미드가르트는 비프뢰스트 즉 무지개 다리로 연결되어 있다. 미드가르트에는 거대한 장벽이 있어서 난폭한 거인들이 사는 우트가르트를 고립시킨다. 또한 미드가르트의 땅 밑은 검은 난쟁이들의 거처 즉 스바르트알프하임이다. 가장 추운 북쪽 끝(니플하임)에는 죽은 자들의 나라인 헬이 있다. 세계가 위계적 공간으로 나뉘고, 그 공간에는 각각의 주인들이 있으며, 이들 간에는 갈등이 있다. 이러한 공간적 배치 자체가 반지 시리즈와 북유럽 신화의 공통점이다.

시간관에도 유사성이 있다. 북유럽 신화에서 시간은 흐르고 있다. 이런 점은 그리스·로마 신화와 대조적이다. 그리스·로마 신화에서는 창세신화 외에는 시간의 흐름이 거의 눈에 띄지 않는다. 시간이 없는 듯 모든 사건은 평행적으로 일어난다. 그리스·로마 신화에서 시간은 흐르지 않고, 신들은 영원을 산다. 북유럽 신화는 신들이 태어나면서 이야기가 시작되고, 신들이 죽으면서 이야기가 끝난다. 그러므로 변화가 생생하다. 『옛 에다』의 첫 번째 시편은 '여자 예언자의 예언'이다.[21] 이 노래는 여자 예언자 발라가 오딘에 의해 억지로 깨어나, 오딘의 물음에 답하는 노래이다. 이 노래에서 발라는 라그나로크('신들의 운명')를 예언한다. 라그나로크는 신들의 죽음과 세계의 종말로 끝날 최후의 전쟁이다. 오딘은 이 전쟁을 되도록 늦추고, 되도록 많은 방비를 하기 위해 고군분투한다. 《반지》 시리즈 역시 그렇다. 《반지원정대》의 첫 장면은 가운데땅을 둘러싼 전쟁의 역사와 앞으로 있을 (어쩌면) 최후의 전쟁을 예고하는 장면이다. 사우론은 전쟁을 준비하나, 가운데땅에 사는 대부분의 존재들은 그것을 모른다. 간달프만이 이 전쟁에 대비하느라 동분서주하는 모습이다. 펠렌노르 평원의 전투는 규모나 이야기에서의 비중에서나 어떤 점에서든 라그나로크를 연상시킨다. 또한 이 두 전투는 한 시대의 종말이면서 동시에 새로운 시대의 시작이다. 모든 것은 죽는다. 그리고 그 죽음의 땅에서 새 생명은 싹을 틔우는 법이다. 이러한 시공간관은 톨킨에 의해 많은 판타지의 기본적인 설정으로 정착되었다. 일례로 드라마 《왕좌의 게임》의 공간별 종족의 배치와 그들 간의 갈등도 이러한 설정을 전형적으로 따른다.

종족 또한 마찬가지이다. 톨킨 세계의 종족은 무엇보다도 북유럽 신화의 영향을 많이 받았고, 이후 판타지 세계관의 전형으로 확장된다. 북유럽 신화에 등장하는 아제·바네 신은 《반지》에는 등장하지 않는다. 《반지》에는 그렇게 절대적인 존재는 등장하지 않는다. 하지만 요정은 등장한다. 북유럽신화에서 요정은 《반지》에서도 요정(elf)으로 등장한다. 북유럽신화의 땅 속의 대장장이, 검은 난쟁이들은 톨킨 세계에서 난쟁이(dwarf)로 재탄생했다. 간달프나 사우론같은 마법사의 원형은 켈트 신화의 드루이드에서 찾을 수 있다. 드루이드는 수수께끼에 둘러싸인 존재이지만, 아서왕 이야기에 등장하는 멀린이 그 전형이라고 할 수 있다. 멀린은 현명한 조언자이며, 거의 모든 것을 아는 존재이기에 인간 세계에 깊이 개입하기도 하고, 의도적으로 거리를 두기도 한다. 어쨌든 멀린으로 대표되는 드루이드는 오늘날 문화콘텐츠의 마법사의 원형이다. 변형은 많이 되었지만 대략 뾰족한 모자와 망토 그리고 지팡이는 드루이드로부터 전래된 마법사의 전형적 모습이기도 하다.

《반지》 시리즈에 등장하는 몇몇 괴물도 북유럽신화에서 원형을 찾을 수 있다. 오크가 타고 다니는 늑대와 비슷한 와르그는 북유럽 신화에 등장하는 펜리르를 연상시킨다. 펜리르는 로키의 아들로, 라그나로크가 시작될 때까지 붙잡혀 묶여 있다. 펜리르가 묶인 끈을 풀고 날뛸 때, 최후의 전쟁은 시작된다. 그러나 무엇보다도 용! 판타지에 등장하는 무릇 용의 원형은 북유럽 신화에 있다. 북유럽 신화의 용은 오직 황금만을 탐한다. 그 외엔 다른 것에는 관심이 없어서 용은 황금을 깔고 누워 꼼짝을 하지 않는다. 《반지》의 스마우그도 같은 캐릭터이다. 단, 스마우그는 그 동안 신화와 설화 그리고 문화콘텐츠를 통틀어 가장 거대하고, 인격적이면서도 무서운 모습을 보여준다. 죽은 자들의 군대('맹세를 어긴 자' 또는 '던해로우의 유령'이라고도 불린다.)도 북유럽 신화의 영향을 받은 듯하다. 이들은 이미 죽은 자들이고 아라곤에 의해 소환되어 미나스 티리스를 휩쓸어 전투를 정리해 버린다. 북유럽 신화에는 이미 죽은 자들로 구성된 군대가 있다. 이들이 곧 아인헤리이다. 이들은 오딘의 궁전 발할에서 라그나로크를 대비하여 훈련을 받는다. 《반지》의 유령 군대가 미나스 티리스 평원으로 올 때 움바르의 해적선을 타고 오는데, 이 해적선은 북유럽 신화의 나글파리(Naglfari)와 아무래도 유사하다. 나글파리는 라그나로크가 시작될 때 죽은 자들이 타고 전장으로 가는데 쓰인다.

트롤과 오크는 오늘날 게임이든 영화든 문학이든 판타지의 한 자리를 차지한다. 트롤과 오크가 등장하는 문화콘텐츠는 일일이 열거할 수 없을 정도이고, 주요 작품만 해도 상당 수 이며, 나무위키나 위키백과 등의 인터넷 백과사전의 한 항목으로 연구(?) 되고 있다. 이들은 호빗과 마찬가지로 톨킨의 창작이다. 트롤의 경우, 북유럽 신화에 나오는 요툰하임의 거인을 참조했을 것으로 추정되기도 한다. 《호빗》 시리즈에 등장하는 곰으로 변신할 수 있는 남자, 베오른은 베오울프나 곰이 키운 인간 아이 설화 등을 참조하여 톨킨이 창조한 캐릭터로 추정된다.

마지막으로, 시리즈의 마지막 편의 제목에 나오는 '다섯 군대가 누구냐?'는 문제를 보자. 영화를 본 사람들은 요정, 난쟁이, 인간, 오크 외에 누구를 넣어야 할지 아리송해하기 십상이고, 인터넷 상에서도 이런 저런 의견들이 있다. 『주석으로 읽는 호빗』의 주석자는 이렇게 말한다. "한쪽의 요정들과 인간들 및 난쟁이들, 다른 쪽의 고블린과 늑대들로 명시되어 있다. 희한하게도 1977년에 랭킨/베이스에서 제작한 TV 만화 프로그램《호빗》에서는 다섯 군대에 늑대 대신 독수리를 포함시켰다. 이 실수는 그 만화영화의 심각한 결함들에 비하면 매우 사소한 것이다."[22] 영화에서 고블린과 와르그는 오크 편의 일부로 축소되고 반대로 오크의 캐릭터가 강하게 부각되면서 다섯 군대는 이름만 '다섯'이 되어 버린 것이다. '원조 톨키니스트'들은 언짢겠지만, 아무려면 어떠랴, 재미있는 이야기에 대한 인간의 본능은 결코 멈추지 않을 것이며, 원형은 변형되라고 있는 뿐이다.

『나니아 연대기』의 상징성

애니메이션 《사자, 마녀, 그리고 옷장(1979)》을 중심으로

김성수

1. 다양한 의미를 함축한 『나니아 연대기』

『나니아 연대기』는 20세기 영국의 유명 작가이자 영문학자인 C. S. 루이스(Clive Staples Lewis)가 저술한 시리즈 소설이다. 『사자, 마녀와 옷장』(1950), 『캐스피언 왕자』(1951), 『새벽 출정호의 항해』(1952), 『은의자』(1953), 『말과 소년』(1954), 『마법사의 조카』(1955), 『마지막 전투』(1956)로 구성되어 있다. 아동 판타지 문학의 고전으로 평가받는 『나니아 연대기』는 출판 이후 현재까지 전 세계적으로 1억 2천만부 이상이 판매되었고 41개 이상의 언어로 번역되었다고 한다. 감동적이고 교훈적이면서도 매우 대중적인 까닭에, 라디오 극, TV 드라마, 애니메이션, 연극, 영화, 뮤지컬 등으로 다양하게 각색되어 일반에게 잘 알려져 있다.

이 작품은 거대한 스케일의 서사 및 선악의 대결을 배경으로 한다. 신화적 차원에서의 인간 심리 및 상징들이 내재되어 있으며, 기독교 정신과도 깊게 상통한다고 통상 이야기된다. 루이스가 강조한 상상력 개념이 잘 드러나 있기도 하다. 기독교적인지 모르고도 좋게 보는 사람들이 많은데, 마법이 일상적인 '나니아(Narnia)'라는 가상 세계(fantasy world)에서 선과 악의 극명한 대비가 드러나는 신화적인 내용이 줄거리의 기본 근간을 이루고 있는 탓이다. 또한 모험에 대한 간접

경험을 통해 아이들의 정신적 고양을 기대할 수 있기도 하다.—본고는 이 중에서 1편인 『사자, 마녀와 옷장』만을 다룬다.

루이스는 이에 대해 "어떤 사람들은 제가 어떻게 하면 아이들에게 기독교를 소개할 수 있을까 고민하며 글을 썼다고 생각합니다.…하지만 그렇지 않습니다. 모든 것은 이미지와 함께 시작되었습니다. 우산을 들고 있는 파우누스, 썰매탄 여왕, 위대한 사자 같은 것 말입니다. 처음엔 기독교적인 요소가 하나도 없었습니다. 그런 것은 저절로 이야기 속으로 들어왔습니다"라고 말했다고 한다.[1] 『사자, 마녀와 옷장』이 성경 및 기독교 교리 등을 잘 함축하며 이를 알 수 있게 해주고 있지만, 정작 루이스는 성경적인 관점에서 아이들에게 들려줄 만한 판타지 이야기를 쓰려 했다는 것이다. 카카이넨(P. A. Karkainen)의 평처럼, 이 이야기에 감동받는 사람들은 여러 다양한 의미를 동시에 깨달을 수 있다[2]고 하는데, 이러한 상황을 신화로 설명할 수 있을 듯도 하다.

『사자, 마녀와 옷장』이 대중문화로 이식된 작품 중에서 현재 가장 유명한 것은 미국의 디즈니가 2005년에 만든 《나니아 연대기: 사자, 마녀 그리고 옷장》이다. 웅장하고 멋진 CG로 나니아 세계가 적절하게 구현되어 많은 관심을 끌었다. 하지만 그 보다 훨씬 이전인 1979년에 《사자, 마녀, 그리고 옷장》 애니메이션이 제작되어 상당한 반향을 일으켰다.[3] 영미권의 올드팬들 중에는 어렸을 때 보았던 이 애니메이션에 대해 지금도 특별한 술회를 표시하는 이들도 있다. 현재의 컴퓨터 테크놀로지 기술과 비교하면 다소는 고루한 2D 애니메이션이지만, 『나니아 연대기』라는 판타지가 70~80년대 당시의 아날로그적인 문화 분위기가 많이 드러나는 방식으로 애니메이션화 되어 있으며, C. S. 루이스의 관점들 또한 잘 함축되어 있다고 평가할 수 있다. 본고는 이 측면을 고찰하기 위해 먼저 일반적으로 알려져 있는 루이스의 기독교관을 요약 정리하고, 둘째로 이 내용들이 어떻게 『사자, 마녀와 옷장』 이야기 안에 내포되어 있는지에 대해 신화의 관점을 감안하여 주요 사건과 설정들에서 살펴보며, 끝으로 1979년의 애니메이션 작품에 이 내용들이 장면 이미지들로 어떻게 구현되었는지를 검토해 본다. 이를 통해 『나니아 연대기』에 내포된 상징들뿐만 아니라 『나니아 연대기』가 무엇을 상징하고 있는지도 파악해보려 한다.

2. C. S. 루이스의 기독교관

옥스퍼드와 캠브리지 대학교에서 교편을 잡았으며 중세·르네상스기를 전공한 영문학자이자 기독교 저술가인 C. S. 루이스는 엄밀히 말하면 영국인이 아니라 아일랜드인이다. 당시 아일랜드는 영국에 합병되어 있었으므로 그는 당연히 자연스럽게 영국인이었다.—그의 고향인 북아일랜드의 벨파스트는 지금 현재도 영국의 한 지역으로 속해있다. 그는 아일랜드에 대한 애착이 강했다고 하는데, 10대 후반 영국 잉글랜드에 왔던 그는 여러 다양한 문화 충격을 받았으며, 이후 잉글랜드에서 계속 살면서도 아일랜드인들의 모임에 자주 참석했다고 한다. 함께 한 집에서 살았던 형과도 좋은 관계를 유지하였다. 루이스는 이미 어렸을 때부터 북유럽, 그리스, 아일랜드 신화 및 문학과 언어 등에 관심을 가졌고 많은 공부를 했다. 그는 어린 시절 어머니가 병사함에 따라 기독교 모태 신앙(아일랜드 성공회)을 버리고 무신론·회의론자가 되었으며, 특히 켈트(Celts) 신비주의 신화와 초자연적인 마술에 지대한 관심을 가졌다.

젊은 시절, 옥스퍼드 대학교에서 문학과 철학을 공부하면서 루이스는 예이츠(W. B. Yeats), 메테를링크(M. Maeterlinck), 브래들리(F. H. Bradley), 버클리(G. Berkeley), 베르그송(H. Bergson), 헤겔(G. W. F. Hegel) 등의 작가나 학자에게 많은 관심을 가졌다. 또한 그는 유물론, 관념론, 변증법, 범신론, 심령론과 신비주의 철학 및 문학 사조들을 섭렵하였다. 한 동안 그는 무신론자가 되면서 기독교에서 많이 멀어진 상태에 있었지만, 그러면서도 영국 판타지 문학의 선구자로 추앙받는 조지 맥도널드(G. Macdonald)와 스펜서(E. Spenser), 밀턴(J. Milton), 번연(J. Bunyan), 허버트(G. Herbert) 등 기독교 배경 작가들의 서적들도 함께 읽으면서 기독교 신앙에 대한 회의와 고민을 계속하였다.

졸업 후, 루이스는 옥스퍼드 대학교의 강사로 일하면서 동료였던 톨킨(J. R. R. Tolkein)과 매우 친해졌다. 두 사람은 다른 몇몇 동료들과 함께 '잉클링스(Inklings)'라는 문학 모임을 만들고 자신들이 쓴 작품들을 발표하고 토론하였다. 이때 독실한 가톨릭 신자였던 톨킨은 고대 신화와 기독교 복음에 대해 루이스와 많은 이야기를 나누었고, 루이스를 회심시켜 기독교인으로 되돌려 놓는데 큰 역할을 했다. 루이스는 31세 되던 해인 1929년 부활절 이후 유신론자가 되었고, 다시 그로부터 5년 후에는 기독교 신앙을 완전히 회복하여 독실한 기독교 신자(영국 성공회)가 되었다. 1933년에 『순례자의 귀향』을 출간한 이후, 『고통의 문제』, 『스크루테이프의 편지』, 『순전한 기독교』, 『기적』 등 기독교 서적을 계속 집필해서 출간하였다. 현재 루이스의 책들은 기독교 이해의 고전으로 남아있다.

C. S. 루이스의 기독교관은 기독교를 논리적으로 설명하고자 하는 '기독교 복음 변증론'으로 요약된다. 지성적이면서도 합리적이었던 그는 기독교의 영성을 철저히 신봉하는 복음주의자였으며, 기독교의 논리 안에서 인간 상상력의 중요성을 강조하였던 초교파적인 저술가였다. 루이스 기독교관의 배경은 대체적으로 초자연주의(supernaturalism)와 순수복음주의(pure evangelicalism)라는 두 가지 요소로 이해된다.[4] 먼저 초자연주의는 20세기 중반 영국 지성계 전체가 과학적 자연주의(naturalism)와 분석철학(analytic philosophy)에 영향을 받았던 것과 관련이 있는데, 모두 수리 논리적이고 과학적인 세상만을 인정하는 사상 체계로 20세기 현대 과학과 세계관의 배경이 되었다. 루이스는 이러한 사고만이 전부가 아니라는 견지에서 일종의 '초자연주의적인 실재론'을 주장하였다. 제라드 리드(G. Reed)는 루이스의 이 생각을 "그는 하나님과 존재하는 모든 것들의 객관적 실재를 믿었으므로, 객관적 진리들을 굳건히 옹호했다. 영원한 것만이 삶의 궁극적인 저울에 올라선다. 그리고 영원한 실재들은 우리 일시적인 피조물과 무관하게, 외부에 객관적으로 존재한다"[5]라고 요약 정리한다.

한편 순수복음주의는 그의 변증론(apologetics)과 깊은 관계가 있다는 것이

증론이다. 루이스는 이성과 상상력 개념을 통해, 기독교 신앙에 타당한 근거와 논리가 있으며, 상상력을 활용한다면 천국을 미리 알고 볼 수 있게 된다고 역설하였다. 이성적으로도 기독교를 옹호할 수 있다고 본 것이다. 루이스에 따르면, 무신론은 단순하고 편한 논리며 기독교는 도덕적인 근거 하에 사람들로부터 모호하게 인지되는 유일신론이 되어서는 안 된다고 한다.—다만 그 스스로도 이 논리를 신학으로 호칭할 수 없으며, 평신도였던 본인 역시 스스로 자신이 신학자가 아님을 강하게 피력하였다. 그는 사람들이 기독교를 순순히 수용하지 못하는 이유를 기독교 논리가 믿을 수 있을만하게 일관적이지 못해서 그렇다고 생각하였으며, 이에 대한 해결책을 제시하려 했다. 그의 변증은 기독교의 교리나 말씀 등을 넘어 '기독교 자체를 변호'하는 것이었다. 특히 종교로서의 기독교가 아니라 사도들과 순교자들이 증언하고 선포한 기독교의 신앙을 변호하는 것이었다. 그는 이 기독교 변증론을 통해 기독교의 복음을 전파하는 것이 자신의 사명이라고 믿었다. 또한 기독교인들에게는 기독교가 지니고 있는 복음을 보다 더 확실하게 내면화하여 수용하는 데 도움을 주고자 하였다.

루이스는 기독교를 '신화가 사실로 온 것(myth became fact)'으로 이해한다.[6] 그에게 있어서 성경은 신화인 동시에 사실이다. 그는 성경에서 일어난 각종 사건들을 신화적 주제들의 역사적 사건들이면서도 실제 발생한 일들로 믿는다. 본래 루이스는 독실한 기독교 신앙인이 되기 이전에는 부활한 그리스도 이야기를 일반적인 고대 신화 속의 한 이야기처럼, 또한 하나님에 대해서도 고대의 신과 크게 다를 바가 없다고 생각하였다. 그러나 유신론을 받아들이고, 기독교로 회심한 이후에는 크게 달라졌다. 그에 의하면, 고대 신화 내용들은 논리적 비약이 심하고 실제로 발생했던 일이라고 믿기 어렵지만, 성경 내용들은 비록 인간의 논리로 이해 안 되는 부분이 많다 하더라도 충분히 정합적이며 실제로 일어날 수 있는 사실로 볼 수 있다고 한다. 그렇다고 그가 신화를 나쁘게 본 것은 아니다. 루이스는 신화가 기독교 복음에 긍정적인 영향을 미친다고 좋게 생각했다. 고대 신화 또한 매우 중요하며 이를 통해 기쁨을 경험할 수 있게 된다고 보았다. 고대 신화는 하나님이 시인들의 심상으로 자신을 드러내는 방식이며, 기독교의 내용들은 사실을 통해 하나님이 자신을 드러내는 방식이라고 생각했다.[7)]

루이스는 이 견지에서 그리스도의 성육신과 죽음과 부활 모두를 실제로 일어난 역사적 사건이라고 확신한다. 물론 고대 신화에도 신의 부활과 관련된 이야기가 많으며, 그리스도의 추종자들이 예수의 부활을 그에 부합해 창작했다는 설에 대해 루이스도 아주 잘 알고 있었다. 그러나 그는 다른 고대 신화의 부활 이야기들이 현실에서는 실제로 일어날 가능성이 없는 창작 이야기일 뿐이라고 단언한다. 더 나아가 그는 그리스도 부활과 관련된 역사적 사건이 실제로 예비되어 있었기에 고대 신화에서의 그러한 이야기들이 가능했다고, 또한 하나님은 시공간을 초월하는 존재이기 때문에 가능했다는 방식으로 이해한다. 고대 신화들 또한 근원적으로는 하나님으로부터 오는 것이라고 그는 믿었다. 루이스에게 기독교와 고대 신화의 유사성은 오히려 문제가 아니라 진실과 진실의 모방 정도로 보여지는 것이다.[8)] 의문의 여지없이 대부분의 기독교 문화콘텐츠를 잘 이해하는데 있어서는 이 부활과 관련된 내막[9)]이 가장 중요하다.

기독교에서 말하는 '고통'과 '기적'은 루이스의 기독교관에서 핵심적인 주제다. 감각적인 고통이 아닌 고난, 시련과 같은 정신적인 고통을 말한다. 기독교인에게 있어서는 전능하고 선한 하나님이 현실에 고통을 허락할리가 없다고 생각하는 것이 당연하다. 그러나 그는 고통이 하나님을 바라보게 하는 하나님의 메가폰이며, 하나님이 있기 때문에 고통이 필요하다고 정의한다.[10)] 사람은 고통 때문에 무엇인가 잘못되었다는 것을 알게 되며, 고통을 통해 생각을 바꾸고 고통 속에서 하나님을 선택하고 열심히 살 수 있다. 인간의 잘못된 자유의지 혹은 선택 탓에 고통이 인간에게 들어올 수 있는 것이다. 그는 하나님이 인간을 구원하고 더 나은 목적을 위해 고통을 사용한다고, 하나님이 인간을 사랑하기에 죄를 일깨우고자 고통을 준다고 본 것이다. 원래부터 고통은 (통상 아이에게 더) 교육적인 효과를 갖고 아집을 내려놓게 하는 장치로 사용된다. 고통을 통해 인간은 자신 스스로 다 알 수 없는 하나님에 대해 보다 생생한 경험을 할 수 있게 된다. 따라서 고통받는 자들의 인내심과 인간다움 역시 매우 중요하다. 고통을 받는 인간이 회개를 하고 천국을 소망하며 하나님을 경외하는 마음으로 살게 된다면 더욱 값지며 고통스런 현실이 기쁨이 될 수 있고 기적도 일어나게 된다.[11] 회개는 하나님께 돌아가는 가장 중요한 방법이며 이를 통하지 않고는 불가능하다고 그는 강조하였다.[12]

'기적'은 이 맥락에서 연결된다. 루이스는 "기적을 자연에 대한 초자연적인 힘의 간섭"으로 규정한다. 초자연주의를 적극적으로 긍정하는 그에게 있어서 기적은 아주 현실적인 개념이다. 그는 기적이 과학의 시대에도 가능하며, 과학과도 반대라고 생각하지 않는다. 넓게 보면 과학 역시 하나님의 영역 중 일부며 기적을 경험한 사람들은 현대에도 많다. 인간은 폐기되는 사물이 아니며, 세상은 인간이 보통 인지하는 자연법칙으로만 구성되어 있지 않다. 초자연, 곧 기적은 자연법칙을 깨지는 못하지만 얼마든지 개입해서 변화시킬 수 있으며 새롭게 할 수 있다. 기적은 초인격적 존재인 하나님의 간섭이며 자연법칙에 기적이 배제되어 있다고 볼 수 없다는 것이다. 하나님은 의롭고 창조적이며 모든 존재자들의 중심인 동시에 사실들의 원천이므로, 하나님의 은혜로 기적들이 발생하는 것은 이상하지 않다고 그는 보았다.[13]

악의 문제 역시 중요하다. 루이스에게 있어서 고통은 악이 아니다.(고통은 살균되고 소독된 악이라고 한다) 악은 악마들이 실제로 행하는 일들로, 하나님에 대한 불순종과 교만으로부터 시작된다.—본래 악이 자유의지의 남용인 불순종과 그에 따른 타락이라는 것은 아우구스티누스(Augustinus)의 입장이다. 악마들은 인간세계에 상주하면서 인간으로 하여금 세상에서 쾌락을 추구하고 탐욕적으로 살게 만들어 지옥으로 영혼을 데려가고자 한다.[14] 그들이 인간을 유혹하여 이처럼 살게 부추기는 일을 악이라고, 그 구체적 결과를 죄라고 정의할 수 있다. 쉽게 확인되는 죄는 가톨릭에서 말하는 칠종죄인, 교만, 시기, 분노, 호색, 탐식, 게으름, 탐욕[15]이다. 악마는 인간을 세밀하게 관찰하고, 상황과 성격에 따라 인간의 정신과 육체와 영을 공격해서 악에 빠지게 하여 죄를 짓게 만든다. 분별, 정의, 용기,

절제, 믿음, 소망, 사랑이라는 덕목으로부터 인간을 멀리하게 만든다. 한 인간을 하나님으로부터 떠나게 하려는 것이다.

루이스에 따르면 이 죄와 악을 넘어설 수 있는 인간의 무기는 기도이다. 기도는 하나님과 인간이 나누는 친밀한 대화이며, 하나님의 의도대로 인간의 삶과 영혼을 바꿀 수 있게 하는 가장 강력한 수단이다. 겉과 속이 다른 기도, 일상과 그에 부합되지 않는 기도는 악마가 공격한 결과의 산물이라 할 수 있다. 전심을 다하는 기도를 통해 하나님이 인간의 삶과 영혼에는 직접 개입하며, 기적 또한 발생할 수 있게 된다. 더욱이 루이스에 따르면, 자신의 요구를 들어달라고 하는 기도보다, 하나님은 하나님의 전지전능을 인정하고 하나님의 의와 인도를 좇아 자신을 바꾸어 가면서 그에 따라 살겠다고 하는 기도에 응답한다고 한다. 반면 악마는 이처럼 하나님의 의를 따르고자 하는 진지한 기도에 인간이 임할 수 없게 하기 위해 온갖 종류의 수단과 방법을 동원한다.[16]

3. 상상력, 그리고 원작 소설의 서사 및 상징

기본적으로 C. S. 루이스는 신화가 기독교를 깊게 잘 이해할 수 있게 해주는 통로라고 믿었다. 권연경은 루이스의 생각을 "신화는 구체적인 이야기를 통해 삶의 보편적 진리를 느끼게 해줄 뿐 아니라 지금까지 할 수 없었던 경험을 할 수 있게 함으로서 단지 삶을 해명하는 대신 삶 자체를 더 삶답게 만들어 주는 것"[17] 또한 "복음이라는 사실을 체험하도록 하는 데는 지성적 설득을 의도한 변증적, 교리적 저술로는 부족하다. 우리 상상력을 자극하고 우리 속에 열망을 자극하는 상상적 작용 또한 필요하다. 루이스는 신화라는 양식을 통해 이 목표를 이룰 수 있다고 생각했다"[18]라고 정리한다. 『나니아 연대기』의 첫 번째 소설인 『사자, 마녀와 옷장』에는 이러한 그의 기독교관이 분명하게 내포되어 있다. 비록 시간적으로 그가 집필한 기독교 서적들 중의 상당수는 『사자, 마녀와 옷장』의 집필 이후에 출간되었지만, 그가 가진 기독교관의 주요 단초들을 이미 찾아볼 수 있다. 작품 속에는 부활, 고통, 기적, 악과 죄 등의 기독교적 서사와 상징이 내재되어 있으며 이는 신화적 서사와 상징과도 연결된다.

『사자, 마녀와 옷장』의 출간 연도는 1950년으로 맨 처음이지만, 『나니아 연대기』에서의 위치는 두 번째 에피소드에 해당한다. 1955년에 출간된 『마법사의 조카』가 첫 번째 에피소드다. 『마법사의 조카』는 『사자, 마녀와 옷장』 및 그 이후 이야기들에 대한 프리퀄, 곧 전사편(前史篇)으로, 『사자, 마녀와 옷장』에서 아이들을 데려와 돌보는 디고리 교수의 어린 시절 나니아 세계 경험에 대한 이야기다. 전체 『나니아 연대기』에서 나니아에 맨 처음 도착했던 인간은 소년 시절의 디고리다. 프리퀄 개념에 근본적으로 함축된 내용이 그렇듯, 이 프리퀄 이야기를 알게 되면 『사자, 마녀와 옷장』을 보다 잘 이해할 수 있게 된다.

디고리는 앤드루 외삼촌의 서재에서 마법의 반지를 끼고 친구 폴리와 함께 다른 세계로 가게 된다. 그는 그 곳에서 제이디스 여왕이라는 마녀를 현실 세계로 잠깐 데려 오지만, 폴리, 마부, 앤드루와 함께 다시 다른 세계로 가게 되는데, 아무 것도 존재하지 않는 그 세계에 위대한 사자 아슬란이 홀연히 나타나 생물들로 가득 채운 나니아 세계를 창조하는 것을 목격한다. 동물들 중 일부는 말하는 동물들로 다시 태어나며, 마부와 나중에 현실 세계에서 빨려 들어온 마부의 아내가 인간만이 통치하는 것을 허용하는 이 나니아 세계의 왕과 왕비가 된다. 한편, 아슬란은 디고리에게 언덕에 있는 사과를 따오라고 명령하는데, 중간에 마녀 제이디스가 나타나 사과를 베어 물며 디고리에게도 먹으라고 유혹하였다. 하지만 디고리는 이를 거절하고 사과를 아슬란에게 가져다 준다. 나중에 디고리는 이 사과를 현실 세계로 가져와 어머니를 치료하고, 씨를 심어 사과나무로 가꾼다. 몇 십년이 지난 후, 이 나무는 폭풍우로 쓰러지는데, 디고리는 이 나무로 마법의 옷장을 만든다. 『사자, 마녀와 옷장』 이야기는 이 마법의 옷장을 통해 또 다른 아이들이 나니아 세계로 들어가 생겨나는 사건이다.

『마법사의 조카』 역시 아이들을 위한 동화다. 이야기 전개에서 쉽게 추측될 수 있듯, 나니아 세계의 창조는 성경 속 창세기 편과 맞닿아 있다. 사자 아슬란의 나니아 세계 창조는 하나님의 지상 세계 창조와 대비될 수 있을 만큼 닮아 있으며, 세계를 창조하는 하나님의 역할을 아슬란이 담당하고 있다. 사과 역시 성경의 창세기에 등장하는 유명한 과일이며, 이 이야기에서도 인간을 유혹하는 도구의 은유로 사용된다. 그렇지만 사과가 그리스 신화의 헤라클레스 편에 등장하는 불로장생 사과처럼 마법적 치료의 힘을 지닌 과일로 사용되었다는 점 역시 간과되어서는 안 될 부분이다. 반면, 디고리를 유혹하는 제이디스 여왕은 나니아 세계에 들어온 악 그 자체로 사탄에 대한 은유로 생각될 수 있으며, 『사자, 마녀와 옷장』에서 하얀 마녀로 발전하기 전의 모습이다. 세계 창조와 동시에 선과 악이 생겨났다는 설정의 우회적인 표현으로 볼 수 있을 것이다. 크리스틴 디치필드(C. Ditchfield)는 『마법사의 조카』의 중심 주제를 교만과 유혹과 죄, 악의 힘이라고 규정한다.[19)]

『사자, 마녀와 옷장』은 『마법사의 조카』가 집필되기 훨씬 이전에 발표되었지만, 『마법사의 조카』 이후의 내용이므로, 세계 창조의 상징과 연결되지는 않는다. 대신 기본 콘셉트를 신화에서 흔히 찾아볼 수 있는 절대 선과 절대 악의 대결 및 절대 선의 승리에 두고 있다. 이것은 신화가 고유하게 담지하고 있는 중요한 측면으로 철학, 사회학 등 여러 방향으로 신화 이야기의 내용을 보다 깊게 생각해 줄 수 있게 만들어 주는 중요한 요소다. 신화는 감탄, 경외, 열정 등을 사람들로 하여금 불러일으키게 만드는 이야기로 항상 질서와 정의를 추구한다. 나아가 그렇기 때문에 사람들로 하여금 신성이라는 권위와 인간의 삶을 동시에 존중하게 만들어 주는 장치 역할을 하며, 이를 통해 인간의 사회와 윤리라는 틀을 효과적으로 구성하여 유포할 수 있게 해 주고 있음을 유의할 필요가 있다.

신화는 인간이 지니고 있는 상상력 폭발의 사회적 결과물이며, 인간의 심리 및 사회적 원형과 직결된다고 할 수 있다. 초자연적인 존재를 쉽게 만나기 어려운 일반의 인간들은 보통 상상력의 도움을 통해 초자연성이나 신성 등과 같은 개념을 이해해 왔다. 또한 그러한 존재들을 신화라는 이야기 속에서 때로는 만들어

내었으며, 이에 대해 널리 이야기하고 전승해 가면서 사회를 만들어 가고 규정시키며 발전해 왔다. 주지하듯 신화(myth)는 희랍어 mythos(말로 이야기함)라는 어원과 연결된다. 바꾸어 말해 인간은 자신의 삶과 사회의 목적, 미덕, 미래에 대한 비전 등을 상상력의 도움으로 만들어 내고 거미줄처럼 짜왔던 것이다. 상상력을 통해 문화와 자연들은 신화라는 틀 안에서 각종의 다양한 방식으로 혼종되고 발현될 수 있었다. 상상력은 문자, 말, 이미지 등 여러 방식으로 드러날 수 있으며, 시공을 초월하면서 시적으로 예술적으로 다양하게 구현되어 왔다. 브루스 에드워즈(B. Edwards)의 말처럼, 상상력은 모든 인간에게 있는 마법과도 같은 능력일 것이다. 이야기 속에서 마법사들이 마법을 통해 모든 것을 구현해 낼 수 있듯, 인간은 상상력을 통해 모든 것을 구현해 낼 수 있다.[20] 비록 물리적으로 실제로 구현해 낼 수는 없다 할지라도 적어도 상상으로는 얼마든지 가능하다는 의미다.

언뜻 보기에 이 상상력 개념은 인간의 이성이나 감성 등과 연결되어 있는 것 같지만, 루이스는 성경 및 신앙과도 여러 면에서 상통한다고 보았다. 브루스 에드워즈는 루이스의 견해를 "하나님은 전능한 말씀으로 혹은 '마법을 걸어' 우리의 세계가 존재하게 하셨다. 복음(gospel)은 '선한 마법(good-spell), 즉 믿기만 하면 우리를 구원해줄 선한 말씀"[21]이라고 정리한다. 인간의 상상력은 마법이나 막연한 기대가 아니라 기독교인들에게는 신앙이 될 수 있다고 루이스는 본 것이다. 신앙이라는 견지에서 본다면, 기독교인들은 절대자인 하나님과 천국을 상상하고 기도함으로 인해 더욱 신앙이 깊어질 수 있게 된다. 루이스가 말하는 상상력은 이 측면에서 신앙과 직결되며, 그렇기에 나아가 기적과도 직결될 수 있다. 물론 보기에 따라 이 같은 루이스의 사고방식은 엄밀히 말하면, 신화와 성경 사이에서의 교묘한 줄타기로 이해될 수도 있을 것이다. 현실적으로 이러한 설명은 상상적 이야기나 신화에 친숙한 일반인들로 하여금 성경에 보다 친숙하게 접근할 수 있는 계기를 만들기 때문이다. 그렇지만 적어도 이는 일종의 사회적 원형 프로그램으로서의 신화 속에 의식·무의식적으로 내재된 각종의 규칙들과 내용들에 근거하여 기독교적 신앙과 성경에서 말하는 하나님과 인간의 관계를 보다 객관적으로 인지하고 수용할 수 있게 해 주고 있다.

상상력에 대한 이러한 이해는 상상력의 지위를 반성해 볼 수 있게 한다. 이 이해는 상상력을 인간의 집단 무의식이나 심리적 원형과 상통하는 인간의 능력만이 아니라 마법과도 연결된다고 간주할 수 있게 만든다. 마법이나 마법적 사고라는 개념 이전에, 인간의 사고 자체가 어느 정도는 마법이라는 면을 생각해 보게 해 주고 있다는 것이다. 인간이 사회를 만들고 자신의 삶을 가꾸어 나갈 수 있는 근원에는 인간이 자신의 상상력과 결부된 사고를 통해 마치 마법을 걸듯, 자신과 자신이 속한 사회에 목적성과 미래성을 끊임없이 부여한다는 점에 있다. 인간 개인은 누구나가 다 자신의 삶에 자신만의 마법을 걸고 있는 존재인 것이다. 그러므로 상상력은 허구의 세계나 현실의 사회 등을 형성하는 장치인 동시에, 인간을 인간이게끔 하는 또한 개인을 개인이게끔 하는 인간의 존재성 혹은 개인의 존엄성을 규정짓는 기제라고 말할 수 있다. 그렇기에 선과 악, 유토피아를 그리는 이 상상력 때문에 인간과 사회에서의 온갖 갈등과 투쟁 또한 생겨날 수 있게 되었다. 창의적인 생각을 생산하고, 사람들로부터 동의를 얻고, 이를 후대에 전승시키는 과정은 상상력의 작용이 없다면 불가능하다. 곧 상상력은 신화나 성경을 논하기 이전에 인간이 기본적으로 지니고 있는 생물-심리적 요소라고 정의할 수 있다. 상상력이 문자, 말, 이미지 등과 연결된다는 것은 곧 인간의 존재 특성 그 자체를 말한다고 볼 수 있는 것이다.

『사자, 마녀와 옷장』과 같은 판타지는 이러한 상상력의 복잡한 측면이 실질적으로 구현되어 외부로 도출되어 나온 결과물이다. 특히 이처럼 신화와 성경에 함께 근거하는 루이스의 판타지 소설에는 상상력의 2단계가 내포되어 있다고 볼 수 있다. 상상력과 상통하면서 형성된 루이스의 기독교관이 내재된 측면, 그리고 이 내용들과 상통하는 각종의 신화적 상상력이라는 측면 탓에 이 같은 판타지가 만들어질 수 있는 것이다. 『사자, 마녀와 옷장』은 2차 대전 당시 런던 공습으로 디고리 커크 교수의 집으로 피신한 피터, 수잔, 에드먼드, 루시라는 4명의 아이들이 옷장 속으로 들어가 나니아 세계로 가게 되는 것으로부터 시작한다. 아이들 중,

에드먼드는 젤리 때문에 나니아의 여왕이라고 자칭하는 하얀 마녀의 유혹에 빠지게 된다. 이후, 나니아를 완전히 차지하려는 하얀 마녀 및 괴물들 편과 그에 반대하는 사자 아슬란과 아이들 및 생물들 편으로 나뉘게 되어 큰 전투를 치루게 되고, 아슬란 편이 승리한다. 이 과정에서 에드먼드를 구하기 위해 아슬란은 살신성인했다가 부활한다. 전체 이야기는 단순하지만 아슬란이 부활해서 살아 돌아와 하얀 마녀를 물리치는 극적인 요소가 있으며, 이를 만들어 내기 위한 배신과 부활, 절대 선과 절대 악, 겨울과 봄, 마법과 전투 등 각종의 신화적 요소들이 적절하게 배합되어 있기도 하다. 이 맥락은 소설 속 판타지 배경으로서의 초자연주의로 현실의 실제 모습들과 대비시키기 위함일 것이다.

주인공을 돕는 사자 아슬란에게서는 하나님과 그리스도의 모습을 볼 수 있다. 『마법사의 조카』에서의 창조주 아슬란은 『사자, 마녀와 옷장』에서는 죽음에서 부활하는 구원자의 역할을 하고 있다. 이러한 설정은 상상력에서 비롯된 것만은 아니다. 구원자 예수 그리스도는 하나님의 어린 양(Lamb of God)인 동시에 유다의 사자(Lion of Judah)라는 표현이 성경 곳곳에 등장한다. 실제로 루이스는 어린 소녀에게 보내는 한 편지 글에서 그리스도가 유다 지파의 사자로 불리며 사자는 백수의 왕으로 불리기 때문이라고 사자에 대해 설명한 바 있다.[22] 신화의 일반적 관점에서 사자는 인간을 넘어서는 강력한 힘이나 신들의 어머니를 상징한다. 성경의 구약 에스겔 편과 신약 요한계시록 편에도 사자는 하나님을 찬송하는 네 생물(사람, 사자, 송아지, 독수리) 중의 하나로 나오며, 전통적으로 4복음서(마태, 마가, 누가, 요한) 중에서 날개 달린 사자는 마가(Lion of Saint Mark)를 상징하는 것으로 서양 회화 작품에 보통 등장한다.[23] 성경의 마가복음은 4복음서 중에서 그리스도의 부활을 잘 설명하고 있다. 사자의 금빛 갈기에서 그리스도의 머리카락이 연상된다는 통설 또한 있다.

사자 아슬란에게는 세상을 창조하며 악을 제압하고 모든 것을 원상태로 되돌릴 수 있는 강력한 마법의 힘이 있다. 또한 그는 태초 이전의 마법이라는 표상을 통해 죽음으로부터 부활하는 권능을 사용할 수 있는 존재이기도 하다. 아슬란에게 있어서의 기적은 신기한 일도 자연법칙을 깨는 일도 아니다. 초자연주의를 통제할 수 있는 능력을 가지고 있으며, 자연법칙까지도 포함하는 더 큰 의미에서의 법칙을 잘 알고 이를 조절하고 있다. 즉 공평과 정의의 위험한 선을 지니고 있는 '길들여지지 않는 사자 아슬란'—야성의 사자라는 의미로 인간성을 초월한다는 함축이 있음—에게서 성부·성자·성령의 삼위일체[24)]를 볼 수 있게 되는 것이다. 소설 속에서 인간과 나니아 세계의 피조물들이 바다 황제의 아들인 아슬란을 경외할 수밖에 없는 이유다.

『사자, 마녀와 옷장』에서의 고통은 아이들에게 부과된 고난 과정으로 이해될 수 있다. 막내인 루시가 나니아 세계로 와서 파우누스인 툼누스를 먼저 만나게 되고, 이후 피터, 수잔과 함께 아슬란을 찾아 나서는 과정, 하얀 마녀에게 쫓겨 도망 다니는 상황 등은 절대자를 찾아가는 여정으로 이해될 수 있을 것이다. 아슬란을 만나기 이전까지 비버 부부와 함께 3명의 아이들은 늑대에게 생명을 위협당하고, 강물에 빠져 떠내려가는 등 온갖 고생을 하게 된다. 루이스에게 있어서의 고통은 하나님을 찾게 하고 경외하도록 만드는 장치인데, 이야기 속에서는 이러한 형태로 표현되어 있다. 반면, 하얀 마녀에게 속아 그녀의 편이 된 에드먼드에게서는 악과 죄가 무엇인지를 명확하게 볼 수 있게 된다. 루시의 말을 믿지 않다가 터키 젤리의 맛에 유혹 당해 탐식의 죄를 짓게 된 에드먼드는 하얀 마녀의 편을 들 수밖에 없게 되는 마법에 걸린다. 이후 교만, 시기, 분노, 탐욕 등 온갖 죄들이 그의 마음 속에서 생겨나게 되어 절대자 아슬란을 우습게 보고, 대신 하얀 마녀에게 두려움과 경외심을 갖게 된다. 루이스가 말하는 악마의 꾀임에 넘어간 것이다. 아슬란의 죽음과 부활은 이 에드먼드를 구하기 위함이었다.

인간 세계에서 나니아 세계로 들어와 절대자 아슬란을 찾기 위해 고통을 겪으며 헤맨 아이들은 모두 처음에는 평범한 아이들이었다. 하지만 시간이 지나고 산타클로스의 크리스마스 선물로 검과 방패, 활과 화살, 마법의 치료약 등을 각기 받게 되면서 전사와 마법사로 거듭나는 기적을 보이게 된다. 크리스마스 선물이 진정 지향해야 하는 바가 무엇이어야 하는가를 우회적으로 암시하는 듯한 느낌을 받게 된다. 상황에 맞는 적절한 선물 내용과 그에 따른 교육이 아이들을 보다 긍정적으로 바꿀 수 있게 한다는 논리 또한 들어있다. 결국 크리스마스 선물 및 하얀 마녀 편과의 전쟁에 담겨진 의미는 곧 하나님의 말씀으로 무장하고 기도를 통해 악과 전쟁하여 최종적으로 승리해야 한다는 내용을 상징하고 있다. 악과 죄를 넘어서려는 기도, 자신뿐만 아니라 세상을 위한 기도는 기독교인들에게는 악과 싸우는 전쟁이나 마찬가지다. 악에 빠졌다가 회개하고 돌아온 에드먼드는 하얀 마녀 편과의 전쟁에서 결정적인 역할을 한다. 루이스의 『사자, 마녀와 옷장』은 이처럼 상상력과 신화적 서사 및 상징이 결합되어 있으면서도, 성경 내용들과 기독교의 덕목들을 풍부하게 내포한 작품이라 할 수 있다.[25)]

4. 애니메이션 《사자, 마녀, 그리고 옷장》

1979년의 애니메이션 《사자, 마녀, 그리고 옷장》은 70년대 후반 및 80대 초반의 애니메이션 작화 스타일을 따르고 있는 것 같다. 전반적으로는 약간 선이 굵은 듯한 동화책과 같은 형태의 애니메이션으로 사실감이나 입체감 보다는 아이들에게 보다 친숙하고자 하는 2D 형태의 그림이다. 사물의 그림자나 명암 표현 등은 분명하지 않게 디자인 되었으며, 등장인물과 사건을 보다 명확하게 보여주는 방향으로 애니메이션 그림이 그려져 있는 듯한 느낌을 주고 있다.

메인 캐릭터인 피터, 수잔, 에드먼드, 루시는 각각의 성격에 잘 맞게 묘사되어 있다. 맏형인 피터는 아직 어리지만 듬직하게, 둘째인 수잔은 상냥하고 지적이게, 문제를 일으키는 셋째 에드먼드는 다소 반항아적으로 그려져 있다. 막내인 루시는 귀엽고 사랑스러우며 붙임성 있는 듯한 외모와 몸짓을 보이고 있다. 아이들의 외모나 표정 등만으로는 신화나 성경 내용들을 거의 떠올릴 수 없다. 판타지의 세계로 자신도 모르게 이끌리는 일반 가정의 평범한 아이들처럼 보인다.

마법의 옷장 속 털코트들을 헤치고[26)] 나아가서 나니아 세계에 먼저 잠깐 다녀오는 막내 루시는 발랄하고 순수한 소녀로, 나니아 세계의 파우누스인 툼누스 씨의 모습과 대비된다. 본래 신화 속의 파우누스(pan)는 팬파이프(pan pipe)를 연주하며 인간을 유혹하는 목신(牧神)인 탓에 때로는 그로테스크 하게 묘사되는 경향까지 있다. 그러나 이 애니메이션에서는 루시의 상대역일 수 있도록 앙증맞고 귀엽게 표현되어 있다. 동화인 탓에 그렇다는 측면도 있지만, 애니메이션의 전체 분위기를 미리 볼 수 있게 한다는 측면도 있다. 툼누스 씨는 처음에는 하얀 마녀의 편을 들어 루시가 이브의 딸인 인간임을 확인한 다음에 루시를 자신의 집으로 초대하여 친절과 따뜻한 차를 제공하면서 유혹하려다가, 이내 잘못을 깨닫고 나중에 나니아 세계에 대해, 그리고 아슬란이 누구인가를 알려주는 인물이다. 툼누스 씨는 약간은 엉뚱한 면모를 보이는 코믹한 캐릭터로 설정되어 있다.

이야기 속에서 중요한 부분 중 하나를 차지하고 있는 에드먼드에 대한 설정 또한 흥미롭다. 에드먼드는 형제 자매들 중에서 가장 냉소적이며 심술이 많은 캐릭터이다. 표정이나 몸짓에도 이미 그러한 면모들이 충분히 배어있다. 나니아 세계에 대한 루시의 말을 처음에는 가장 강하게 거부했던 인물이기도 하다. 우연치 않게 루시를 쫓아와서 피터나 수잔 보다 먼저 나니아 세계로 들어왔지만, 하얀 마녀가 주는 마법의 젤리 유혹에 걸린 에드먼드는 탐식에 빠져 하얀 마녀의 편을 들게 된다. 형제 자매들에게 거짓말을 아주 쉽게 하고, 절대자 아슬란을 우습게 보면서 하얀 마녀를 무조건 추종하지만, 절대 악인 하얀 마녀의 편에 있으면서도 결국 노예 신세로 전락하고 만다. 악의 유혹에 빠져들어 부지불식간에 죄를 계속 짓게 되는 인간의 모습을 기본적으로 상징하며, 애니메이션은 이 내막을 잘 표현하고 있다. 나중에 밧줄에 묶여 마녀의 하수인인 난장이 광대의 위협을 받으면서 걸어가는 에드먼드의 모습은 마치 죄에 묶여 끌려가는 인간의 모습을 우회적으로 잘 상징하고 있는 듯한 인상이다.

애니메이션에서 하얀 마녀가 사나운 표정의 키 큰 여성으로 묘사되어 있다는 점도 특기할 만하다. 본래 원작에서는 제이디스 여왕인 이 하얀 마녀는 미모의 젊은 여성으로 묘사되어 있다.[27] 마녀는 보통 키가 작거나 나이가 많거나 뚱뚱하고 짙은 의상을 착용하지만, 루이스는 악은 추하기보다는 유혹적이라는 관점에서 이렇게 설정하였다고 한다. 이 애니메이션에는 아이들에게 호감을 줄 수 있는 미모의 여성보다는 다소 비호감을 많이 줄 수 있도록 하기 위해 이런 방식으로 묘사된 듯하다. 전체적으로는 마녀에 대한 루이스의 기본 생각이 반영된 것처럼 보인다.

옷장을 통해 들어온 4명의 아이들은 눈 속에서 헤매다가 비버를 만나게 되는데, 비버 부부의 집을 방문해서 환대를 받고 그들의 인도에 따르게 된다. 비버 부부는 아담과 이브의 아들과 딸인 인간들이 나니아 세계를 이끌게 된다는 예언을 신봉하는 나니아 세계의 생물이다.—비버는 댐을 만들고 집을 지어 사는 동물로 아이들에게 매우 친숙하다. 이야기 속에서 비버는 아이들을 위한 피난처가 되어주고, 아슬란을 만나게 해주는 조력자의 역할을 하고 있다. 애니메이션에 묘사된 비버 부부는 인간으로 치환해서 생각해 보면 마음씨 좋고 편안한 중년 부부의 인상을 하고 있으며, 마치 놀러온 이웃집 혹은 친척 아이들을 대하듯 친숙하게 4명의 아이들을 대하고 있다. 저녁 식사 모습은 서양의 시골 농부가 식사를 만들어 대접하는 듯한 느낌, 나아가 아슬란을 만나기 전이지만 환대를 받는 믿음의 제자들이라는 느낌을 받게 한다. 에드먼드를 제외하곤 아이들 또한 비버 부부의 친절한 접대를 기꺼운 마음으로 받아들이며, 비버 부부로부터 나니아와 아슬란에 대한 이야기를 자세히 전해 듣는다.

에드먼드는 아슬란에 대한 이야기가 나왔을 때, 비버 부부의 집을 몰래 빠져나가고, 이어 3명의 아이들과 비버 부부는 아슬란을 찾아 떠나는 여정에 오른다. 이 애니메이션에서는 이 고난의 여정으로서의 고통을 아이들이 하얀 마녀의 부하인 늑대들에게 쫓기는 장면, 비버 부부와 함께 동굴로 숨는 장면 등으로 배치해서 아이들의 시각으로도 쉽게 이해할 수 있게 해 놓았다. 늑대들의 등장 장면은 다소 위협적이기도 하다. 비버 부부의 집을 떠난 에드먼드는 하얀 마녀를 찾아가지만 그로부터 홀대를 받고, 썰매에 태워져 다른 3명의 아이들을 함께 찾아 나선다.—이때 배경을 주목해서 볼 수 있게 되는데, 하얀 마녀 때문에 나니아 세계는 시작부터 대부분 눈으로 덮여 있었으나 이야기가 진행되면서 잔디와 숲이 드러난다. 성경에서 푸른 초원은 낙원을 의미한다. 특히 분수령이 되는 부분은 비버 부부 및 3명의 아이들이 원탁에 앉아 있는 다른 생물들과 함께 크리스마스[28]와 하얀 마녀의 마법이 약해지게 되어 다가오고 있는 봄 등에 대해서 환호하며 이야기 하는 장면이다. 나뭇가지에서 눈이 녹는 것이 묘사되어 있기도 하다. 마치 성령이 임하기를 기쁘게 기대하는 사도들의 모습과 같은 분위기다.

이어 비버와 3명의 아이들은 아슬란을 만나게 된다. 애니메이션에 묘사된 아슬란은 거대한 사자로 얼굴과 갈기가 일반의 사자 형상 보다 훨씬 더 강조되어 있다. 갈기의 외부는 아슬란의 영적인 측면을 부각하려는 듯, 밝게 빛나는 노란색으로 유달리 강조되어 있다. 전반적으로 아슬란에게서는 근엄하면서도 친절한 표정과 태도를 볼 수 있는데, 그런 한편 동시에 군림하는 왕의 모습과 용맹까지 함께 보게 된다. 나니아 세계 생물들의 정신적 지도자라는 역할을 감당하기에 적절한 묘사로 보인다. 얼굴 표정에서 그리스도 느낌의 30대 남성 모습을 읽을 수 있게 되는 듯도 하다. 한편, 원작 소설에서는 아이들이 자신들의 무기를 산타클로스로부터 건네받는데, 이 애니메이션에서는 아이들이 무기를 아슬란으로부터 건네받는다. 각색으로 인한 이 차이가 어떤 면을 분명하게 지칭하는지는 분명치 않지만, 아슬란의 역할을 애니메이션에서 보다 더 비중있게 표현하고자 했다는 정도로 받아들이는 데는 이견이 없을 것이다.

아슬란의 비중은 전체 배경 그림에서도 잘 드러난다. 아슬란이 있는 주변은 눈이 이미 모두 녹아내려 푸른 평원과 초원으로 되어 있으며, 애니메이션 후반부로 갈수록 눈 배경은 거의 등장하지 않는다. 하얀 마녀와의 전투를 위해 집결해 있는 아슬란 군은 기괴하고 음침한 모습의 괴물보다는 파우누스나 반인반마인 켄타우로스, 유니콘 등 신화적 생물들이 많으며, 전반적으로 밝은 색채[29]의 주변 구성으로 이루어져 있다. 깊은 함축 없이 신화적인 판타지 속의 한 면모가 그냥 그려진 정도로 이해될 수 있지만, 선한 편을 그리고 있음은 분명하다.

하얀 마녀가 돌 탁자[30] 위에서 아슬란을 죽이는 장면은 아이들 애니메이션임을 감안하여 멀고 짧게 처리되어 있다. 3개의 기둥이 강조되어 있는데, 골고다 언덕의 세 십자가를 연상케 한다. 한편, 아슬란이 부활해서 나니아 세계의 생물들을 호령하는 장면들은 대체로 드라마틱하게 묘사되어 있다. 특히 아슬란이 하얀 마녀의 성에 들어가서 돌로 변한 생물들을 마법의 입김으로 되살려 원상 복귀시키는 내용이나, 하얀 마녀와의 일전을 설명하고 명령하는 내용에 대한 묘사는 엄숙하고 신성한 느낌이 드러날 수 있게 되어있다. 설교하는 그리스도의 모습을 떠올릴 수 있게 한다. 기적과 부활과 마법과 신앙이 작화 속에서 함께 연상되게 잘 배치되었다고 독해할 수 있게도 만들고 있다. 아슬란의 움직임이나 모습이 부각되는 장면들의 상당 부분은 서양화에서 흔히 볼 수 있을만한 구도나 위치로 구성되고 배치된 듯한 인상 또한 어느 정도 받게 된다. 음영과 원근감을 확실히 드러나게 하여 서사시적인 감흥이 나게 하는 방식으로 표현된 경우들도 있는 것 같다. 아슬란의 위엄, 보다 정확하게는 함축적으로 내포된 그리스도의 위엄이 이때부터 더욱 본격적으로 부각될 수 있게 작화된 것처럼 보인다.

전투 장면은 길지 않게 적절히 안배되어 있다. 다만 아이들 애니메이션임을 감안한 듯 아이들이 장난으로 하는 칼싸움 놀이처럼 각종 생물들이 전투하는 모습들이 그려져 있기도 하다. 그림 자체만으로는 크게 긴장감을 느끼지 못하도록 가볍게 구성되어 있지만, 선과 악의 전투인 만큼 진지하게는 보인다. 원작대로 전투 중에 하얀 마녀 편이 잠시 우세하기도 했으나, 아슬란의 전투 참여로 인해 악은 결국 궤멸당하고 절대 선의 승리로 전투가 끝난다. 이후, 4명의 아이들은 아슬란의 지도로 공동 통치자가 되어 어른이 될 때까지 나니아 세계를 지배한다. 이를 애니메이션은 아이들이 왕좌에 앉아 있는 모습에서 어른들이 왕좌에 앉아 있는 모습으로 오버랩 시키는 방식으로 표현한다. 이후, 원작에서처럼 사슴 사냥을 위해 말을 타고 가다가 예전에 나니아로 왔던 길을 찾게 되고, 말에서 내려 그 길로 계속 걷다가 다시 옷장을 통해 현실 세계로 되돌아온다.

1979년의 애니메이션 《사자, 마녀, 그리고 옷장》은 3D 애니메이션 시대인 지금 시각에서 보면 다소 고루하지만 70-80년대의 아날로그적인 청바지 문화의 향수를 불러일으키기에는 충분하다. 나아가 사회·문화적 차원에서의 몇 가지 맥락을 상기시켜 주고 있기도 하다. 첫째, 현재의 이 애니메이션은 오락용 보다는 교육용으로 보기에 보다 적합하다는 점이다. 작화는 초등학생 아이들이 볼 수 있는 동화적인 스타일로 되어 있으며, 내용적으로도 원작을 크게 각색하지 않고 아이들 그림 스타일에 맞게 이식하였다. 하지만 재미 보다는 고전 명작 소설을 애니메이션화 했다는 측면이 더 강하다. 애니메이션의 활용 예를 생각해 보게 한다.

둘째, 현재의 유년기 아이들과 당시 유년기 아이들의 면모를 비교해 볼 수 있게 된다. 애니메이션 속 아이들의 의상과 헤어스타일은 80년대 스타일로 현재와 많은 차이를 보이고 있다. 스마트기기 등 각종의 디지털 장치들을 매일 접하는 최근의 아이들에 비한다면, 이 애니메이션 속의 아이들은 그와는 전혀 관계없는 순수한 아이들로 생각될 수 있다. 따라서 현재의 아이들은 이 애니메이션을 보면서 애니메이션 속의 아이들에게 감정이입이 잘 안될 것 같기도 하다. 이는 고전 애니메이션이 지닌 공통적인 장단점이겠지만, 기술 문명의 발달을 반성해 보게 하는 부분이다.

셋째, 이의 연장선상에서 3D 애니메이션의 입체감 및 정교함, 혹은 2D라도 선이 얇고 묘사가 분명한 최근 애니메이션 스타일과 문화적 차원에서의 대비점 또한 생각해 볼 수 있게 한다. 《사자, 마녀, 그리고 옷장》과 같은 고전 애니메이션은 지금의 3D 디지털 애니메이션 분위기와는 느낌이 다르다. 마치 LP 레코드의 아날로그적 속성과 디지털 음원의 속성 차이처럼 이해될 수 있을 듯하다. 고전 셀 애니메이션이 지닌 부드러움과 편안함은 아날로그의 감성적이고 인간적인 특성—디지털은 보통 이성적이고 명확하며 기계적 특성을 지닌다고 평가됨—과 상통하는 바가 많다. 현대의 디지털 3D 애니메이션이나 디지털 기술을 많이 활용된 2D 애니메이션에 비하면 허술해 보이는 감이 많지만 그렇기에 오히려 더욱 편안함을 주고 있다.[31]

5. 신화적 판타지를 넘어서

이제까지 C. S. 루이스의 기독교관을 살펴보고, 소설 『사자, 마녀와 옷장』에 함축된 내용들, 애니메이션 《사자, 마녀, 그리고 옷장》이 이들을 표현한 것에 대해 검토해 보았다. 넓고 깊은 루이스 판타지의 세계를 확인해 보고자 하였다. 문학이론가이자 판타지 연구가인 츠베탕 토도로프(Tzbetan Todorov)는 판타지를 고대 신화의 요소가 투영된 중세 시대의 정신과 대중문화 사이의 정치, 역사, 문학적으로 연계된 경계 공간이라고 정리했는데, 이는 판타지가 점유하는 영역이 얼마나 넓은가를 단적으로 말하는 설명이라 할 수 있다. 판타지는 인류 역사 전 시대에 걸쳐있으며, 인간의 문화 전체와 관련되어 있다고 해도 과언이 아닐 것이다.

판타지는 보통 하이(high)와 로우(low) 판타지로 나뉘는데, 『나니아 연대기』는 하이 판타지이다. 로우 판타지는 피노키오나 삐삐롱스타킹 이야기처럼 현실세계와 판타지 세계가 연결되어 있어서 판타지 세계인 2차 세계가 엄밀하게 구분되지 않는다. 반면, 하이 판타지는 고대 신화 등에서 차용되어 구축된 거대한 한 세계에서 그 세계를 구하려는 정의로운 영웅들 및 선한 주인공들이 마법과 의지로 악을 패퇴시킨다는 서사시적 내용이 주를 이룬다. 깊이 있는 세계관이 구성되는 하이 판타지에서는 이 의미가 매우 밀도 있게 그려지는 경향이 많다. 『반지의 제왕』이 가장 좋은 예다.

이에 잘 부합하는 내용이 『나니아 연대기』이기도 하다. 특히 『사자, 마녀와 옷장』은 이 맥락을 아주 적절하게 내포하고 있다. 문화연구적 측면에서는 서양 문화의 두 축인 그리스 신화적인 헬레니즘과 기독교 문화적인 헤브라이즘의 절묘한 결합으로 간주될 수 있다는 면도 있다. 기독교의 관점에서 보면, 신화의 외형을 하고 있지만 실제로는 성경 내용들과 의의를 함축하고 있는 복음주의적 저작으로 이해될 수 있는 것이다. 마치 『사자, 마녀와 옷장』에서 디고리 커크 교수가 나니아 세계를 잘 알고 있으면서도 아이들에게 직접 말해 주지 않는 것과 유사한 듯도 하다.—디고리가 주인공인 『마법사의 조카』는 『사자, 마녀와 옷장』 보다 5년여 정도 늦게 출간되었으므로, 루이스가 원래부터 그럴 예정이었는지는 알 수가 없다.

『나니아 연대기』 소설이나 애니메이션 《사자, 마녀, 그리고 옷장》 등은 아이들로 하여금 신화와 판타지가 무엇인가를 대략 이해하고 기독교 문화와 성경을 접할 수 있도록 하는 가장 친숙한 방법이다. 『나니아 연대기』는 기독교 이야기의 신화적 상징과도 같다. 『나니아 연대기』 속 상징 내용들을 이해하게 된다면, 『나니아 연대기』가 상징하는 바인 이 내막을 보다 잘 이해할 수 있게 되는 것이다. 은유나 상징으로 압축되거나 쉽게 만들어진 버전이 모든 내용을 포괄할 수는 없지만, 그에 대해 보다 용이하고 효과적으로 접근할 수 있게 만들어 준다는 데서 큰 의의를 찾을 수 있다. 이는 기독교 문화만이 아닌 모든 문화 및 대상 이해에 해당될 수 있다. 『나니아 연대기』라는 신화적 판타지가 지닌 상징성에 대해 다시 한 번 생각해 보게 해 주는 측면이다.

애니메이션 《이집트 왕자》에 나타난 성서 『출애굽기』의 신화적 해석

임우형

1. 누가 성서를 해석할 수 있는가?

유대-기독교의 경전인 성서는 기독교인들만의 전유물은 아니라, 모든 인류의 자산으로 생각된다. 즉 논자는 성서의 내용을 향유하고 해석하는 것은 신앙인들 또는 신학자들만의 작업이 아니라, 누구나 성서를 읽고 이해하고 해석할 수 있고, 그 해석이 유의미함을 지니고 있다고 본다.

드림웍스(Dreamworks)사에서 제작한 《이집트 왕자》는 성서 『출애굽기』 내용 중 앞부분을 다룬 것으로 애니메이션으로 제작되었다. 애니메이션 《이집트 왕자》는 『출애굽기』의 내용을 충실하게 옮겨 전달한 것이 아니라, 현대 관람자들을 자극하기 위하여, 상상력을 발휘하여 성서의 내용에는 없는 요소도 많고, 고의적으로 성서의 내용을 비틀어간 요소도 있다. 『출애굽기』에 없는 내용을 묘사한 부분 즉 문서와 비교여부가 불가능한 상상력과 창의성 부분이기에 논외로 하고, 논자가 주목하여 것은 고의적으로 『출애굽기』의 내용을 비틀어간 요소에 있다.

『출애굽기』 전체 내용의 핵심은 이스라엘 민족이 민족성을 자각하는 것이며, 이스라엘 민족이 정체성을 가지게 된 사건이 바로 시내산(Mt. Sinai)에서 모세가 언약을 받은 사건이라 할 수 있다. 그렇다면 출애굽의 사건은 이스라엘 민족이 정체성을 획득하기 위한 출발점이 되는 셈이다. 이스라엘 민족이 출애굽을 한다 했을 때, 전체적 의미로서의 출애굽이 있고, 작은 의미로의 출애굽이 있다. 홍해 도하사건으로 애굽과의 관계가 완전한 결별까지를 작은 의미의 출애굽이라 할 수 있다. 반면 큰 의미로서의 출애굽은 홍해도하사건이후에 광야에서의 여정을 지나, 가나안 땅에 정착이 완료될 때까지의 모든 과정을 출애굽이 할 수 있을 것이다. 드림웍스사의 《이집트 왕자》는 홍해도하사건까지만 다루고 있다.

이렇게 본다면, 애니메이션 《이집트 왕자》는 이스라엘 민족이 정체성을 구성하게 되는 결정적인 사건보다는 이집트와의 관계에 더 초점을 맞추고 있음을 알 수 있다. 이러한 초점은 『출애굽기』를 신학적 해석하려기보다는 신화적으로 해석하기 위한 취사선택으로 볼 수 있다. 다시 말해, 애니메이션 《이집트 왕자》는 성서를 신학적으로 해석했다기보다는, 신화적 요소를 부각시켜 재해석한 결과라 판단할 수 있다.

필자는 애니메이션 《이집트 왕자》가 신학적 해석의 결과물들을 충실히 전달해 주는 매체라기보다는, 현대인들의 관심과 흥행을 목적으로 성서를 신화적으로 재해석한 콘텐츠로 이해한다. 따라서 이 글의 목적은 신학적 해석과 신화적 해석의 차이점이 무엇이고, 《이집트 왕자》가 성서 『출애굽기』를 신화적으로 해석한다 했을 때, 그 내용이 무엇인지를 구체적으로 살펴보려고 한다. 결국 우리는 이 글을 통해, 『출애굽기』에 등장하는 모세이야기가 신학적으로든 신화적으로든 왜 우리의 관심의 대상이 되었는지를 알게 될 뿐 아니라, 《이집트 왕자》의 성서해석이 성공적인지 여부를 판단할 수 있을 것이다.

2. 신학적 해석과 신화적 해석

신학적 이해 또는 해석과 신화적 이해와는 도대체 무슨 차이가 있는가? 이 물음에 대한 대답을 위해 우선되게, 우리는 신학과 신화를 어떻게 구분하여 이해할 수 있는지를 살펴보아야 할 것이다. 한자어인 신학(神學)과 신화(神話)를 우리말로 풀어보면, 신학은 '신에 관한 배움'으로 신화는 '신에 관한 이야기'가 된다. 그렇다면 한자어로 살펴본 신학과 신화의 낱말로서의 의미는 큰 차이가 있어 보이지는 않는다. 더욱이 신학을 '신에 관한 말'(theologia)이라 이해하면 더욱이 신학과 신화 사이에는 경계가 모호해진다. 이와 같은 모호함은 그리스어를 우리말로 이해하여 옮길 때 생긴 것으로 생각된다. 어원학상 본래 '이야기'를 뜻하는 그리스어 뮈토스(mythos)를 특히 '신에 관한 이야기' 또는 '신에 가까운 사람들의 이야기'로 이해하여 한자어 신화(神話)로 번역하였다. 뮈토스의 특징을 잘 살린 번역은 분명하나, 이때문에 신학과의 구분이 모호해진 것이다. 그러므로 '뮈토스'를 '신이 등장하는 이야기'로 '테올로기아'를 '신에 관한 이야기'로 그 정의를 구분하여 이해하는 것이 좋겠다. 낱말의 의미는 이처럼 구분된다고 한다면, 신학적인 것과 신화적인 것 즉 각각의 성격은 어떻게 구분되는가?

먼저 신학(theology, theologikē)이란 '신'과 '로고스'를 결합시킨 말이다. '테올로기아'는 그리스어로, 플라톤(BC 427~348/7)이 그의 저서 『국가』(*Politeia*)에서 처음으로 사용한다. 플라톤의 말을 들어보자.

> 그래서 내가 대답했네. "아데이만토스! 나도 그리고 자네도 현재는 시인들이 아니라, 한 나라의 수립자들일세. 그런데 나라의 수립자들로 서는 시인들이 거기에 맞추어 설화를 지어야만 하는 규범(typos)들을 아는 것이 합당하네. 나라의 수립자들로서는 시인들이 이것들에 어긋나게 설화를 지을 경우에, 이를 허용치 않아야만 하는 것이지, 스스로 설화(mythos)를 지어야만 하는 것은 아무튼 분명히 아닐세." "옳은 말씀입니다. 하지만 바로 그것, 즉 '신들과 관련된 이야기'(theologia)에 대한 규범들은 어떤 것들이겠습니까?" 그가 물었네. (378e~379a)[1)]

플라톤에게 신화비판은 올바른 나라 수립을 위해 요구되는 교육적 관심과 맞물려 있다. 그는 옛 사회에 정당성을 부여했던 낡은 신화들에 대한 비판이 필요했던 것이다. 새로운 국가를 지향하는 의도를 가지고 신화비판을 한 플라톤의 사상을 우리는 크세노파네스(Xenophanes, 대략 B.C. 580~478)의 단편들에서 엿볼 수 있다.

> 호메로스와 헤시오도스는 인간들 사이에서 비난받을 만하고 흠잡을 만한 것들 모두를, 즉 도둑질, 간통 그리고 서로 속이기를 신들에게 부여했다. (DK21B11)
> 콜로폰 사람 크세노파네스에 따르면, 호메로스와 헤시오도스는 있을 수 있는 모든 법도에 맞지 않는 신들의 행동들을 최대한 이야기했다. 도둑질, 간통, 서로 속이기. (DK21B12)
> 그러나 가사자들은 신들이 태어나고 자신들처럼 옷과 목소리와 형체를 갖는다고 생각한다. (DK21B14)
> 소들, 〈말들〉, 그리고 사자들이 손을 갖는다면, 또한 손으로 그림을 그리고 사람이 만드는 것과 같은 작품을 만들어 낼 수 있다면, 말들은 말들과 소들은 소들과 유사한 신의 모습을 그릴 것이고, 〈각기〉 자신들이 가지고 있는 것과 같은 형체를 만들 것이다. (DK21B15)
> 아이티오피아 사람들은 〈자신들의 신들이〉 코가 낮고 [피부가] 검다고 말하고, 트라키아인들은 〈자신들의 신들이〉 [눈이] 파랗고 머리카락이 붉다고 〈말한다〉. (DK21B16)[2)]

크세노파네스의 신들에 관한 언급은 당시로서 혁명적인 논쟁이었을 것이다. 기만적인 신들은 기만적인 사회의 투사(投射)임을 크세노파네스는 밝히고 있다. 사회의 '보다 나은 질서'를 위해서 기만적인 신들에 대한 비판이 필요하다. 따라서 플라톤은 정의로운 폴리스의 삶을 형성하기 위해서 그의 뒤를 이어 신화비판을 계속한 것이다. 그렇다면 참된 신에 대한 이야기는 어떠해야 할까? 플라톤의 말을 들어보자.

> "옳은 말씀입니다. 하지만 바로 그것, 즉 신들과 관련된 이야기에 대한 규범들은 어떤 것들이 있겠습니까?" 그가 물었네.
> "(…) 누군가가 신과 관련된 이야기를 지을 경우에는, (…) 언제나 신을 신인 그대로 묘사해야만 된다는 것일 것 같으이." 내가 말했네. (379a)
> "(…) 적어도 신은 참으로 선하므로 그렇게 이야기해야만 하겠지?" (379b)
> "따라서 신은 선하기에, (…) 모든 것의 원인 것이 아니라, (…) 좋은 것들의 원인으로 (…)"
> "그렇다면 신들과 관련하여 호메로스나 다른 시인이 생각 없이 이런 잘못을 저지르고 한 말을 받아들여서는 아니되네." (379c)[3)]

플라톤은 신과 관련된 이야기를 할 경우에 신을 언제나 선으로 생각해야 한다는 점을 강조하고 있다. 그러므로 서사시나 시에 나타나는 신을 묘사한 이야기하고는 논쟁적인 입장에 서 있는 것이다. 다시 말해 신학은 신화와의 투쟁의 산물임을 우리는 알 수 있다. 아리스토텔레스(Aristotle, B.C. 384~322) 역시 "신화의 방식으로 교묘하게 꾸며 내는 사람들을 상대로는 그들의 주장을 진지하게 살펴볼 만한 값어치가 없다."(『형이상학』, 1000a 18~19) 말하며 플라톤의 신학에 대한 생각을 뒤따른다. 또한 아리스토텔레스는 신학에 대해서 다음과 같이 밝히고 있다.

> 으뜸 학문(철학)은 따로 떨어져 있을 수 있으면서 움직이지 않는 것들을 다룬다. 모든 (으뜸가는) 원인들은 틀림없이 영원하지만, 그 중에서도 그렇게 따로 떨어져 있을 수 있으면서 움직이지 않는 것들은 특히 영원하다. 왜냐하면 그것들은 신적인 것들 중에서 (우리의 눈에) 보이는 것들의 원들이기 때문이다. 이렇게 해서 세 가지의 이론 철학이, 즉 수학, 자연학, 신학(theologikē)이 있게 될 것이다. (…) 그러니 이론에 관련된 학문들은 (실천학이나 제작학과 같은) 다른 학문들보다 더 값

진 것으로서 선호되어야 하며, 신학은 다시 다른 이론학들보다 더 값진 것으로서 선호되어야 한다. (1026a. 17~23.)[4]

위와 같이 크세노파네스가 말한 신에 대한 표현들, 즉 신은 가장 위대하다(DK21B23), 부동자(DK21B26), 온전히 정신이다(DK21B25) 등의 표현법은 이후의 모든 신학—플라톤과 아리스토텔레스로부터 스토아 철학과 필로의 유대 신학을 거쳐 아우구스티누스, 전체 그리스도교의 플라톤주의, 그리고 유대교와 이슬람교 신학에 이르기까지—에 대하여 헤아릴 수 없는 영향사적 의미를 지니고 있다.[5] 지금까지 살펴본 바로 신학의 탄생은 신화와의 투쟁의 산물로서 탈신화의 과정에서 나온 것임을 알 수 있다. 위와 같이 신학과 신화의 관계를 생각한다면, 둘 사이의 관계는 거리가 있어 보인다. 하지만 신학과 신화는 그 낱말의 의미와 성격에서 모름지기 구분되나, 긴밀한 연결성을 가지고 있다. 박희영은 다음과 같이 말한다.

모든 종교는 자연과 우주에 대한 해석을 하나의 '그럴듯한 이야기'(mythos)로 표현한 신화의 근저에 감추어져 있는 세계 이해 방식을 심화시키고, 신화의 내용을 드라마로 재현하는 의식을 통해 그 신화가 함축하고 있는 진리를 일상 생활의 규범 속에 내재화시킴으로써, 교리와 예식이라는 정형화된 체계를 갖추게 되었다.[6]

이와 같다면 우리는 종교의 교리와 예식이라는 정형화된 체계를 기술한 것을 신학으로 볼 수 있다. 반면 신화는 체계인 신학의 밑거름으로서 정형화된 종교 체계에 기여하기 이전의 이야기로 보아야 할 것이다. 실례로 그레고리 라일리(Gregory Riley)는 그의 저서 *One Jesus Many Christs*를 통해 그리스·로마 신화의 요소들이 예수의 기독론 신학으로 이행된 사례들을 잘 밝히고 있다.[7]

지금까지 밝힌바 신화와 신학의 낱말의 뜻과 관계를 살펴 정리해보면, 신화는 뮈토스(mythos)의 번역어로 세계에 대한 이해 방식을 규범적이거나 정형화가 아닌 원초적으로 기술한 것으로, 신화에 등장하는 '신'은 신에 관한 이야기한 것이라기보다는 세계에 대한 이해를 신이라는 낱말을 빌려 설명한 것이다. 반면 신학은 규범적인 방식으로 신에 관해 기술한 것으로, 해당 종교의 가르침이나 사상을 체계화하여 그 펼침의 목적이 종교의 교리를 견고케 함에 기여하려는 데 있다고 말할 수 있다.

이렇게 본다면, 같은 『출애굽기』 성서본문을 보고 신학적 해석을 수행하게 되면, 히브리인들을 이집트에서 구출한 히브리 신의 섭리와 사랑 그리고 모세는 구원의 도구로서 쓰임 받은 사람이 된다. 반면 신화적 해석은 유대-기독교의 신을 부각시킬 목적이 없기에, 도리어 인간 모세에 더욱 주목할 수 있는 계기가 된다. 신학적 해석이 신화적 해석에 비해 얼마나 정형화되어있는지를 다음의 예를 통해 살펴볼 수 있다.

> 여호와의 사자가 떨기나무 가운데로부터 나오는 불꽃 안에서 그에게 나타나시니라(『출애굽기』 3장 2절 上)[8)]

위의 구절을 기독교인들이 가장 많이 참조하고 읽는 주석가 중 하나인 장 칼뱅(John Calvin)은 다음과 같이 해석하고 있다.

> 이 하나님의 사자가 누구였는지 살펴보자. 그 다음 구절들을 보면 곧장 이 천사는 여호와로 불릴 뿐 아니라, 유일한 영원한 하나님으로 불린다. 천사가 하나님에 의해 주어진 사명을 실행할 때, 사람의 모습으로도 하나님의 권속으로도 나타나기 때문에, 이러한 용법이 구어적으로 허용되고 있다. 그런데 많은 구절들에서, 특히 스가랴 1장에서, 다른 천사들을 다스리는 우두머리가 존재함이 명백하다. 초대교회 교사들은 이것을 즉각적으로 이해했는데, 영원한 하나님의 아들이 중개자로서의 직임을 감당할 때, 그렇게 불렸다.[9)]

칼뱅이 밝힌대로, 초대교회 교부들은 하나님의 사자를 곧장 예수 그리스도로 해석하였다. 이것은 신학적 해석을 전제로 할 때만 가능한 내용이다. 모세와 히브리신과의 만남에서 예수를 이끌어 낸 것은 기독교에 봉사하기 위한 신학적 해석임이 명백하다. 우리는 실제 『출애굽기』에서 예수 그리스도의 흔적은커녕 냄새조차 발견할 수 없다. 유대교나 기독교에 봉사할 연유가 없는 신화적 해석은 위의 성서구절을 '신성한 것과의 접촉'으로 해석할 것으로 보인다. 결국 필자가 보기에는 신학은 반신화이기도 하지만 '휘페르뮈토스'(hypermythos; 초신화)이다. 신학은 신화가 꾸며낸 이야기로 치부하며 신화에 반기를 들었지만, 정작 규범과 교리에 봉사하려다 사건의 진상을 판단할 수 없는 신화보다 더 허구적인 초신화를 제작하였다고 본다.

3. 모세의 캐릭터의 변용

애니메이션 《이집트 왕자》는 성서 『출애굽기』의 내용을 각색하여 사용하였다. 신화에서 같은 주인공이지만, 버전이 여럿이 듯이, 모세 이야기에 다른 버전을 만들어 냈다. 논자는 크게 2가지 부분이 변용되었다고 보았다. 첫째 부분은 모세 캐릭터이고, 둘째는 기적의 성격이다. 모세 캐릭터가 어떻게 바뀌었는지를 4가지 예를 들어 살피고, 기적의 성격은 3가지 사례를 살펴볼 것이다. 이로써 이러한 변용과 재해석 다시 말해 모세 이야기의 신화적 해석이 가져온 기대효과가 무엇이었는지도 거론하게 될 것이다.

3.1. 모세는 파라오와 형제인가?

성서 『출애굽기』는 모세를 파라오의 딸에 입양된 양자로 소개하고 있다. 『출애굽기』를 살펴보자.

그 아기가 자라매 바로의 딸에게로 데려가니 그가 그의 아들이 되니라. 그가 그의 이름을 모세라 하여 이르되 이는 내가 그를 물에서 건져내었음이라 하였더라. (『출애굽기』 2장 10절)[10]

성서의 내용을 그대로 받아들인다면, 모세는 파라오의 외손자가 된다. 모세의 외할아버지 파라오는 산파에게 히브리인의 아이가 아들이면 죽이고 딸이면 살려두라고 명령한 자이다. 모세와 파라오의 관계된 계보와 《이집트 왕자》에서 보여주는 계보를 표로 나타내보았다.

〈표1〉 왕자로서의 모세와 파라오들의 관계

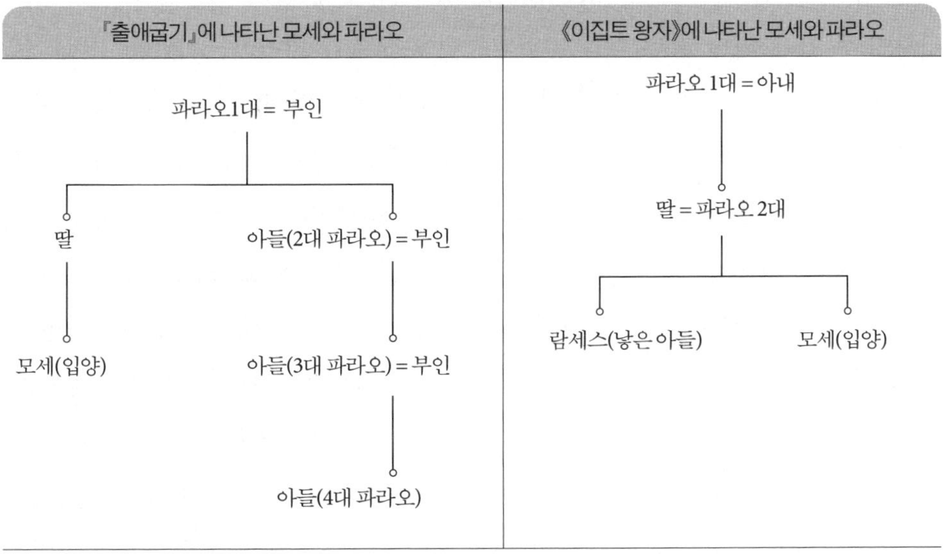

모세와 관련된 파라오 즉 완고함으로 야웨 신의 심판이 대상이 된 파라오는 (『출애굽기』 1장 8~11절)을 근거로 보통은 라메세스 2세(BC. 1279~1213) 보아왔다.[11] 하지만 최근에 논문들은 아모세 즉 투트모세(BC. 1550~1525) 치세 기간에 모세와 『출애굽기』 일어난 것으로 주장하고 있다.[12] 라메세스 2세이던 투트모세이던 간에, 『출애굽기』에 등장하는 모세가 파라오와 대화를 나눌 때에는 이미 80세로

서 왕자시절에 안면이 있는 파라오는 아니다. 『출애굽기』 4장 19절도 이를 뒷받침해준다. 그래도 『출애굽기』와 애니메이션의 차이를 좁일 수 있는 방법이 있다. 모세의 인생 여정을 40년, 40년, 40년으로 나눈 구분법을 실제 횟수로 생각하지 않고 '꽤 오랜 기간'으로 이해하는 것이다. 실제로 모세가 지은 것이라고 밝혀진 시(poetry)에서 (『시편』 90:10) 그는 "우리의 수명이 칠십이요 강건하면 팔십이라…" 고백하고 있다. 그렇다면 120세를 3으로 나눌 것이 아니라, 80세를 3으로 나눌 수 있을 것이다. 즉 모세의 왕자 생활은 27년, 미디안에서의 목축업자로서도 약 27년, 이스라엘 백성을 이끌었던 지도자의 삶 역시 27년으로 보는 것이 더 나은 이해로 보인다. 이렇게 이해한다면 모세는 50대 중반에 파라오 앞에 선 것으로 판단할 수 있고, 함께 자란 파라오가 50대에도 치세 기간이었다면, 알고 지내던 파라오일 수 있다. 다시 말해 외삼촌의 아들인 파라오가 치세기간이었을 것이므로, 모세와 파라오는 이종사촌간이 된다. 이것이 최대한 《이집트 왕자》의 형제 관계로 설정한 해석을 따라가 본 것이다. 그렇다면 『출애굽기』를 근거로 모세와 파라오의 관계를 최대한 가깝게 한다하여도, 이종사촌보다 더 가까울 수 없다. 그런데 애니메이션 《이집트 왕자》는 같은 부모 아래의 형제로 소개하고 있다. 바로의 딸은 바로의 아내로 나타나고, 람세스는 왕권을 이어받을 적자로 모세는 나일 강에서 건져내어 입양한 아들로 나타난다. 애니메이션으로 제작하기위해 성서 내용을 시나리오로 각색한 이는 어떤 효과를 얻기 위해 이러한 시도를 하였을까? 『출애굽기』의 모세와 파라오의 관계는 결코 친밀하거나 가깝지가 않다. 반면 《이집트 왕자》에서의 모세와 파라오의 관계는 이복형제를 넘어 친형제처럼 친밀하고 가깝게 그려진다. 논자는 이러한 시도의 까닭을 모세에게 영웅적 조건이 이미 주어져 있음을 드러내고자 한 것으로 판단한다. 즉 모세는 애니메이션의 제목 그대로 이집트의 왕자로서 영웅의 조건과 성격이 이미 주어져 있는 인물이다.

3.2. 모세는 도망자가 아니라 구도자인가?

『출애굽기』는 모세를 살인자와 도망자로 표현하고 있다. 아래 구절을 보자.

바로가 이 일을 듣고 모세를 죽이고자 하여 찾는지라. (『출애굽기』 2장 15절)[13)]

모세는 고대 이집트 제국의 왕자라고 불리기에 어색할 정도로, 그의 이집트 관리자를 살인한 것은 곧 모세의 사형으로 이어진다. 모세는 죽음을 피하여 미디안 땅으로 간다. 『출애굽기』에서 분명 모세는 살인자이며 도망자이다. 하지만 《이집트 왕자》는 모세가 살인자인 것은 분명하나 도망자로 그리고 있지 않고, 도리어 살인을 계기로 자아 정체성을 찾아가는 구도자로서 나타난다. 《이집트 왕자》는 모세의 구도자적인 모습을 갖추기 위해 단계적 사건을 밟아나가고 있다. 표로 확인해보자.

〈표 2〉 모세를 도망자가 아닌 구도자로 그려내는 과정

step	모세가 미디안 광야로 떠나게 되는 과정
1	십보라를 방면하다가 누나 미리암과 형 아론을 만나다.
2	미리암이 부른 노래를 듣고 악몽을 꾸다.
3	출생의 비밀을 아버지 파라오로부터 들어 알게되다.
4	공개적으로 살인을 하게 되다.
5	살인을 용서하겠다는 형 파라오의 말을 뒤로 하고 미디안 광야로 떠나다.

애니메이션 《이집트 왕자》는 미디안 땅에 도착한 다음에야 만나게 되는 '십보라'를 앞서 만난다는 설정으로 모세를 구도자적 삶으로 이끌어 간다. 모세의 살인도 성서에서는 사람이 없는 중에 은밀하게 살인한 것으로 기록되어 있으나 (『출애굽기』 2:12), 애니메이션은 수많은 대중 앞에서 공개적으로 살인을 저지른다.

더욱 살인한 모세를 사형시키려는 성서의 파라오와는 달리, 모세를 용서하는 파라오가 등장한다. 하지만 이미 출생의 비밀을 알게 된 모세는 심리적 고민과 갈등 속에서 구도자적인 삶을 선택한다. 다시 말해 모세가 더 이상 《이집트 왕자》가 아닌 까닭은 살인을 저지른 도망자이기 때문이 아니라, 인생에 대한 부정과 자아 정체성을 찾기 위한 결과로 모세 스스로가 이집트 왕자의 직함을 벗어 던진 것으로 소개하고 있다.

3.3. 미디안으로 가는 여정이 왜 그리 험난한가?

모세는 도망자가 되어, 미디안 땅으로 가게 된다. 그곳에서 모세는 정착하여 거주한다. 『출애굽기』를 보자.

> 모세가 바로의 낯을 피하여 미디안 땅에 머물며 하루는 우물 곁에 앉았더라.(『출애굽기』 2장 15절)[14)]

우리말 성서는 '미디안 땅에 머물러' 라고 표현하고 있다. 여기서 '머무르다'(וישב, 야샤브)는 히브리어는 아무것도 하지 않고 빈둥거리며 앉아 있는 사람들에 대하여 사용하는 것으로 '정착하여 거주하다'는 의미를 지니고 있다.[15)] 즉 모세는 우물곁에서 여인들을 만나기 전까지는 빈둥거리며 미디안 땅에서 하는 일 없이 거주하고 있다가, 여인들을 만남으로 결혼과 동시에 목축업을 하게 되었음을 우리는 알 수 있다.

미디안 땅은 현재 사우디아라비아의 북서쪽 끝에 있는 땅으로 이집트와 접경 지역이다. 고대 이집트 제국도 마찬가지여서, 시나이 반도까지는 이집트의 통치 지역에 들어가고, 미디안 땅부터는 타국이다. 모세는 도망자로서 제국의 영토인 시나이 반도를 벗어나 가장 먼저 만나는 접경 지역인 미디안 땅으로 들어간 것이다. 그러니 최대한 멀리 도망간 것이 아니라, 통치 영역 밖으로 최소한의 도망을 실행한 것임을 알 수 있다. 뿐만 아니라, 그의 도피 여정이 도보로 이루어졌다고 보기보다는 배를 탔거나, 말을 타고 갔다고 하는 것이 더욱 현실성이 있다.

그러나 애니메이션 《이집트 왕자》에서는 미디안으로 가는 길이 갑작스러운 충동으로 벌어진 것으로 도보로 실행되었고, 마실 물도 없이 죽음의 사막을 횡단하는 것으로 묘사되고 있다. 모래 바람 속에서 죽어가던 모세를 낙타가 건져내어 살려준다.[16] 낙타는 모세를 우물곁으로 이끌었고 모세는 여인들을 만나게 되었다. 이토록 미디안으로의 도망 여정을 죽음이 드리워진 험한 길로 묘사한 것은 영화 《십계》나, 《엑소더스》도 마찬가지이다. 분명 모세가 미디안으로 가는 여정은 죽음의 길이 아니라, 도망의 길이었다. 모세의 초기 미디안에서의 거주는 한량으로 지낸 삶으로, 시련이라 볼 수는 있으나, 생존이 달려 있는 죽음과의 사투는 아니었다.

미디안으로의 도피여정이 죽음에 이를 정도의 극한의 조건으로 묘사된 까닭은 영웅의 조건으로 방황 또는 방랑이 필요했던 것으로 보인다. 미국의 신화학자 조셉 캠벨(Joseph Campbell)이 소개한 영웅 신화의 구성 틀인 '영웅 서사의 12단계'에 모세를 적용시키려는 시도로부터 발생된 것으로 판단된다.[17] 조셉 캠벨에 의하면 영웅 이야기는 단순히 영웅들만의 이야기가 아닌 나와 우리의 보편적인 성장 스토리의 일부이며 무의식을 사로잡는 이야기라는 것이다.[18] 그러므로 광야의 여정에서 죽음의 고비를 넘긴 적이 없는 모세를 시련을 겪는 영웅으로 묘사한 것은 캠벨의 영웅 서사에 부합시키기 위한 각색으로 볼 수 있다.

3.4. 모세는 말하는 자가 아니라 행하는 자인가?

신과의 만남 후 모세는 아내 '십보라'와 아들들과 함께 이집트로 돌아온다.(『출애굽기』 4장 20절) 돌아오는 중간에 형 아론이 마중을 나온다.(『출애굽기』 4장 27절) 모세와 아론은 함께 팔오에게 간다.(『출애굽기』 5장 1절) 『출애굽기』는 이처럼 모세와 아론 형제를 파라오 앞에 세우지만, 《이집트 왕자》는 모세와 십보라를 파라오 앞에 세운다.[19] 뿐만 아니라, 모세가 기적을 지팡이로 기적을 행하기 시작한다. 하지만 『출애굽기』는 모세가 기적을 행하는 행위자로 나타나지 않고 아론을 기적의 행위자로 소개하고 있다.

> 내가 네게 명령한 바를 너는 네 형 아론에게 말하고 그는 바로에게 말하여 그에게 이스라엘 자손을 그 땅에서 내보내게 할지니라 (『출애굽기』 7장 2절)[20]

> 모세와 아론이 바로에게 가서 여호와께서 명령하신 대로 행하여 아론이 바로와 그의 신하 앞에 지팡이를 던지니 뱀이 된지라 (『출애굽기』 7장 10절)[21]

성서 『출애굽기』에서 모세는 아론에게 명령을 내리는 자로, 그 명령에 따라 기적을 일으키는 행위자는 아론으로 나타난다. 즉 뱀으로 변한 지팡이는 모세의 것이 아니라, 아론의 것이다. 그 이후의 기적들도 아론이 행한 것이다. (『출애굽기』 8장 5~6절, 『출애굽기』 8장 16~17절) 그러나 《이집트 왕자》는 기적의 행위자로 모세를 전면으로 등장시킨다.

> 여호와께서 또 모세에게 이르시되 아론에게 명령하기를 네 지팡이를 잡고 네 팔을 애굽의 물들과 강들과 운하와 못과 모든 호수 위에 내밀라 하라. (『출애굽기』 7장 19절)[22]

위의 성서 구절을 살펴보면, 나일 강이 피로 변하는 기적을 나타나기 위해서, 아론은 아주 부지런하게 물이 있는 이곳저곳을 다니며, 지팡이를 물 위에 뻗는 행위를 하였다. 하지만 《이집트 왕자》에서 모세는 나일 강 한 곳에 이르러 지팡이를 물속에 집어넣어 꽂는다. 이러한 표현은 모세를 기적의 행위자로 묘사할 뿐 아니라, 신의 명령보다 더 적극적인 행동으로 기적을 연출하는 모세를 보여주고 있다. 말하는 자가 아니라, 적극적인 행위자로서의 모세를 등장시키기 위해 《이집트 왕자》는 기적에 관련하여 아론을 철저히 배제시킨다. 모세를 적극적 행위자로 등장시킨 까닭은 모세가 영웅이려면 주체적인 모습을 보여주어야 하기 때문이다. "영웅이란, 스스로의 힘으로 복종(자기 극복)의 기술을 완성한 인간이다."[23] 캠벨은 신화나 서사시 등에서 발견되는 영웅 이야기는 모든 개인이 독립적으로 주체화 하는 과정을 반영하는 것으로 말하고 있는 것이다. 따라서 캠벨의 영웅의 이야기의 조건에 걸 맞는 모세가 되기 위해서 아론은 철저히 배제되어야 하는 인물이다.

지금까지 4가지로 살펴본 바, 《이집트 왕자》의 각색자는 모세를 신의 메신저로서가 아닌, 인간 중 인간으로서의 영웅 서사 구조를 따르려 한 것임을 알 수 있다. 《이집트 왕자》의 각본을 담당한 로나 쿡(Lorna Cook)은 다음과 같이 말했다. "모세라는 인물을 신의 뜻을 전달하는 전달자(messenger)가 아닌, 가장 보편적인 한 인간으로서 연출하기 위해 많은 노력과 해석이 필요했다." 즉 그녀는 신의 메신저로서의 모세보다는 누구나에게 공감될 수 있는 참 인간다운 영웅을 그리기 원했다.

하지만 메신저 캐릭터를 인간미 넘치는 영웅의 캐릭터로 바꾼 이 시도는 모세를 매력적인 인물로 평가함에 있어서는 성공적이지 않아 보인다. 왜냐하면 첫째 모세라는 인물자체를 영웅으로 표현하려 해도 성서는 언제나 신이 드러내는 것에 초점이 맞추어져 있기 때문에 모세의 중요성이 노력에도 불구하고 드러나지 않았고[24] 둘째는 힘겹게 영웅 서사 구조에 맞추어 모세라는 인물을 만들어 냈지만, 다른 애니메이션의 주인공과의 매력도를 비교한 설문조사 결과 모세는 전혀 매력적인 캐릭터가 아님이 밝혀졌다.[25]

결국 《이집트 왕자》에서 모세 캐릭터는 메신저로서도 영웅도 아닌 둘 사이에서 방황하는 어중간한 캐릭터가 되었다. 결국 캐릭터로 인하여 매력을 느꼈다고 말할 수 없다. 실제로 모세 이야기가 매력적인 까닭은 모세의 인물됨이 아니라, 모세 주변에서 일어나는 환타지적 사건이다. 그래서 드림웍스사는 성서의 나타난 판타지적 요소를 더욱 급하고 극적으로 변용하였다.

4. 기적 사건의 해석

모세의 캐릭터 변용보다 더 신화적으로 해석한 것은 기적 사건에 관한 해석이다. 성서 『출애굽기』에서 보여지는 여러 기적들은 기적은 분명하나, 그 기적들의 발생은 점진적이고 단계적이다. 따라서 영화 《엑소더스》는 『출애굽기』의 기적을 충분히 자연현상으로 해석하고 이해함이 가능하다 주장하며 실제로 영화에서 기적의 장면을 인과관계로 인한 자연현상으로 보여주었다. 예를 들어, 10가지 재앙은 나일 강이 부패함으로부터 시작된 인과적 결과이며, 구름기둥은 돌풍을 동반한 먹구름이며, 홍해가 갈라진 것은 썰물로 인한 것으로 표현하였다. 하지만 《이집트 왕자》는 그것과는 정반대의 길을 간다. 『출애굽기』에서 보여주는 기적을 순간적 발생으로 표현하여 더욱 극적으로 만들었고, 구름을 불로 바꾸었고, 바람으로 인해 갈라진 홍해를 최상의 판타지로 만들었다.

4.1. 10가지 재앙은 단계적이지 않고, 극적이며 순간적인가?

앞에서도 언급한 적이 있듯이, 이집트 전역에 내린 히브리 신의 심판은 단계적이고 점진적이었다. 기적이 발생하기 위해서는 그에 따른 행위자의 수고로운 순종이 필요했다. 다음을 보자.

> 여호와께서 또 모세에게 이르시되 아론에게 명령하기를 네 지팡이를 잡고 네 팔을 애굽의 물들과 강들과 운하와 못과 모든 호수 위에 내밀라 하라. (『출애굽기』 7장 19절)[26]

아론은 이집트의 식수를 모두 피로 바꾸기 위해 상당한 수고를 하였다. 하지만 《이집트 왕자》에서는 모세가 지팡이를 꽂으면 그것으로 기적이 발생되어 퍼져나간다. 그 이후에 나머지 심판들도 파라오와의 밀고 당기기의 과정 없이 이어진다. 10번의 심판은 신학적으로는 무척이나 중요한 장면이다. 그 까닭은 파라오의 완고함이 부서지는 과정이며, 동시에 이집트의 신들과의 투쟁에서 히브리의 신의 승리를 보여주는 장면이기 때문이다. 기독교신학을 최초로 구축한 오리게네스(Origenes, 185~254)는 인간 자유의지를 설명하면서 파라오의 완고함을 가장 최적의 예로 들고 있다.(『원리론』, 제3권 1장, 8~11) 그러므로 캠벨이 언급한 인간의 주체화된 영웅은 모세라기보다는 파라오에 적용하는 것이 더 용이해 보인다. 게다가 10가지 심판은 이집트 신들과의 투쟁에서 점진적이며 단계적으로 야웨 신의 승리를 선포하는 것이다.(『출애굽기』 12장 12절) 다시 말해 『출애굽기』는 인간의 자유의지가 신의 경륜에 복종하기 위해서는 시간적 소비가 절대적으로 필요하다는 것을 보여준다.

반면, 《이집트 왕자》는 심판들을 발생한 순서와 무관하게 극적으로 표현하여 자칫 지루할 수 있는 장면을 간결하게 잘 보여주었다. 지루함을 없애기 위함도 있지만, 신학적으로 중요한 해석적 의미를 가진 장면을 간결하게 보여주고 지나간 연유는 기적은 순간적이어야 더욱 극적이라는 생각 때문일 것이다. 점진적이고 단계적인 기적은 아무래도 기적으로서의 놀라움이 감소되리라 판단하여 순간적으로 처리한 것으로 생각할 수 있겠다.

4.2. 왜 구름기둥이 아니라 불기둥인가?

이집트를 탈출한 모세와 이스라엘 백성들은 지름길을 놔두고, 광야길 우회하는 길로 가게 된다.(『출애굽기』 13장 17절) 또한 고의적으로 파라오의 군대가 추격할 수 있도록 바닷가를 앞에 두고 숙박을 하였다.(『출애굽기』 14장 2~3절) 지름길을 포기하고 우회하는 길로 가 고의적으로 배수의 진을 친 탈출자들을 추격하는 데

파라오의 군대는 성공하였다. 눈으로 확인 가능한 거리까지 추격하였지만, 파라오의 군대의 시야를 구름이 가려 이스라엘 진에 접근할 수가 없었다.

> 이스라엘 진 앞에 가던 하나님의 사자가 그들의 뒤로 옮겨 가매 구름 기둥도 앞에서 그 뒤로 옮겨 애굽 진과 이스라엘 진 사이에 이르러서니 저쪽에는 구름과 흑암이 있고 이쪽에는 밤이 밝으므로 밤새도록 저쪽이 이쪽에 가까이 못하였더라. (『출애굽기』 14장 19절~20절)[27)]

구름으로 인해 어두웠다고 기록되어 있으니, 먹구름이고 기둥으로 표현된 것으로 보아, 허리케인 같은 돌풍을 동반한 먹구름으로 생각된다. 뿐만 아니라, 시간이 이미 밤 시간이어서 구름이 아니더라도, 취침의 문제 등으로 이집트의 진이 이스라엘 진을 확인하였기에 서로 간에 대치상태로 마주 보고 있다.

『출애굽기』의 내용과는 다르게 《이집트 왕자》는 한 밤중에 구름이 아닌 불기둥이 양 진영을 나누어 놓았다고 표현하였다. 밤이어서 다행인데, 도리어 불기둥이 등장하면 오히려 접근가능성이 높아질 것이 아닌가? 이러한 추측과는 무관하게 《이집트 왕자》는 불기둥이 이집트의 진영을 따라 이동하면서 이스라엘 진을 공격하는 행위를 막아가고 있다. 구름에 비해 불이 더욱 강력해 보이고, 밤새도록 움직이지 않았던 구름에 비해 시시각각 움직이는 불은 구름에 비해 기적으로서 손색이 없다. 《이집트 왕자》는 구름 대신 불을 선택하여, 기적에 색깔을 입혔고 뿐만 아니라 기적의 역동성을 표현하였다.

4.3. 홍해는 오랜 시간이 아닌 순간에 갈라졌는가?

드림웍스사의 10명의 애니메이터들은 홍해가 갈라지는 장면을 연출하기 위해 이 장면만을 위해서 2년간의 시간을 들였다고 한다.[28)] 이와 같은 공을 들인 까닭은 홍해가 갈라지는 장면이 가장 『출애굽기』에서 최대의 기적사건으로 판단했기 때문이고, 이 기적의 묘사가 관객들의 몰입을 좌우할 것이라 보았기 때문일 것이다. 하지만 『출애굽기』의 증언은 홍해가 갈라지는 것이 극적인 기적이라기보다는 오랜 시간이 걸린 현상으로 표현하고 있다.

> 모세가 바다 위로 손을 내밀매 여호와께서 큰 동풍이 밤새도록 바닷물을 물러가게 하시니 물이 갈라져 바다가 마른 땅이 된지라 (『출애굽기』 14장 21절)[29)]

우선 모세는 바다 속에 지팡이를 넣지 않았다. 뿐만 아니라 지팡이를 사용한 적도 없다. 하지만 《이집트 왕자》에서는 바로 이 순간 "지팡이를 가지고 기적을 행하라!"는 신의 음성이 나온다. 홍해가 갈라진 것은 바람이 밤새도록 불어 바닷물이 물러갔기 때문이다. 지팡이를 꽂아 넣은 모세의 행위 때문이 아니라, 밤새도록 바람이 불었기 때문이다. 하지만 《이집트 왕자》는 지팡이가 물속에 들어가자, 순식간에 바닷물이 하늘로 치솟는다. 이와 같은 극적인 연출은 기적 사건을 더욱더 판타지로 바꾸는 신화적 해석이다.

지금까지 《이집트 왕자》가 시도했던 신화적 해석을 7가지 사례로 살펴보았다. 크게 2가지에 초점을 맞추어 새로운 신화 버전을 시나리오 작가는 창조했다. 첫째는 모세 캐릭터의 변용이고 둘째는 기적 사건의 변용이다. 이같이 원문을 변용하여 재해석한 신화적 해석은 과연 관객들에게 모세 이야기를 신학적으로 해석한 것보다 몰입도를 제공했는가? 필자는, 모세 이야기가 OSMU(One Source Multi-Use)화 되는 까닭은 대결구도에 있다고 본다. 그래서 무의식적으로 모세 캐릭터를 파라오와 나란히 놓으려는 노력들도 대결구도의 심화 과정이라고 보여진다. 모세를 인간 영웅으로 그리던 신의 도구로 이해하던 모세 캐릭터 자체는 우리들에게 매력이 없다. 그럼에도 불구하고 모세 이야기가 계속 인기가 있는 이유는 모세 주변에서 벌어지는 사건이 매력적인 것이다. 모세 이야기의 사건의 핵심은 대결구도라 할 수 있다. 지배자인 이집트 왕조와 노예로서 그들을 섬기는 히브리인들의 대결구도, 이집트 신과 히브리 신의 대결구도, 모세와 파라오의 대결구도,

하지만 가장 매력적인 요소는 인간과 신 사이에서 대결구도이다. 즉 모세와 히브리 신의 대결구도이며 파라오와 히브리 신의 대결구도이다. 다시 말해 신과 인간의 대결구도가 모세 이야기가 주는 매력의 핵심 포인트라 할 수 있다. 따라서 《이집트 왕자》가 만들어 낸 다정다감한 인간성을 지닌 캐릭터가 아니라, 사건에서 흥미를 느끼고, 특히 대결구도 사건에 흥미를 느끼며, 사람과 사람의 대결구도인 현실성보다는 신이 등장하는 판타지의 대결구도에 더 집중도가 있다.[30] 《이집트 왕자》가 관객들의 관심을 이끌어 냈다고 평가할 수 있다면, 모세 캐릭터의 변용 때문이 아니라, 판타지적 사건을 더욱 극적으로 표현해낸 까닭이라 할 수 있을 것이다.

5. 신화적 해석의 의의

지금까지 우리는 성서해석은 신학자들만의 전유물이 아니라 애니메이션 제작자들도 성서를 해석함을 보았다. 애니메이션 《이집트 왕자》는 성서 『출애굽기』에 관하여 신학적 해석 방법론을 가지고 접근한 기제는 아니다. 오히려 조셉 캠벨(Joseph Campbell)이 소개한 영웅 신화의 구성 틀인 '영웅 서사의 12단계'를 모세에게 적용하여, 성서 『출애굽기』를 신화적으로 해석하는 시도를 보여주었다. 이는 작품의 현대적 호소와 흥행을 바탕으로 하는 것이었다. 따라서 이러한 시도는 신학적 해석을 전달하는 수준에서 그치지 않고, 원문을 변용하여 재해석하는 신화적 해석이라 판단된다. 애니메이션 《이집트 왕자》는 크게 2부분에서 성서를 변용하였다. 모세라는 인물을 신의 뜻을 전달하는 전달자가 아닌, 가장 보편적인 한 인간으로서 연출하는 캐릭터 요소를 변용하였고, 또한 판타지적 요소인 기적 사건을 성서 본문의 현실성과는 무관하게 극적인 판타지로 변용함으로써 관객들의 몰입을 얻어냈다. 캐릭터 변용은 관객에게 전혀 매력적이지 않기에 실패한 것으로 드러났고, 기적 사건의 변용은 급박한 시간적 요소를 투입시켜 관객들의 몰입도를 이끌어낸 성공적인 변용이라 생각된다.

우리는 위와 같은 사실을 통해 성서의 영웅은 캐릭터 중심이 아닌, 기적 사건 중심적이라는 것을 재확인할 수 있다. 또한 성서의 인물을 영웅이라 부를 수 있는 근거는 인물의 됨됨이라기보다는 인물 주변에서 일어나는 사건이 그의 영웅 됨의 근거임을 알 수 있다. 성서를 신학적으로 해석하는 것은 신앙인에게 더할 나위 없이 유의미하겠지만, 이 시대를 살고 있는 현대인들 모두에게는 성서를 신화적으로 해석할 때, 그 신학적 의미까지도 뚜렷하게 살아난다는 점을 애니메이션《이집트 왕자》는 우리에게 잘 보여주었다.

신화 속 영웅들의 콘텐츠적 재귀
슈퍼 히어로가 된 헤라클레스와 그 서사적 의미

안효성

1. 서론

영웅의 비범한 삶을 극적으로 기술하고 신성화하는 신화를 우리는 '영웅신화'라고 한다. 전 세계에 산재한 영웅신화 속 영웅들의 행적과 과업에는 일정한 공통의 패턴이 있는데, 우선 탄생의 사연이 신이(神異)하며 그 사연이 복잡하거나 장애가 있는 경우가 많다. 또 유아기적 시련도 겪게 되는데, 가령 친부에게 버려진다거나 유괴로 인해 친부와 이별하게 된 후 양부에게서—양부는 평범할 수도 있고 매우 특별한 존재일 수도 있다—길러지는 식이다. 그리고 성장 과정에서 주변에서 무시당하거나 괴롭힘을 당하는 경우도 있다. 그렇지만 주인공은 타고난 힘과 지혜 등 강인한 능력을 토대로 여러 신비스런 모험을 거치면서 많은 위업을 달성하고 현실로 복귀한다.

조셉 캠벨(Joseph Campbell)은 이와 같은 영웅신화 모험담의 표준 궤도를 통과제의에서 나타나는 '분리'-'입문'-'회귀' 양식의 확대판이라고 보았으며, 제임스 조이스(James Joyce)의 개념을 빌려 '원질신화(monomyth)'의 핵심이라고 간주하였다. 다시 말해, 영웅신화의 주인공인 영웅이 일상적인 삶의 세계를 떠나(분리) 초자연적인 경이의 세계로 들어가고(입문), 압도적인 힘을 가진 존재와 만나 그를 물리치고 더 큰 힘을 얻어 원래의 세계로 되돌아오는(회귀) 과정을 가진다는 것이다.[1] 그리고 대개 회귀한 영웅은 애초에 자신을 버렸던 집단이나 고향을 포함한 원래의 자리에서 도전자나 적대자를 척결하고 사랑과 왕좌를 쟁취하거나 공고히 하며, 나아가 건국이나 정복 등 전례 없는 장엄한 업적을 쌓는다. 한편 이 모든 내용들에는 대체로 신화적 층위의 내용과 전설적 층위의 내용이 혼재되어 있다는 특징이 있다.

그러나 영웅신화에는 이러한 밝고 화려한 내용 요소들만이 있는 것은 아니며, 타인과 집단의 행복을 위한 희생 및 죽음과 같은 비극적 숙명도 포함되어 있는 경우가 많다. 따라서 세대를 뛰어 넘어 사람들을 열광시키는 영웅신화 서사가 우리에게 주는 의미는 단순히 영웅이 지니고 있는 전사적 능력과 지혜, 주술적이고 초월적인 힘에만 있는 것은 아니다. 신화 속 영웅들은 "육체적 한계와 극한의 인간적 임계점에도 불구하고, 불굴의 의지를 가지고 세계를 조화롭게 할 지혜를 제안하고, 때로는 자신을 희생의 제물로 바쳐서 집단 내의 모든 사람에게 궁극적 행복을 가져다주는 위대한 결단을"[2] 행한다. 바로 이를 통해 "평범한 삶 속의 비범한 면모를 극대화"[3]해 보임으로써, 우리의 어떤 원형질적 공감을 불러일으키고 자아를 각성시킨다는 것이 영웅신화의 참된 매력일지도 모른다.

신화 속 영웅들의 이야기는 상상력을 자극하고 우리 무의식의 원형(Archetype)과 공명함으로써, 인류의 문화적·예술적 창조력을 활성화하고 도덕적 규범의 기초를 내면화시켜 왔다. 또한 무의식의 원형적 이미지(Archetypal Images, 원형상)로서 만들어진[4] '영웅'의 고난과 시련을 이겨내는 인내와 용기, 불굴의 의지와 지혜는 수시로 우리 삶의 귀감이 되어준다. 실로 영웅신화는 여러 신화의 부류 중에서도 가장 인간과 친근한 것이라 할 수 있을 것이다. 그런 점에서 영웅신화가 신화의 시대를 벗어난 지 오래되어도 한참 오래인 요즘에 있어서도 활발하게 소비되고 다양하게 콘텐츠화 되고 있다는 사실은 새삼 놀랍지 않은 일이라 할 수 있다.

영웅신화는 오늘날 여전히 원형 그대로 즐겨 읽히기도 하지만, 끊임없는 각색 속에서 적지 않은 신화 속 영웅들이 새로운 콘텐츠로 변모하여 소비되고 있다. 그리고 그것들은 본래의 영웅신화와 영웅 캐릭터가 갖는 고유한 가치와는 별개로, 연관적이지만 새로운 문화적 가치를 발생시키고 있다. 본고는 바로 그에 대해 논해보고자 한다. 신화는 원래 단 한 순간에 완성된 것이 아니다. 우리가 알고 있는 신화는 긴 시간에 걸쳐 전수되고 첨삭되면서 집단적으로 창작되어 왔다. 따라서 확정된 원작을 꼽는 것은 매우 어려운 일이다. 같은 골격의 이야기에도 여러 가지 버전이 있음을 우리는 잘 알고 있다. 마찬가지로 현대에 들어서도 각색과 개작은 꾸준히 이루어지고 있는 중이며, 그 원작 파괴의 정도는 과거보다 더 과감한 수준이다.

분명히 신화의 콘텐츠화에 따른 개작은 과거 시대의 전통적인 개작과는 다른 차원의 문화적, 산업적 맥락을 띌 것이며, 여기에는 새로운 시대정신이 또한 반영되어 있을 것이라고 추측해볼 수 있다. 본고에서는 여기에 초점을 맞추어 전통적 신화 속의 영웅이 현대의 만화와 영화 콘텐츠에서 어떻게 서사적으로 재귀하고 있는가 살펴볼 것이다. 기본적으로는 현대적 개작 속에서 영웅신화적 서사 특징을 간직하고 있다면 어떻게 얼마나 유지하고 있는지를 신화에 대한 분석심리학의 관점을 빌어 해명할 것이다. 또한 나아가 신화 속의 영웅들이 당대 유행하는 슈퍼 히어로물의 방식으로 서사되는 특성과 그 의미에 대해 밝히고자 한다.

미국의 DC 코믹스와 마블 코믹스가 만들어낸 슈퍼 히어로들이 세계적인 인기를 얻고 있는 가운데, 역사상 가장 오래된 신화 속 영웅에 대한 재해석을 통해 그들을 새로운 버전의 슈퍼 히어로로 만끽하는 문화적 흐름이 포착되고 있다. 이미 마블 코믹스의 인기 SF 만화와 영화의 주인공으로 거듭난 '토르'[5]의 경우가 있고, 헤라클레스도 그런 흐름에 합류한 대표적인 초기 영웅에 해당한다. 특히 1997년에 개봉한 월트 디즈니의 애니메이션 《헤라클레스》와 2014년과 2015년에 걸쳐 개봉한 각기 다른 3편의 헤라클레스 영화는 SF의 성격이 강한 슈퍼 히어로 작품과는 또 다른 형태의 슈퍼 히어로 이야기를 추구한다. 헤라클레스를 현대라는 시간으로 호출하지는 않고 고전 시대 속에 묶어 둔 채로 이야기를 다시 쓰는 방식으로, 고대의 '초인 영웅'에게 '매우 현대적인' 가치를 이입한 새로운 영웅신화를 만들어낸 것이다.

이에 착안하여 본고는 편의상 연구 대상을 근래 유독 연달아 각기 다른 애니메이션과 영화로 제작이 집중되고 있는 '헤라클레스'(Heracles) 콘텐츠로 제한하고자 한다. 반신반인이었던 헤라클레스는 각종 초능력을 자랑하는 현대의 초인들처럼 신들과 그 힘을 겨룰 만큼 막강했던 영웅신화의 전형적인 주인공이며, 그런 점에서 오늘날의 슈퍼 히어로들의 선구 격 캐릭터라는 점에서,[6] 시의적으로나 내용적으로나 분석 대상으로 적합하다고 여겨지기 때문이다.

2. 분석심리학이 이해하는 영웅신화의 기본 구조

분석심리학은 무의식의 활동성이 주로 신화적 사고로 나타나고, 신화적 사고란 외부 대상을 지향하는 사고와는 구분되는 인간 정신의 고유하고 원초적인 사고방식이라고 본다. 나아가 분석심리학의 입장에서는 영웅신화를 의식성을 획득한 인간의 정신이 펼치는 활동과 그것이 궁극적으로 실현하는 바를 다루는 신화라고 간주한다. 그에 따르면 영웅이란 신화 상의 제한된 인물상에 그치는 것이 아니다. 오로지 위대한 인물에게만 통할 수 있는 범례적 심상도 아니다. '영웅'은 모든 인간이 각기 개인적으로 삶의 여정에서 힘과 용기, 생명에 관한 의의를 구하는 공동의 심상이다.

원시적 부족은 '성인식'이나 다른 부족과의 전투, 위험한 사냥 등을 앞두고 영웅신화를 들려준다. 우주 괴물을 처치하는 초인의 모습을 담은 만화나 영화는 당대의 어린이들에게 있어 현대판 영웅신화이다. 어린이나 성인 가릴 것 없이 자기 내면에 영웅의 원형적 이미지를 두고 그로부터 자기 행위의 가치 정립을 받는 한, 예나 지금이나 인류는 영웅신화를 곁에 끼고 있는 것과 마찬가지다. 융(C. G. Jung)은 영웅과 구원자의 신화가 언제 어디에서 유래했는지는 몰라도 영웅신화의 주제가 태고로부터 계승되어 내려오는 전통임은 틀림없다고 판단했다.

> 우리는 인간이 영웅신화를 가졌다는 것을 아직 알지 못했던 시대, 인간이 말한 것이 있으면서도 그가 말하고 있는 것에 대해 아직 의식적으로 성찰할 줄 몰랐던 시대부터 영웅신화는 "기원했다"고 충분히 추정할 수 있다. 영웅상은 하나의 원형으로서 우리의 기억에도 없는 옛날로부터 존재해 온 것이다.[7]

분석심리학이 호명하는 '영웅'은 일단 역사적으로 비범한 인물이지만 그 인물에 대한 헌사인 영웅신화 속의 신화적 인물상으로서의 '영웅'은 비록 인간의 모습을 빌었을지라도 실재의 인간이 아니고 집단무의식[8]의 '원형상(원형적 이미지)'에 해당한다. 또한 대부분의 신화 속에서 영웅은 신이나 왕의 자식 또는 자손으로 묘사되는데, 이때의 왕은 신과 마찬가지의 초월적이고 신비적인 인격이라고 볼 수 있다. 영웅의 시조가 되는 신 또는 왕부터가 원형상인 것이다. 영웅신화에서 영웅은 신 또는 왕의 후손이기에 신성성을 부여받지만 그 자신이 처음부터 신이거나 왕인 것은 아니다. 보통 그들은 우선 반인반신의 지위에서 출발한다. 그리고 그들은 모험 끝에 영웅으로 인정받을 만한 과제를 성공적으로 완료함으로써 비로소 왕으로 추대되거나 신의 경지에 오르게 된다.

캠벨의 다음과 같은 말은 이와 관련한 영웅의 궁극적인 상징적 의미를 잘 간파하고 있다고 할 만하다.

> 돌이켜보면, 모험적인 여행은 성취하기 위한 노력이 아닌 재성취하기 위한 노력, 발견하기 위한 노력이 아닌 재발견하기 위한 노력이었던 듯하다. 영웅이 애써 찾아다니고 위기를 넘기면서 얻어낸 신적인 권능은 처음부터 영웅의 내부에 있었던 것으로 드러난다. 그는 자신이 누구인지 알게 된 〈왕의 아들〉이고 그는 이로써 자기의 실제적 권능을 행사하기 시작했다. 〈신의 아들〉은 이 이름이 얼마나 의미 심장한지 알게 된 것이다. 이런 시각에서 보면 모든 영웅은, 우리 모두가 내

장하고 있되 오직 우리가 이 존재를 발견하고 육화(肉化)시킬 때를 기다리는 신의 창조적, 구원적 이미지의 상징이다.[9]

분석심리학에서는 인간 의식의 발달사에서 볼 때 영웅신화를 창조신화 다음 단계의 신화로 파악하며, 신화에서 등장하는 인물상은 실재적 인물이 아니라 집단무의식의 원형상이라고 간주한다. 이에 따라 영웅신화 속의 영웅은 의식성을 획득한 정신 영역의 형상화라고 주장한다. 즉, 영웅은 인간정신의 구조에 있어 의식의 주체에 해당하는 '자아(ego)'를 의미한다는 것이다. 분석심리학의 관점에 따르면, 인간은 '자아'라 지칭되는 의식성을 획득하게 됨으로써 집단무의식으로부터 분화하여 고유하고 독립적인 자기 영역을 발전시켜 나갈 수 있게 된다.

개별 인격의 분화 발전을 융은 세 단계의 신화적 현상으로 설명하였다. 그에 따르면, 첫째 단계는 전적으로 무의식적인 상태이고, 둘째 단계에서 정신은 의식성을 획득하여 신화 속의 영웅에 대응하는 인격적 강화가 나타난다. 그리고 세 번째 단계에 가면 영웅적 동일시에서 벗어나 자신만의 독자적인 정신성을 찾아 실현하기에 이른다. 한편 노이만(E. Neumann)은 인간 의식의 탄생과 분화 발전을 창조신화, 영웅신화, 변태(變態)신화의 세 가지 신화적 단계로 설명하였다. 특히 그는 영웅신화 단계에서 자아가 의식성을 바탕으로 자기 위치를 확실히 정립하기 위해 모성(母性)의 도움을 받는다는 내용을 강조한 것으로 유명하다.[10]

조셉 핸더슨(Joseph L. Handerson)은 영웅신화를 자아의식의 발달과 연관시켰다. 그는 폴 라딘(Paul Radin)의 『위네바고의 영웅 주기』를 원용하여 영웅신화의 전개를 협잡꾼 주기, 토끼 주기, 붉은 뿔 주기, 쌍둥이 주기의 네 가지 주기로 나눈다. 먼저 '협잡꾼 주기'는 인간에게서 가장 미숙한 시기의 형상화이다. 이때는 인간이 기본적인 육체적 욕구 충족에 목적을 두고 행동하는 유아기에 해당하여, 이 단계의 영웅은 충동적이고 본능에 따르며 절제가 잘 되지 않고 유치한 모습을 보인다. 2단계인 '토끼 주기'에서 영웅은 부분적으로 동물적인 모습을 나타내기도 하고 인간다운 모습을 보이기도 하는 등 아직은 미숙한 인간 수준이나 문화적 영웅의 측면을 보인다. 3단계인 '붉은 뿔 주기'에 가면 영웅은 한층 인격화된 무장한 영웅의 모습을 드러내며 점차 전투에서도 활약하는 등 완성된 영웅의 면모를 펼쳐 보인다. 끝으로 '쌍둥이 주기'에서는 영웅이 두 명의 존재로 나타난다. 가령 같은 어머니의 뱃속에서 하나로 같이 있다가 출생과 함께 둘이 된 그들은 서로에게 속하는 속성을 가지고 있으면서 대립하기도 하고, 종종 자신의 한계를 넘어 초월적 신이 되고자 하는 과시적 힘의 행사와 욕망—영웅의 히브리스(hybris)—을 보이는 그릇된 방향으로 나가기도 한다. 이 경우 마침내 벌을 받는 영웅의 결말로 이어지기도 한다.[11)]

한편 정신의 발달 시기가 영웅시기를 충분히 충족시킨 이후에는 새로운 단계의 정신 현상으로 나아가게 되는데, 앞서 노이만이 인간 의식의 탄생과 분화 발전을 창조신화, 영웅신화, 변태(變態)신화의 세 가지 신화적 단계로 설명했던 것을 상기하자면, 영웅은 새로운 차원의 전기를 통하여 변태신화 단계로 진입할 수 있다. 신화적으로 영웅은 죽음과 같은 극적 계기를 통해 신이 된다든가 하는 방식으로 한층 더 성숙한 자아의식의 실현을 구가할 수 있다. 즉 이질적 존재로의 변신과 변환은 의식의 재탄생을 의미하게 되는 것이다.

정신의 자기실현의 마지막 단계는 아마 인격의 중심에 도달하는 것이 될 것이다. 그러나 누구도 평생 자신의 전체 인격의 중심에 도달했다고 확신하기는 어렵다. 가령 우리의 무의식은 그 끝을 파악할 수 없고 언제나 자아의식을 넘어서는 규모로 존재한다. 때문에 융도 우리가 도달할 수 있는 인격의 전체성은 '완전성'이 아니라 '온전성'이라고 하였다.[12)] 따라서 우리 의식의 발전이 변태신화 단계에 들어서 의식의 재탄생으로 거듭날 수 있다면 그것은 아마 인격의 온전성에 도달하는 것이 될 것이다.

분석심리학에서는 신화 속 '영웅의 출생'에 관한 모티브들을 근원적이고 전(前)-의식적인 정신 상태로부터 의식성을 가진 정신이 탄생하는 것에 관한 것으로 파악한다. 영웅을 탄생시킨 그러한 모성(母性)은 신비로운 은막에 쌓여 있는데, 보통 세계수(世界樹)로서의 어떤 '나무'나 모든 질료가 혼합된 상태의 우주적 자궁에 해당하는 '알', '처녀수태'로 상징된다. 또는 영웅이 신인 아버지와 인간 어머니 사이에서 출생함으로써 반인반신의 지위를 획득하기도 한다. 이렇게 탄생하는 영웅들은 흔히 태어나자마자 버려지고 남에게 입양되어 길러지는데, 이를 통해 영웅은 두 부모를 갖게 된다. 이러한 영웅의 이야기는 결국 육체적 탄생과 정신적 탄생이라는 '이중의 탄생'의 의미를 갖는다. 이중의 탄생, 또는 이중 부모는 영웅이 갖는 이중적 속성에 부합한다.

영웅은 신성(神性)과 속성(俗性), 불멸과 필멸이 공존하는 반인반신의 본성 등 복합적인 이중성을 가진 존재이다. 때문에 그 이중적 속성이 쌍둥이의 모습으로 그려지기도 한다. 이 쌍둥이적 모습은 두 개의 인물상일 수도 있고 한 인물의 대립하는 이면일 수도 있다. 어찌 되었든 이 쌍둥이 영웅은 의식적 정신을 획득한 정신 영역과 근원적 정신성을 이루고 있던 무의식의 영역으로 나뉜다. 이때 전자에 속하는 영웅은 긍정적이고 진취적인 삶의 태도를 갖는 반면, 후자에 속하는 영웅은 수동적(보수적)이며 퇴행적인 삶의 태도를 보일 뿐 아니라 의식성을 획득한 독립적인 영웅의 힘을 약화시키고 그와 반목하는 존재로 자리매김 하기도 한다.[13)]

영웅의 신성하지만 불완전한 탄생에는 참된 영웅의 자리에 오르기 위한 수행과제가 뒤따른다. 과제는 영웅 자신의 자유의지에 의해 결정되기보다는 보통 자기에게 부여되는 고유한 운명의 것이 따로 존재하여 그에 부합되게 발탁된다. 험난한 수행과제들은 영웅의 불우한 탄생과 성장기의 불리한 처지가 가진 핸디캡을 극복할 수 있는 사다리의 구실을 한다. 때문에 영웅에게 과제의 성공적 수행은 매우 중요하다. 물론 신화의 영웅은 결국 "비합리적 정신 영역에서 나오는 초인적인 힘"[14)]을 통해 또는 "조력자 혹은 후견인"[15)]의 도움을 받아 난관을 극복하고 그들의 과제를 능란하게 해결한다. 그리스의 영웅들의 경우 용, 거인, 히드라, 메두사, 미노타우로스와 같은 괴물들을 퇴치하고 그 대가로 특별한 선물을 획득하거나, 괴물이나 악당에게 잡혀 있던 아름다운 여성을 구해 자신의 배우자로 맞이하기도 하는데, 이것은 영웅신화의 일반적인 시나리오다.

분석심리학의 관점에 따르면 영웅의 싸움은 우선적으로는 자신을 낳은 근원적인 정신의 영역에서부터 벗어나 자신의 고유한 의식 세계를 정립하고자 하는 과제를 실현키 위한 것이다. 비유컨대 어머니의 보호 하에 있던 유아기 상태를 벗어나 어엿한 성인으로 독립하고자 하는, 고양된 자기실현이 바로 신화적 영웅의 투쟁에 담긴 의미이다. 한편 용과의 싸움으로 대표되는 그러한 싸움은 흔히 계속 반복된다.[16] 비록 대부분의 영웅신화에서 영웅이 괴물에게 승리하도록 결말이 짜져 있다 할지라도, 현실에서 무의식의 어둠이 의식의 빛을 가리고자 하는 일은 자주 일어나기 때문이다.

이상이 분석심리학이 이해하는 대략의 영웅신화의 기본 구조에 관한 내용이다. 물론 분석심리학이 신화에 대해 말하는 바는 매우 방대하며 영웅신화에 대해서도 더 많은 것을 말하고 있음은 물론이다. 다만 본고에서는 지면의 제한과 특정한 문제의식 하에 수많은 신화적 영웅 중 그리스 신화의 불세출의 영웅 헤라클레스만을 꼽아 논의할 것이므로 논의의 시금석으로 필요한 부분만을 국한하여 정리하는 것으로 충분할 것이라 생각한다.

3. 헤라클레스 신화의 기본 내용과 콘텐츠적 부활

먼저 전통적인 헤라클레스 신화는 다음과 같은 줄거리를 가지고 있다. 헤라클레스는 제우스(Zeus)와 인간 여인 알크메네(Alkmene) 사이에서 태어났고, 알크메네와 그녀의 인간 남편 암피트리온(Amphitryon)의 슬하에서 자라났다. 그리고 제우스에 의해 '헤라의 영광'이란 이름을 받았음에도 역설적이게도 헤라의 질투 속에 괴롭힘을 받으며 성장하게 된다. 일찍이 아기 시절 헤라가 아기를 죽이기 위해 보낸 두 마리의 독사를 모두 목 졸라 죽였으며, 테베(Thebai) 근처 왕국인 테스피아이(Thespiai)를 습격한 사자를 잡아 죽이고 테베 왕 크레온(Kreon)을 도와 전쟁을 대승으로 이끄는 등 젊어서부터 갖은 무용을 뽐냈다. 이 전쟁의 공로로 테베의 공주 메가라(Megara)와 결혼하여 아들 셋을 낳지만, 어느 날 실성한 헤라클레스는 아내와 자식들을 모두 죽이고 만다.

〈그림 1〉 데이아네이라를 납치하는 네소스
출처: http://blog.naver.com/usakim100/220919077175

이 일로 헤라클레스는 델포이 신전의 신탁에 따라 자신의 죄를 씻기 위해 미케네(Mykenai)의 왕 에우리스테우스(Eurystheus)를 찾아가 섬김으로써 그 유명한 12가지 과제를 수행하게 된다. 그것들은 ① 어떤 무기도 통하지 않는 네메아(Nemea)의 사자 죽이기: 과업을 성공한 후 사자의 가죽을 쓰고 다녔다. ② 머리 9개 달린 물뱀 히드라(Hydra) 처치: 과업 성공 후 히드라의 독을 화살촉에 발라 사용했다. ③ 황금 뿔과 청동 발을 가진 케리네이아(Keryneia)의 암사슴 사로잡기. ④ 농사를 해치는 에리만토스(Erymanthos) 산의 멧돼지 사냥. ⑤ 30년간 치우지 않은 아우게이아스(Augeias)의 외양간 청소. ⑥ 스팀팔로스(Stymphalos) 호숫가 숲에 사는 청동날개를 단 괴물새 죽이기. ⑦ 크레타(Kreta) 섬의 괴물 황소 끌고 오기. ⑧ 인육을 먹는 디오메데스(Diomedes)의 암말 제압해 몰고 오기. ⑨ 아마존(Amazon) 여왕 히폴리테(Hippolyte)의 마법 허리띠 가져오기. ⑩ 몸체가 셋인 괴물 게리오네스(Geryones)의 소 떼 몰고 오기. ⑪ 세상 끝에 있는 헤스페리데스(Hesperides)의 황금사과 가져오기. ⑫ 저승의 머리 셋 달린 개 케르베로스(Kerberos) 데려오기였다. 헤라클레스는 과업을 차례대로 수행하고 처자식을 죽인 죄를 씻을 수 있었다.

헤라클레스의 모험은 이 외에도 매우 많다. 12가지 과제의 사이에 고대판 어벤져스라 할 수 있는 아르고(Argo) 호의 원정에 잠시 참여하기도 하였으며, 여러 악당들을 물리치고, 아레스(Ares) 신을 비롯한 신들과의 결투도 벌였고, 올림포스의 신들을 도와 거인족 기간테스(Gigantes)를 물리치기도 하였다. 그렇지만 헤라클레스는 민폐를 끼치는 갖은 말썽도 피우고 게 중 한 일로 인해 리디아(Lydia)의 여왕 옴팔레(Omphale) 밑에서 3년간 종살이를 한 적도 있었다. 한편 그는 강의 신 아켈로오스(Acheloos)의 딸 데이아네이라(Deianeira)를 걸고 결투를 벌여 승리함으로써 데이아네이라와 결혼해 살았다. 그러나 훗날 헤라클레스가 쏜 히드라의 독이 묻은 화살을 맞고 죽어가던 네소스(Nessos)란 켄타우로스(Kentauros)의 간계에 속은 데이아네이라는, 히드라와 네소스의 독이 묻은 옷을 헤라클레스에게 권했고, 그 옷을 입은 헤라클레스는 고통 속에서 죽음을 맞이한다. 그렇지만 하늘로 올라간 헤라클레스의 영혼은 신이 되었으며, 헤라와도 화해하고 그녀의 딸이자 청춘의 여신인 헤베(Hebe)와 결혼하였다. 그것은 지상에서 이룬 업적의 결과로 올림포스의 신이 된 유일한 인간 영웅의 사례가 되었다.

이 매력적인 신화 속 영웅의 이야기는 최근인 1997년과 2014, 2015년에 미국에서 애니메이션과 영화로 잇달아 개봉되었다. 1997년 디즈니사는 극장용 장편 애니메이션《헤라클레스(원제: *Hercules*)》를 개봉했고, 2014년엔 레니 할린(Renny Harlin) 감독의《헤라클레스: 레전드 비긴즈(원제: *The Legend of Hercules*)》와 브렛 래트너(Brett Ratner) 감독의《허큘리스(원제: *Hercules*)》가 연달아 개봉되었으며, 2015년에는 닉 라이온(Nick Lyon) 감독의《헤라클레스: 전설의 부활(원제: *Hercules Reborn*)》이 개봉된 바 있다.

1997년의 디즈니 애니메이션《헤라클레스》는 시기적으로도 좀 떨어져 있고 장르도 차이가 있다고 치자면, 2014년과 2015년 2년에 걸쳐 각기 다른 세 편의 영화가 미국에서만 연달아 만들어져 개봉되었다는 사실은 이채롭다. 아마 2000년대 들어 DC 코믹스와 마블 코믹스의 슈퍼 히어로들을 소재로 한 각종 영화와 드라마가 연이어 전 세계적인 히트를 치고, 이종격투기 시합이 인기를 누리자 두 가지 흐름을 한 데 모아 연출할 수 있는 이상적인 콘텐츠 소재로 헤라클레스를 관심 가지게 된 것이 아닐까 그 배경을 짐작해 본다. 헤라클레스 정도면 새롭게 발명한 캐릭터는 아니라 해도 모두에게 익숙하고 사랑받는 그리스 신화 속의 가장 유명한 영웅인 만큼, 제작과 출시 과정에서 창작의 부담은 줄이고 대중의 호기심은 충족시킬 수 있는 가장 손쉽고 유인력 높은 영화적 소재였을 것이다.

그러나 막상 뚜껑을 열어 보면 애니메이션이건 영화건 모두 그리 작품성이 높지는 않다. 특히 《헤라클레스: 레전드 비긴즈》와 《헤라클레스: 전설의 부활》은 기존의 다른 검투사 영화들을 연상하게 하는 영화인데다가 그리스 신화 속의 헤라클레스와 그 주변 인물들의 이름을 일부 끌어왔을 뿐, 인물들의 배치도 신화의 스토리 라인을 따르지 않고 제멋대로 하였을 뿐 아니라 영화의 이야기 내용 자체가 원작 신화와 거의 무관한 수준이라는 점에서 크게 실망스럽다. 아마 이들 영화의 경우는 헤라클레스를 케이지 안에서 혈투를 벌이는 이종격투기 선수들의 슈퍼 히어로 격 정도로 이미지화하는데 급급했던 것으로 보인다. 그렇지 않다면 원작에 대한 무례한 수준의 왜곡을 무릅쓰고 헤라클레스를 검투사의 일종으로 격하시켜 버릴 수는 없었을 것이다. 아무리 헤라클레스를 신의 아들이라는 허구의 지위에서 엄연한 실존적 인간이라는 지위로 끌어내려 해석하는 진취성을 보였다 할지라도 말이다.[17]

4. 헤라클레스의 새로운 서사

4.1. 월트 디즈니의 애니메이션 《헤라클레스》: 아이들을 위해 신화로 남겨진 슈퍼 히어로

따라서 본고는 디즈니 애니메이션 《헤라클레스》와 헤라클레스의 영어식 발음으로 한글 제목을 달고 국내 개봉된 브렛 래트너 감독의 《허큘리스》를 중심으로 신화 속 영웅 헤라클레스가 현대 슈퍼 히어로의 한 가지로 재귀한 서사 구조와 그 의미를 밝히고자 한다. 두 작품의 경우는 분명 작품성이 높다고 말할 수는 없지만 신화 속 영웅들의 콘텐츠적 재귀에 대해 논할 수 있을 만큼 원본 신화와의 연속성과 단절성을 적당히 취하고 있고 또 나름의 서사적 의미를 각각 갖추고 있기 때문이다.

우선 디즈니의《헤라클레스》스토리를 들여다보자면 다음과 같다. 신들의 제왕 제우스와 그의 아내 헤라 여신이 올림포스에서 헤라클레스를 낳는다.[18] 모든 신들이 헤라클레스의 탄생을 축복하지만, 제우스를 꺾고 올림포스 산을 차지하려는 역모를 계획하고 있던 저승의 신 하데스는 (각기 과거, 현재, 미래를 관장하는) 운명의 세 여신으로부터 훗날 헤라클레스가 하데스를 물리치게 될 것이라는 예언을 듣고, 부하인 '고통(Pain)'과 '공포(Panic)'를 시켜 헤라클레스를 납치해 죽이게 한다. 아기 헤라클레스를 지상으로 유괴한 뒤, 죽지 않는 신을 죽이기 위해서 먼저 신의 능력을 없애고 인간화 하는 약물을 아기에게 먹이던 그들은 갑자기 현장에 나타난 인간들 때문에 놀라 약을 떨어뜨리고 도망가는 바람에 약을 전량 먹이지 못한다. 그 때문에 헤라클레스는 신의 능력을 반은 간직한 인간으로 남아 발견자인 인간 양부모의 손에 길러진다.[19]

자애로운 양부 밑에서 잘 길러진 헤라클레스이지만 조절하기 힘든 초인적인 힘과 활동력으로 인해 사사건건 말썽을 일으키며 사람들의 빈축을 사온 그는 끝내 사회에서 추방당하고 만다. 그 사건을 계기로 양부모로부터 그의 출생이 제우스와 관련 있을 것이란 얘기를 건네 들은 헤라클레스는 제우스 신전에 찾아가 제우스로부터 직접 자신이 제우스의 친아들임을 확인받는다. 하지만 다시 올림포스로 돌아가 신들과 함께 살기 위해서는 헤라클레스 역시 신이 되어야만 하였고 헤라클레스를 신으로 되 바꾸는 것은 제우스도 할 수 없는 일이었다. 오직 헤라클레스 스스로 신이 될 만한 자격을 입증해 보이는 수밖에 없는데, 그것이 바로 위대한 영웅이 되는 것이었다. 그의 모험은 그렇게 시작된다.

제우스의 안내로 조력 짐승 '페가소스(Pegasos)'를 얻고 영웅 전문 트레이너인 사티로스(Satyros) '필록테테스(Philoctetes)' 밑에서 수련을 거친 헤라클레스는, 각종 천재지변과 괴물의 출현으로 괴로워하며 영웅의 출현을 갈망하던 도시 테베를 구원하러 출정한다. 도시로 향하던 도중 헤라클레스는 켄타우로스족인 네소스에게 괴롭힘을 당하던 미녀 메가라를 구해주고 서로 반하게 된다.[20] 이후 그는 테베에 도착해 히드라를 비롯한 원전 신화 속의 12가지 과제에 등장하는 무수한 괴물들을 무찌르고 부와 명예를 한 손에 넣은 도시의 슈퍼스타가 되지만, 그것만으론 아직 진정한 영웅이 되기 어렵다고 제우스에게 판정받는다. 헤라클레스는 자신이 엄청난 공훈을 세웠으며 다시 없이 유명하다고 항변하지만, 제우스는 유명하다고 해서 진정한 영웅인 것은 아니며 어떤 것이 참된 영웅인가에 대한 답은 스스로 마음속을 들여다보고 찾으라고 답한다.

진정한 영웅이 되기 위한 최후의 관문을 남겨둔 헤라클레스 앞에 나타난 메가라는 헤라클레스를 유혹하고, 하데스는 그녀를 볼모로 삼아 신의 세계를 전복하는 전쟁을 치르는 하루 동안 헤라클레스가 힘을 쓰지 못하게 하는 마법을 거는 계약을 성사시킨다. 헤라클레스가 쉽게 계약에 동의할 수 있었던 것은 하데스가 메가라를 붙잡고 위협했기 때문이기도 하지만, 하데스가 세상을 전복하는 하루 동안 헤라클레스가 개입하지 않으면 자신 역시 메가라가 절대 상처를 입지 않도록 할 것이며, 만일 메가라가 다치게 되는 일이 생기면 헤라클레스는 힘을 되찾게 될 것이라고 약속을 주고받았기 때문이었다.

헤라클레스를 무력화시킨 하데스는 지하에 갇힌 거인족을 해방시켜 올림포스 산으로 쳐들어가고 승승장구해 올림포스의 함락을 눈앞에 두게 된다. 하지만 힘을 빼앗긴 상태에서도 사람들을 지키기 위해 거인과 맞서 싸우다 위기에 처한 헤라클레스를 구하기 위해 스스로 무너지던 기둥에 깔려 다치게 된 메가라로 인해 마법의 계약이 깨지면서 힘을 되찾게 된 헤라클레스는 올림포스로 가 하데스 군을 무찌르고 천계의 신들을 구원한다. 그리고 이미 죽음을 맞이한 메가라를 다시 살리기 위해 죽음의 강물 속으로 뛰어 든 헤라클레스는 그 속에서 죽기는 커녕 신성을 되찾아 불사의 몸이 되어 메가라의 영혼을 구해 나오는데 성공한다. 사랑하는 사람을 위한 진정한 마음과 죽음을 불사한 용기가 그를 참된 영웅으로 만들어 신성을 회복할 수 있었던 것이다. 메가라를 되살려 함께 올림포스로 승천한 헤라클레스를 향해 제우스는 "진정한 영웅이란 강한 힘을 가진 자가 아니라 진실한 마음을 가진 자란다."라고 말하며 신으로의 귀환을 환영한다. 하지만 헤라클레스는 인간인 메가라와의 사랑을 위해 영생을 포기하고 인간의 몸과 지상에서의 삶을 선택한다.

이상의 스토리에서 알 수 있듯이 디즈니의 《헤라클레스》는 신과 영물, 인간이 함께 등장하는 신화적 세계관과 서사 구조를 유지하고 있다. 그리고 대략의 원전 스토리 구도를 완전히 포기하지는 않았다. 다만 등장인물들의 관계 설정이나 이야기 내용은 원래의 헤라클레스 신화와는 많이 다르다. 헤라클레스의 방대한 영웅담 역시 엄청나게 축소요약 되어 있다. 그러나 90여분의 러닝 타임이라는 시간적 제약과 주로 어린이를 대상으로 한 애니메이션이라고 하는 창작 성격상의 제약, 기존 신화의 재해석을 통한 신상품 출시의 필요성 등이 전제되어야 할 것이기에 일정한 변화와 한계에 대해 이해할 수 있는 여지는 충분하다 할 것이다.

4.2. 브렛 래트너의 영화 《허큘리스》: 어른들을 위해 전설이 된 슈퍼 히어로

한편, 브렛 래트너 감독의 《허큘리스》는 이미 원작 신화를 각색한 스티브 무어의 만화 《헤라클레스: 트라키안 워》를 원작으로 한 영화로서 그리스 신화에서의 '헤라클레스의 12가지 과제' 이후의 이야기를 배경으로 설정하고 있다. 주인공 헤라클레스[21] 역에는 WWE 프로레슬링 슈퍼스타 출신인 드웨인 존슨(Dwayne Douglas Johnson)을 발탁하였다. 이 영화에서 헤라클레스는 애초에 신과는 무관한 인간으로 등장한다. 사람들 사이에서는 우리가 알고 있는 신화 속의 이야기처럼 소문나 있지만 그것은 사실 부풀려진 것이었고, 그가 이끄는 방랑 용병의 일원으로 있던 그의 조카 이올라오스(Iolaos)가 퍼트린 의도적인 소문이었단 식이다.

이 영화의 기본 줄거리는 다음과 같다. 헤라클레스는 그의 충실한 추종자들을 이끌고 방랑하는 용병의 수장이다. 어느 날 그의 명성을 들은 트라키아의 왕과 공주가 그를 초빙해 죽음의 군단이라 불리는 레수스의 군사들을 물리쳐주기를 요청한다. 트라키아에서는 헤라클레스가 혼자 다니는 것이 아니라 동료들과 동행한다는 것에 놀라기도 한다. 고향으로의 복귀를 눈앞에 두고 있어 어차피 돈이 필요했던 헤라클레스와 동료들은 트라키아의 요청을 승낙하고 트라키아의 군대를 훈련시켜 막강한 레수스 군대를 물리치고 레수스를 사로잡는데 성공한다. 그런데 알고 보니 트라키아의 왕 코티스는 왕위까지 찬탈해 왕좌에 오른 정복욕에 불타는 폭군이었고 레수스는 코티스의 폭정에 맞선 군대의 지휘관일 뿐이었다. 그리고 백성들의 지지를 받지 못해 수세에 몰려 있던 코티스를 도와 헤라클레스가 레수스의 군대를 괴멸시켜 준 덕분에 코티스는 저항 세력을 일소하고 트라키아를 통일할 수 있었다. 코티스는 트라키아의 통일에 이어 주변 국가들을 정복하고 제국의 지배자가 되려는 야망을 내비치며 헤라클레스에게 자신의 휘하로 들어올 것을 제안하지만, 헤라클레스는 부정한 살인자의 밑에서 일할 수는 없다면서 거절한다.

그리고 트라키아를 떠나 고향 마케도니아로 가려던 계획을 바꾸어 코티스를 처치하기 위해 다시 트라키아의 왕성으로 향한다. 용병 동료들 역시 헤라클레스에 대한 신뢰와 지지, 그리고 가족과 다름없는 상호 연대를 강조하면서 그를 따른다. 하지만 동료들과 함께 왕성을 기습한 그는 오히려 그를 기다리고 있던 트라키아 병사들에게 사로잡힌다. 게다가 감옥에 감금된 그의 앞에는 자신이 예전에 섬기던 미케네의 왕 에우리스테우스가 나타나는데, 그는 이미 코티스와 동맹을 맺은 상태였다. 그리고 헤라클레스가 고향을 떠나 방랑하게 된 까닭이었던 자기 처자식 살해 역시 알고 보니 본인의 취중 광기 때문이 아니라 그의 힘과 인기를 두려워한 에우리스테우스의 음모에 의한 것이었음을 알게 된다. 헤라클레스는 확실한 기억은 없었지만 자신이 사랑하는 처자식을 죽인 것 같다는 죄책감에 시달리며 종종 꿈에서 지옥을 지키는 삼두견 케르베로스를 만나는 공포에 시달려 오기도 했는데, 그것은 모두 사건 당일 헤라클레스가 술에 만취해 잠든 사이 에우리스테우스가 기르는 세 마리 늑대가 헤라클레스의 처자식을 물어 죽이는 것을 정신이 혼미한 와중에 본 기억이 남은 것이었다.

분노한 헤라클레스는 "자네는 누구지?"라고 묻는 동료의 독려 속에서 자기 자신의 내면에 잠재된 극한의 힘에 대해 각성하고, "나는 헤라클레스다!"를 외치며 자신을 결박한 쇠사슬과 돌덩이를 통째로 뜯어내어 에우리스테우스를 죽이고 동료들도 구출한다. 이때 헤라클레스의 용병 동료이자 예지자인 암피아라오스는 헤라클레스를 향해 신들이 그의—결코 본인의 손으로 처자식을 죽이지 않았다는—결백을 증명하였다면서 드디어 헤라클레스가 죄를 씻기 위해 행해온 과제들의 마지막이 끝났다고 선언한다. 헤라클레스는 이에 자신의 과제는 이제 시작되었다고 응답한다. 그것은 코티스를 처단하고 트라키아의 민중을 해방하는 것이 더 중요한 과업이라는 것을 의미한다. 코티스는 휘하의 군대를 거느리고 헤라클레스 일행을 포위해 공격해 오면서, 헤라클레스를 향해 "너는 신도 아니고 영웅도 아니야! 한낱 용병이야!"라고 공개적으로 외친다. 압도적 병력차로 인해 헤라클레스 일행도 희생을 치르지만 이미 극한의 힘을 각성한 헤라클레스는 궁성 앞에 세워져 있던 거대한 헤라 여신상을 무너뜨려 코티스를 죽이고 적의 수많은 병사들을 제압한다. 그리고 그들의 경배를 받는다.

이야기가 이와 같이 종료되면서 영화는 암피아라오스의 독백 형식으로 "헤라클레스에 대해 진실을 알고 싶은가? 이것이 진실이다. 솔직히 난 전설이라고 말하고 싶다. 세상은 믿을 만한 영웅을 원한다. 그가 진짜 제우스의 아들일까? 그건 문제가 아니다. 영웅이 되기 위해 신이 될 필요는 없다. 자신을 영웅이라 믿는 것이 필요하다. 그는 그랬다."라고 말하는 것으로 막을 내린다.

영화 《허큘리스》는 헤라클레스 신화를 차용하였지만, 이야기는 상당히 새롭게 쓰였다. 그리고 헤라클레스에게 신화에서와는 전혀 다른 정체성을 부여한다. 즉 그는 더 이상 반인반신의 지상영웅도 올림포스에 올라가 순도 백퍼센트의 신이 된 존재도 아니다. 그저 그는 용맹하고 통솔력 있는, 그리고 남다른 완력을 가진 인간 전사일 뿐이다. 영화에서는 일정 부분 헤라클레스 신화 속의 시기와 지역이 인정되고 신화 속의 주요 등장인물도 일부 등장한다. 비운에 죽은 첫 번째 아내 메가라가 그대로 등장하고 헤라클레스의 동반자였던 조카 이올라오스도 등장한다. 헤라클레스에게 그 유명한 12가지 과제를 부여했던 미케네의 왕 에우리스테우스도 등장한다. 그렇지만 역할이나 관계설정이 원작 그대로는 아니다.

원작대로라면 메가라는 헤라클레스가 자기 손으로 죽인 것이 맞고, 그의 조카는 헤라클레스 전설을 퍼트린 스토리텔러가 아니다. 무엇보다 에우리스테우스는 간교한 왕이긴 했어도 헤라클레스가 그를 찾아가 처음 만난 것은 아내 메가라와 세 아들을 손수 죽인 다음이었고, 헤라클레스를 죽이기 위해 애써 달려왔다가 그의 손에 죽지도 않았다.

5. 헤라클레스 콘텐츠에 대한 분석심리학적 해석

이제 분석심리학이 영웅신화를 보는 관점을 중심으로 두 작품의 서사를 분석하고 평가해 보기로 하자. 우선 꼭 분석심리학과 관련 있는 것은 아니지만, 두 작품 모두 조셉 캠벨이 얘기한 '분리-입문-회귀'라는 영웅신화 모험담의 표준 궤도에는 충실한 것으로 볼 수 있다. 디즈니 애니메이션 속의 헤라클레스는 전형적으로 이 도식에 충실한데, 그는 평범한 인간의 수준을 뛰어 넘은 힘과 활동량으로 인해 위험한 인물로 낙인 찍혀 살던 고향을 떠나야 했고[분리], 제우스의 아들임을 알게 되면서부터 신수(神獸) 페가소스와 반인반수(半人半獸)인 사티로스를 만나 함께하면서 초자연적인 경이의 세계 경험을 시작한다[입문]. 그리고 영웅이 되기 위한 수련을 거쳐 실력을 쌓고는 각종 괴물들과 악마 같은 저승의 신 하데스를 만나 대결해 가면서 역경을 극복하고 더 큰 힘을 얻어 마침내 신성을 회복함으로써 자신이 원래 있어야 했던 자리인 올림포스로 돌아간다[회귀].

영화 《허큘리스》 속의 헤라클레스 역시, 처자식을 제 손으로 살해했다는 누명을 쓰고 쫓겨나듯 고향 미케네를 떠나오게 되고[분리], 비록 초자연적 경이의 세계로는 아니지만 유명한 장수로서 사랑하는 가족과 함께 안락하게 살던 원래의 일상적 삶과는 전혀 다른 방랑 용병으로서의 시절을 거쳐[입문], 트라키아 전쟁을 통해 강군을 물리치며 대군의 지휘관의 역량을 보이기도 하고, 악군 에우리스테우스와 코티스를 연달아 물리치면서 잠재되어 있던 극한의 힘에 눈뜨고 마침내 트라키아의 전 병사들의 숭배를 받게 되는 것[회귀]이 그러하다. 영화의 끝 부분만으로는 헤라클레스가 자기가 있던 원래의 세계로 돌아가는 것까지를 담고 있지는 않지만, 영화는 마음의 평안을 찾은 헤라클레스가 처자식이 묻힌 고향 미케네로 돌아갈 것임을 암시하고 있기에, 캠벨이 얘기한 영웅신화의 표준 궤도 중 회귀 단계를 충족시키는 것으로 볼 수 있다.

분석심리학에서는 영웅이란 신화 상의 제한된 인물상에 그치는 것이 아니고 모든 인간이 자신의 삶의 여정에서 힘과 용기, 생명에 관한 의의를 구하는 공동의 심상이라고, 즉 집단무의식의 원형적 이미지에 불과하다고 본다. 영웅신화 속의 영웅은 의식성을 획득한 정신 영역이 형상화된 것이다. 그렇다면 반인반신과 신으로 그려진 디즈니애니메이션 상의 헤라클레스나 영화 《허큘리스》 속의 철저한 '인간' 헤라클레스나 모두 신화적 영웅으로 간주할 수 있다. 그리고 그에 따르면, 고대 신화 속의 영웅만이 아니라, 역사적이고 세속적인 인간 영웅 그 이상을 원하는 현대적 욕구가 탄생시킨 독특한 영웅상인 '슈퍼 히어로' 역시 우리 집단무의식의 원형적 이미지가 형상화된 것이라 해도 무방하다.

그리고 영웅은 통상 신 또는 왕의 후손으로서 태생적으로 신성성을 부여받지만 서사의 처음부터 그 자신 신이거나 왕이지는 않다. 결국은 고난과 역경을 이겨내고 부여받은 비범한 과제의 해결을 완수해 가는 여정을 거쳐야만 비로소 왕이나 신이 될 수 있다. 이것은 융에 의하면 무지각의 전적인 무의식적 상태로부터 의식성의 획득을 통한 인격적 강화를 거쳐, 모형화 된 영웅적 동일시에서 벗어나 자신만의 고유한 정신성을 찾아 실현하는 3단계의 신화적 현상으로도 설명된다. 그리고 좀 더 구체적으로는 조셉 핸더슨이 영웅신화의 전개를 '협잡꾼 주기-토끼 주기-붉은 뿔 주기-쌍둥이 주기'의 4단계로 구분해 설명한 것과도 연계시켜 해명할 수 있다.

신들의 아들로 태어났지만 아기 때부터 인간 부부에게서 길러져 꿈에도 자신이 신의 아들임을 모르고 자란 혈기만 앞서는 사고뭉치로 그려진 시기의 애니메이션 속 헤라클레스는 융이 말한 전적으로 무의식적인 상태이자 핸더슨이 말하는 '협잡꾼 주기'에 해당한다고 볼 수 있다. 이때는 인간이 육체적 욕구 충족에 급급한 시기로서 충동적이고 유치한 모습을 주로 보인다. 반면 영화 《허큘리스》에 등장하는 헤라클레스에게는 이 단계가 생략되어 있다. 디즈니의 헤라클레스가 제우스의 아들임을 알게 되고 영웅으로 인정받기 위해 준비하고 활약해 나가는 과정은 융이 언급한 의식성 획득을 통한 인격적 강화의 단계 및 핸더슨이 얘기한 '토끼 주기'와 '붉은 뿔 주기'를 대변한다고 볼 수 있다. 영화 속의 헤라클레스가 방랑 용병 시기를 보내고 트라키아 전쟁을 치르는 동안의 상태 또한 마찬가지다. 이 기간의 헤라클레스들은 다소 미숙한 영웅에서 강력한 전사로서 완성된 영웅의 모습으로 이행해 나간다.[22] 분석심리학의 눈에 따르면 이것은 사실 인간이 의식성을 획득하고 주체를 확립해 나가는 보편적인 인격의 분화 발전을 외적으로 투영한 서사적 형상화에 다름 아니니다.

《허큘리스》의 헤라클레스가 코티스와 맞서 싸우고 에우리스테우스를 죽여 가족의 원수를 갚는 과정에서, 처자식을 죽인 죄 값을 치러야 한다는 책무감에서 벗어나고 폭군에게 속아 고통 받는 민중의 해방자 역할을 감당하는 장면들은 융이 언급한 개별 인격 분화 발전의 세 번째 단계에 해당한다. 사람들이 흔히 생각하는 신격화된 영웅상의 굴레에서 벗어나면서 자유로운 의식을 획득하고 독립적인 주체로 거듭나기 때문이다. 특히 이전에 없던 차원이 다른 괴력을 뿜어내는 것 또한 새로운 정신 단계로의 진입을 시사하고, 영화 막판에 그가 맨손으로 거대한 헤라 여신상을 무너뜨려 내리는 장면은 헤라클레스 원전 신화에서 헤라가 늘 헤라클레스에 대한 적대자였고 그의 인생을 고난에 빠뜨린 원인자였음을 감안하면, 마치 자기 인생 장애의 최대 원천을 스스로 이겨내는 위대한 주체의 탄생을 의미하는 듯하다.

위의 단계가 애니메이션에서의 헤라클레스에게서는 신이 되어 올림포스에 오른 다음에 전개되고 있는데, 그는 간절한 꿈과 진실한 마음의 발휘로 진정한 영웅의 자격을 인정받게 됨으로써 신이 될 수 있었지만, 자신이 사랑하는 인간 여인과의 대등한 조건에서의 사랑과 행복을 위해 신의 자격을 포기한다. 이는 영웅적 동일시에서 벗어나 자신만의 독자적인 정신성을 실현한 것으로 볼 수 있다. 언뜻 보기에는 신격의 포기가 존재자가 오를 수 있는 최고의 지위에서 물러나는 것처럼 여겨질 수 있지만, 사실 헤라클레스는 제2의 죽음[23]을 통해 한층 더 성숙한 자아의식을 실현한 것이며 의식의 재탄생에 진입하여 인격의 상위 온전성에 도달한 것이니, 신성의 획득과는 또 다른 차원의 고차원적 인격 획득을 의미한다 할 것이다.

핸더슨이 제시한 '쌍둥이 주기'의 경우, 영화《허큘리스》에서 그에 해당할 만한 내용은 찾아볼 수 없다. 하지만 디즈니의 헤라클레스의 경우라면 이야기가 좀 다르다. 애니메이션《헤라클레스》에서는 영웅의 두 존재성이 충분히 드러나고 있다. 영웅의 출생과 종말까지에 모두 극적으로 관계되는 '쌍둥이 주기'의 특징은 영웅을 탄생시킨 모성의 베일성에서부터 시작되는데, 신비스런 반인반신의 본성 취득과 신들 사이에서 태어났지만 인간 부모 밑에서 길러진 데서 비롯된 이중 부모의 소유로 인해, 헤라클레스는 신성과 속성, 천성(天性)과 지성(地性), 불멸과 필멸, 육체적 탄생과 정신적 탄생, 무의식적 정신과 의식적 정신과 같은 영웅의 대립적 이중성을 갖고 있게 된다. 따라서 극의 전개 과정에서도 헤라클레스의 이런 대립적 이중성이 나름 표출되고 있다.

게다가 이 작품에서 극단적 대립 구도로 묘사된 제우스와 하데스의 관계 역시 '쌍둥이 영웅'의 이미지화라고 할 수 있다. 작품의 서사 속에서 제우스와 하데스는 선과 악, 정의와 불의, 천상과 지하 세계, 신과 악마, 밝음과 어둠, 긍정과 부정, 진취와 퇴행 등의 힘과 속성의 대립으로 그려지고, 나아가 쌍둥이 영웅 중 부정적 성격의 영웅인 하데스가 긍정적 성격의 영웅인 제우스와 반목하면서 그의 힘을 약화시키고 세상을 전복시키려 하기 때문이다.[24] 이런 이원적 대대성(待對性)이야말로 인류의 정신에 구조화 된 원초적 이미지, 곧 순수 원형이라 할 수 있다.[25]

어쨌든 신성한 자의 후손으로서 태생적으로 신성성을 부여받았을 지라도 처음부터 신이거나 왕일 수는 없기 때문에 왕이나 신이 되기 위한 자격을 얻기 위해 영웅은 모험을 동반한 가혹한 과제를 수행해야만 한다. 그것은 만인의 존경과 찬사를 얻을 수 있는 위대한 일기기도 하지만 불완전한 탄생과 불우한 처지라는 불리한 상황을 뒤집을 수 있는 반전의 기회이기 때문이다. 물론 과제들은 영웅이 자신의 의지로 자유롭게 선택할 수 있는 것은 못 된다. 원작 신화 속의 헤라클레스의 경우에도 그와 관련하여서는 전적인 자유의지 상태에 있지 못하며 그저 주어지는 신성한 임무에 머슴처럼 복종할 뿐이다. 그러나 슈퍼 히어로로 재귀한 우리의 현대판 헤라클레스들은 이 부분에선 좀 자유로워 보인다. 디즈니의 헤라클레스는 대중문화의 슈퍼스타처럼 대중의 추앙을 받고 철저하게 매니지먼트 된다. 적들을 물리치는 과정은 순응할 수밖에 없는 엄중한 숙명이라기보다는 그 때 그 때 상황이 벌어지는 대로 손쉽게 처리하면 되는 인기 영합적 엔터테인먼트 사업처럼 보인다. 《허큘리스》의 헤라클레스는 용병으로 그려지는 만큼 더더군다나 직업적 명분으로 인해 자신의 과업을 자유롭게 '선택'할 수 있다. 이것은 분명 자유주의적 세계의 영웅관이 반영된 것이라 할 것이다.

영웅의 과업을 돕는 조력자와 본인이 가진 초인적 능력 부분은 어떠할까? 일단 디즈니의 헤라클레스의 경우는 신화적 세계를 배경으로 하고 있고 반인반신의 캐릭터를 유지하기 때문에 개인의 초인적 힘과 용맹은 신화적 원본과 다르지 않다. 조력자나 후견인 역시 페가소스나 사티로스와 같은 신이한 존재들이다. 혹은 극히 매력적인 이성(異性)이다.[26] 이것은 아마 태고 적부터 인간이 갈구하는 인생의 조력자에 대한 원형적 이미지의 현현들일 것이다. 《허큘리스》 속 헤라클레스의 조력자는 특정한 순간들에 잠시 도움을 주는 트라키아의 공주를 제외하면 영화가 가진 세계관의 특성대로 그의 용병 부대 '인간' 동료들이다. 그들이 비록 특출한 용맹과 무술을 소유하고 있더라도 그들이 인간일 따름이라는 사실은 틀림없다. 헤라클레스 본인의 능력 역시 초인적이라고까지 말할 수는 없다. 비록 그의 용력이 남다르고 업적이 한낱 인간의 행적이라고 평가하기엔 너무도 대단할지라 해도 그러하다. 다만 《헤라클레스: 레전드 비긴즈》와 《헤라클레스: 전설의 부활》을 염두에 두자면 《허큘리스》에서보다도 더 '다수'의 조력자에 관심을 두고 있음을 알 수 있다. 거기에서는 다수의 병력이나 무려 '민중'이 부각되고 있다. 이것은 확실히 민주주의 시대의 새로운 의식이 반영된 것이라 하지 않을 수 없다.

디즈니의 《헤라클레스》는 신화의 세계를 유지하는 가운데 주로 아마추어 영웅이 프로 영웅으로 성장해 가는 여정에 초점을 맞춘 일종의 성장 서사라고 해도 좋을 것이다. 이것은 주 관객층이 어린이이기 때문이기도 할 것이다. 한편 현대 슈퍼 히어로물에 사람들이 기대하는 것은 과도한 진지함보다는 가벼운 성취적 즐거움과 대리만족이기 때문에 그것도 반영이 되었을 것이라 짐작할 수 있다. 미국 슈퍼 히어로물의 양대 산맥인 DC 코믹스와 마블 코믹스 중 마블 코믹스의 영화들이 전반적으로 더 성공적이라는 사실도 이를 입증한다. 전자는 좀 무겁고 진지한 세계관과 캐릭터 중심인 반면 후자는 그에 비해 좀 더 가볍고 이해하기 쉬운 캐릭터와 세계관을 고수하는 편이기 때문이다.

《허큘리스》의 경우는 보다 직접적으로 '신화 말고 사실'을 추구하는 경향을 보인다. 이 영화는 소문은 굳어지면서 전설이 되고, 그것이 다시 승화되어 신화가 된다고 역설하는 듯하다. 이러한 관점에서는 영웅 이야기에 있어 진실은 중요하지 않다. 전설의 존재와 신화가 탄생하게 되는 사실적 맥락이 중요하게 취급된다. 게다가 이 영화의 마지막에서는 "영웅이 되기 위해 신이 될 필요는 없다. 자신을 영웅이라 믿는 것이 필요하다."고 외치고 있지 않은가? 이것은 진리의 확정성을 더 이상 믿지 않는 시대의 반영이며, 초월에 대한 믿음과 동경보다는 자신의 실존을 중시하는 인간 회복의 열망을 투영한 것이라 할 수 있다. 최근 유행하는 슈퍼 히어로물들은 확실히 이런 경향을 폭넓게 공유하고 있는 것처럼 보인다.

심지어 이런 가치전도는 신화의 골격을 유지하는 디즈니의 애니메이션 《헤라클레스》도 마찬가지다. 이야기의 끝이 영웅 헤라클레스의 비극적 죽음과 천상으로의 승천을 통한 신으로의 승격이 아니라, 이야기의 결말에서 죽음을 배제하며 게다가 신성을 버리고 오히려 인간을 선택함으로써 주인공이 행복을 쟁취하기 때문이다. 그야말로 천계와 지상의 가치전도라 해도 좋을 것이다.

6. 결론

영웅이 인간의 집단무의식에 깃든 원형적 이미지의 일종이라고 보는 분석심리학의 입장을 받아들인다면 오래된 영웅 캐릭터와 그 서사적 행위에 다소의 변모가 생기더라도 근본적인 틀을 벗어나지 않는 한 우리는 그것을 수용할 수 있을 것이다. 오랜 역사에 걸쳐 어느 정도의 변용과 개작이 인정되는 것은 그 때문일 것이다. 또 영웅이 신화 상에 등장하는 특정의 제한된 인물에 국한되는 것이 아니라면, 나아가 실제 인물이 아니라면—어차피 분석심리학의 관점에서는 신화 속 영웅이 실존인물이었느냐의 여부는 별로 중요치 않다. 물론 그와 견줄 수 있을 법한 위대한 인물이 우리 역사 안에 있었을 수도 있고, 신화 속 영웅이 신화의 내용과는 상당한 거리가 있는 방식으로나마 실제로 있기는 하였으되 단지 서사 과정에서 그들을 우리 집단무의식의 원형적 이미지에 가깝게 묘사한 결과 지금과 같은 형태로 전승되었을 수도 있다[27]—평범한 우리들 중의 누구라도 우리 내면의 원형적 이미지의 안내와 촉발에 따라 인생에서 영웅으로 비상할 수 있을 것이다.

심지어 분석심리학은 영웅신화 속의 영웅은 의식성을 획득한 정신 영역이 형상화된 것으로서, 개별 인격이 분화 발전해 나가는 자기 전개 과정이 신화 속 영웅의 행각 또는 이야기 전개 구조와 일치한다고 말하기에 더욱 유의미하다. 그에 따르면, 영웅신화 속에서 우리는 인간의—무의식과 의식의 관계를 포함한—정신 구조와 그 의식성의 출현과 성장, 작동 방식을 파악할 길이 생기기 때문이며, 나아가 예전과는 다른 새로운 영웅상이 여러 콘텐츠를 통해 등장하고 널리 공유된다면 그것은 유의미하게 받아들여야 할 새로운 의식성이 출현했다는 것을 확인해 주기 때문이다. 그리고 새로운 영웅상의 성격과 이야기의 서사 구조 분석을 통해 새롭게 출현한 보편적 의식성의 특징과 의미를 효과적으로 파악할 수 있다는 것이기 때문이다.

앞서 헤라클레스를 소재로 한 최근의 주요한 서사적 콘텐츠 두 편을 위주로 신화 속 영웅이 어떻게 재탄생해 향유되고 있는가를 분석심리학의 기본 구도 하에 분석한 결과, 두 편 모두 상대적 차이가 있을 지라도 원전과의 내용적 차이가 크고 원전의 구성적 설정이 엉클어져 있음에도 불구하고, 영웅신화의 기본 구조와 상징성은 비교적 잘 간직하고 있는 것을 확인할 수 있었다. 분석심리학이 중시하는 의식성의 획득과 발전 경로도 추적과 해석이 용이했다. 디즈니 애니메이션의 헤라클레스도 브렛 래트너의 영화 《허큘리스》의 헤라클레스도 모두 우리 의식의 주체에 해당하는 '자아'를 확립해 가는 캐릭터였다고 간주할 만했다.

게다가 두 작품 모두 단조로워 보이는 이야기 구조에도 불구하고 특기할만한 새로운 영웅상에 대한 시사점을 함축하고 있었다. 영웅의 탄생 및 분리, 모험을 통한 성장, 회귀 내지는 이질적 존재로의 변신 및 의식의 재탄생 과정이, 결국 신화적 모성의 영역에 해당하는 정신의 근본 영역 즉 무의식의 극복이라고 읽힐 수 있는 측면이 기본적으로는 강했지만, 이들 현대적 콘텐츠의 서사에서는 그 도식을 일정 부분 벗어나는 경향이 있음이 또한 확인되었다. 근대 철학이 입증하였듯 주체나 자아의 정립은 지극히 개인적 차원의 것일 수 있는데도 불구하고, 오히려 원작 신화에 담긴 초월적 신성을 상당한 수준으로 탈각시켜 세속성 또는 현실성을 강조하는 서사로 각색하고, 개인(개별 인격)으로서의 초인적 영웅보다는 그의 '조력자들'이나 그와 동료들이 함께 어울린 '팀'을 강조하고 있는 경향이 드러났다. 한마디로 '공동체성' 강화가 새롭게 쓰이고 있는 영웅신화와 일종의 슈퍼 히어로로 변신한 (콘텐츠화 된) 영웅의 특성이라고 파악된다. 마블의 '어벤져스'가 대인기를 누리고 DC 코믹스가 '저스티스 리그'의 영화화에 야심찬 투자를 하고 있는 것 역시 같은 맥락으로 해석된다.

현대적 콘텐츠 안의 헤라클레스로부터 신성이나 초월성이 탈각되고 인간적 면모가 더 부각된다는 것도 예사롭지 않다. 긴 세월 사람들에게 표상되어 온 헤라클레스의 이미지는 제우스의 아들인 무적의 반신반인이다. 비단 헤라클레스만이 아니더라도 신화 속 영웅들은 예나 지금이나 다양한 문화 형식 안에서 항시 단순한 역사적 영웅을 능가하는 '슈퍼 히어로'로 존재해 왔다. 하지만 아이러니하게도 SF적 성격까지 가미되고 있는 현대의 콘텐츠물 안에서 신화적 영웅들의 전유물인 '초인성'과 '신성'은 약화되고 그들은 더욱 보통의 인간에 가까운 성격을 부여받고 있다. 즉, 더 현실적인 서사 속에 들어와 스토리텔링 되고, 우월하지만 상대적으로 보통사람들 사이에 놓인 한층 친숙한 캐릭터로 규정되게 된 것이다.

헤라클레스 콘텐츠를 통해 본 신화 속 영웅들의 적어도 영화나 애니메이션에 국한한 콘텐츠적 재귀에 담긴 서사적 의미는, 고전적인 영웅신화의 서사적 특징과의 일치점을 제외하고 말한다면, 다음과 같이 최종적으로 정리할 수 있을 것이다. 첫째, 영웅은 운명의 구속과 책무로부터 꽤 자유로운 정신적 주체가 되었다. 둘째, 영웅의 조력자 비중이 현저히 증대하였고, 단독적 영웅보다는 다수와 함께 어울리는 협동적 영웅이 부각된다. 셋째, 인간다움과 실존적 인간성의 회복이 강조된다. 넷째, 천상계와 지상계의 가치 전도 또는 현세중심성이 두드러진다. 이것이 비록 특정 콘텐츠에서 헤라클레스 캐릭터와 서사만을 뽑아 한정적으로 분석한 것이기는 하지만, 이를 통해 정리한 '영웅'의 새로운 서사적 특징은 사실 슈퍼 히어로처럼 당대의 콘텐츠화 된 영웅상에서 꽤 폭넓게 나타나는 경향이라는 것을 어렵지 않게 확인할 수 있다. 물론 대중적으로 광범위하게 소비되는 '상품'이라는 콘텐츠의 특질에서 비롯된 캐릭터 및 서사의 특징이 과도하게 반영된 것일 가능성을 배제할 수는 없다. 그러나 설령 그렇다고 할지라도 그것 자체가 이미 시대정신이며 쉽게 되돌릴 수 없는 것이 되었다면 그것이 우리의 집단무의식에 적어도 원형적 이미지 차원에서 어떤 변화를 야기시켰을 수도 있다. 그리고 만일 그렇다면 그것은 사실 커다란 사건이 아닐 수 없다. 따라서 그 상관관계를 소상하게 밝히는 것도 중요한 과제가 될 것이다.

《제2의 르네상스》에 나타난 기계-인간론과 가상세계의 신화 비판

박치완

1. 반인반기(半人半機)의 등장

쇠똥구리가 소똥을 먹고살던 시절, 뒤돌아보면 그때 우리 모두는 가난했으나 그래도 주어진 삶, 부족한 그대로 욕심 부리지 않고 자연 속에서 이웃과 더불어 행복하게 살았다고 믿는다. 또한 자연과 공생하는 삶, 최근 유행하는 말로, '생태적 삶'을 영위할 수 있었던 것도 사실이다. 단적으로 말해, "세상의 모든 것을, 심지어는 썩고 죽은 것까지 받아들이는", "짓밟아도, 짓밟아도 끝없이 용서하는" 그런 대지가 있어 인간은 품 넓은 대자연 안에 어린이처럼 기대어 살 수 있었다.[1] 그런데 지금은 상황(자연환경)이 완전히 바뀌어 외딴 섬 같은 곳에서나 몇 마리씩 발견될 정도로 그 숫자가 줄어들어 급기야는 정부에서 멸종 위기종으로 지정해 보호하고 있는 것이 쇠똥구리라 한다. 희귀종이기에 대우받는 운명이 된 것인가, 그것도 정부나 관련 기관이 정책적으로 앞장서서 보호해야 하는?

인간에 의해 보호받고 있는 쇠똥구리? 허기야 오늘날 보호받아야 하는 것이 어디 쇠똥구리뿐이겠는가? 문제는 어떻게 이와 같은 상상을 초월하는 비정상적이고 생태파괴적인 상황들이 목도되는 시대로 전락하게 되었느냐는 것이다. 쇠똥구리의 보호는 주지하듯 쇠똥구리의 먹이가 생존을 위협할 정도로 줄어들었기 때문에 불가피하게 선택할 수밖에 없는 미봉책은 아닌지? 보다 구체적 원인은 이제 농사를 소 대신 기계로 대신하게 되고, 농로마저도 시멘트로 발라버린 데서 찾을 수 있을 것이다. 물론 농촌에서는 일손이 모자라니 기계가 사람을 대신할 수밖에 없는 상황임은 잘 안다. 그리고 소가, 소똥이 없으니 쇠똥구리가 농촌에서 사라질 수밖에 없는 것은 어찌 보면 당연한 귀결인지 모른다. 쇠똥구리는 물론이며 심지어는 농약의 과다 사용으로 논두렁에서 미꾸라지를 발견하기도 흔치 않은 게 현실이며, 초가을이면 온 들녘에 야단스럽게 뛰어놀던 메뚜기는 이제 고급 술집의 안주로 둔갑했으며, 공급량이 부족해 외국에서 수입되고 있는 실정이라고 한다. 뿐만 아니라 산간벽촌에서도 최근엔 온돌을 지피던 땔나무를 석유나 가스가 대신하고 있으며, 가마솥이 자리 한 아궁이의 역할은 기름보일러가, 가마솥은 전기밥통으로 대체되는 시대가 되었다. 누룽지로 만든 숭늉대신 제주 '삼다수'나 풀무원 '샘물'을 비롯해 심지어는 정력에 좋다는 '페니水'를 찾는 사람이 늘고 있다고 한다. 텁텁한 막걸리대신 목 넘김이 깔끔한 맥주를 마시는 젊은이들이 늘고 있고, 촌부촌녀들까지도 레스토랑에서 포도주를 주문하며 '교양떠는' 시대가 되었다.

이러한 시대적 변화 앞에서 자신의 '영혼 챙김'을 포기해버린, 자기 자신까지도 버리는 무리들! 점점 반생태적으로 변해만가는 도시-문명권 사람들의 무절제한, 하늘을 찌르는 욕망! 현대인들은, 이렇게 농촌이나 도시할 것 없이, 문명의 편의라는 아주 단순한 이유 하나로 자신의 본래 고향(本鄕)이기도 한 자연(자연스러운 삶)과 멀어지고 있다. 심지어는 적지 않은 사람들이 자연과 더불어 사는 삶을 오히려 불편해 하고 있다. 모든 존재의 근거인 대지가 폐허화되고 있는 것은 두말할 나위도 없다. 모르긴 해도 이제는 자연 역시도 인간의 둥지가 되어주기를 꺼리며, 인간의 무모한 파괴행각을 경계하는 시대가 되지 않았나 싶다.

현대 문명의 이기는 이렇듯 자연, 자연과 더불어 살았던 인간 영혼을 병들게 하고 있으며, 그 부산물인 쓰레기, 폐기물들을 도처에 즐비하게 전시해놓고 있다. 쇠똥구리가 살던 시절의 인간과 자연 간의 조화로움은 이제 까마득한 옛 시절의 전설로나 기억될 뿐이다. 그것도 이를 기억하고 있는 세대에게 국한된 이야기이다. 단적으로 말해, 현재 우리는 자연과의 공존·공생관계를 파기하고 서로가 대적(對敵)하고 상살(相殺)하는 웃지 못할 상황 속에 살아가고 있다. 최근 지구촌 곳곳에서 빈발(頻發)하고 있는 무수한 인명과 재산을 앗아가는 자연의 재앙들이 이를 잘 반증하고 있다.

문명의 이기(利器), 테크놀로지의 편의(便倚)는 자연과 인간 사이만 멀어지게 한 것이 아니다. 인간과 인간 사이의 관계도 멀어져 이제는 예전과 같이 그렇게 '정스럽지' 못하다. 가족도 전통도, 부모도 이웃도 아무 고민없이 쉬 버리고 떠나는 것이 요즘의 디지털 세대이며, 인터넷-사이버 세대들에게서 쉽게 발견되는 파행성이다. 다시 말해 인간 간의 관계에 있어서도 이제는 옛날처럼 정을 나누는, 남에게 손해를 끼치기보다 자신이 손해를 보는 그런 인간관계를 더 이상 기대할 수 없게 되었다. 날이 갈수록 인간 간의 관계 역시 인터넷이라는 도구를 매개로 간접적이고 계산적인 만남의 방식으로 바뀌어가고 있다. 타인에게 정을 주기를 꺼리며 심지어는 사랑에도 이해타산을 앞세운다. 일각에서는 이혼을 미리 예상하고 결혼을 '계약'한다고도 한다. 정말이지 갓 만든 따끈한 음식이 담 너머로 오가며 이웃 간 훈훈한 인정이 넘치던 그런 시절은 이제 동화 속에서나 읽을 수 있는 옛이야기가 되고 말았다. 자신이 살던 아파트에 불이 나야 그 불을 함께 바라보면서 옆 동호에 어떤 이웃이 사는지를 확인하는 시대라 한다. 엘리베이터를 타고 집에서 직장으로, 직장에서 집으로 오르락내리락, 오락가락할 뿐, 만나는 이웃에게 쉽게 미소를 건네는 법도 없으며, 이웃, 타인이 손을 먼저 내밀어도 경계하며 뒤로 물러서는 시대가 되어버렸다. 바슐라르가 말한 대로, 우리는 아파트, 다시 말해, 무수히 "포개놓은 상자들 속에서" 그저 간신히 생존하는 존재로 전락하고 말았다.[2)]

호모 루푸스적 무한 경쟁에서 밀려나지 않고, 죽지 않고 생존함만으로 감사해야 할 상황이 되었다고나 할까. 감성 없는, 느낌을 경계하는 도시·문명인들의 현재 모습, 삶의 방식이 정확히 이러하다면, 그런즉 우리는 이 시대를 '비극적'이라고 밖에 달리 표현할 방법이 없는 것 같다. 무표정, 무관심, 무감동, 무느낌의 시대가 바로 오늘날 우리의 삶을 대변하는 대표 기호가 되었다!

이런 반자연화, 비인간화된 상황에 최근엔 '사이보그(cyborg)'라는 잡기(雜器), 인공지능으로 '무장한' 기계-인간, 반인반기(半人半器)라는 괴물까지 등장해 인간의 정체성은 물론이고 제4차 산업혁명의 시대가 도래했다며 지구촌을 온통 들썩이고 있다. 인간의 일부가(또는 전체가) 기계에 의해 대체 가능하다는 믿음이 급기야는 인간에 대한 정의가 마치 기계처럼 작동되는 기계-인간으로 바뀌어야 한다는 주장을 일삼는 학자들도 간혹 TV에서 목격하게 된다. 인간의 정신, 영혼, 즉 인간의 내면세계를 철저히 부인하는 이러한 발상은 인간을 기계-인간으로 대체해야 한다는 논리를 허용한다. 구차한 설명을 더 할 필요도 없이, 현대과학의 진보에 힘입은 기계-정보 결정론이 인간의 사고를, 지구촌의 미래를 좌지우지하는, 그런 전대미문의 엽기적 시대의 문턱에 다다른 것이다.

바야흐로 21세기의 주된 흐름이 이러하며, 시대정신이 이렇게 기계-정보에 감염되어 있고, 심지어는 SF 등에서 "인간이 기계의 지배를 받아야 한다"는 주장이 등장한지도 꽤 되었다. 이들 SF 영화들에 등장하는 '인간'이란 오직 좌뇌만을 사용하는, '계산하는' 인간의 다른 이름이다. '사유하는 기계로서의 인간', 인간의 탈을 쓴 기계는 그러나 범인들보다 계산능력 면에서 훨씬 탁월한, 빈틈없는 존재로 그려지고 있다. 즉, 인간의 복제물에 불과한 반인반기는 결코 자신이 기계라고 생각하지도 않는다는데 문제의 심각성이 발견된다. 대저 호모 사피엔스(sujet pensant)로서의 인간의 본질이 의심의 심판대 위에 오른 것이다.[3)]

철학적으로 우리는, 이를 어떻게 해석하고 대처해야 할까? 헐리우드판 SF들의 음모와 신종 기술 엘리트들(digerati)[4)]이 거대 자본가와 결탁해 개발한 문화상품들을 단순히 소비나 하며 수동적으로 적응해가는 것이 상책인가?[5)] 아니면 이러한 세태에 대한 비판을 통해 새로운 사유의 길을 개척해야 할 것인가?

쇠똥구리를 벗 삼아 유년 시절을 보낸 필자는 솔직히 현 세태가 일종의 '충격'으로 여겨질 뿐이다. 아니, 공포로까지 느껴지는 것도 부인할 수 없는 사실이다. 특히 과학의 이름으로 인간의 가치를 기계보다 못한 것으로 폄하하는[6)], 세계 전체를 양화(量化)하고 부호화하려는, '달러화', 디지털정보화로 모든 것을 재편하려는, 이런 다분히 파행적 세계화 경향에 피동적으로 이끌려 사는 것은 허나 인간이 스스로 인간이기를 포기한 것이나 다름없는 것 아닌가? 하여, 우리는 본고에서 이러한 세태를 심찰(審察)해보려는 취지로 현대의 기계-인간론(반휴머니즘)에 대해 나름의 '딴지'를 걸어볼까 하며, 분석 대상으로 《제2의 르네상스》라는 애니매트릭스를 선택해보았다. 가상세계의 신화에 대한 성급하고 섣부른 믿음들을 철학적으로 재고해볼 필요가 있다고 판단해서다.

2. 《제2의 르네상스》와 기계-인간론

두말할 필요도 없이, 이런 저런 SF 영화들에서 묘사되고 있는 인간의 얼굴을 한 괴물 반인반기는, 현실공간이 아닌 가상공간에서 유일하게 활동을 펼치는 존재다. 가상공간은 분명 현실적 세계가 아닌 비현실적-허구적 세계를 지칭한다는 것을 모르는 사람은 없을 것이다. 그러나 대중들은 이러한 허구적 픽션의 세계에 마법이 걸려 헤날 줄 모르고 있다. 설상가상으로 현대의 전자정보세대들은 이 허구적 픽션 세계를 현실세계와 착각하기도 한다는데 문제의 심각성이 있다.

우리가 이와 같은 기술의 지배와 통제의 환상에서 풀려나야 하는 이유는 그리 복잡한 데 있지 않다. 첫째로, 아무리 과학이 발전한다고 해도 인간이 기계-인간이나 로봇으로 대체될 수는 없으며, 둘째로, 따라서 《제2의 르네상스》에서 묘사되고 있는 "인간이 기술의 지배를 받아야 한다"는 기계 애호가들의 '가설'은 타당하지도 않을 뿐더러 수긍하기도 어려운 주장이며, 셋째로, 아무리 지적 능력이 모자란 인간이라고 할지라도 컴퓨터의 비트적 프로그램에 따라, 다시 말해 0과 1의 조합에 따라 움직이는 그런 기계-인간과 비교할 바 아니기 때문이다.

단적으로 말해, 인간 존재는 이진법의 논리에 놀아나는 그런 '장남감'이 아니다. 디지털 문화의 전도사인 네그로폰테(N. Negroponte)가[7] 역설하고 있는 것과는 정반대로 이 세상 어디에도 기계-인간은 존재하지 않는다. 그런 존재가 이 지구상에 존재한다면 그자는 이미 인간이 아닌, 인간과는 다른 별-종일 것이다. 그 어떤 인간도 인간을 한낱 유전자(DNA)를 보존하기 위해 생존하는 기계, 즉 '프로그램된 로봇'일 뿐이라고 말하는 도킨스나[8] 그의 아류들이 말하는 것처럼 제2의, 제3의 '또 다른 나'로 자동 복제될(할) 수 없다. 상식을 벗어난 일부 학자들의 이와 같은 주장들은 따라서 인류와 미래의 삶을 풍요롭고 행복하게 하기는커녕 오히려 재앙으로 몰아넣게 될 것이라는 게 필자의 생각이다.

대체 가능한 사물이나 물질과 달리, 대량 복제가 가능한 여느 상품과 달리, 인간은 누구나가 고귀한 존재로 다른 인간과 대체가 불가능한 존재다. 각자가 절대 영혼을 가진, 굳이 이름 붙이자면 '신비한 존재'가 '인간'이다. 그런즉 인간은 식물이나 동물과 구분되며, 기계-인간이나 인공지능과도 당연 구분되어야 한다.

다시 말해, 모든 인간은 근본적으로 끝없는 자기성찰과 새로운 세계 경험을 통해 스스로를 '구성해가는 존재(a becoming being)'이다. 자유의지를 가지고 자신만의 세계를 개척해 가는 존재가 인간이다. 그러므로 다른 인간과 대체가 불가능할 뿐만 아니라 사물처럼 복제될 수도 없고, 《뱀파이어》에서처럼 바코드화될 수 없는 것은 너무도 자명하다. 인간의 신성함, 불가침성이 존중되어야 하는 이유가 여기에 있다.

그런데 어찌 몇 몇 눈먼 기술-과학편애주의자들은 인간마저도 사물, 물질들과 같이 복제가 가능하다고, '통제·관리'되어야 한다며 '인간'을 위협하는 것인가? 컴퓨터의 능력을 인간의 능력보다 절대시하는가?[9] 이런 '야만적' 세태를 극복하기 위해 우리에게 필요한 것은 두말할 필요도 없이 철학적 지혜요 혜안일 것이다. 우리의 생활습관까지 바뀌게 하는가 하면, 급기야는 인간을 기계라는 인과의 수렁으로 몰아세우는 그릇된 앎이 아닌 바른 앎, 이러한 세태에 대한 비판적 시각을 갖는 것이 그래서 필요불가결하며, 그런 만큼 지혜와 혜안을 갖는 것이 절박한 때라 생각된다. 최길수도 정확히 지적하고 있듯이, "뇌가 있으나 지능이 없는 기계는 사고할 수 없다. (…) 인간 뇌의 복제는 한갓 우리들의 허망된 꿈"에 지나지

않는다.[10)]

이에 대해 더 이상의 반론이 필요할까? 몇몇 과학자들이 무책임하게 떠벌이고 있는 것과는 정반대로, 과학자들의 아직 증명되지 않은 이론을 곧이곧대로 믿고 상품화해버리는 기술-경제세계화론자들과는 달리, 컴퓨터 앞에서 보내는 시간이 사람을 만나면서 보내는 시간보다 더 많은 컴퓨니케이션(compuni-cation) 세대들을 제정신으로 인도하기 위해서라도, 반인반기 사이보그는 결코 인간보다 더 완전한 존재도, 더 완전한 기계도 아니라는 것을 정확히 인식할 필요가 있다. 영화 속의 사이보그는 어디까지나 '가상의' '유령존재'일 뿐이며, 왜곡된, 편협한 인간 해석에 기초한 거대 자본의 상술이 그 밑에 자리 잡고 있다는 점을 정확히 인지해야 한다.[11)] '철학'의 이름으로 이를 곁에서 거들거나, 수동적으로 부화뇌동해서도 안 된다는 것이다.

> 과학이 아무리 발전해도 세계와 인간의 삶을 속속들이 다 해명하지는 못한다. 과학은 기술을 통해 물질적 기반을 마련하지만, 인간에게 삶의 의미가 무엇인가를 결코 가르쳐주지는 못한다.[12)]

필자가 개인적으로 존경하는 안현수의 지적대로, 철학에 만일 남은 소명이 있다면 그것은 바로 과학제일주의와 같은 이 시대의 일방적 통행에 대한 의문을 제기하는 일이 아닐까. 그 어떤 이유에서도 철학이 기술적으로 관리되는 세계를 위해 옹호적 발언을 해야 할 이유가 하등 없다. 오히려 그 반대여야 한다. 이는 그 어떤 이유에서도 철학이 기술-과학의 노예로 전락해서는 안 되기 때문이며, 특히 철학은 필히 인간의 "자유를 지키고, 전개시키며, 확산시키는" 일에 봉사해야 한다. 이는 실증주의의가 팽배한 100년 전 베르그송이 철학을 과학과 구분하기 위해 제안한 것으로, "철학 정신(l'esprit philosophique)"의 회복이 급선무라 아니 할 수 없다.[13)]

혹자는 이러한 필자의 견해에 대해, 이 역시 리오타르가 비판했던 '거창한 이야기(Grand-récit)'의 연장선상에 있는 것이 아니냐고 힐문할지 모른다. 그러나 거창한 이야기 중심의 철학이 해체주의자들이 말하는 것처럼 설사 붕괴 일로에 있다고는 해도 우리가 철학을 통해 반드시 지켜가야 할 것은 있기 마련이다. 따라서 왜곡될 대로 왜곡된 현 시대 정신이 보여주는 편협한 인간 및 세계 이해, 다시 말해 기계적 상상력(l'imagination machinale)의 극단화로부터 야기될 수 있는 폐단에 대해 최소한 고민하는, 이와 같은 시대의 변화에 무감하지 않은 철학이라면, 작금의 기계-인간론으로 치닫는 세태, 세계상을 방관하고 있어서는 안 될 것이다.

현대의 우리가 겪고 있는 이러한 인간과 자연, 인간과 인간의 극단적 별리(別離), 이 치유할 수 없는 간극의 중심엔 이렇듯 쇠똥구리가 소똥을 먹으며 살던, 인간이 자연과 더불어 자신을 가꾸고 서로가 서로를 존중하던 자연친화적·농경민적 상상력을 철저히 거부하는 기술-문명, 과학-기술, 이에 대한 우리들의 성급한 믿음들이 그 주된 원인이라 아니 할 수 없다.[14] 그리고 여기서 현대 문명의 대표주자는, 재삼 강조하건대, 과학의 서자격인 '기계(전자, 정보)'이다. 감히 말하건대, 기계가 인간을 반자연적, 반환경적이며 반생태적이고 비인간적으로 만드는 주범이다.

이 시대의 상상력의 발흥 방식을 자연친화적·농경민적 상상력과 비교하여 '기계적'이라고 감히 진단하는 이유가 여기에 있다. 앞서도 잠시 언급했지만, 기계적 상상력은 인간의 자유·창조의 모델이 아니라 이를 철저히 억압하는 일종의 통제와 검열의 메커니즘이다. 통제와 검열의 메커니즘으로써 기계적 상상력은 인간 자체를, 보다 구체적으로 말해, 인간의 계산적이고 인지적인 이성만을 절대시하는 경향이 있다. 그리고 예술적이고 미적인 생활세계적 감성을 철저히 배제시킨다. 한마디로, 이성과 감성을 함께 사용하는 온전한 인간(全人)을 좌뇌만의 활동으로 축소시켜 이해하는 것이 기계적 상상력의 본체이다.

현대의, 현대인의 기계-인간론이 보여주고 있는 일그러진 세계상이 이와 같다. 문제는 다시 처음으로 돌아가, 우리가 이러한 가상세계에 뿌리를 둔 기계-인간론 자체가 다름 아닌 기계제일주의자들에 의해 '조작된 세계'라는 것에 대해 전혀 반성을 하지 않는다는 데 있다. 그러나 우리는, 이정우의 적절한 지적대로, 이 조작된 세계에 현혹되어서는 안 된다.[15] 물론 "[이 가상세계에서는](…) 존재론적으로는 [그] 어떠한 제한도 받지 않는다. 그곳에서는 모든 것이 가능한 세계"[16]이기 때문이다. 그러나 바로 여기에 우리가 대처하지 않으면 안 될 독소가 버티고 있다는 것을 명심해야 한다. 왜냐하면 철저히 조작된 가상세계에 대한 믿음들이 쌓여 현실 세계에 대한 마비 증세를 일으키기 때문이다. 이는 결과적으로 기계적 메커니즘에 의해 인간의 정신과 영혼이 탈취당하고 있다는 말에 다름 아니다.

현대의 "기술이 가져오는 역운(逆運)은" 이렇듯 "우리에게 너무나 많은 대가를 요구"[17]하고 있다. 극단적으로는, 인간의 사고나 생각까지도 "전기 장치의 작동에서 생긴 결과"일 뿐이라고 주장하는 이도 있다.[18] 오죽했으면 벤야민 같은 이는 「기술복제시대의 예술작품」이란 글에서 당시의 영화가 대중문화의 소비자에게 '생각할 시간'을 빼앗아 갔다고 비판하면서, 영사막 앞에서 "이제 나는 더 이상 내가 생각하고자 하는 바를 생각할 수 없게 되었다. 움직이는 영상들이 내 사고의 자리에 대신 들어앉게 된 것이다"라고까지 비판했겠는가.[19] 푸코의 '인간의 죽음'에 대한 선언도 이렇게 보면 충분히 이해가 되고도 남음이 있으며, 문제는 이들이 이와 같은 비판을 제기할 때보다 우리의 현실이 훨씬 더 기계 중심적으로 바뀌어가고 있으며, 디지털 영상 매체의 지배를 받고 있다는 사실에 있다.

어느새 '생각하는 자'로서 존엄한 인간 존재가 마치 쇠똥구리와 같이 보호받지 않으면 안 될 희귀한 존재가 된 것이다. 인간이 우주의 고아, 지구촌의 희귀종이 되어 가고 있다는 뜻이다. 현대의 많은 문화상품들은 이렇듯 전 세계를 '하나'로 필터화하기 위해 안달하고 있다. 이미 70여 년 전 호르크하이머와 아도르노도 이러한 전대미문의 상황을 예측이라도 한 듯 다음과 같이 경고한 바 있다.[20]

> 전 세계는 문화산업이라는 필터를 통해 걸러진다. (…) 관람객의 오랜 경험은 이제 영화제작의 지침이 되었다. 제작기술이 경험대상을 빈틈없이 정확하게 재현

할수록 바깥의 세상은 영화에서 본 세상의 정확한 연장이라는 환상이 쉽게 퍼져나간다. (…) 개개의 문화생산물은 모든 사람들을 일하는 시간과 마찬가지로 휴식시간도 잡아놓는 거대한 경제 메커니즘의 일환이다. 어떤 영화나 방송 프로그램이건 언뜻 보면 임의적인 것처럼 보이지만 사실은 사회 속의 사람이면 누구도 벗어날 수 없는 작용을 사람들에게 가하려 한다. 문화산업은 하자 없는 규격품을 만들듯 인간들을 재생산하려 든다.

호르크하이머와 아도르노의 메시지는 우리 모두가 무엇을 경계해야 하는지 정확히 짚고 있다. 《제2의 르네상스》(마히로 마에다(Mahiro Maeda)의 작품) 같은 작품을 보고 있노라면 더욱 이런 생각이 든다. '제2의 르네상스'는 기계를 위한, 기계가 중심이고 인간이 이에 종속된 르네상스를 말한다. 가능성이며 타당성 여부를 물을 가치도 없는, 현실 왜곡적인, 비인도적이며 반휴머니즘적인 발상이 아닐 수 없다. 오직 기계적으로 작동하고 반응하는, 기계에 의해 감시 받고 통제되는 세계는, 《다크 시티》나 《블레이드러너》에서 보듯, 진정 인간에게 필요한 자유로운 공간, 삶의 여유, 행복을 허용하지 않는 디스토피아에 다름 아니다. 시대의 흐름에 적응하는 것, 어느 정도는 필요하리라. 그러나 그 어떤 인간도 기계-인간론자들이 설계해놓은 '비트의 도시'에서[21] 일거수일투족을 감시받으며 살기를 원치는 않을 것이다. 현실세계는 영화적 가상세계로 대체될 수 없다.

가상세계 역시 현실세계에서의 기술, 기계 장치, 자본, 인간들이 만들어 놓은 세계이다. 어떤 세계가 도래하든 가장 근본적인 세계는 현실세계이다. (…) 현실세계와 끈을 놓친 채 다른 세계들에 함몰될 때 '비현실적인' 인간으로 변화하며, 거기에서 혼란과 어지러움, 소외와 왜곡이 배태된다.[22]

《제2의 르네상스》를 경계하는 이유는 무엇보다도 기계 결정론에 인간의 미래를 맡길 수 없기 때문이다. 재차 강조하지만, 그 어떤 이유에서도 인간의 고유성이 기계의 논리나 작동을 위해 표준화, 부호화될 수 없다. 하여, 과학의 가면을 쓴 기계제일주의자들에게 묻지 않을 수 없다. 인간/기계의 경계를 허물어 기계를 주인으로 모시려는 이유가 뭐냐고?

3. 과학의 야만성과 뒤틀린 유토피아

정의가 구현되는 미래 사회를 꿈꾸는 것은 인간의 권리다. 그래서일까. 어느 시대나 할 것 없이 현실 개혁의 모델로 유토피아가 제시되었다. 플라톤의 『국가』가 대표적이라 할 수 있으며. 토마스 모어의 『유토피아』도 예외가 아니다. 하지만 〈Utopia〉는 늘 일종의 상상력의 산물에 그쳤을 뿐, 그러한 이상적 세계가 어의(語義) 그대로(l'ou-topos) 현실 속에서 구현된 경우는 없다. 즉 구체적 '장소'에서 실현된 적이 없다. 역설 같지만 "결코 장소를 가지지 않는 것"[23)]이 유토피아의 본래 의미인지 모른다.

그런 점에서 유토피아는 역사 밖에, 즉 시간의 범주 밖에서 항상 비현실인 순수 상상계를 제시하는 데 그친다.[24)] '유토피아적 사회주의'를 비판한 마르크스와 엥겔스의 '과학적 사회주의' 역시도 "국가를 부정하고 사회적 계급을 부정한다는 점"에서, 즉 "역사(시간)를 제거"[25)]해야 성립 가능하다는 측면에서는 플라톤이나 모어의 유토피아론과 크게 다르지 않다. 그렇다면 21세기의 유토피아는 어떤 형상을 하고 있으며, 핵심 주장은 무엇인가? 주지하듯, 21세기의 유토피아는 신자유주의적 경제와 기술과학적 진보라는 쌍두마차가 이끌며, 세계화를 추동하고 있다. 문제는 방향인데, 앞장에서 이미 살펴보았듯이, 이 시대의 유토피아에는 '인간'이 설 자리가 없다는 게 가장 큰 문제라 할 수 있다. 심하게 말하면, 인간도 사고파는 거래품목처럼 치부하는가 하면 설상가상으로 기계-인간이 인간 위에 군림하고 있다고나 할까.

무수한 SF영화에서 그리고 있듯, 호모 디지피엔스(homo digipiens)는 허나 사고하지 않는다. '그'는 단지 주어진 명령(정보)과 프로그램에 따라 반응하는 것이 전부이다. 인간이 '사고하지 않는다'는 것은 데카르트의 관점에서 보면 이미 자율적 '주체(sujet pensant)'라 할 수 없다. 그런 '그'에게 윤리를 물을 수도 없다. 《제2의 르네상스》의 대사에 보면, 이 시대의 눈먼 자들이 제시하는 유토피아의 단면이 어떤 것인지를 알 수 있다. 한마디로 기계-인간의 인간 지배가 그 핵심적 주장이다. 부정의, 불평등, 공공악으로 팽배한 사회를 개혁하는 것이 아니라 인간을 기계로 바꾸는 것이 이들의 목표인 것이다. "인간은 그들 자신을 닮은 기계", 즉 반인반기를 만들었다가 급기야 "스스로 자신들을 파멸시키는 조물주가 되어 버렸다"는 게 이들 기계제일주의자들의 주장이다. 인간과 기계의 관계가 자기 파멸적 인간으로 인해 결국 "'인간적인' 기계"가 인간을 지배하는 사회가 되었다는 것이다. 이러한 거짓믿음을 유포하는 자들의 말에 따르자면, 인간이란, 도킨스가 말했던 자기 복제자 개념과 유사하게, "끊임없이 번식하는, 기묘한 포유류동물"에 불과하다.

그러나 과연 그럴까? 과연 인간은 이들 기계제일주의자들이 역설하는 것처럼 그런 단순한 단백질 덩어리에 불과한가? 이에 동의할 수 없다면, 우리는 현대의 기계-인간론의 공명(空名)에 부화뇌동할 것이 아니라 인간을 대지, 지구 밖으로 내밀치려는 이들에게 대항해야 하며, 그 명분은 충분히 있다. 대항담론이 필요한 것은 일차적으로 이들의 가상시나리오가 갖는 허구성 때문이다. 더 구체적으로는, 제아무리 과학기술이 발달했다고 해도 물질적인 것이 정신적인 것을 대신할 수 없듯, 인간의 정신(기억)이 마치 기계의 부품처럼 취급되어서는 안 된다고 생각하기 때문이다. 온 인류를 획일적인 기계 장치 속에 유폐시키려는 디스토피아를 인류의 미래를 위해 추구해야 할 유토피아와 분간하지 못하는 사람은 없을 줄 안다. 인류의 미래를 기계인간, 인조인간, 복제인간, 합성인간에게 내맡겨도 된다고 말할 사람은 없을 것이다. 무수한 SF 영화들이 그리고 있는 가상세계에서와 같이 만일 세상이 이렇게 기계적 디스토피아로 바뀐다면, 진정 "이런 세상이 온다면, 인간은 자기의 힘을 박탈당한 채 생각하는 로봇들의 장난감으로 살게 될 것"[26)]

아닌가? 《제2의 르네상스》에서도 역설하고 있듯, 인간의 이성에 대항해 더욱 "향상된 새로운 인공지능"이 개발된다면, 문자 그대로 '기계천국'이 되는 것 아닌가?

기계와 인간의 관계 역전이란 기계제일주의자들의 가정은 이렇듯 우리를 감당할 수 없는 혼동 상태에 처하게 만들 것이다. 기계제일주의자들이 말하는 제2의 르네상스란 개념 속에는 결국 인간이 언젠가는 기계의 지배를 받게 될 것이라는, 암울한 미래가 '앞서' 그려져 있는 셈이다. 기계-인간이 인간이란 종족을 물리치고 외치는 다음과 같은 승리의 함성을 보라.

> 모든 형태의 정보에 은총이 있길 (…) 너희 종족은 한낱 시체요, 껍데기에 불과하다. 너희 종족을 모두 넘겨라! 그러면 새로운 세계가 너희를 기다릴 것이다. 우린 바로 그것을 요구한다.

만일 사태가 이 지경에 이른다면, 다시 말해 이렇게 기계-정보 중심적 '보편문법'이 자리를 잡는 날이 온다면, 더 구체적으로 말해 '인간적 기계', 인간을 닮은 기계가 인간을 전격적으로 지배하는 날이 온다면, 인간을 심판하고 치료하기까지 하는 인공지능의 시대가 된다면, 그 때 우리는 인간의 목숨이 파리 목숨보다 더 귀하다고 강변하기 어려울 것이다. 이들의 가상극(假想劇)을 주연(主演)하는 '완벽한 기계'에 당할 인간이 없을 것이기 때문이다. 허나 "완벽한 기계(une machine parfaite)는 완벽하게 불완전한 것(parfaitement imparpaite)일 뿐"이라 했다.[27] 도구적 이성의 극단적 형태라고 해도 과언이 아닌 논리-계산적 인간상은, 모렝의 분석대로라면, 비트-부호적 사냥꾼들만이 매달리는 '정신착란적 결정론'일 뿐이다.[28]

이런 이유 때문에 우리는 인간/기계, 선/악, 현실/가상의 경계와 기준을 뒤흔들어대는 다분히 SF적인 구상을 단순한 재미나 눈요깃거리 정도로 가볍게 넘겨서는 안 될 것이다. 공상과학 영화들에 대한 관심은, 상업적 성공과는 무관하게, 이런 아주 단순한 이유 때문에라도, 일정 거리를 두고 재고할 필요가 있다. 이러한 비인도적인 세계상과 기계적 결정론에 포로가 되기를 거부해야 할 구실은 충분히 있다고 생각된다. 일차적으로, 인간은 "단순한 단백질 덩어리"가 아니기 때문이요, 또한 인간이란 "관계에 의해 규정된다고도 하지만 역으로 관계를 규정하기도 하는" 존재이기도 하기 때문이다.[29] 기계와 인간의 관계에서 인간이 주도적이라면, 더는 기계에 인간이 종속되는 일은 없을 것이란 뜻이다. 결국 인간이 기계의 논리에 함몰되지 않고 "주체의 자유 영역"을[30] 확보할 때 그 관계는 언제든 호전되고 정상화될 수 있다는 뜻이다. 로다리가 가능성, 개연성에 기반한 '접속의 세계(le monde connecté)', 소위 현대판 기술유토피아론적 세계화 경향에 대해 '책임의 윤리학(l'éthique de la responsabilité)'을 제기한 연유가 여기에 있다.[31] 정확히 이런 이유 때문에 우리는 "과학의 야만성(la barbarie de la science)"을 경계해야 하며, 과학의 야만성으로 인해 오염된 "이 시대 문명의 특수한 야만성(la barbarie spécifique de notre civilisation)"[32] 또한 직시하지 않으면 안 된다. 과학의 야만성에 의해 퇴색된 범인륜적 책임을 가벼이 여겨서는 안 된다는 뜻이다.

가상세계의 문제는 단지 가상공간 안에서 끝나는 문제가 아니라 지구촌 위에 사는 모든 로컬시민들에게 막대한 영향을 미친다. 직접적으로든 간접적으로든 과학편애주의자들의 윤리의식의 부재가 낳은 결과는 현재에도 이미 통제 불가능한 지경까지 와 있다. 때문에 몰역사적이고 탈지구적인 환상, SF적 상상력의 과잉 분출, 기술-자본복합체의 비인도적 욕망에 제동을 걸 때가 되었다는 것이다. 이를 자제시키지 못한다면, 원자폭탄이 그랬듯, 정의가 구현되는 미래 사회는 물거품이 되고 말 것이다. 과학이 현대문명을 위해 없어서는 안 된다는, 정보화는 거스를 수 없는 시대적 요청이라는, 이미 현대인의 생활 방식과 스타일이 사물인터넷의 도움을 받고 있지 않느냐는 주장을 펴기에 앞서 우리 스스로 그 피해와 폐악에 대해서도 함께 성찰하는 지혜를 발휘하자는 것이다.

세계를 일원화하고 사고를 단순화시키는 과학기술에 대한 제동·통제없이 우리는 인간, 지구촌을 지켜낼 수 없다. 문두에서도 이미 다소 장황에게 언급했듯, 보호종이 되어 있는 쇠똥구리의 교훈을 되새길 필요가 있다는 뜻이다. 21세기가 요구하는 인간학은 인간-과학(Human-Science)이지 결코 인공-과학(Artificial-Science)이나 기계-인간학(Automate)이 아니라는 것만은 분명히 해두자. 그 어떤 이유에서도 인간은 기계에 종속될 수 없다. 비트적 인과 고리의 포로가 될 수 없다. 과학에 대한 맹신과 환상이 팽배한 이 시대, 미래 세대의 불행을 염려한다면, 우리는 이제 이러한 종교, 신화가가 되어 있다시피 한 이진법적인 논리에서 벗어나야 한다.

찰리 채플린의 《모던 타임스》에서도 잘 그리고 있듯, 자본과 손잡은 과학-기술은 인간을 마치 축사(畜舍)로 끌려가는 양떼와 다를 바 없는 존재로, 하루 종일 자신의 작업대 위에서 볼트만 조이면 되는 그런 존재로, 다시 말해 자신이 지금 무슨 일을 왜 하고 있는지도 모른 채(알 필요도 없이) 그저 생산-자본의 메커니즘을 지탱하기 위해 노동하는 존재로 전락시킬 뿐이다. 더욱이 현재는 기계적 자동화 단계를 이미 지나 모든 것이 부품화, 칩화되어가고 있는 실정 아닌가. 이런 까닭에 아마 하이데거는 과학 기술의 오용 내지 과용을 일찍이 경계하지 않았나 싶다. 그가 존재 망각이 극에 달한 현대 과학 기술의 "몰아세움"을 "최고의 위험"이라고까지 비판한 이유가 여기에 있다. 하이데거의 경고인 즉, 과학 기술은 인간에게 본질을 망각케 하는 것은 물론 부품화시킨다는 것![33]

"'부품'으로서 인간"은 거대-정보-시스템을 위해, 그 시스템 안에서, 단지 기계에 품을 파는 존재(l'être subordonné à la machine)로 살아가야 한다. 이런 인간은 자신의 품을 기계장치에 의해 중앙통제를 받게 되고, 그것도 통제를 받을 수 있을 때만 유일하게 자신의 품을 판 가치를 인정받게 된다. 기술적 사유는 모든 것이 계산될 수 있고 통제될 수 있다는 전제에서 출발한다. 이런 기준에 따르면, 《제2의 르네상스》 혹은 또 다른 SF 영화들에서와 같이 전자시스템의 통제권 밖에선 인간은 이용 가치가 없는 '우주의 고아'에 그치게 된다. 니체의 말을 응용해 표현하건대, "기계적인, 너무나도 기계적인" 세계를 마치 유토피아처럼 그리고 있다는 게 문제라는 것이다.

정확히 이런 이유 때문에 우리는 인간을, 인간의 내면세계와 영혼, 감성, 윤리를 부인하는 현대의 과학-기술을 경계하지 않을 수 없다. 일찍이 하이데거는 현대의 과학-기술이 "인간이 존재하는 것과 인간이 [자연 또는 인간과] 맺는 관계도 규정한다"고(『내맡김』/18) 했다. 이는 과학-기술이 그러니까 "세계 전체에 대한 인간의 기술적 관계"만을 유일한 가치로 삼고 있다는 말에 다름 아니며, 그 결과 과학-기술이 "전 지구를 지배"(같은 곳)하는 폭력을 허용하게 된다. 구차한 설명을 부기할 필요도 없이, 오늘날 전 지구를 지배하고 있는 과학-기술은 하이데거가 염려한 것과 한 치의 오차도 없이 척척 진행되고 있다.

그렇다면 이러한 현실을 우리는 어떻게 이해하고 또 대처해야 할까? 무엇보다도 기계적 세계관 속에는 "생명에 대한, 인간의 본질에 대한 공격이 준비되어 있다는 것"을 깨닫지 않으면 안 될 것이다.[34] 그렇다. 우리는 이러한 기계제일주의로부터 사유의 일대 전환을 꾀해야 한다. 하이데거에 따르면, 사유의 일대 전환은 과학-기술에서 존재에로의 전향을 의미한다. 존재에로의 전향은 망각된 존재의 회복에 목표가 있다. 이는 곧 인간의 자기 회복과 맥을 같이 한다. 존재에로의 전향을 위해서는 먼저 인간이 변화를 꾀해야 한다. 인간이 기술의 본질은 그 자체가 위험하다는 것을 자각할 때, 위험에 처한 자신과 다른 인간들, 세계를 구해낼 수 있다.[35]

문제는 그러나 오늘날 많은 학자들이 기술적 세계를 수용할 수밖에 없는 형편이라며 구구하게 변명을 늘어놓고 있다는 점이다. 그런데 만일 우리가 이러한 사태와 왜곡되고 전도된 세계관에 대해 적극적으로 대처하지 못한다면, 우리의 미래는 불 보듯 자명하지 않는가. 《제2의 르네상스》에서 그리고 있듯, 인간이라는 종(種)의 멸절, 인간을 닮은 기계들의 천국의 도래,[36] 바로 그것이다! 시나리오대로라면 인간은 이들 기계들의 전력원을 제공하는 사물존재에 불과하다. 이렇게 비현실적인 구상을 인간의 뇌에 주입시켜[37] "모든 형태의 정보에 은총"이 주어지기를 바란다는 것이 《제2의 르네상스》이다.

정말이지 눈 깜짝할 사이에 이렇게 우리는 전자-정보가 '절대신'으로 둔갑한, '그것'이 인간의 삶을 지배하는 메커니즘으로 부상한 시대에 처해 있다. 그러니까 정보는 에스터 다이슨의 예측과는 정반대로 미래의 평등사회를 구현한 것이기는 커녕 정보를 가진 자와 못 가진 자, 정보를 만든 자와 이에 농락당하는 자 사이에 심각한 불평등을 조장하고 있는 것이다. 이런 불평등으로 인해 생긴 소외집단이 다름 아닌 '정보거지'이다. 결국 이는 근대의 빈부격차가 현대의 정보격차로 부활된 것이라 할 수 있다. 이런 점에서 정보는 분명 만민평등, 세계평화를 촉진시키는 여신이 아니라[38] 오히려 규율과 통제, 감시와 처벌의 불씨라 해야 옳을 듯하다.[39] 실제 소위 현대의 정보전쟁에서도 인류평화, 공존·공생이란 미명하에 가공할 온갖 신무기들이 실험·개발되고 있지 않은가. 그리고 그 위협은 한 사회, 한 국가에 국한되지 않고 전 인류에게 영향을 미치고 있지 않은가.

하지만 《제2의 르네상스》를 통해 살펴보고 있듯, 전 인류를 상대로 한 기계의 전쟁은 이미 시작되었다고 해도 과언이 아니다. 전쟁은, 실제 매일, 지구촌 곳곳에서 현실과 가상 구분없이 벌어지고 있다. 정보의 바다에서 기계-생명체가 태어나는가 하면(《공각기동대》), 그 기계-생명체가 되레 인간의 영혼을 지배하는 시대가 예사로 그려지고 있다. 의도적 위장이건, 무지의 소치이건 이렇듯 이 시대가 기계·정보 중심으로 흐르고 있다는 것은 이미 부인할 수 없는 현실이 되었다. 기계의 인간 지배는 단지 겉으로 목격되는 현상이 아니라 이 시대의 은폐된 이데올로기이다. 바로 이 은폐된 이데올로기를 직시한다면, 우리는 이제 더 이상 "영화는 순전히 재미를 위해서만 만들어진다" 또는 "영화가 생활에 지친 시민들에게 휴식을 제공한다(데이비드 쿤즐)"는 등의 변명은 설득력을 갖기 어렵다.[40] 전 세계를 하나의 시장으로 네트워크화 하여 공급하고 판매하는, 감시하고 통제하는 헐리우드 SF 영화들의 반휴머니즘적 유토피아에 속아선 안 되는 이유가 바로 여기에 있다.

앞서 우리는 유토피아를 "역사 밖에, 즉 시간의 범주 밖에서 항상 비현실인 순수 상상계를 제시하는 것"이라 정의한 바 있다. 이는 곧 우리가 상상계를 더 이상 현실계와 혼동하지 말라는 뜻이기도 하다. 가상의 상상계는 현실계, 초월계, 미시계와 더불어 우리가 살아가는 4세계 중 하나일 뿐이다. 중요한 것은 인간은 바로 이 4세계를 '동시에' 살아간다는 점이다. 그리고 이 4세계 중 현실계가 항상 인간의 삶과 철학의 출발점이자 종착점이라는 사실 또한 잊어선 안 된다.[41] 결국 우리가 포기해야 하는 것은 유토피아에 대한 환상이지 결코 역사와 문화를 생성하고 보존하는 현실계일 수 없다. 유토피아가 만일 '장소'를 갖는다면, 그것은 분명 현실계 '안에서'여야 한다. 하나의 '사회적 이상향', '이상적 국가'로서 유토피아는 구체적 장소에서 로컬화될 때에 한해 그 의미가 발생한다는 뜻이다. 그런즉 《제2의 르네상스》에서처럼 인간이 아예 종적을 감춘 채 기계가 주인행세를 하는 사회를 누가 감히 '이상사회'라 좇을 수 있겠느냐는 것이다.

4. 기계의 인간식민화만은 막아야 한다

비주얼 컬쳐 시대는 문자-텍스트의 시대처럼 메시지나 의미의 교환이 중요하지 않고 오직 기호의 교환을 통해 욕망을 대리충족하는 것이 전부라고 말하는 사회이다.[42] 이를 보드리야르 같은 학자는 '문화의 민주화'라고 정의하기도 했다.[43] 그런데 '문화의 민주화'에서 '민주화'는 우리가 상상하고 있는 의미와는 무관하게 구매력이 있는 소비대중을 앞세워 전통의 모든 경계를 해체시키면서 '사고파는 논리'를 최우선시 한다는 점에 유의할 필요가 있다. 보드리야르에게 있어 문화, 예술의 생산은 대중과 향유하는데 목표가 있는 것이 아니라 '내'가 그것을 소비할 수 있는가 그렇지 못한가가 관건이 된다. 이는 곧 '내'가 만일 상품화된 문화를 소비할 능력이 없다면, '민주화'라는 대열에 동참할 자격이 없다는 말이 된다.

진품이냐 모조품이냐는 후기산업사회에서 결코 소비의 척도가 되지 못한다. 소비의 척도는 오직 소비자의 구매력이 좌우하기 때문이다. 소비사회의 미덕은 더 많은 소비를 통해 소비사회 자체가 굴러가게 하는 데 있다는 것이 보드리야르의 지론이다. 이렇게 그는 소비의 목적성이나 유용성 자체를 부인하고 소비의 무

용성과 유희성의 신화를 통해 기술적 가상세계의 이상을 피력하고 있다.[44]

기술결정론자인 보드리야르에게 있어 인간은 말할 것도 없고 심지어는 신(神)도 '시뮬라크르'에 불과하다. 소비사회에 대한 비판까지도 소비사회의 신화일 뿐이라고 역설하는 그 앞에서 우리는 입을 다물 수밖에 없다. 그의 가상의 지도(知圖) 내에는 당연 "'인간'의 자리"가 마련돼 있지 않다. 소비되는 것만이 유일한 가치라고 말한다는 측면에서 그는 기술결정론자이면서 동시에 소비제일주의자라 할 수 있다. 보드리야르에게 문자-텍스트를 통한 메시지나 의미의 교환이란 아날로그적 구태에 불과할 뿐이다. 자유롭게 디지털 정보를 소비하며 가상세계를 마음껏 유영하는 것이 그가 그리는 지식인상이자 세계상이라고나 할까.

이렇듯 설득력과 정당성이 현란한 수사학에 밀리는 시대가 되었다. 전문지식보다 '두루 지식', '망라 지식'[45]을 선호하는 대중들이 늘다보니 구텐베르크의 팔뚝은 컴퓨터 좌판이나 마우스 위의 손가락으로 대체된 것이다. 그 결과 소위 손가락으로 정보를 퍼서 나르는 '엄지세대'가 전통사회의 가치 자체를 부인하는 사태가 전개되고 있는 것이다.[46] 모든 정보를 이렇게 디지털화하여 하나의 플렛폼 안에 집어넣고 관리하는 것을 두고 최근엔 '사물인터넷'이란 개념까지 등장했다. 정의가 구현되는 이상사회에 대한 우리의 고민은 설 자리가 없는 것인가? 문자-텍스트는 영영 사라지는 것인가?[47] 쇠똥구리를 직접 보는 일을 디지털로 시각화된 영상으로 대신해야 하는가? '제2의 르네상스'는 정말이지 기계에 의한 인간의 지배여도 좋다는 것인가?

현대인은 이렇듯 기계의 매트릭스에 포로가 된 상태라 해도 과언이 아니다.[48] 디지털-부호-텍스트에 준해 전통의 가치나 진리는 내팽개치고 비현실적인 환상(심하게는 환각을) 속에서 살아가는 사람들도 늘고 있다. 《제2의 르네상스》가 그렇듯 가상이 실재로, 인간이 로봇-기계로, 인간적 유토피아가 사이버스페이스 상에서의 기계제일주의적 디스토피아로 전화(轉化)되고 있는 것이다. 하지만 김성동도 정확히 지적하고 있듯, 애니매트릭스를 포함한 《매트릭스 시리즈》에서 인간의 구원은 사랑을 통한 구원이 아니라 폭력을 통한 구원이라는 점을 망각해서는 안 된다.[49] 폴 폰테너 같은 학자는 물론 이에 대해 "해악이 없는 영화는 많은 관람객을 동원할 수 없다"[50]며 다소 억지스런 반론을 펴기도 한다. 하지만 필자는 이에 동의할 수 없다. 왜냐하면 관객동원이 전적으로 영화의 질을 결정하는 것은 아니기 때문이다. 만일 어떤 영화가 대중에게 해악을 미칠 것으로 판단된다면, 지식인들은 이를 어린이처럼 좌시하고 있어선 안 된다. 상영 자체를 막지는 못하겠지만 최소한 비판적 의견은 제시할 수 있어야 한다. 특히나 '상품화된 해악'은, 심하게 표현하면, 원자폭탄처럼 위험할 수도 있다. 피해 당사자도 남이 아닌 바로 우리 자신이고, 우리의 자식, 후손이라면 더더욱 그렇다.

이러한 문명사적 전환을 철학적으로 성찰하기 위해 비주얼 텍스트에서 사유의 새로운 소재를 물색하는 학자들이 늘고 있다.[51] 필자도 수업시간에 가끔은 비주얼 텍스트를 활용하고 있는 편이다. 하지만 그렇다고 해서 비주얼 텍스트에 철학이 애써 무임승차해 본분을 망각해도 되는 것은 아니다. 저자가 누구인지도 모르고, 알아야 할 필요도 없는 디지털-부호-텍스트는 인문학적 연구 대상이 아니라는 점만은 이 자리에서 분명히 하고 싶다. 실재보다 가상, 인간보다 기계를 두둔하는 경우라면 특히 그렇다.[52] 《제2의 르네상스》에서도 보았듯, 암울한, 빛이 없는, 희망이 없는, 자유가 없는 기계적 디스토피아는 저항의 대상이지 결코 환대하며 반겨야 할 대상일 수 없다. 하여, 이에 대해 비판적 거리를, 철학적으로, 갖는 것이 그 어느 때보다 중요한 시점이라고 본고에서 필자는 다소 아날로그적인 주장을 펴고 있는 것이다. 우리의 현실은 영화적 현실과는 엄연히 다르다. 특히나 기계적 정보의 힘으로 인간을 지배하려는 신종 이데올로기는 그 어떤 이유에서도 수긍할 수 없다.

소포클레스의 『안티고네』에서도 적시돼 있듯, "이 세상에는 경탄할만한 것들이 많이 있는데, 그 중에서 인간보다 더 위대한 것은 없다." 부언컨대, 인간은 철학적으로 더 공을 들여 깊이 연구해야 할 대상이지 기계로 쉬 대체될 수 있는 그런 '허접-존재'가 아니다. 더더군다나 인간은 결코 논리적 계산 능력만으로 환원될 수 없는 존재가 아니던가. 타자와의 공감의 바로미터가 되는 파토스, 공동체의 미래를 윤리적 차원에서 염려하는 에토스 또한 인간의 본성이다. 그런즉 지성의 계산능력만으로 인간을 평가하는 것은 '반 푼의 인간론'일 뿐이라는 게 필자의 생각이다.[53] "현명한 적보다 무지한 친구가 더 위험하다"(La Fontaine)고 했던가! 본고에서 필자가 기계의 인간 지배 신화를 조장할 뿐인, 기계가 중심인 르네상스(?)에 대해 한 사람의 '현명한 적'으로서 제동을 걸어본 이유가 여기에 있다. 기계의 인간식민화를 사전에 막지 못하면 인간은 경제의 세계화, 문화의 세계화보다 더 강력한 형태의 전체주의의 노예가 될 수도 있다는 것을 지혜롭게 대처하기 위해…

중국 설화의 콘텐츠화 전략

『수신기(搜神記)』의 트랜스 아이덴티티 캐릭터를 중심으로

임대근

1. 머리말

인류가 사랑해 온 빛나는 이야기 전통 속에는 정체성을 바꾸고 싶어 하거나 혹은 바꿔야만 하는, 이른바 '트랜스 아이덴티티' 캐릭터가 녹아 있다. 트랜스 아이덴티티 개릭터란 정체성 전환 인물형상을 말한다. 이에 관해서는 이미 시론적인 논의를 통해서 그 개념과 유형을 정리한 바 있다.[1] 이러한 캐릭터는 인류가 이야기를 창조한 이래로 지속적으로 발전해 왔으며, 이야기 자체의 필수불가결한 요소라고 해도 과언이 아닐 정도로 수많은 이야기에서 보편적으로 발견된다. 중국 신화나 전설에서도 이와 같은 캐릭터를 발견하기는 어렵지 않다. 이 글은 중국 소설의 원형적인 역할을 했다고 평가받는 『수신기』에 나타난 캐릭터를 중심으로 관련 문제를 살펴보고자 한다.

『수신기』는 중국 동진(東晋) 시기 역사학자인 간보(干寶: 286?-336?)가 지은 책이라고 전해온다. 오늘날 우리가 읽고 있는 이 책은 원본이 아닌, 후대인의 편집본이다. 원서는 송대(宋代)에 이르러 실전된 것으로 보인다. 현존하는 판본은 명대(明代) 만력(萬曆) 연간(1573-1619)에 출판된 것으로, 호응린(胡應麟)이 『법원주림』(法苑珠林), 『태평어람』(太平御覽), 『예문유취』(藝文類聚) 등에서 산일된 이야기를 다시 모아

만든 20권 구성본이다.[2]

책 이름인 '수신'(搜神)이라는 말은 '기이한 이야기 모음' 정도로 해석할 수 있다.[3] 『진서』(晉書) 「간보전」(干寶傳)에 실린 이 책의 서문에서 간보 자신도 이렇게 말하고 있다.

> 이 책의 이야기는 신기한 일이 허황된 것만은 아니라는 점을 충분히 말해준다. 수많은 책을 일일이 볼 수 없었고, 듣고 본 일 또한 모두 적을 수 없었기에 이제 그중 일부를 뽑아 거칠게나마 기록했다. […] 앞으로 이 같은 기이한 이야기를 좋아하는 인사들이 주요한 부분을 채록해 눈과 마음에 담아두고 감상한다면 이보다 더함이 없을 것이다.[4]

'기이한 이야기'라는 뜻에서 많은 학자들은 이 책을 위진남북조 시대 '지괴'(志怪), 즉 '기이한 이야기의 기록'으로 분류하고 있다. '지괴'는 오늘날 '소설'의 한 부류로 명명되기도 하지만, 그 형태나 분량이 대체로 장르로서 소설에 미치지는 못한다고 여겨진다. 따라서 이를 소설의 원형적인 형태인 신화, 전설, 설화, 민담집 정도로 해석하는 편이 타당할 것이다.

이 글은 『수신기』 총 20권 안에 들어있는 단편적인 이야기가 현대적으로 재구성, 재맥락화하여 새로운 문화콘텐츠로 탄생할 수 있는지, 그 과정에서 유의미한 스토리텔링 자원을 발굴할 가능성 등을 검토하기 위한 한 기초 작업이다. 이를 위해 이야기의 가장 기초 단 중 하나라 할 수 있는 인물형상, 즉 캐릭터를 살펴보고자 한다.

2. 『수신기』의 문화콘텐츠화 사례들

실제로 이미 적지 않은 문화콘텐츠의 사례를 통해 『수신기』라는 문화원형이 현대화하면서 다양한 콘텐츠로 기획, 제작되고 있음을 확인할 수 있다. 전통 문화원형의 경우, 특히 서사체이거나 서사적 요소를 강하게 지니고 있는 문화원형이 현대적인 콘텐츠로 재구성되는 경우, 대부분 서사체로 전환(adaptation)되는 경우가 많다. 즉 서사적 문화원형들은 대부분 소설, 연극, 영화, TV 드라마 등과 같은 장르로 전환되는 것이다. 이것은 이 장르들이 매체와 표현 방식이 다름에도 불구하고 같은 서사체로서 공유할 수 있는 특성을 지니고 있기 때문이다.

『수신기』 역시 다르지 않다. 최근의 사례로 가장 대표적인 경우는 홍콩에서 제작한 애니메이션 <수신전>(2006)을 들 수 있다. 홍콩케이블TV에서 모두 22부작으로 제작한 이 콘텐츠는 2007년에 방영됐다. TVB에서 제작, 방영한 동명의 TV드라마는 2008년에 전파를 탔다. 대륙 중국에서는 <수신기>(2012)라는 이름으로 쓰촨공공채널(四川公共頻道)에서 방영된 콘텐츠가 대표적이다.[5)]

게임콘텐츠로 전환된 경우도 적지 않다. 상해유점(上海遊點)의 모바일 게임, 북경니바탄(北京泥巴潭)의 3D 온라인 게임, 『만황수신기』(蠻荒搜神記)라는 소설을 같은 이름의 게임콘텐츠로 개발한 MMORPG 등을 사례로 들 수 있다.[6)]

이런 콘텐츠들은 분절적으로 구성된 『수신기』의 서사소들을 통합적으로 재구성하고 재배치함으로써 완성된다. 특히 영화나 애니메이션, TV드라마 등은 모두 『수신기』 내에서 분절적으로 존재하는 캐릭터들을 재구성하여 전체 콘텐츠를 이끌어가는 캐릭터로 전환하고, 이들 사이의 갈등 관계를 설정함으로써, 단편적인 에피소드들을 집합적으로 재배치함으로써 서사 구조화한다. 이와 같은 콘텐츠 전환은 물론 진일보한 노력으로 평가받을 수 있다. 그것은 고전 『수신기』가 현대 콘텐츠로 전환할 때 발생할 수 있는 한계, 즉 400개가 넘는 이야기 '조각'들이 대부분 독립적인 단편들로 이뤄진다는 점을 극복할 수 있는 효과적인 방안으로 보인다.

물론 그럼에도 불구하고 『수신기』의 콘텐츠화가 갖는 한계가 완전히 소멸되는 것은 아니다. 예컨대 중국 내부에서 이뤄지는 고전의 현대 콘텐츠화가 보여주는 한계를 『수신기』의 경우도 동일하게 갖고 있는데, 그것은 원작에 대한 강한 부담으로 인해 상대적으로 자유로운 콘텐츠 창조 전략을 구사하지 못한다는 점이다. 일례로 위진남북조의 서사시 「목란사」(木蘭辭)의 경우, 미국 디즈니사가 만든 애니메이션 <뮬란>(1998)과 중국에서 여러 차례 반복적으로 제작한 영화 <화무란>(花木蘭)을 비교해 보면 알 수 있다. 원작의 서사 뼈대를 빌려온 디즈니 애니메이션의 경우 스토리텔링을 풍부하게 이끌어 가기 위해 다양한 주변 캐릭터들, 귀뚜라미나 용 등의 캐릭터들을 창조함으로써 이야기를 이끌어가는 동력으로 삼는다. 원작의 아이디어는 빌려오지만, 그 구조 자체에 매몰되지는 않겠다는 자유로운 상상력을 보여주는 것이다. 그러나 중국 내부에서 제작된 영화 <화무란>의 경우는 그렇지 못하다. 중국의 제작자들은 기본적으로 「목란사」가 "민족의 위대한 문학 유산"이라고 하는 프레임에 갇혀 있어 더욱 자유로운 상상력으로 콘텐츠를 창조하려는 입장에 스스로 제한을 두고 말았다. 따라서 「목란사」의 현대적 콘텐츠 전환으로서 중국에서 제작된 <화무란>은 새로운 캐릭터가 창조되지 못하고 기존의 이야기를 반복하는 방식으로 답습되었다.

이러한 방식의 콘텐츠 전환은 문화원형이 본질적인 가치와 의미를 가지고 있으며 따라서 이를 잘 유지, 보존해야 한다는 본질주의적 입장에 근거를 둔다. 또한, 대부분 이런 경우 문화원형을 '민족 문화'(national culture)의 원형으로 간주하면서 민족적 전통과 자존을 훼손해서는 안 된다는 강한 민족주의적 시각과도 결부된다. 그러나 전통 문화원형의 콘텐츠화가 기본적으로 글로벌한 방식의 보편적 유통을 염두에 두고 이뤄지는 것이라면, 또한 그것이 동시대 대중의 접근 거리를 줄이는 대중화를 통한 현대화 과정을 목표로 하는 것이라면, 이러한 입장과 시각은 수정될 필요가 있다. 문화유산의 보존이냐, 변형이냐 하는 가치의 문제는 그것의 현대적 콘텐츠 전환 장르에 따라 다르게 적용될 필요가 있다. 예컨대 『조선왕조실록』의 DB화처럼 웹사이트에서 원문 제공을 위한 콘텐츠화라면 당연히 원형을 훼손해서는 안 될 것이고 그에 따른 부가적 장치들이 보완되는 정도만 용인될 것이다. 그러나 『조선왕조실록』을 바탕으로 한 웹툰 <조선왕조실톡>의 경우, 최근 유행하는 SNS 체계를 활용하여 새로운 방식으로 『조선왕조실록』을 재배치, 재구성함으로써 이를 재맥락화한다. 그 결과 DB의 가치와 웹툰의 가치는 서로 다른 지평에서 『조선왕조실록』이라는 문화원형을 콘텐츠화한다.

중국의 문화콘텐츠가 무한한 발전 가능성을 잠재하고 있다고 진단할 때, 그러한 진단을 가능하게 하는 요인 가운데 하나는 중국에는 수천 년 동안 축적돼 온 무수한 이야깃거리가 존재한다는 점이다. 그럼에도 불구하고 여전히 중국 문화콘텐츠가 세계적 수준으로 도약하지 못하고 있는 까닭은 '원석'에 해당하는 이러한 문화원형 서사들을 '가공'할 수 있는 역량이 부족한 것 때문이다. 그 발목을 잡고 있는 두 가지 요소가 바로 본질주의와 민족주의라는 입장이라고 판단된다. 이러한 두 가지 요소를 점차 제거하면서 약화시킬 수 있는 중요한 전략적 태도가 바로 (<뮬란>의 사례가 보여주는 바와 같이) 원형 서사에 이미 존재하는 캐릭터에 대한 재해석 또는 원형 서사에 존재하지 않는 캐릭터의 새로운 창조에 있다고 보는 것이다.

3. 『수신기』의 트랜스 아이덴티티 캐릭터

『수신기』에는 수많은 캐릭터가 등장한다. 그 중에서도 「권1」에 등장하는 캐릭터를 중심으로 이를 분류해 보면, 대체로 신, 기인, 보통 사람 정도로 나누어 볼 수 있다. 「권1」부터 「권20」까지의 캐릭터는 대부분 첫 권에 등장하는 캐릭터들의 반복이거나 변주라고 해도 과언이 아니기 때문에 이러한 캐릭터들이 주로 이야기를 이끌어가게 된다.

> 첫째는 인간의 삶을 영위하는데 없어서는 안 될 요소를 관장하는 신이다. 농사와 병을 다스리는 신농(神農), 비를 다스리는 적송자(赤松子) 등이 이들이다. 둘째는 신 정도의 지위는 아니지만, 불과 약, 상업 등을 관장하면서 평범치 않은 도술을 부리는 '기인'들이다. 이들은 사람과 신선, 귀신의 형상을 하고 물과 불, 바람

> 등을 자유자재로 활용하며 불현듯 나타났다 사라지곤 한다. 셋째는 이런 '기인'들과 만남과 헤어짐의 인연을 함께 하는 평범한 보통 사람이다. 이야기를 이끌어가는 서술자도 보통 사람이 보고 들은 바를 풀어내고 있다.[7]

이러한 인물형상 가운데 많은 수가 트랜스 아이덴티티 캐릭터로 분류될 수 있다. 앞서 말한 바와 같이 트랜스 아이덴티티 캐릭터란 서사체 내부에서 서사(스토리)를 전개하는 과정에서 중요한 요소로 역할을 수행하는 정체성을 전환하는 인물형상을 의미한다. 이 개념에 관해서는 이미 정리한 바 있으므로 여기서는 간단히 이를 인용하면 다음과 같다.

> 이 개념은 인류가 창조하고 향유해 온 수많은 서사체에 '트랜스 아이덴티티' 캐릭터, 즉 정체성 전환 인물 형상이 존재하며, 바로 그 인물 형상에 의해 이야기가 구성된다는 전제에서 출발한다. 정체성 전환 인물 형상은 인류가 불멸의 고전으로 손꼽는 명작은 물론 동시대 대중 서사에 이르기까지 편재한다. 이런 인물 형상을 바탕으로 구성된 이야기는 오랜 역사 속에서 독자와 관객의 사랑을 받으며 정전(canon)으로 자리 잡았다. 또한 동시대 대중이 환호하는 많은 이야기 역시 이런 인물 형상을 주된 요소로 삼아 구성된다. 요컨대 '트랜스 아이덴티티', 즉 정체성 전환이라는 서사소는 인류를 사로잡는 서사체를 관통하는 핵심 요인으로 간주될 수 있다는 사실이다. 이런 시각에서 서사체 분석을 시도하면, 우리가 고전으로 믿어 의심치 않았던 명작과 이른바 'B급'으로 명명되며 "수준 낮다"고 폄하돼 온 대중 서사에 대한 평가의 새로운 지평을 열어젖히게 된다. 명작과 'B급'의 위계를 구성해 온 역사적 시간 층을 순간적으로 재편하는 과정을 거쳐 이들을 공시적 층위로 재배치하면서 모든 선험적 이해를 제거하고 새로운 비평의 기준을 세울 수 있게 되는 것이다. 우리가 듣고 읽고 보아왔던 세상의 많은 이야기는 '정체성 전환'이라는 문제와 관련된다.[8]

문제는 오랜 역사와 전통 속에서 인류가 창조해온 서사체 중 이러한 서사소를 보유하고 있는 서사체들이 지속적인 사랑을 받아왔다는 사실이다. 그것은 아마도 인류가 가지고 있는 근본적인 욕망으로서 '정체성 전환'에 대한 욕망이 자리 잡고 있기 때문일 것이다. 이에 관한 다양한 논의들, 예컨대 정체성 전환의 유형(정체성 역전, 정체성 전치, 정체성 횡단, 정체성 초월 등)을 나누거나 구체적인 콘텐츠 내부에서 그것이 재현/구현되는 방식 등에 관한 논의를 펼침으로써 그 개념을 더욱 풍부하게 정의할 수 있을 것이다.

이와 같은 전제에 따라 『수신기』 내부에 다수 등장하는 캐릭터의 구체적인 양상을 살펴보기 위해 대표적으로 성별 전환 캐릭터, 변신 캐릭터, 부활 캐릭터 등을 추출하여 분석해 보고자 한다.

3.1. 성별 전환 캐릭터

성별 전환 캐릭터는 인위적으로 창조된 많은 스토리텔링 뿐 아니라 오늘날 현실 사회에서도 문제적인 형상이다. 『수신기』에는 이미 이와 같은 캐릭터가 등장하고 있는데, 즉 서등(徐登)이라는 인물이다. 그 이야기를 살펴보면 다음과 같다.

> 민중군에 서등(徐登)이라는 사람이 있었는데, 여자였다가 남자로 바뀌었다. 동양(東陽)의 조병(趙昞)과 더불어 도술에 뛰어났다. 그때 전란이 일어났는데, 우연히 둘이 한 시냇가에서 만났다. 두 사람은 서로 자신의 재주가 더 좋다고 여겼다. 서등이 먼저 도술을 부려 시냇물을 멈추자, 조병은 버드나무에 싹이 나도록 했다. 둘은 서로를 보며 웃었다. 서등이 나이가 더 많아서 조병은 그를 스승으로 모셨다. 나중에 서등이 죽자 조병은 장안현으로 들어갔지만 백성은 그를 알지 못했다. 한번은 조병이 초가지붕 위로 올라가 큰솥을 걸고 불을 지펴 밥을 지었다. 집주인이 무척 깜짝 놀랐지만 조병은 웃기만 할 뿐 조금도 신경 쓰지 않았다. 집 또

한 무너지지 않았다.[9)]

서등은 "여자였다가 남자로 바"뀐 사람이다. 오늘날 표현으로는 트랜스젠더에 해당하는 캐릭터이다. 오늘날 이와 같은 인물들이 현실에서 다양한 법적, 제도적, 사회적 차별을 받는 것과는 달리 서등은 그의 성별 전환이 자신의 삶에 큰 영향을 미치지 않은 것으로 보인다. 물론 서등이 고대 사회에서 여자였다가 남자로 바뀌었다는 성별 전환의 방향을 문제 삼을 수도 있다. 즉 남자에서 여자로 바뀌는 상황과 달리 여자에서 남자로 바뀌었다면 그 자체로 일종의 사회적 권력을 획득하는 과정이 될 수 있기 때문이다. 이러한 이유 때문인지 서등은 "도술에 뛰어난" 능력을 보유하고 있었는데, 이러한 능력은 심지어 원래부터 남자였던 조병이라는 사람으로부터 스승의 칭호를 얻게 되는 근거가 되기도 한다. 또한 이와 같은 성별 전환이 그의 삶 자체에 큰 영향을 미치지 않고 오히려 평범한 사람과 같이 죽음을 맞는 것으로 묘사된다. 뒤에 이어지는 이야기는 이러한 캐릭터를 더욱 긍정적으로 묘사하고 있다.

서등과 조병은 고귀하고 청빈했다. 동쪽에서 흐르는 강물로 신선에게 제사 지내고 뽕나무 껍질을 벗겨 육포로 삼았다.[10)]

이렇게 볼 때, 성별 전환 캐릭터로 서등은 사회적 차별에 집중하기 보다는 오히려 '신비한 사람'으로서 묘사됐다고 할 수 있다. 이후에 이 캐릭터에 관한 다른 이야기는 남아 있지 않지만, 성별 전환 자체를 문제화하지 않고 오히려 이러한 인물의 비범성과 평범성에 집중하고 있는 이야기 전개는 주목할 만하다. 즉 그 비범성과 평범성이라는 상충 혹은 상보적인 가치로 인하여 이 캐릭터의 존재 양상이 결정되고 있다. 여성에서 남성으로의 성별 전환 자체가 문제시 되지 않을 수 있었던 것은 '그'가 (성별 전환을 전후하여) 도술에 뛰어난 능력을 가지면서 일종의 권력을 획득했기 때문이며, 동시에 청빈한 삶을 통해서도 사회적 권력도 획득했기 때문이다. 그러나 동시에 그는 평범한 죽음을 맞이하게 됨으로써 평범성도 확보하고 있는 캐릭터였다. 따라서 이와 같은 전환 과정에서 벌어지는 권력 관계의 변화 양상, 그리고 그것이 이후의 삶에 미치는 양상 등에 주목할 필요가 있다.

3.2. 변신 캐릭터

'변신'은 트랜스 아이덴티티의 중요한 표상 가운데 하나다. 한 인간이 벌레로 변신한다는 상상력을 보여준 프란츠 카프카의 『변신』과 같은 소설이나, 할리우드 히어로물 중 하나인 헐크같은 경우는 모두 자신의 몸을 바꿈으로써 결국 트랜스 아이덴티티, 정체성 전환에 직면하게 된다. 변신을 통해 정체성 전환을 수행하는 경우, 우리는 그 변신 전후는 물론 그 과정에서 캐릭터에게 일어나는 혹은 캐릭터가 직면하는 다양한 문제들을 의제화할 수 있다. 『수신기』에도 적지 않은 변신 캐릭터가 등장한다.

> 국도룡(鞠道龍)은 변신술을 잘 부렸다. 한번은 그가 이렇게 말했다. "동해 사람 황공(黃公)은 변신술을 잘해 큰 뱀과 호랑이도 제압할 수 있네. 황공은 늘 적금도(赤金刀)를 차고 다녔지. 나이가 들어서는 술을 너무 많이 마셨네. 진(秦)나라 말년에 백호 한 마리가 동해에 나타나니 황제가 그에게 적금도로 도술을 써서 제압하라 명하셨네. 하지만 황공은 이미 변신술을 쓸 수 없게 되어 호랑이에게 물려 죽었다네."[11]

변신술을 잘 부리는 인물, 국도룡에 관한 이야기다. 그는 자신이 변신술을 잘 부리는 사람으로서 또 다른 변신술의 캐릭터인 황공을 소개하는 스토리텔러가 된다. 국도룡이 소개하는 황공은 "변신술을 잘해 큰 뱀과 호랑이도 제압할 수 있"는 인물이다. 구체적으로 황공이 어떠한 형상으로 변신하는지에 관해서는 소개하지 않고 있으나, 그의 변신술을 통해 뱀이나 호랑이 등 아마도 고대인들이 공포심을 느꼈을 법한 대상을 제압할 수 있다고 한 것으로 보아, 이는 인간이 자신의 나약한 캐릭터에 강력한 힘(권력)을 부여하는 과정을 통해 자신이 평소에 일상적으로 극복할 수 없는 대상을 극복하고 초월하고자 하는 의지와 희망을 나타낸다고 할 수 있다. 그가 가지고 있는 적금도는 이 과정에서 필요한 도구적 지원이 된다. 변신이라는 행위가 자신이 원한다고 해서 저절로 이뤄는 것은 아니며, 외부 힘의 도움을 받음으로써 비로소 가능해 질 수 있다. 따라서 이는 변신에 대한 인간의 욕망이 자율적으로 자원에 의해서만 실현되는 것은 아니며 반드시 특별한 도구, 즉 외부의 수단이 필요함을 역설하고 있다. 하지만 이런 인간의 능력도 유한할 수밖에는 없다. "나이가 들어 술을 너무 많이 먹은" 화공은 더 이상 변신술을 쓰지 못하고 호랑이에게 물려죽고 말기 때문이다.

자신의 모습 혹은 정체성을 바꾸고 싶다는 욕망은 인간에게는 보편화되어 있기 때문이다. 비록 매우 간단한 이야기들로 이뤄져 있지만, 현재 조건에 만족하지 않고 자신의 정체성을 바꾸고 싶어 하는 인물 형상은 『수신기』의 중요한 모티프 중 하나다.

> 장강과 한수 유역에 추인(貙人)이 모여 살았다. 그 마을 사람들은 토가족(土家族)의 선조인 품군(禀君) 파무상(巴務相)의 후대로서, 호랑이로 변신할 수 있었다. 장사군 만현 동고구(東高口)에 사는 사람들이 일찍이 목책을 설치해 호랑이를 잡은 적이 있었다. 목책이 움직여 입구가 닫히자, 이튿날 마을 사람들은 일제히 호랑이를 때려잡으러 몰려갔다. 그런데 거기에는 호랑이가 아니라 붉은 두건을 두르고 큰 모자를 쓴 추인 우두머리가 앉아 있었다. 사람들이 물었다. "어째서 이 목책 속에 있소?" 남자는 화를 내며 말했다. "어제 갑자기 현(縣)의 부름을 받고 오다 밤이 되어 비를 피한다는 것이 이 목책으로 잘못 들어왔소. 얼른 나를 풀어주시오." 이에 사람들이 되물었다. "부름을 받고 오는 길이라니, 증서가 있지 않겠소?" 남자는 즉시 품속에서 문서를 꺼내 보여주었다. 사람들이 남자를 풀어주고는 자세히 살폈는데 남자는 곧바로 호랑이로 변신해서 산속으로 사라져버렸다.

사람들은 추 마을 호랑이는 사람으로 변해 자색 갈옷을 즐겨 입는데, 변신한 사람에게는 발에 뒤꿈치가 없다고도 했고, 또 호랑이 중에 다섯 발가락이 있는 것은 모두 추 마을 호랑이라고도 했다.[12)]

이 설화 역시 변신에 관한 모티프로 구성된다. 그런데 이 설화는 앞의 이야기와는 달리 변신의 결과가 분명하게 제시된다. 즉 추인들의 변신 결과가 곧 호랑이라는 것이다. 그러나 이야기를 읽다 보면 과연 정말로 추인들이 호랑이로 변신을 한 것인지, 호랑이가 추인으로 변신한 것인지 모호한 결말로 귀결된다. 즉 이야기 마무리 부분에 "호랑이는 사람으로 변해 자색 갈옷을 즐겨 입는데"라고 하는 부분이 등장하기 때문이다. 이를 통해 이와 같은 변신 설화는 인간이 가장 큰 공포심을 갖는 대상인 호랑이라는 설정과 이를 극복하려는 인간의 욕망이 반영됨과 동시에 호랑이 역시 인간과 다르지 않을 것이라는 막연한 희망("호랑이 중에 다섯 발가락이 있는 것은 모두 추 마을 호랑이라고도 했다.")이 혼재하는 양상을 보여주고 있다. 이와 같이 『수신기』에는 인간과 동물의 상호 변신에 관한 트랜스 아이덴티티 캐릭터가 자주 등장한다.

진나라 때, 오흥군에 사는 어떤 사람에게 아들이 둘 있었다. 두 아들이 밭에서 일을 할 때면 아버지가 욕을 하거나 쫓아와서 때리곤 했다. 두 아들이 이를 어머니에게 고하자, 어머니가 아버지에게 따져 물었다. 그러자 아버지가 크게 놀라며, 모든 것이 귀신의 짓임을 알아채고는 아들에게 귀신을 죽이도록 했다. 그러자 귀신은 자취를 감추고 더 이상 나타나지 않았다. 어느 날 아버지는 두 아들이 귀신한테 또 괴롭힘을 당할까 걱정이 되었다. 그래서 직접 밭으로 나갔다. 그런데 아버지를 귀신으로 오인한 아들들의 손에 죽어 땅속에 묻히게 되었다. 그러자 귀신이 아버지 모습으로 변신해 집으로 돌아와서는 가족에게 말했다. "두 아들이 요괴를 죽였나보군." 해질 무렵 두 아들이 밭에서 돌아오자 온 가족이 떠들썩하게 축하를 했다. 수년이 지나도록 가족은 진상을 알지 못했다. 훗날 한 법사(法師)가 그 집을 방문해 두 아들에게 이렇게 말했다. "자네들 아버지의 기색에 사기(邪氣)가 가득하네." 아들이 이 말을 아버지에게 전하자, 아버지는 몹시 화를 냈다. 아들이 이를 법사에게 알리고는 얼른 떠나도록 일렀다. 그러나 법사는 주문을 외우며 방 안으로 들어갔다. 아버지는 늙은 살쾡이로 변하더니 침상 밑으로 기어 들어갔다. 법사는 살쾡이를 잡아서 죽였다. 비로소 가족들은 당초 잡아 죽인 것이 진짜 아버지였음을 깨닫고 상복을 입고 장례를 치렀다. 그러나 결국 한 아들은 자살하고, 또 다른 아들도 분을 이기지 못하고 죽고 말았다.[13)]

지금까지 설화는 주로 인간과 동물 사이의 변신 문제를 다루었다면, 이 설화는 인간과 귀신, 귀신과 동물 사이의 다양한 변신 유형이 등장한다. 변신의 주체는 주로 귀신인데 그는 인간(아버지)으로 변신하는가 하면, 동물(살쾡이)로도 변신한다. 이를 통해서 귀신은 인간 세계에 개입하면서 자신의 존재를 지속한다. 귀신을 식별할 수 있는 능력을 지닌 뛰어난 인간(법사)에 의해 그의 존재가 발각되지만, 그는 다시 동물로 변신하는 술수를 부린다. 이러한 과정에서 결국 아버지와 두 아들이 모두 죽게 되는 상황, 즉 한 가족이 파탄에 이르게 되는 결말을 맞이한다. 따라서 고대 중국인에게 있어서 영계에 있는 귀신은 인간과 다른 비범한 능력을 가지고 있는 존재이며, 이 능력으로 말미암아 인간계의 일상적인 삶을 좌우할 수 있는 존재이기도 하다. 그런데 귀신은 영적 존재이므로, 그 현현 자체가 인간이나 동물과 같은 인간계 존재의 외형으로 나타날 수밖에 없다. 그러나 거꾸로 생각해 보면, 이와 같은 고대인의 상상력은 동일한 세계에 살고 있는 인간이나 동물 중에서도 귀신과도 같은 존재가 있을 수 있다는 발상으로 이해될 수도 있다. 이러한 설화를 통해서 우리는 트랜스 아이덴티티 캐릭터가 인간계와 영계를 넘나들면서 창조될 수 있으며, 영적 존재의 현현은 인간계 존재로의 변신을 통해 이루어질 뿐만 아니라, 그것은 다른 평범한 인간들과 동일한 존재로 등장함으로써 상호 신뢰감을 형성하기 위한 과정이라는 점을 알 수 있다. 즉 변신 모티프 중에서 중요한 한 요인은 상대로 하여금 자신의 정체성을 오인(誤認)하도록 만들어 신뢰감을 제고하기 위한 데 있다.

『수신기』에는 이 밖에도 다양한 귀신 이야기는 물론, 회남왕(淮南王)을 찾아온 여덟 노인이 동자로 모습을 바꾼 이야기, 어린아이가 됐다 늙은이가 됐다 도술을 부린 개염(介琰) 이야기 등에도 모두 이러한 캐릭터 등 무수히 많은 변신 캐릭터가 등장한다. 이들의 트랜스 아이덴티티 캐릭터에 초점을 맞춘 콘텐츠화 전략이 정교하게 수립된다면 흥미로운 서사체 전환이 이루어질 것이다.

3.3. 부활 캐릭터

'부활'은 『수신기』에 나타나는 트랜스 아이덴티티의 특징적인 캐릭터 가운데 하나다. 죽음이라는 상황은 이 세상에 존재하는 사람이 더 이상은 존재하지 않는다는 것이므로, 정체성 전환의 매우 극단적인 표상이라고 할 수 있다. 그런데 죽음에서 다시 부활한다는 것 역시 존재하지 않게 된 인간이 다시 존재하게 된다는 설정이므로 역시 중요한 정체성 전환의 표상이라고 할 수 있을 것이다. 부활은 대체로 서구 기독교 신앙에서 논의되어 온 중요한 의제이자 종교적 표징이었지만, 고대 중국에서도 이에 관한 상상력은 무수히 많이 찾아 볼 수 있다. 다시 말하면 부활은 주로 죽은 자와 산 자 사이의 교감과 재회를 희구하는 인간 심리의 표현이라고 할 수 있는데, 『수신기』에도 이에 관한 다양한 설화가 등장한다.

> 곡성현에 평상생(平常生)이라는 이가 있었는데 어디 사람인지는 모른다. 여러 차례 죽었다가 다시 살아났지만, 당시 사람들은 그런 일이 없다고 여겼다. 나중에 홍수가 나서 큰 재난을 겪은 곳이 한두 군데가 아니었다. 그때 평상생이 결문산(缺門山)에서 큰 소리를 질렀다. "평상생이 여기 있소!" 이어서 "비가 그치면 홍수는 닷새 안에 반드시 물러갈 것이오!"라고 했다. 비가 그치고 나서 사람들은 평상생을 찾아 산으로 올라가 사당을 세우고 그에게 제사를 지내려 했다. 그러나 그의 옷과 지팡이와 허리띠만 보일 뿐이었다. 이후 수십 년 동안 평상생은 다시

화음현에서 문지기를 했다.[14)]

부활 캐릭터 중 평상생이라는 인물은 “여러 차례 죽었다가 다시 살아났”다고 전한다. 그러나 “당시 사람들은 그런 일이 없다고 여겼”는데, 이는 부활, 즉 죽은 자가 다시 산 자로 정체성을 복귀하는 일이 지극히 비상식적이라는 점을 고대 중국인도 충분히 인식하고 있었기 때문이었을 것이다. 그럼에도 불구하고 평상생에 관한 이야기가 뒤이어 계속된다는 점은 아이러니하다. 그것은 발생할 수 없는 비상식적인 일에 대한 회의와 기대가 공존하고 있음을 보여준다. 부활한 평상생의 역할은 홍수가 곧 끝나리라는 예언이다. 중국의 우(禹) 임금의 치수(治水) 신화 등에서 보는 바와 같이 홍수는 고대인의 삶에 직접적이고 막대한 영향을 끼치는 현상이었다. 따라서 홍수가 끝날 것이라는 예언은 현실 생활에 대한 중대한 전망으로서 작동했을 것이다. 예언과 전망이라는 중요한 과정을 거치면서 평상생의 부활 캐릭터가 정착됐을 것이며, 이러한 일이 있고나서는 다시 평범한 인간으로 되돌아갔다는 설화로 마무리된다.

『수신기』에서는 특히 「권15」에 이와 같은 부활 캐릭터가 다수 등장한다. 「무덤에서 살아난 왕도평의 아내」[15)]과 같은 설화가 대표적이다. 이 가운데 「무덤에서 살아난 왕도평의 아내」 이야기는 다음과 같다.

> 진시황 때 장안에 왕도평(王道平)이라는 사람이 있었다. 어렸을 때, 같은 마을에 사는 당숙해(唐叔偕)의 딸과 부부가 되기로 약속했다. 딸의 아명은 부유(父喩)로 용모와 자태가 뛰어났다. 그런데 얼마 뒤 왕도평이 징집되어 남쪽 전장에 나가 9년이 지나도록 돌아오지 못했다. 부유의 부모는 딸이 장성하자, 딸에게 유상(劉祥)의 아내가 되라고 명했다. 딸은 왕도평과 맺은 약속을 중히 여겨 이를 받아들이려 하지 않았다. 하지만 부모의 강요에 못 이겨 결국 유상에게 시집가고 말았다. 결혼한 지 3년이 지났지만 부유는 종일 우울해하며 즐거워하지 않았고, 왕도평만 그리워했다. 그러다 마음속 깊이 한을 간직한 채 죽고 말았다. 부유가 죽은

지 3년이 지난 후 왕도평이 돌아와 이웃사람에게 물었다. "부유는 어디 갔나요?" 이웃사람이 말했다. "마음속에 자네를 간직한 채 부모의 강요에 못 이겨 유상에게 시집을 갔다만, 지금은 이미 죽고 말았네." 왕도평은 무덤이 어디에 있는지 물었고, 이웃사람은 그를 무덤으로 안내했다. 왕도평은 애달피 울면서 부유의 이름을 하염없이 불렀다. 무덤을 돌면서 통곡하며 감정을 가누질 못했다. 왕도평이 말했다. "나와 당신은 죽을 때까지 서로를 의지하기로 하늘에 맹세했소. 그런데 뜻밖에 나라 일이 오랫동안 우리를 갈라놓아, 당신 아버지가 당신을 유상에게 시집보낼 줄 누가 알았겠소. 당초의 염원을 이루지 못하고, 죽음이 우리를 갈라놓고 말았구려. 당신의 영혼이 있다면, 나에게 생전의 당신 모습을 한 번만 볼 수 있도록 해주시오. 그렇지 않다면 이로써 모든 것이 끝인 거요." 그러고는 또다시 통곡했다. 잠시 뒤 부유의 영혼이 무덤 밖으로 나와 왕도평에게 말했다. "어디 갔다 오시는 거예요? 오랫동안 만날 수가 없었네요. 당신과 부부가 되어 백년해로하기로 맹세했건만, 아버지 강요로 유상에게 시집을 갔어요. 3년이 지나도록 날마다 당신을 그리워하다가 한을 품고 죽어, 지금은 저승에 가로막힌 몸이 되었지요. 하지만 당신이 옛정을 잊지 않고 이렇게 찾아와 저를 위로하고, 제 몸도 아직은 훼손되지 않았으니, 다시 살아나 부부연을 맺을 수도 있습니다. 얼른 무덤을 파고 관을 열어 저를 꺼내주세오." 왕도평은 부유의 말을 곰곰이 생각하다가 무덤에서 시신을 꺼내 어루만지며 유심히 들여다보았다. 과연 그녀는 다시 살아났다. 부유는 옷차림을 매만지고는 왕도평을 따라 함께 집으로 돌아왔다. 부유의 남편 유상이 이 일을 듣고 매우 놀라서 주현(州縣)의 관가로 가서 고발했다. 관에서는 법률에 따라 사건을 처리하려 했지만 관련된 조항이 없었다. 그래서 사실대로 기록해서 왕에게 상소를 올렸다. 왕은 부유에게 왕도평의 아내가 되라는 판결을 내렸다. 두 사람은 130세까지 해로했다. 실로 두 사람의 정성이 하늘에 닿아 이러한 보답을 얻을 수 있었던 것이다.[16]

『수신기』에 나타나는 인간의 죽음과 부활에는 주로 이루지 못한 사랑의 문제가 개재돼 있다. 왕도평의 아내 또한 자신의 원래 남편과의 혼인 생활을 이루지 못하고 부모의 강요에 못이겨 다른 사람의 아내가 된 뒤 죽음을 맞이하게 되며, 왕도평이 그녀의 무덤에 찾아와 통곡하자 다시 살아나는 캐릭터이다. 즉 인간 세계에서 성취하지 못한 욕망을 재성취하고자 하는 캐릭터들이 구성하는 이야기를 통해 부활의 모티프가 그 내부에서 정당화된다. 흥미로운 점은 이러한 '기이한 이야기', 즉 현실에 존재하지 않을 법한 트랜스 아이덴티티 캐릭터와 이를 둘러싼 판타지 이야기의 결말에는 주로 '관방'이 개입한다는 사실이다. 왕도평의 아내 이야기에서도 사건이 벌어지자 "관가로 가서 고발"하고 "관에서는 법률에 따라 사건을 처리하려 했지만 관련된 조항이 없었"으므로 "왕에게 상소를 올렸"고, 왕이 "판결을 내"리는 결말이 전개된다. 즉 이와 같은 판타지 이야기의 결말은 현실 사회의 제도적 법칙 내부로 수용되는 상황이 전개됨을 보여준다. 이러한 상황은 『수신기』에 수많은 기인들이 등장함에도 불구하고 문제가 해결된 뒤에 이들은 결국 인간 세계에 머물지 못하고 떠나게 된다는 설정[17]과도 무관치 않다. 기이한 인물, 판타지 이야기는 현실 세계에 공존할 수 없는 존재이기 때문이다. 이는 인간이 추구하는 트랜스 아이덴티티 캐릭터, 이야기 등이 결국은 현실의 법칙을 위배하면서 존재할 수는 없다는 강력한 반증을 나타내기도 한다.

하간군에 사는 남녀의 사랑 이야기를 다룬 「죽음도 갈라놓지 못한 사랑」도 이와 유사한 유형을 보여주고 있다. 또는 "어릴 때 중병을 앓다가" 죽은 어린 아들의 이야기를 다룬 「부활을 예고한 아들」 등과 같은 이야기는 자신의 수명을 다하지 못하고 죽음을 맞이한 인물에 대한 묘사이다. 이와 같이 부활 캐릭터는 많은 경우 원치 않는 사별에 대해 인간의 상심을 위로하는 기능을 했을 것으로 보인다. 『수신기』는 이 밖에도 「죽음도 갈라놓지 못한 사랑」, 「죽었다 소생한 사람들」 등과 같은 이야기들은 성취하지 못했던 욕망이 죽음으로 결론지어지는 인간 세계의 사건을 부활이라는 캐릭터를 통해 해소하려는 경향을 보인다.

트랜스 아이덴티티로서 부활 캐릭터는 삶과 죽음의 문제가 하나로 연결돼 있어야 한다. 그것은 의사(疑似) 죽음일 수도 있고 그렇지 않을 수도 있지만, 살아

남은 인간이 추구했던 대상에 대한 욕망이 현실화할 수 있는 기제를 갖추어야만 이야기가 구조화할 수 있다. 따라서 앞서 살펴본 귀신 캐릭터가 이야기 내부에서 수행하는 역할은 경우에 따라서 긍정적이거나 부정적으로 나뉠 수 있는데 반해, 부활 캐릭터는 긍정적인 역할을 수행하는 경우가 대부분이다. 이러한 특징들을 잘 파악하여 현대적 의미의 콘텐츠로 재창조한다면 의미 있는 콘텐츠 기획과 제작이 가능할 것이다.

4. 트랜스 아이덴티티 캐릭터의 콘텐츠화 전략

『수신기』에 나타난 트랜스 아이덴티티 캐릭터를 콘텐츠화하기 위해서는 무엇보다 텍스트 가운데 해당 캐릭터를 추출해보고, 그 유형을 분류하는 등 분석을 더 정밀하게 수행해야 할 필요가 있다. 또한 기존 『수신기』 전환 콘텐츠를 검토한 뒤, 이러한 캐릭터를 활용한 콘텐츠화 전략을 재수립할 필요가 있다. 그러나 일반적으로 『수신기』의 트랜스 아이덴티티 캐릭터는 다음과 같은 특징을 갖고 있다고 정리할 수 있다.

첫째, 트랜스 아이덴티티의 과정과 발현은 기본적으로 인간의 판타지, 즉 환상적 욕망에 근거를 둔다. 현실 속에서는 결코 이뤄질 수 없는 일들이 상상의 과정 또는 전문(傳聞)의 과정을 거치면서 윤색, 정착, 전파를 반복하면서 "정말로 있을 법한 그럴듯한 이야기"로 재구성된다. 오늘날 이와 같은 단순한 환상에 근거한 이야기들은 일견 비과학적이고 불합리한 것으로 치부될 수도 있을 것이다. 그러나 지금도 창작되고 있는 수많은 이야기, 즉 서사체에는 이러한 인간의 환상적 욕망이 투영된 것이 허다하다. 수많은 판타지 장르로서의 소설, 영화, 공연, 만화, 게임 등을 통해서, 또는 매우 리얼한 서사체임에도 불구하고 부분적으로 이러한 환상성을 차용하고 있는 경우도 적지 않음을 여실히 목도할 수 있다. 따라서 그러한 요소를 담고 있는 『수신기』의 수많은 이야기는 오늘날에도 인간의 판타지를 드러낼 수 있는 중요한 문화원형으로 기능할 수 있다.

둘째, 트랜스 아이덴티티 캐릭터를 통해 실현을 염원하고 희구하는 인간의 욕망은 판타지의 외피를 통해 현현되지만, 언제나 현실 문제와 관련이 있다. 그것은 때로는 현실을 직접적으로 묘사하거나 비판할 수 없을 때, 혹은 현실 문제를 해결할 방법을 도저히 찾아낼 수 없는 막다른 지점에 도착했을 때 사용되는 수법이기도 하다. 예컨대 부활 캐릭터는 인간이 직면한 죽음이라는, 도저히 해결할 수 없는 문제를 해결하고자 하는 장치이다. 죽음을 스스로 해결하지 못하는 인간의 유한함을 인식하면서도 이를 극복하고자 하는 방법으로서 이야기가 재창조되고 있는 것이다. 따라서 트랜스 아이덴티티 캐릭터는 비록 외형적으로는 매우 비일상적이고 비상식적이며 비체계적이고 비과학적이며 비합리적이고 비구조적일 수 있지만, 그 내면에는 반드시 일상적이고 상식적이며 체계적이고 과학적이며 합리적이고 구조적인 요소를 해결하는 장치와 연결돼 있다. 트랜스 아이덴티티 캐릭터의 기획과 분석은 반드시 이와 같은 현실 문제를 이해하고 설명하는 지평 위에서만 가능하다.

셋째, 트랜스 아이덴티티 캐릭터로서 『수신기』에 나타나는 인물형상은 주로 인간, 동물, 귀신 등으로 나뉜다. 물론 이 중 인간은 다시 평범한 인간(범인)과 비범한 인간(기인)으로 나눌 수 있고, 귀신은 신적 존재와 악귀로 나눌 수 있다. 『수신기』의 이야기는 평범한 인간이 비범한 인간, 신적 존재, 악귀, 동물 등과 만나면서 벌이는 일들을 묘사하고 전달한다. 정체성 전환은 이들 가운데 주로 평범한 인간을 제외한 네 가지 인물형상들 내부에서 일어나게 된다. 주목할 것은 이들의 정체성 전환은 그 자체가 특별한 능력을 발휘한 결과라고 할 수 있다. 혹은 정체성 전환 이후에 특별한 능력을 소유하게 되는 경우도 있다. 이러한 능력은 주로 평범한 인간들이 직면한 문제(예컨대 자연재해 등)를 해결하는 데 활용된다. 이러한 능력은 종종 일종의 권력(힘)으로 나타나기도 한다. 그러나 이러한 권력을 갖게 될 때에는 해당 캐릭터는 반드시 특정한 도구를 활용하게 된다. 이때 도구는 돌, 나무 등과 같은 다양한 자연물이나 인공물, 또는 동물 그 자체 등이 되기도 한다.

이러한 도구는 해당 캐릭터의 권력을 현시하는 역할을 한다. 따라서 『수신기』에 바탕을 둔 트랜스 아이덴티티에 관한 캐릭터의 창조는 이와 같은 캐릭터의 유형과 권력 관계를 잘 파악하는 전제에 따라 이루어져야 할 필요가 있다.

넷째, 트랜스 아이덴티티 캐릭터로서 『수신기』의 인물형상은 전환 행위가 이뤄진 뒤에는 그 역할이 긍정적 방향 혹은 부정적 방향으로 전개될 수 있다. 앞서 말한 바와 같이 이야기를 구성하는 인물 가운데 평범한 인간은 대부분 이야기를 전달하는 역할을 주로 담당하게 된다. 정체성 전환 인물이 주로 이야기의 주된 중심축을 이루게 되는데 이 중 긍정적 인물은 곧 주동인물(protagonist)의 역할을 수행하고 부정적 인물은 반동인물(antagonist)의 역할을 수행하게 된다. 한 이야기 안에 주동인물과 반동인물 모두가 트랜스 아이덴티티 캐릭터로서 묘사될 수도 있으나 어느 한 경우만 정체성이 전환되는 경우가 더욱 많다. 따라서 『수신기』를 문화원형으로 간주하고 새로운 콘텐츠를 창조하려고 할 때, 인물형상으로서 트랜스 아이덴티티 캐릭터를 중점에 두고 평범한 인물을 주변에 배치할 필요가 있으며, 나아가 해당 캐릭터가 이야기 내부에서 수행하는 역할의 방향이 긍정적인지 또는 부정적인지에 대한 검토도 이뤄져야 한다. 이러한 세밀한 검토를 통해서만 고대 문화원형의 현대화 작업이 순조롭게 이뤄질 수 있을 것이다.

공연예술축제와 신화성

프랑스 방데의 역사야외극 《시네세니》를 중심으로

송희영

1. 신화와 축제

신화란 무엇인가? 신화는 꾸며낸 이야기이다. 현실성이 없고 믿을 수 없는 이야기이다. 그럼에도 신화는 수 세대를 거쳐 전해 내려오며 반복된다. 그 요인은 무엇일까? 카렌 암스트롱은 네안다르탈인의 무덤을 관찰한 경험을 근거로 신화가 제례의식에 뿌리를 두고 있다는 견해를 제시한다.(주1) 그에 따르면 인류에게 신화가 의미를 갖는 것은 사실성에 근거한 정보 때문이 아니라 예측할 수 없는 불안한 삶을 살아가는 데 유효한 가치를 전해주기 때문이다. 유효한 가치란 죽음이라는 피할 수 없는 운명을 지닌 인간의 극한 상황 인식에서 파생한 진리이다. 이런 관점에서 암스트롱은 신화란 소멸의 두려움에 맞선 인간으로 하여금 삶의 의미를 깨우치고, 풍요롭고 희망찬 삶을 안내해주는 초월적인 경험이자, 인간 스스로 그러한 내면의 변화를 일으킬 수 있도록 고안해 낸 "예술형식"[2]으로 인식한다.

미르치아 엘리아데 역시 고대 원시인들의 제례의식에서 신화의 원형을 찾아냈다. 그에 따르면 고대인들은 종교적 제의나 축제에 참여 하는 순간 태초에 우주가 탄생한 '아득한 창조의 시간(in illo tempore)'을 반복하는 신성한 체험을 하였다. 이러한 신성한 깨달음의 순간에 집단공동체는 "함께(co), 태어나는(naissance)"

새로운 경험을 공유한다.[3] 즉, "타자들에 의해 창시된 원초적인 행위를 모방하고 반복"함으로써 덧없는 속세의 어려움에서 벗어나는 지혜와 힘을 얻었다는 것이다.[4] 엘리아데가 언급한 신성성이란 인간이 현재의 상태에서 벗어나 새로운 깨달음을 얻고 한 단계 높은 경지로 올라설 때 느끼는 존재의 충일감에 가깝다. 박희영은 이를 "신성한 앎(conaissance)의 순간"이라고 설명한다.[5] 훗날 이것이 '이해, 인식, 지각'을 의미하는 프랑스 단어 conaissance의 어원이 되었음을 미루어 볼 때, 인간이 어떤 대상을 이해하고, 깨닫고, 지각한다는 개념의 본질은 신성성을 체험한 존재론적 깨달음에서 유래한 것임을 추론할 수 있다.

세속적인 시간으로부터 신화적 시간으로의 회귀는 곧, 먼 과거와 현재, 얼굴을 모르는 태초의 조상들과의 만남을 중재한다.[6] 제의는 과거와 현재의 관계를 재정립하고 현재의 흐트러진 질서를 바로잡아주는 문화적 통로가 된다. 그렇다면 우리 현대인들은 어디에서, 어떤 방법으로 신화적 체험을 구현할 수 있을까? 현대사회의 축제에서 그 가능성을 찾을 수 있을까?

본 연구는 현대사회의 새로운 축제 유형으로 부상한 프랑스의 '스펙타클 형 축제(역사야외극축제)'를 대상으로 신화적인 시간과 공간의 재현 가능성을 탐색한다. 그 가운데 스펙타클 형 축제의 성공 사례로 널리 알려진 방데의 《시네세니(Cinéscénie)》에 나타난 제의성을 탐구하여 현대 공연예술축제 속에서의 신화의 가치와 의미를 고찰하고자 한다. 방데 지역공동체가 주관하는 역사극 시네세니는 멀리 중세시대 농경사회를 거슬러 제 2차 세계대전에 이르기까지 조상들이 겪어온 수 세기 동안의 역사를 추적하여 과거와 현재와의 만남을 중재하고, 현존하는 자신들의 삶을 성찰하는 서사극이라는 점에서 신화적 요소를 발견할 수 있을 것으로 기대된다. 또한 특히 이 지역은 프랑스 대혁명 당시 농민들이 반혁명 저항운동에 가담했다는 이유로 주민 전체가 잔혹한 집단적 죽음을 경험한 비극적 상처가 남아 있는 곳으로, 역사극 시네세니는 당시에 겪은 전쟁과 죽음의 기억을 기념하는 제의로서의 특성을 보유하고 있다. 이론적 배경으로는 먼저, 제례의식에 나타나는 리미널(Liminal) 현상과 연극 장르와의 연계점을 모색했던 빅터 터너

(Victor W. Turner)의 리미널리티(Liminality) 이론을 스펙타클 형 축제에 접목을 시도한다. 다음으로, 터너의 리미널리티 이론의 적용 과정에서 연계되는 알라이다 아스만의 문화적 기억 이론과 죽음의 체험을 통해 신성한 삶의 깨달음을 구했던 고대 로마시대의 엘레우시스 통과의례를 고찰한 박희영의 연구를 역사야외극 시네세니의 기념제적 특성을 밝히는데 활용한다.

2. 축제의 스펙타클화 현상과 시사점

2.1. 축제 패러다임의 전환

축제란 무엇인가? 현대사회에서 축제는 뮤직축제, 댄스축제, 재즈축제, 필름축제 등 고답적인 문화행사에서부터 정치적 이념이나 사회적 이슈를 홍보하는 캠페인, 지역특산물 홍보행사, 그리고 심지어 기업홍보나 백화점의 세일행사에 이르기까지 실로 다양하여 그 의미와 해석에 혼란의 여지가 있기에 용어의 정의를 잠시 살펴보기로 한다. 우리말로 축제를 뜻하는 외래어 '페스티벌(Festival)'은 라틴어 festivitas에서 유래된 것으로, '기념 celebration' 또는 '감사 thanksgiving'를 목적으로 열리는 대중적인 집회나 행사"를 의미한다.[7] 페스티벌은 문화권마다 조금씩 차이는 있으나 본래 한 집단의 안녕과 번영을 기원하는 고대의 종교적 제의, 제례에 기원을 둔 것이 많으며 공동체 단위로 집전된다는 특징이 있다. 현대사회에서의 축제는 제의, 제례 개념은 약화 된 반면 대중들이 선호하는 엔터테인먼트 요소를 강조한 '스펙타클(Spectacle)화 현상'을 보이고 있음에 주목된다.[8]

스펙타클이란 무엇인가? 스펙타클은 라틴어 Spectaculum에서 유래된 단어로서 "연희자가 무대를 매개로 자신의 재능을 펼쳐 보임으로써 관중들과 실시간으로 교감하는 넓은 의미의 공연예술(Performing Arts)"을 일컫는다.[9] 한편 마닝(F.

E. Manning)은 스펙타클을 좀 더 포괄적인 범주로 이해한다. 그의 해석에 따르면 스펙타클은 "거대한 관중 앞에서 벌어지는 시야를 사로잡는 깜작 놀랄만한 시각적 이미지와 드라마틱한 연기, 무대 장치와 규모가 대단한 흥미진진한 문화기획(Cultual event)"으로 규정된다.[10)]

축제의 스펙타클화 현상, 이것은 축제가 연극이라는 예술장르 프레임을 갖추었다는 뜻이다. 이것이 진정 의미하는 것은 무엇인가? 제의성이 중심이 된 본래의 공동체적 가치보다 엔터테인먼트 적 요소를 강화한 여가문화콘텐츠로서의 축제가 과연 바람직한 것인가? 현대사회의 축제의 스펙타클화 경향에 대한 학계의 논쟁이 꾸준히 진행되고 있는 가운데[11)] 그에 대한 부정적인 견해를 가진 이들이 제기하는 문제점들을 다음과 같이 정리할 수 있다. 먼저, 스펙타클 형 축제는 주로 문화관광 효과 증대를 위한 상업성이 가미된 "무대화된 축제"로서, 지역공동체의 참여가 배제된다는(또는 그럴 우려가 높다는)점이다. 다음으로, 같은 맥락에서, 현대화된 대부분의 축제들이(특히 최근 지역브랜드를 내세운 우리나라 지역축제에서 보듯이) 모객 중심의 마케팅에 치중한 나머지 고유한 지역성이 소실된 채 균일화 되어 간다는 비판이다. 그러나 스펙타클로 전환되었다고 해서 모든 축제가 상업적으로 변질되었다는 견해는 논쟁의 여지를 남긴다. 그 이유는 산업화 이후 공동체의 와해로 인해 의례적 특성이 사라져 갈 위기에 처한 축제가, "행위자와 관람자가 이분화 된 공연 형식"의 틀을 취하게 된 요인과 그에 함유된 의미를 먼저 성찰해 볼 필요가 있기 때문이다. 정리하자면, 고대사회에서는 공동체 구성원들이 다 함께 축제를 거행하는 행위 자체만으로도 개인 존재의 가치가 충족되고 집단의 정체성이 발현되었던 반면, 현대사회에서는 그에 맞는 새로운 축제 패러다임의 전환이 요구되었을 것이라는 추론이 가능하다.

2.2. 제의를 통한 리미널리티의 실현

현대사회에서 공연 요소를 강조한 스펙타클 형 축제가 부상하고 있는 현상은 전통적인 축제의 중심축을 이루던 공동체의 참여도가 약해졌음을 드러내는 증표일 수 있다. 그러나 관점을 달리하여 다음과 같은 두 가지 차원에서 생각해 볼 수 있다. 그것은 첫째, 축제 개최 목적과 추진방향 설정에 있어서 공동체와 외부 세계와의 차별화에 더 큰 가치를 두고 있는 점이다. 이는 곧 현대에 와서 지역 정체성 구현의 요구가 더욱 절실해졌음을 반증하는 것이기도 하다. 둘째, 종전까지 유지해오던 사회적 프레임이 교체되는 전환기를 맞이하여, 축제의 형식과 내용 또한 새로운 패러다임으로의 변화가 요구되었을 것이라는 점이다. 그에 따라 축제의 스펙타클 현상은 내부 구성원은 물론 외부 세계와의 보다 효과적인 커뮤니케이션 방안 창출 목적을 위해 파생된 문화적 산물로도 볼 수 있다.

류정아는 1999년에 발표한 글에서 농경사회를 중심으로 번성하던 다수의 전통적 범주의 축제들이 현대로 옮아올수록 스펙타클 형 축제로 전이(轉移)된 현상을 프랑스의 전통축제(Fête) 사례를 들어 그 배경을 설명하고 있다. 그에 따르면 의례 중심의 전통적인 축제가 스펙타클 형으로 전환된 것은 연희자와 그를 참관하는 관중이 분리된 것을 의미한다.[12] 산업화 이전, 즉 지역적 유대감이 강했던 농경사회에서는 축제 주관자와 향유자(관람자)가 동일한 조직체에 의해 성사되었으나 현대에 들어 수행 주체인 주민과 외부 관람자인 객체로 나뉘어졌다는 것이다. 주민들은 자신들과 구별되는 객체의 존재를 인정함으로써 집단의 정체성에 대한 인식을 강화시켜나가는 효과적인 방법을 모색한 것으로 보인다. 이것은 현대사회에서의 축제가 외부세계로부터 자신들을 구분하는 문화적 경계로 기능하고 있음을 보여준다.[13] 산업화 이후 공동체의 약화로 인해 탄생된 스펙타클 형 축제가 오히려 지역공동체의 재결속을 불러오는 역설적인 현상이 일어나고 있는 것이다.

다음으로, 후자에서 언급된 시대의 전환기에 필요한 새로운 '커뮤니케이션 틀'로서의 공연예술축제는 빅터 터너(Victor W. Tuner)가 제시한 '리미널리티(Liminality)' 이론을 적용할 수 있다. 리미널리티는 본래 '문지방, 문턱에 걸쳐 있음'을 가리키는 말로, 우리말로 '전이영역'으로 번역된다. 벨기에의 민속학자 판 헤네프가 그의 '통과의례' 이론 속에서 처음 소개하였다.[14] 터너가 주장하는 리미널리티란 어떤 상태를 형성하는 인위적인 시간을 경과시켰을 때, 그에 참여한 구성원들이 일상적인 사회·문화적 상태나 지위로부터 다른 상태나 지위로 옮겨가는 '중간적 상태를' 의미한다.[15]

터너에 따르면 원시 부족문화에서 인류는 기존의 일상생활에서 변혁을 요구하는 사회적 전환기를 맞이하게 됐을 때 조직을 정비하고 새로운 질서를 유지할 틀(frame)을 만들고 그를 모델화 하려는 노력이 강구되었다. 이러한 사회적 변화의 시기를 대처해가는 공동체 간의 사회적 교류의 장은 시대마다 다른 형식으로 교체되었는데 그 과정은 일종의 통과의례적 형태를 띠고 있다. 이때 공동체에서는 구성원들이 제례의식에 참가하여 통과의례 과정을 거침으로써 이전보다 한 차원 높은 성숙한 모습으로 현실에 복귀하는 것을 이상으로 삼았다. 터너는 이를 '메타·사회적 행위'라 칭하고, 그 과정에 동원되는 방법과 방식을 '리미널리티'로 명명하였다(표 1).[16]

〈표 1〉 인류의 메타·사회적 행위의 변천과 리미널리티 실현방법

시대 구분	리미널리티 실현 방법
원시사회	제의, 제사
봉건사회 이전 및 봉건사회	카니발, 페스티벌
전기·근대사회	카니발, 연극
현대사회	영화, TV 및 고도화된 다양한 공연 및 문화기획 (예: 스펙타클, 퍼레이드, 서커스, 전람회 등)

위의 〈표 1〉에서와 같이 인류 문화는 원시사회로부터 현대사회에 이르기까지 사회적 위기와 혼돈된 질서를 바로잡기 위한 제도나 장치를 고안하여 집단의 소통을 유지하며 발전해 왔다는 시사점을 얻을 수 있다. 여기서 제도나 장치는 곧 제례의식(제의)에 해당한다. 제의를 통해 표출되는 신화적 요소는 단지 고대 원시인의 생활 뿐 아니라 현대인의 삶에도 전승되어 지속되고 있다고 추론할 수 있

다. 왜냐하면 죽음이라는 유한한 운명과 마주하여 “어떻게 살아 갈 것인가?”하는 인간의 존재론적 물음은 현재 시점에도 변함없는 진행형이기 때문이다. 이런 관점에서 20세기 들어 공연예술성이 강화된 새로운 축제 패러다임의 등장은 현대인에게 당면한 문제 해결에 보다 효과적인 리미널리티 방안을 모색하는 과정에서 도출된 하나의 현상으로 간주할 수 있다.

2.3. 제의성과 극(劇)적 매체

제의는 일정한 시간의 흐름 속에 일정한 공간을 점유하며 진행된다. 이때 사제의 지휘 아래 제례에 참여한 공동체의 구성원들은 “신령스럽고 성스러운, 환상적인 경지”[17]로 안내된다. 신령스럽고 성스러운 경지는 엘리아데의 표현을 빌자면 ‘‘신화적 사건이 현재가 되는 세계와의 만남”[18]이다. 이 모든 것을 가능하게 하는 것은 제의의 힘이다. 즉 제의를 통해 일상적인 시간과 공간의 정화가 이루어지는 까닭이다.[19] 제의의 목적을 원활히 달성하기 위해서는 일정한 절차와 규칙이 요구된다. 이것은 요즘 식으로 말하자면 배우가 무대에서 발설하는 대사와 움직임, 동작 위치를 비롯한 온갖 무대연출 방향을 지시한 연출노트 또는 일사 분란한 행사 진행을 위해 작성된 큐시트(Cue sheet)에 비유할 수 있다.

터너는 현대사회에서 무대화 된 공연(Staged performance), 즉 연희자가 청중을 앞에 두고 메시지를 전달하는 가운데 쌍방 교류를 시도하는 극(劇)적 매체 즉, 공연예술의 전개 방식에서 제의성의 실현 가능성을 발견한다. 예를 들면 첫째, 일정한 공간에서 ‘도입-전개-결말’로 이어지는 구체적인 명령과 규칙이 명시된 대본(시나리오)을 보유하고 있다. 둘째, 이야기 줄거리를 전개하는 과정에서 춤과 노래, 연기, 그리고 악기 연주 등 인간의 오감을 자극하는 온갖 놀이적인 요소들을 포함하여, 언어적으로 또는 비언어적으로 묘사된 즉흥적인 에피소드와 고정되고 상징화된 방법을 두루 동원하고 있다. 셋째, 전체적인 진행 과정 관점에서는 일관적이고 흐트러짐 없는 규범을 보유하고 있으나, 내용적으로는 ‘진지하고, 신령스럽고, 카리스마적이며, 불가사의 한 영역'으로 이끈다. 터너는 이러한 제의 의식만의 특징적인 면모를 일명 "가정법"[20]이라고 지칭한다. 이러한 것을 종합적으로 고려하여 터너는 공연양식이야 말로 "사회적 반성(reflection)의 장"[21]을 목적으로 한 제의성을 실현하는 데 가장 유용한 조건을 갖추었다는 판단을 내린다.[22]

지금까지 살펴 본 바와 같이 터너가 예시로 든 공연양식에 함유된 신화적 시간과 공간을 우리 현대인들은 어떤 방식으로 실현하고 있으며, 또한 그것을 어떻게 체험하고 있는가? 본 연구는 이 물음에 답하기 위해, 과거의 집단적 기억을 극적 매체로 구현한 지역사(地域史) 기반 역사야외극에 나타나는 '장소성'과 연계하여 탐색해볼 것을 제안한다.

3. 역사야외극축제의 제의성

3.1. 지역사 기반 역사야외극과 장소성

프랑스의 '스펙타클 형 축제'은 지역사(地域史) 기반 역사극을 바탕으로 하고 있다. 20세기 중반이후 프랑스에서 새로운 축제 유형으로 등장하여 전국적으로 급속하게 보급되었다. 스펙타클 형 축제를 직역하자면 '공연형 축제' 또는 '역사극 축제'로 옮길 수 있다. 또한 프랑스에서 쓰이는 정식 용어가 연극이라는 뜻의 Spectacle과 역사라는 historique가 합쳐진 '스펙타클 이스토리크(Spectacles hisotiriques)'임을 고려한다면 '역사극' 또는 '역사야외극'으로 번역이 가능하다.[23] 그러나 대부분의 스펙타클 이스토리크가 지역주민들이 자율적으로 결성한 결사체(l'association)를 중심으로 열리는 마을축제 형식을 취하고 있다는 점에서 사실상 '역사야외극 축제'라는 표현이 보다 적합하다고 생각된다.

프랑스에서 역사야외극이 번성하게 된 계기는 1980년대 중반 프랑수아 미테랑 대통령의 집권기에 핵심정책으로 추진되었던 프랑스 대혁명 200주년 기념사업과 맥락을 같이하고 있다. 미테랑 정부는 '혁명 200주년' 이라는 역사적인 순간을 대대적으로 기념하고자 별도의 전담 기구를 설립하고[24] 전국 각지의 역사복원 사업을 장려하였다. 이를 계기로 프랑스 전역에 지역의 독특한 서사가 담긴 연극축제가 다수 발굴되어 각 지역의 역사문화자원을 대외적으로 알리는 유용한 수단으로 활용되는 성과를 얻었다.[25] 그중에는 제 4장에서 사례연구로 다루게 될 퓌뒤푸 테마파크의《시네세니》공연과 같이 프랑스의 대표적인 문화관광 상품으로 개발된 사례도 있다. 장르로서의 프랑스 역사야외극(이하 역사야외극 또는 역사야외극축제를 혼용함)의 정의는 "고성, 왕궁, 저택, 성당 또는 이들 건물을 경내에 품고 있는 정원, 호숫가 등 자연경관을 포함한 지역의 문화유산공간을 무대화한 공연콘텐츠"[26]로 규정할 수 있다. 프랑스 역사야외극축제는 각 지역의 문화유적지의 옥외 공간을 공연장 무대로 조성하여 그 장소와 직접적으로 연관된 역사적 사건을 기억하거나 또는 지역이 내세우는 영웅들의 업적을 기리고 추모하는 내용을 극으로 구성하여 지역의 문화 정체성 수립에 기여하고 있다.

역사야외극축제 연구에서 한 가지 주시할 점이 있다. 그것은 역사를 극적 소재로 삼고 있다고 해서 모든 역사극이 스펙타클 이스토리크, 즉 역사야외극으로 분류되는 것이 아니라는 사실이다. 그것은 역사야외극에서 이야기 소재의 발원지로서의 '장소성' 개념이 매우 중요한 요소이기 때문이다. 지역사 기반 역사야외극에서의 장소성은 장소에 결부된 공동체의 집합기억을 극적 매체로 재현한 것으로부터 생성된다. 특정 장소의 기억은 타 집단과 자신들을 구분하는 문화적 경계가 되어 지역 정체성 형성에 긴밀한 영향을 끼친다. 실제로, 프랑스 역사야외극은 연극의 소재가 되고 있는 역사적 사건이 실제 발생한 유적지와 문화유산공간의 옥외 공간을 무대화 하고 있다. 그러나 장소성은 단순히 특정한 지명, 즉 지리적 공간을 의미하는 것이 아니다. '문화적 기억(Cultural Memory)' 이론을 창시한 알라이다 아스만의 이론을 빌자면 장소성은 가깝기도 하고 멀기도 한 기억들이 서로 결합하여 만들어 낸 "장소의 아우라"[27]가 발현되는 곳이어야 한다. 다시 말하자면, '기억 장소의 아우라'가 있는 곳은 지역구성원들의 집단기억이 축적된

"기억의 장소로서의 마법이 부여된 곳"[28]이다. 그곳은 과거의 영령들과의 접촉이 가능한 곳이며, 망자와 산자의 만남이 이루어지는 신성한 장소이다. 과거에 박해, 수모, 패전의 기억이 남은 '추모지'도 있고, 역사에서 망각되고 잊힌 '기억의 장소'도 있으며, 과거의 비극적인 사건으로 인해 상처가 아물지 않은 '트라우마 장소'들이 이에 해당한다.

역사야외극축제의 장소성은 서사화 단계를 거친 극적 매체, 즉 문화콘텐츠로 구현될 때 생성된다. 과거 역사의 현장이었던 바로 그 장소에서 공연축제가 열리는 그 순간, 그 장소는 "과거와 현재를 잇는 중계자"[29]가 된다. 또한 축제에 연희자로 참가하는 지역주민들과 이를 구경을 하는 온 방문객 모두에게 보이지 않는 과거를 재현하여 현실을 벗어나 과거와의 접촉을 가능하게 하게 만든다. 역사야외극축제들이 공통적으로 다루는 서사는 이러한 기억 장소와 연관된 '지역사(地域史)'이다. 지역사는 국가의 공식 역사에 저항하는 민간 기억의 집합체라는 상징성이 있다. 그것은 지역 주민들이 직접 겪은 것이거나, 혹은 세대 차이로 인해 직접 체험하지는 못했더라도 본인들의 현재의 삶에 지속적인 영향을 끼치고 있는 역사의 흔적이다. 그런 연유로 지역사는 주로 "지역성을 통한 저항의 문제"[30]를 주제로 다루는 특성이 있다. 국가기억과 민간기억의 해석의 차이로 인한 양진영의 갈등과 분쟁, 종종 유혈 충돌 사태를 불러오는 전쟁과 같은 불행한 사건들이 지역사 연구의 주요 쟁점들에 해당한다.

3.2. 집단기억과 시공간의 전이

제의에서 요구되는 절차와 규칙에 따르기 위해서는 세속에서와 차원을 달리하는 '리미널한 시간(liminal time)'과 '리미널한 공간(liminal space)', 즉 신화적 시공간으로 옮겨 가야만 한다. 앞서 살펴 본 바와 같이 빅터 터너는 극적 양식을 대표하는 연극은 무대를 사이에 두고 연희자(배우)와 관객이 서로 소통하고 교류하는 형식을 통한 리미널리티(전이영역)에 이르는데 가장 적합한 예술 장르라고 주장한 바 있다. 연극 장르 안에서 리미널리티는 어떤 원리로 전개되는가? 연극에서의 리미널리티, 즉 '문턱에 걸쳐 있는 현상'은 공연장 안으로 입장한 관중들이 공연장 밖의 일상과 분리되어 무대 위에서 펼쳐지는 배우의 연기에 이끌려 연극 대본 속의 시공간으로 몰입되는 순간 발생한다. 관객들은 무대의 막이 오르는 순간 현실의 시공간과 극의 시공간 사이 경계가 모호해짐을 느끼며, 현실적인 시공간과 현재 자신이 무대 위에서 실시간으로 만나고 있는 가설적인 세계와의 중간에 머무르는 게 된다.[31] 이때 관객들은 일상의 시간을 잊고 무대 위의 세계와의 에너지를 주고받으며 정서적 긴장이 완화된 상태가 된다. 이와 함께 동시에 관객들은 점차 시간이 흐를수록 공연의 서사와 감정에 전염되어 정서적 환기에 유도됨에 따라 시간적인 이탈을 경험한다. 이것이 관객들이 연극 공연장에서 조우하게 되는 리미널리티 체험이라 할 수 있다. 공연예술에서 발견되는 리미널리티적 특성은 문화적 기억 매체로서의 극적 매체가 표출해 내는 집단기억의 전이와 확산, 그리고 그를 통한 집단 혹은 지역의 정체성 확립을 극대화시키는 효과를 자아낸다. 그 요인은 역사적인 사건이 발생했던 현장을 직접 방문해서 본인의 눈으로 직접 보고 느끼고 체험하는 것은 독서를 통해 알게 되거나, 제3자를 경유하여 전해 듣거나 또는 영상을 통한 간접적인 체험보다 "몇 배 더 훨씬 더 생생하고 깊은 강도로 각인되는 인상"[32]을 남기기 때문이다.

3.3. 전쟁과 죽음에 대한 문화적 기억

얀 아스만과 알라이다 아스만은 모리스 알브바슈의 집단기억(Collective memory) 개념을 계승하여 '문화적 기억' 이론을 구축하였다. 1920년 대 초 집단기억 개념을 최초로 도출해 낸 모리스 알브바슈는 집단 내에서 공유하고 있는 기억이은 집단의 존속과 결속력을 강화하는 유용한 수단임을 간파하였다.[33] 알브바슈에 따르면 개인의 기억행위는 집단으로부터 전승된 것으로 곧 그 개인이 속한 집단의 사회·문화적인 범주를 벗어나서 형성될 수 없다. 아스만은 그에 동조하면서도 기억이란 자연 발생적으로 생성되는 것이 아니라 집단 내에 존재하는 문화적 매체를 통한 재생 활동에 의해 축적되는 것이라는 차별화된 이론을 주장한다. 그렇기 때문에 과거의 어떤 역사적 사건이 집단 또는 공동체의 구성원들 사이에 공유되어 전승되기까지는 인공적으로 구축된 문화적 매개물을 거쳐야함을 강조한다.[34] 문화적 기억은 집단의 공동기억을 전승하고 정체성 확립에 기여하며 같은 경험을 공유한 사람들끼리의 공감과 공유를 통한 상처의 치유에도 효과적인 기능을 발휘한다.

문화적 기억이 항상 부정적인 과거에만 매여 있는 것은 아니다. 그러나 역사적으로 '죽음', '장례', '추모'를 표명하는 집단적 체험에 뿌리를 두고 있음은 분명해 보인다. 일례로 얀 아스만은 고대 이집트인들이 '죽음'을 기념한 기념비, 피라미드, 벽화 등의 표상물들에서 문화적 기억의 기원을 찾아낸다.[35] 또한 알라이다 아스만은 그의 저서 「기억의 공간」에서, 고대 그리스 시대 때 붕괴된 연회장에서 살아남은 유일한 생존자인 시모나데스가 사고 당시의 상황을 기억해 낸 일화를 최초의 문화적 기억으로 언급하고 있다.[36] 현대에 와서도 "전쟁으로 인한 삶의 소실"[37]과 다수의 무고한 죽음은 문화적 기억의 핵심을 구성하고 있다. 전쟁과 관련된 죽음에 대한 경험은 사람이 겪은 과거 경험 중에서 가장 치명적인 충격과 상처를 남긴다.[38] 그중에서도 전쟁은 사람이 겪은 과거 경험 중에서 가장 치명적인 충격과 상처를 남긴다.[39] 이 같은 현상은 우리나라 정세를 포함하여 지난 20세기 전 세계적으로 전 세계적으로 좌우 이념적 갈등과 국가 간의 권력 분쟁 및 민주화 과정에서 전쟁과 집단학살 등 무자비한 폭력에 의한 인간생명이 대량 희생되는 사건이 다수 발생한 역사적 사실과 무관하지 않다.

전쟁이라는 트라우마적 사건과 연관된 대부분의 문화적 기억은 기념물, 기념관, 기념상, 기념의례 및 연례적인 기념일 제정 등으로 구현된다. 이것들은 대부분 고통을 겪은 당사자들 대신 국가주도로 마련된 기억의 표상들이라는 공통점이 있다.[40] 이때 대중들은(혹은 지역공동체는) 국가(지역)를 위해 헌신한 용사들의 기개를 자아정체성으로 편입시키면서 애국심을 고취시킨다.[41] 그러나 이들 보편적 기억매체들은 '비(非)서사적 매체(Non-epic Media)' 형태를 띠고 있다는 점에서 기능이 제한적이다. 이런 배경에서 다음 제 4장에서 프랑스 방데의 역사야외극 시네세니를 탐색하는 일은 기대할만하다. 시네세니는 퓌뒤푸 성이라는 장소성을 매개로, 축제의 주체자인 지역주민들이 구경꾼인 관람객 앞에서 자신들의 조상들이 겪은 전쟁과 죽음에 대한 집단기억을 재현한다.

4. 퓌뒤푸 역사야외극 《시네세니》와 신화성

4.1. 《시네세니(Cinéscénie)》 공연 개요와 문화산업적 성과

프랑스 서부 방데 퓌뒤푸의 역사야외극 시네세니는 앞서 기술한 프랑스 혁명 200주년을 맞아 전국적으로 발굴된 프랑스역사야외극 가운데 최고의 명성을 가지고 있다. 그것은 방데의 지역문화를 상징하는 지역축제이자 문화산업적 성과를 입증한 성공한 여가문화콘텐츠라는 두 가지 측면을 모두 포함한 평가이다. 일례로, 스테판 카플란은 혁명 200주기를 기념하여 펴낸 프랑스 혁명사를 재조명한 책에서 퓌뒤푸 시네세니를 지칭하여 "방데 지역공동체가 의기투합하여 이룩한 대단한 지역문화 사례"라고 극찬한 바 있다.[42] 그는 특히 프랑스 혁명사에서 반혁명 농민항쟁의 발생지로서 집단학살이라는 비극적 역사가 남아 있는 방데 지역민들이 첨단기술과 화려한 무대효과가 융합된 서사드라마라는 문화기획으로 과거의 상흔을 승화시킨 점을 높이 사고 있다. 한편, 시네세니 공연은 전쟁과 죽음이라는 비극적이고 무거운 주제를 창작 모티브로 하였음에도 불구하고 1년에 200만 명의 관광객을 끌어 들이는 퓌뒤푸 테마파크의 메인 어트랙션으로 자리매김하고 있다. 통계에 의하면 시네세니 단독 공연에만 연중 관람객 37만 명, 매출액 약 800만 유로(2012년 기준. 한화 환산 약 120억원)를 벌어들이고 있으며, 퓌뒤푸 테마파크의 운영실적을 포함하여 지역의 일자리 창출 효과도 대단한 것으로 나타나고 있다.[43] 이밖에도 퓌뒤푸 테마파크는 2012년도 세계테마파크산업협회(THEA)가 수여한 THEA Award 및 2013년도 이탈리아 파크마니아협회(Parkmania)가 뽑은 Best European Thema Park 등을 잇달아 수상함으로써 세계 최우수 테마파크로서의 위상을 확고히 한 바 있다. 그 과정에 시네세니가 큰 공로를 끼쳤음은 물론이다(표 2 참조).[44]

〈표 2〉 시네세니 공연 개요 및 문화산업적 성과

시네세니 공연 개요	
최초 기획자 및 예술감독	필립 드 빌리에(최초 기획자), 니콜라 드 빌리에 (현 예술감독)
주관 기관	퓌뒤푸 협회 (L'Association du Puy du Fou)
위치 (공연장소)	퓌뒤푸 테마파크 내 퓌뒤푸 고성 터 야외무대. 지리적으로 방데 데파르트망 레 제페스(Les Épesses, Vendée Département)에 위치해 있음. 파리에서 약 350km(자동차로 약 4시간), 보르도에서 약 250km(자동차로 약 2시간). 숄레, 낭트, 앙제, 라 로셸에 인접해 있음.
공연 역사	1978년 초연 ~ 현재. 1979년부터 '시네세니'라는 제명을 사용하기 시작. 처음에는 '오늘 저녁, 방데'라는 제목의 마을축제로 시작됨. 전체 플롯은 동일한 구조를 유지하고 있으나 매년 장면구성 및 무대기술 효과를 수정, 보완한 새로운 버전이 상연되고 있음.
총 소요시간	1시간 30분
오픈시기	6월~9월, 주말 야간에만 오픈. 연중 15주 동안 총 27~28회 공연.
출연자 및 스태프	총 인원 1,800여 명 소속됨. 극소수 공연 전문가를 제외한 배우 및 스태프, 진행봉사자 전원이 지역주민으로 구성됨. (배우 1,200명, 스태프 500명. 배우 무대의상 24,000벌 소요)
관람객 수	연평균 관람객 37만 명. (객석 점유율 평균 90%이상) (총 수용인원은 보조석 포함 14,000~15,000석)
매출액	800만 유로(2013년 기준. 한화 환산 약 120억 원).
지역경제 파급효과	1억 4,500만 유로(한화 약 1,808억 6백만 원). *퓌뒤푸 테마파크 전체 경영실적을 포함한 통계임.
주요 수상 실적	2012 THEA(세계테마파크산업협회) 주최 'THEA Award' 수상 2013 이탈리아 Parkmania 주최 'Best European Thema Park' 선정 2014 스웨덴 Liseberg 테파마크 주최 'Applause Award' 수상

시네세니는 퓌뒤푸의 설립 당시부터 퓌뒤푸 운영에 깊숙이 관여해온 필립 드 빌리에가 직접 대본을 쓰고 창안한 것으로 당시로선 파격적인 면모를 갖춘 새로

운 공연양식이었다. 필립 드 빌리에는 초창기의 실험과정을 거쳐 '1979년 움직이는 공간(l'espace en mouvement)'이라는 개념을 드라마 양식에 도입할 목적으로 영화를 뜻하는 프랑스어 Ciné와 공연, 쇼를 뜻하는 Scénie 두 단어를 합성하여 공연제명을 새롭게 정하였다.[45] 공연 진행은 배우들이 주고받는 대사 없이, 해설자이자 극중에서 음유시인으로 분장한 방랑자 노인이 스토리를 이끌어 가며, 최첨단 테크놀로지를 동원한 음향, 조명, 음악 등 관객들의 오감을 사로잡는 무대기술을 활용한 빠른 장면전환 효과는 관객들을 "야외에서 만나는 거대한 영화(Le grand cinéma de plein de l'air)"를 감상하는 분위기로 이끈다. 여기에 지역 주민으로 구성된 1,200여명의 출연자들, 그리고 특별 조련을 받은 말, 당나귀, 거위, 돼지, 소, 양 등 가축들까지 가세하여 중세 시대에서 근대에 이르는 농경사회의 기억을 러닝타임 1시간 30분 동안 펼쳐낸다

4.2. 기념제로서의 《시네세니》

프랑스 역사총서 『기억의 장소』의 대표저자 피에르 노라는 본인이 저술한 "기념제의 시대"라는 글에서 방데 퓌뒤푸의 역사극 시네세니는 "환상적인 무대연출"을 동원한 공연매체를 활용하여 "역사에 저항하는(Contre-histoire) 정신을 표현한 새로운 유형의 기념제"로 접근할 것을 제안한다.[46] 아울러 그는 국가의 공식역사에서 사라진 방데의 기억을 되살리는데 동력을 제공한 지역민들의 자발적인 의지와 노력에 의해 방데전쟁의 희생자를 추모하고 공화파에 의한 양민학살을 고발하는 기념제를 개최해 오고 있는 방데 지역을 '기억의 장소'의 중 하나로 명명하고 저술목록에 포함하였다. 공권력에 의한 집단학살의 비극적인 체험을 역사극으로 승화시켜 대중적인 엔터테인먼트로서도 성공을 거둔 퓌뒤푸의 시네세니를 '혁명의 시대를 반복하는 제의'로 해석한 노라의 제안은 가족친지들과 여가를 즐길 목적으로 테마파크를 찾아오는 일반 대중들에게 화려한 쇼, 오락거리로 인식되고 있는 세속적인 공간인 퓌뒤푸 테마파크를 제의적 특성을 지닌 공연예

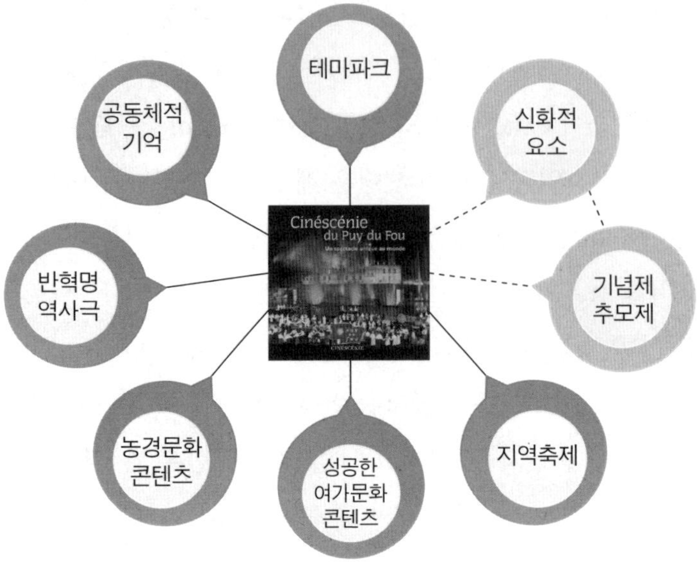

〈그림 1〉 퓌뒤푸의 역사야외극 《시네세니》의 콘텐츠 구성에 따른 접근 방법

술축제의 장으로 접근할 수 있는 기회를 제공해준다. 그것은 어쩌면, 시네세니라는 기념제라는 '틀'속에 숨어 있는, 방데 사람들의 태초의 근원에 닿는 길이 될 수도 있을 것이다.

역사야외극 시네세니 속에서 신화적 요소를 발견하기 위해서는 먼저 시네세니가 제례의식임을 입증하는 절차가 필요하다. 제2장 이론적 배경에서 살펴 본 터너의 주장에 따르면 현대사회에서 연극, 즉 극적 매체를 고대사회에서의 제의적 역할을 수행하기에 가장 적합한 예술양식으로 간주된다. 그에 따라 우리는 드라마적 구성 요소를 갖춘 역사야외극 시네세니를 제의의 범주에 분류할 수 있다. 이 외에도 시네세니를 새로운 형태의 기념제로 인정한 피에르 노라의 연구도 이를 뒷받침한다. 그럼에도 현실적으로 "테마파크의 인기 어트랙션"으로 인식되고 있는 시네세니를 과연 제의로 인정할 수 있을지 여전히 의문이 남는다. 본 고는 이에 대한 답을 구하기 위해, 엘레우시스 비밀의식을 고찰한 박희영의 연구에서 언급된 제의의 정의를 대입시켜 검증해 보기로 하겠다. 박희영에 따르면 고대인들에게 있어서 제례의식은 첫째, 일상생활 공간을 인위적인 장치를 적용하여 성스런 공간으로 설정하고, 그 안에서 자신들이 원하는 것을 얻기 위해 치루는 행사였다.[47] 둘째, 제의는 현재의 자신의 모습을 되돌아보고 앞으로의 삶을 어떻게 영위해 나갈 것인지를 반성하는 의식이자 "참가자 전원에게 자신의 정체성과 삶의 의미를 깨닫게 해주는 종교적·철학적 의식"이었다.[48]

시네세니는 첫째, '전쟁기억의 추모와 기억행위'를 이루려는 공동체의 목적하에 기획된 공연예술이며, 둘째, 방데의 역사가 서려 있는 '퓌뒤푸 고성'을 공연장소(공간)로 설정함으로서 리미널리티 실현을 시도하고 있는 것을 고려하여 시네세니는 제의적 속성을 보유하고 있는 것으로 인정할 수 있다. 전술한 바와 같이 프랑스 서부에 위치한 방데 데파르트망(Département)은[49] 지난 2세기 동안 프랑스 역사에서 "반혁명의 고장"으로 적시된 곳이다. 동시에 주민들에게는 '조국을 배신한 반역자 집단'이라는 멍에가 씌어져 있었다.[50] 그 배경에는 대혁명 시기에 공화파 정부에 반기를 들었던 농민의병대와 혁명 정부군 사이에 벌어진 충돌이 유혈 사태로 번진 방데전쟁(La guerre de la Vendée)이 있다. 전쟁은 3년 여 만에 종료되었으나 방데전쟁의 발발 원인과 전쟁 과정에서 방데주민들에게 가해진 정부군의 가혹행위에 대한 정당성 여부를 둘러싼 첨예한 이념적 갈등과 논쟁은 현대에 까지 이어졌다.[51] 방데 지역민들은 1793년 3월에 국민공회가 공표한 30만 징집령이 반혁명 항쟁의 동기가 되었으며 그로부터 촉발된 혁명군의 폭정으로부터 자주권 수호를 위한 자발적인 행동이었다고 주장하였다. 반면에 혁명정부는 방데 지역민을 왕당파의 앞잡이, 외세와 내통한 국가 반란 세력으로 규정하고 무고한 양민들까지 토벌대상으로 간주하여 대량살상 벌인 일을 국가수호 정책으로 합리화하였다.[52]

위와 같은 논쟁에 대해 학자들은 당시 프랑스 전국에 산재했던 다수의 반혁명 집단 가운데 유독 군대에 버금가는 병력을 갖춘 방데농민들의 조직적이고 강력한 저항활동이 정부 차원의 진압 명분을 제공했다고 볼 수도 있으나 반대로 혁명 정부에서 전국적으로 확산돼가는 반혁명운동을 조기에 차단할 목적으로 방데를 표적으로 삼은 무자비한 집단학살(génocide)이었다는 증거를 제시한

〈그림 2〉 방데전쟁에 대한 지역공동체의 문화적 기억 형성 단계

다.[53] 실제로 1794년 2월, 일명 '지옥종대(les Colonnes Infernales)'라 불린 코르델리에(Cordellier)장군이 이끄는 진압군이 뤽쉬르불로뉴(Luc-sur-Boulogne)를 습격하여 무고한 주민 564명을 산채로 불구덩이에 던진 만행은 최악의 사건으로 전해진다. 또한 1794~1795년에 정부군은 휴전 협상을 미끼로 농민부대와 그 가족들을 루아르 강으로 유인하여 4천 명을 수장하였고, 앙제(Angers)에서는 한 마을주민 2천 명을 총살했다는 기록이 남아있다.[54]

혁명의 과업이 완성된 이후 국가기록에서 방데의 역사는 축소되거나 지워졌고, 방데인들의 무고한 희생도 세인들의 기억에서 사라져 갔다. 전 세계에 자유, 평등, 박애로 상징되는 민주주의의 복음의 씨앗을 뿌린 프랑스 대혁명은 방데 사람들에게는 예외적으로 전쟁이라는 혹독한 시련과 집단적 죽음이라는 극한적 상황으로 내몬 결과를 낳았다. 그러나 오늘날 방데인들은 망각으로부터 방데의 역사를 현재의 시간으로 불러들여 마침내 200여 년간 은폐되어 있던 방데의 역사를 세상에 널리 알림으로써 역사가들의 관심을 주목시키는데 성공했다.[55] 그 요인은 과연 무엇일까?

방데 사람들은 혁명이후 20세기 중반에 이르는 200여 년 동안 지역사회가 겪은 비극적 체험을 기억화하고 희생자들을 추모하는 의식을 전승해 왔다. 마르탱은 방데 지역사회가 보유하고 있는 전쟁기억은 아래 〈그림 2〉[56]와 같이 "기억의 의식화, 보존화, 영속화"의 3단계에 이르는 단계별 학습 및 전승에 유용한 문화적 기억매체로 표출해온 결과임을 분석하였다.[57]

이와 같은 마르탱의 연구는 방데 지역민들의 전쟁과 죽음에 관련된 문화적 재현 노력이 오랜 세월 꾸준히 이어왔으며, 그것은 곧 방데인임을 확인시켜 주는 하나의 상징으로 고착되었다는 사실을 시사한다. 여기서 우리는 방데 공동체에 전승되어 오는 전쟁과 죽음에 대한 기억전통은 방데인들 스스로를 타인들과 구분시키는 문화적 경계이자 지역 정체성으로 환원된 것임을 알 수 있다. 또한 여기에서 방데인들 만의 고유한 장소의 아우라, 즉 장소성을 발견할 수 있다. 이러한 맥락에서 우리는 1978년에 등장한 역사야외극 《시네세니》는 방데전쟁기억의 전통을 잇는 새로운 '기억 저장방식'으로 이해할 수 있다.

이어서, 박희영이 제시한 제의의 두 번째 정의인 "자신의 정체성과 삶의 의미를 깨닫게 하는 종교적·철학적 의식이자, 공동체의 자아 성찰 의식' 측면에서의 시네세니의 제의적 특성은 드라마를 구성하고 있는 서사 구조(plot)에서 찾아볼 수 있다. 그것은 곧, 시네세니는 무엇을 기억하고 있으며, 무엇을 기념하는가에 대한 물음이 될 것이다. 다음 항목에서 이야기 줄거리와 대본을 중심으로 시네세니의 신화성에 해당하는 핵심적인 3가지 부분을 발췌, 분류하여 탐색해보기로 하겠다.

4.3. 역사의 수레바퀴, 영원회귀의 신화 《시네세니》

4.3.1. 방데 농부들의 고난극복의 신화

시네세니의 드라마 구조는 총 12개의 이야기 장면으로 나뉜다(표 3 참조).[58] 드라마 구성을 상세히 살펴보면 뜻밖에도 방데전쟁에만 국한된 이야기가 아니라는 사실을 알게 된다. 드라마 속 주인공은 자크 모필리에(Jacques Maupillier)라는 이름의 농사꾼 가문이다. 이들은 태고조 할아버지 때부터 현재 시점의 주인공인 꼬마 자크에 이르기까지 '자크' 라는 같은 이름을 대물림하고 있다. 이야기는 13세기 중세 시대부터 퓌뒤푸 성 인근 농가에 터를 잡고 소작농으로 살아가는 모필리에 가문의 가족사가 제 2차 세계대전이 끝나는 20세기 중반 무렵까지 전개된다. 시네세니의 서사 구조는 크게 두 가지 갈래로 나뉜다. 하나는 주인공 자크 모필리에를 중심으로 중세시대부터 18세기에 이르는 세시풍속을 지키며 자연에 순응하며 살아가는 농부들의 소소한 일상의 삶이 중심축을 이룬다. 또 다른 하나는 농사꾼으로 살아가는 평범한 일상의 나날에 대비되는 재난과 고통을 묘사한 부분이다. 그것은 때로 가난과 굶주림을 동반한 자연재해로 인한 시련이 될 때도 있고, 18세기 대혁명 이후 20세기 1·2차 세계대전에 이르기까지 뜻하지 않은 전쟁과 정변에 의한 혹독한 죽음의 공포와 고통을 이겨내는 민중들의 애환을 다룬다.

〈표 3〉《시네세니》 장면구성과 이야기 구조

장면	퓌뒤푸의 역사야외극《시네세니》장면 구성과 이야기 구조
1	퓌두퓌 사랑방에서의 저녁모임(Les veillées du Puy du Fou)
2	중세 궁정에서의 창 겨루기 시합(La quintaine)
3	르네상스의 황금시절(La Renaissance)
4	일상의 나날들(La vie quotidienne)
5	1793년의 저항(La révolte de 1793)
6	전쟁영웅 샤레트의 전사들(Les cavaliers de Charette)
7	화염에 휩싸인 퓌뒤푸 성(L'embrasement du château)
8	봉샹의 용서(Le pardon de Bonchamps)
9	한 낮의 저자거리(La journée du marché)
10	총검 참호(La tranchée des baïonnettes)
11	아르덴 수용소의 난민들(Les réfugiés des Ardennes)
12	피날레(Le finale)

〈그림 3〉 중세이후 '초라한 소작지의 삶'을 영위해온 방데의 농민들.시네세니 공연 영상자료 장면 캡쳐.

그 사이 르네상스 시대로 상징되는 태평성대도 있고, 1차 대전이라는 재난을 이겨낸 다음, 1930년대 축제를 맞아 흥겨운 무도회를 벌이는 환희에 찬 행복의 순간도 교차한다. 그러나 산업화의 물결에 일부 주민들은 일자리를 찾아 타지로 떠나고, 농촌사회는 서서히 옛 모습을 잃어간다. 연이어 발발한 2차 세계전쟁으로 자크 모필리에 가문도 종말을 맞이한다.

방데의 역사야외극 시네세니의 주제는 대본 속의 표현을 인용하자면, "중세이후로 이어지는 초라한 소작지의 이야기"[59]이다. 여기에서 우리는 신석기 이래 농사일에 고전분투 해온 농경신화의 모습을 발견한다. 방데 농민들이 겪어야 했던 첫 번째 고난은 가뭄과 혹한 등 온갖 자연재해와의 싸움이다. 식솔들과 가축을 이끌고 비옥한 토지를 찾아 방랑길에 오르는 남정네들의 모습은 그 스스로를 "나무와 바위, 강물과 똑같이 땅의 일부"[60]로 여기고, 자연의 변화를 존중하며 농사일의 반복된 노동과 어려움을 극복하며 고단한 나날을 이끌었던 먼 조상들의 삶을 반복한다. 이러한 모습은 시네세니 대본 속에서 "중세이후로 이어지는 초라한 소작지 사람들의 이야기. 각자는 자신의 시간을 보낸다네. 돌아오는 사람이 있는가 하면 떠나는 사람들이 있지. 우리는 각자 지금의 시간을 바라보지. 각자는 자기의 고통을 쟁기에 신고 고군분투 한다네, 똑같은 고통 속에서 아침부터 저녁까지....(하략)"[61] 라고 묘사하고 있다. 인간은 각자 타고난 시대의 시간을 살며, "자신의 운명을 각자의 쟁기에 싣고" 고군분투 한다. 사람은 시대를 달리하여 태어나지만 누구나 똑 같은 고통을 겪는다는 영원회귀의 신화적 메시지를 읽을 수 있다

〈그림 4〉 전쟁에 나간 남자들을 대신해서 농사일을 하는 여인네들. 시네세니 공연 영상자료 장면 캡쳐.

나라에 정변이 나서 남정네들은 군대에 징집되어 돌아오지 않거나 전사통지를 보내온다. 남편들을 대신해서 농사일을 돌보는 여인들은 절망과 슬픔 속에서도 희망을 잃지 않고 이른 봄, 얼음이 채 녹지 않은 밭 고랭이에 갈아 씨를 뿌리며 수확의 기쁨을 기대한다. 이는 마치 죽었다가 살아나는 대지를 관장하던 곡식의 여신 데메테르를 연상시킨다.

4.3.2. 퓌뒤푸 성에 펼쳐지는 저항의 기억

방데 농민들이 맞서 싸워야 했던 수난은 자연의 난폭한 힘에만 그치지 않는다. 어느날, 대혁명이라는 급작스런 변을 맞이한[62] 농민들은 가난한 살림을 수탈당하고, 징집을 당하고, 삶의 터전이자 공동체의 중심지였던 퓌뒤푸 성은 화염에 휩싸인다. 초기에 기세를 올리던 방데 농민부대는 숄레 전투에서 진압에 나선 혁명군에게 대패한 뒤 힘을 잃는다. 전사자가 된 "카틀리노, 델베, 봉샹, 샤렛트, 스토플레, 라로쉬자클렝" 등 농민군대를 이끌던 영웅들의 이름이 하나씩 호칭되고, 지옥군대들이 침입한 성은 완전히 파괴되고, 무고한 양민들이 불구덩이 던져지는 무지막지한 집단살상을 당하는 장면들이 퓌뒤푸 성의 실경을 무대로 담담히 펼쳐진다. 이때 퓌뒤푸 성은 방데인들의 일상을 영위해온 터전이자 그들의 조상

〈그림 5〉 방데전쟁으로 화염에 불타는 퓌뒤푸 성. 시네세니 공연 장면 필자 촬영.

들의 삶이 시작되었던 생명의 근원지였고 지나온 먼 역사의 현장이자, 현재 실제 육안으로 마주하고 있는 '가깝고도 먼 것들이 융합된 성스러운 공간'으로 탈바꿈한다.

조르주 바타유(George Bataille)는 "전쟁은 인간에게 뿌리박혀 있는 비극적 성향을 재구성한다"고 말한 바 있다.[63] 이 말은 전쟁을 겪은 인간의 비극적 체험은 체험 자체로 끝을 맺지 않는다는 뜻을 내포한다. 이 장면은 전쟁에서 죽음을 체험한 방데인들이 죽음이 공포로부터 생존한 '기억의 증인'으로 머무르는데 만족하지 않고 기억의 전승자로서의 역할을 입증하고 있다. 전승된 기억은 비극적 사건의 희생자와 생존자를 기억하고 위로하는 수단이자 커뮤니케이션의 통로가 된다. 이런 맥락에서 역사야외극 시네세니는 테마파크의 유료 관람객 모객에 유용한 문화상품으로서뿐 아니라, 방데전쟁과 관련된 집단기억을 공동체 구성원들에게 확고히 전승시켜 주는 도구이자, 오늘 현존하는 자신들의 자아 정체성을 확인시켜 주는 제례의식으로서의 역할에 충실하고 있음을 보여준다.

iii) 평화, 그리고 일상으로의 회귀와 반복

〈그림 6〉 종전후 찾아 온 평화 속에 찾아온 축제를 즐기는 마을 주민들. 시네세니 공연 영상자료 장면 캡쳐.

시작이 있으면 끝이 있다. 연극 양식이 시작-중간-종결의 구조를 가졌지만, 사실은 태초에 인간의 유한한 삶이 그러했다는 것을 역사극 시네세니는 보여준다. 드라마의 진행이 제2차 세계대전의 종전 무렵에 다다를 즈음, 13세기 중세시대로부터 시작된 모필리에 가문의 역사가 종말을 맞이한다. 그리고 전쟁이 끝난 뒤 평화가 찾아온다. 저자거리의 사람들은 활기를 되찾고 때 마침 찾아온 성촉절 축제를 즐긴다. 그러나 그렇다고 해서 모든 것이 끝난 것은 아니다. 영원한 행복도, 불행도, 미움도, 원망도 없다. 다만, 아래에 인용한 시네세니 대본에서와 같이 "사나이들은 낡은 사냥총을 재장전하고, 낡은 나막신을 고쳐 신고, 수레를 굴리며 생업 전선에 뛰어든다." 인생은 반복이다. 전쟁에서 살아남은 사람들은 다시 일터로 나간다. 옛 농기구들과 함께 일상을 되찾으려 노력한다. 하지만 아직 사람들의 마음은 무겁다. 서로의 마음을 위로하며 반복되는 일상의 삶으로 돌아간다.[64)]

> "그리고 어느날, 평화가 왔다고 사람들이 말했어요. 모두가 예전처럼 일상을 되찾았어요.
> 하지만 하루하루는 여전히 고됩니다. 올해는 곡식이 또 진흙에서 싹을 틔웠어요.
> 우리는 수레를 굴리고 삶과 부딪히죠.

낡은 사냥 총을 재장전하며, 낡은 나막신을 다시 고치며,

남자들은 같은 행동들을 다시 반복하기를 시작해요. (…)

각자에게는 먹고, 살기 위한, 일이 있어요."

지금까지 살펴 본 방데의 역사야외극 시네세니의 주제를 한 마디로 요약한다면 오랜 세월 농경사회를 유지해온 방데 지역민들의 고난 극복의 이야기가 될 것이다.[65] 시네세니는 중세시대로부터 시작하여 20세기 초까지, 오늘날 자신들을 존재하게 해준 먼 조상들이 감내해온 시간을 찾아 떠나는 역사탐험에 비유할 수 있다. 16세기 국왕(프랑수와 1세)부처의 퓌뒤푸 성 방문을 맞아 환영 퍼레이드에 참가해서 뿔피리를 불던 소년 자크, 농사를 짓다가 곡괭이를 든 채 전쟁에 뛰어 나가 18세기 방데전쟁에서 피를 흘리며 죽어간 20세의 자크, 1차 세계대전 베르됭 전투 총검참호에서 조국을 위해 전사한 또 다른 젊은 자크, 그리고 2차 세계대전 아르덴 피난민 수용소 소녀의 벗이 되어주는 꼬마 자크에 이르기까지 각자가 태어난 시대의 순탄치 않은 운명에 순응하며 살아온 수 백 년에 걸친 모필리에 가문의 이야기는 곧, 인생의 수레바퀴 아래서 방데의 민중들이 감내해야만 했던 '통과의례'였음을 보여준다.

5. 결론: '지금, 여기'의 기억을 재현하는 신화적 공간

역사극 시네세니는 세인들의 망각 속으로 사라진 방데의 기억을 현재로 불러들인다. 지역주민들은 역사극에 직접 배우로 출연하여 조상들이 실제 겪었을 장면들을 연기한다. 그 순간, 현존하는 후손들은 그들 스스로가 자신들의 조상이 되어 온갖 삶의 고초를 겪어온 조상들의 삶을 반복한다. 또한 그러한 과거와의 만남을 통해 방데인으로서의 자신의 정체성을 확인하고 현재의 삶을 성찰하고 앞으로의 삶을 준비한다. 매년 같은 시기, 같은 장소에서 1,200여명의 마을공

동체 주민들이 연희자로 참가하는 방데의 역사야외극 시네세니는 퓌뒤푸 성에서 시작된 '방데의 창조신화'를 반복하는 현대적 의미의 제례의식이라 할 수 있다.

시네세니는 형식적인 면에서, 반복적인 재현이 가능한 공연예술축제를 통한 기억의 영속화와 지역 정체성 확립을 유지하는데 유용한 장치임을 보여준다. 본문에서 기술한 바와 같이 방데 지역공동체는 18세기 후반 지역사회 전체가 겪은 집단적 죽음의 기억을 여러 다양한 방법으로 수집하고 보존하여 후세에게 전승해 왔다. 이후 그것은 20세기 후반 역사야외극이라는 공연예술장르로 재탄생시켜 지역성을 차별화 하는데 성공하였다. 방데의 역사야외극 시네세니는 상업적인 문화휴양 공간인 테마파크에서 공급되는 하나의 문화상품인 동시에 방데 지역공동체가 주관하는 제의적 특징을 보유하고 있는 이중적 특징을 보여준다. 오늘날 퓌뒤푸 역사테마파크의 메인 어트랙션으로 발전하여 여가문화산업 경영의 성공 모델로도 널리 회자되고 있으나 조상들의 비극적인 죽음을 기억하고 추모하는 지역 공동체의 연례적 기념행사로서의 본질은 변함없이 유지되고 있다. 이러한 사실은 고난과 죽음을 경험한 방데 지역 공동체가 궁극적으로 지향하는 것은 과거의 역사를 반추하는 공연예술축제 형식을 통해 현대인들이 깨우쳐야 할 삶의 진리를 이야기하고자 함이며, 그것이 문화산업적 활용 목적보다 앞선다는 점을 확인시켜 준다.[66] 이런 관점에서 퓌뒤푸의 역사야외극 사례는 우리들에게 현대적 개념의 신화적 공간 탐색 가능성을 제공해 준다.

인간은 본능적으로 자신의 뿌리를 찾고 싶어 한다. 그리고 자신의 존재를 남에게 드러내 보이기를 원한다. 그러기에 "나는 누구인가, 어디로부터 왔는가, 그리고 어디로 갈 것인가?" 라는 근원적인 물음에 끊임없이 매달린다. 확고한 대답을 구하지 못한다는 것을 알면서도 우리는 그러한 반복된 질문을 통해 실존을 느낀다. 그것은 어쩌면 일찍이 우리들 먼 조상이 신화를 통해 가르쳐 준 진리일 수 있다. 방데 퓌뒤푸의 역사야외극 시네세니는 우리들에게 신화는 먼 옛날이야기가 아니라 "지금, 여기(hinc et nunc)", 자신이 서 있는 장소에 대한 기억을 펼쳐내는 일, 자신의 뿌리를 찾으려는 "마음의 눈을 뜨는 일"임을 가르쳐 준다.[67]

IV

미주

미주

I. 신화와 상징

• 박희영 / 신화의 현재와 미래

1) J. 프레이저, 『황금가지 1』, 장병길 옮김, 삼성 출판사, 1981, pp. 46-48.
2) 물론 이 시기의 신화는 말로만 구전되었고, 그에 대한 기록은 문자가 발명된 청동기에 들어서야 비로소 나타난다.
3) M. Eliade, *Mythe de l'eternel retour*, Gallimard, 1969, p. 73.
4) L. Levy-Bruhl, *Les fonctions mentales dans les societes inferieures*, Librairie Felix Alcan, 1922, p. 425.
5) M. 니코렐리스, 『뇌의 미래: 인류의 미래를 뒤바꿀 뇌 과학 혁명』, 김성훈 옮김, 김영사, 2012, p. 31.
6) M. 니코렐리스, 『뇌의 미래: 인류의 미래를 뒤바꿀 뇌 과학 혁명』, p. 16.
7) J. 캠벨, 『신의 가면 1: 원시 신화』, 이진구 옮김, 까치, 2003, p. 59.
8) K. 암스트롱, 『신화의 역사』, 이다희 옮김, 문학동네, 2005, p. 10.
9) J. 하위징아, 『호모 루덴스: 놀이하는 인간』, 김윤수 옮김, 까치, 2010, pp. 40-53.
10) A. Baring & J. Cashford, *The Myth of Goddess: Evolution of an Image*, Viking Arkana, 1991, pp. 36-37.
11) K. 암스트롱, 『신화의 역사』, p. 47.
12) K. 암스트롱, 『신화의 역사』, p. 47.
13) 박희영, 「엘레우시스 비밀 의식의 철학적 의미」, 『한국외국어대학교 논문집』, 30, 1997 참조.
14) 박희영, 「그리스 신 개념의 형성과 철학적 사유」, 『서양고전학연구』, 28, 2007 참조.
15) 종교 의례를 행할 때 가지는 이러한 마음을 염두에 두어야만, 우리는 그리스인들이

왜 그렇게 많은 종교의례(사적 차원에서 행해지는 의례들을 제외하고 국가가 주도하는 공적 의례만도 1년에 48개)를 제도화했었는지를 이해할 수 있다. J. E. Harrison, *Prolegomena to the Study of Greek Religion*, Cambridge University Press, 1922, 1장.

16) 박희영, 「헤스티아 의식을 통해서 본 그리스 종교의 이성주의적 측면에 대한 고찰」, 『서양고전학연구』, 제24집, 2005 참조.

17) A. Boulanger & L. Gernet, *Le genie grec dans la religion*, Albin Michel, 1970, pp. 197~198.

18) 그리스에 존재했던 '반식관(伴食官)(Parasites, 어원상, 식탁에서 옆에 앉아 있는 사람)' 제도는 바로 이러한 의식을 단적으로 나타내준다. 이 관리는 신에게 바친 제물을 함께 나누어 먹는 향연(Symposion)에 결석한 시민을 적발하는 임무를 띠고 있다.

19) P. Chantraine, *Dictionnaire etymologique de la langue grecque*, vol. II, Klincksieck, 1983, pp. 926~931. 샹트렌은 시민(civis)이라는 용어가 먼저 있고 도시국가(civitas)라는 용어가 후에 파생된 로마와 달리, 그리스에서는 도시국가(polis)가 먼저 있고, 시민(polites)이라는 용어가 후에 파생되었음을 밝히고 있다.

20) K. 암스트롱, 『신화의 역사』, pp. 83-85.

21) R. Graves, *The Greek Myth*, Penguin Books, 1960, p. 69.

22) W. Buckert, *Greek religion*, Harvard University Press, 1985, p. 258.

23) J. E. Harrison, *Themis: A Study of the Social Origins of Greek Religion*, Cambridge University Press, 2010, p. 308.

24) 플라톤에 따르면, 신적 숭배의 대상들은 6종류—1) 올림포스 신들과 국가를 지킨 자들 2) 지하세계의 신들 3) 다이몬 4) 영웅들 5) 조상신들 6) 살아있는 부모들—로 나뉜다. 플라톤, 『법률』, 박종현 옮김, 서광사, 2009, 717a.

25) P. Chantraine, *Dictionnaire etymologique de la langue grecque*, vol. I, Klincksieck, 1987, p. 417.

26) 물론 수많은 각 지방의 영웅들 중, 자신만의 고유한 이름을 지닌 영웅은 많지 않다. 그 이유는 그가 다이몬처럼 인격성보다는 그가 수행하는 기능에 더 관심의 초점이 맞추어져 있기 때문이다.

27) 박희영, 「테세우스 영웅 신화에 대한 분석」, 『현대유럽철학연구』, 15, 2007 참조.

28) B. 스넬, 『정신의 발견: 서구적 사유의 그리스적 기원』, 김재홍 옮김, 까치, 1994, p. 369.

29) G. S. Kirk, *Myth: Its Meaning and Functions in Ancient and Other Cultures*, University of California Press, 1973, p. 145.

30) M. P. Nilsson, *Geschichte der griechischen Religion*, C. H. Beck, 1961, p. 378; G. S. Kirk, *Myth: Its Meaning and Functions in Ancient and Other Cultures*, p. 217에서 재인용.

31) 고대 그리스에서 영웅을 기리는 축제는 300개 이상이 존재했었다. 이러한 사실은 영웅 숭배의식이 그 당시의 그리스에서 깊게 자리 잡고 널리 퍼진 대중적 전통이었음을 나타낸다. J. E. Harrison, *Themis*, p. 307.

32) F. M. 콘퍼드, 『종교에서 철학으로: 서구 사유의 연원에 관한 연구』, 남경희 옮김, 이화여자대학교출판문화원, 1995, p. 129.

33) 박희영, 「테세우스 영웅 신화에 대한 분석」 참조.

34) K.암스트롱, 『신화의 역사』, pp.67-69.

35) 성경, 사사기 6장, 26절 및 36-40절.

36) K. 암스트롱, 『축의 시대: 종교의 탄생과 철학의 시작』, 정영목 옮김, 교양인, 2010, p. 76.

37) K. 암스트롱, 『축의 시대: 종교의 탄생과 철학의 시작』, pp. 23~30.

38) K. 암스트롱, 『축의 시대: 종교의 탄생과 철학의 시작』, pp. 39~58.

39) 플라톤, 『티마이오스』, 박종현, 김영균 옮김, 서광사, 2000, 28c3.

40) 플라톤, 『티마이오스』, 48a4, 51e3, 56c.

41) 플라톤, 『티마이오스』, 33b7.

42) 박희영, 「플라톤의 데미우르고스와 철학적 우주론」, 『플라톤 철학과 그 영향』, 서광사, 2001, pp. 183~186.

43) M. D. 리버먼, 『사회적 뇌: 인류 성공의 비밀』, 최호영 옮김, 시공사, 2015 참조.

44) A. 하우저, 『문학과 예술의 사회사 4』, 백낙청·염무웅 옮김, 창작과 비평사, 2011, pp. 295-301.

1) C. G. 융, 『원형과 무의식』, 솔, 2002, p. 106.

2) 융, 『원형과 무의식』, p. 108.

3) E. Neumann, *The Great Mother*, trans. R. Manheim, Princeton University Press, 1955, p. 3.

4) 송태현, 「카를 융의 원형 개념」, 『인문콘텐츠』, 제6권, 2005, p. 30 참조.

5) C. G. Jung, *Four Archetypes, Mother/Rebirth/Spirit/Trickster*, Bollingen Series, Princeton University Press, 1959, p. 9.

6) Neumann, *The Great Mother*, p. 11.

7) Neumann, *The Great Mother*, p. 43.

8) E. 노이만, 『의식의 기원사』, 이유경 옮김, 분석심리학연구소, 2010, p. 42.

9) L. Lagana, "The Re-emergence of the Great Mother Goddesss", *International Journal of Arts and Sciences*, 3(2), 2009, p. 70.

10) Neumann, *The Great Mother*, pp. 20~23.

11) Neumann, *The Great Mother*, p. 18.

12) 노이만, 『의식의 기원사』, p. 41.

13) 위대한 어머니 여신과 관련된 주제에 대해 관심을 갖는 대표적인 학자들은 다음과 같다. Marija Gimbutas, Carol Christ, Charlene Spretnak, Cristina Biaggi, Jean Shinoda Bolen, Christine Downing, Starhawk, Buffie Johnson, Monica Sjoo, Barbara Mor.

14) 융, 『원형과 무의식』, p. 202.

15) 융, 『원형과 무의식』, p. 203.

16) Neumann, *The Great Mother*, p. 65.

17) Neumann, *The Great Mother*, p. 75ff.

18) Neumann, *The Great Mother*, p. 64.

19) Neumann, *The Great Mother*, p. 65.

20) Neumann, *The Great Mother*, pp. 31~32.

21) Neumann, *The Great Mother*, p. 77ff.

22) A. Baring & J. Cashford, *The Myth of the Goddess: Evolution of an Image*, Arkana, Penguin Books, 1991, p. 236.

23) Neumann, *The Great Mother*, p. 81.

24) Homeros, *Odysseia*, 10.212; 10.335.

25) Euripides, *Medeia*, 1321. cf. K. Kerenyi, *The Heroes of The Greeks*, Thames and Hudson, 1959, p. 277.

26) Hesiodos, *Theogonia*, 928.

27) Apollodoros, *Bibliotheke*, 3.14.6.

28) Euripides, *The Heracleidae*, 700-772.

29) Baring & Cashford, *The Myth of the Goddess: Evolution of an Image*, p. 329.

30) K. Kerenyi, *Athene: Virgin and Mother in Greek Religion*, trans. Murray Stein, Spring Publications, 1978, p. 24.

31) cf. Baring & Cashford, *The Myth of the Goddess: Evolution of an Image*, p. 332.

32) 노이만, 『의식의 기원사』, p. 76 참조.

33) 노이만, 『의식의 기원사』, p. 70.

34) C. G. Jung, *Four Archetypes*, trans. R. F. C. Hull, Princeton University Press, 1959, p. 16 (158).

35) 장영란, 「고대 위대한 어머니 여신의 변형의 논리와 철학적 상상력 비판」, 『서양고전학 연구』, 제18권, 2002, pp. 32~33.

36) 노이만, 『의식의 기원사』, pp. 81~82 참조.

37) C. Spretnak, *Lost Goddesses of Early Greece*, Beacon Press, 1978, p. 18.

38) cf. Homeros, *Ilias,* 15.14-24.

39) Homeros, *Homeric Hymn to Demeter* 334ff.

40) Aeschylos, *Prometheus Desmotes*, 209.

41) *Enuma Elish*, 4.33. cf. J. B. Pritchard (ed), *Ancient Near Eastern Texts*, Princeton University, 1955, p. 61.

42) Apollodoros, *Bibliotheke*, 3.4.3.

43) Homeros, *Ilias*, 21.470.

44) cf. Aeschylos, *Agamemnon*, 225-227.

45) 그리스 신화에 등장하는 괴물들은 비일상적이고 비통상적인 특징을 가지고 있다. 그들이 일으키는 두려움과 공포는 낯설고 이질적인 특성에서 유래된다. 그것은 괴물의 형상을 구성하는 원리가 되기도 한다. 우선 괴물은 '감소'나 '증가'의 방식으로 비정상적 이미지를 표현하고, 다음으로 여러 종류의 동물들을 '혼합'하는 방식으로 비현실적인 이미지를 표현한다. 장영란, 『죽음과 아름다움의 신화와 철학』, 루비박스, 2015, pp. 85~86.

46) C. G. 융, 『영웅과 어머니 원형』, 솔, 2006, p. 23.

47) 물론 자연을 형상화한 카리브디스(Charybdis)나 스퀼라(Scylla) 같은 괴물들처럼 예외적인 경우도 있다. 영웅들은 이들을 살해할 수도 없고, 반드시 살해할 이유는 없다. 그들은 단지 무사히 지나가기만 하면 된다.

48) Neumann, *The Great Mother*, p. 148.

49) 여성 괴물의 양가성에 대한 자세한 논의를 다음의 논문을 참조하시오. 장영란, 「고대 위대한 어머니 여신의 변형의 논리와 철학적 상상력 비판」, 『서양고전학연구』, 제18권, 2002, pp. 48~49.

50) J. E. Harrison, *Prolegomena to the Study of Greek Religion*, Cambridge University Press, 1922, p. 209.

51) Hesiodos, *Theogonia*, 265267.

52) Apollodoros, *Bibliotheke*, 1.9.20.

53) Neumann, *The Great Mother*, p. 147.

54) Neumann, *The Great Mother*, p. 148.

1) G. Durand, "Un penseur à découvrir: Gilbert Durand. Anthropologue de l'imaginaire", *Nouvelles Littéraires*, n°2724, février 1980.

2) M. Eliade, *Mythes, rêves et mystères*, Gallimard, 1990, p. 38.

3) G. Gusdorf, *Mythe et métaphysique,* Flammarion, 1984, p. 57 참조.

4) M. Eliade, *La Nostalgie des origines,* Gallimard, 1991, p. 126; M. Eliade, *Aspects du mythe,* Gallimard, 1988, p. 11 참조.

5) Eliade, *La Nostalgie des origines,* p. 16; M. Eliade, *Le Sacré et le profane,* Gallimard, 1983, p. 82 참조.

6) Eliade, *La Nostalgie des origines,* p. 16.

7) Eliade, *La Nostalgie des origines,* p. 23 참조.

8) Eliade, *La Nostalgie des origines,* p. 15 참조.

9) Eliade, *La Nostalgie des origines,* p. 15 참조.

10) M. Eliade, *Traité d'histoire des religions,* Payot, 1983, pp. 361~363 참조.

11) G. Durand, *Les Structures anthropologiques de l'imaginaire. Introduction à l'archétypologie générale*, Bordas, 1969, p. 470.

12) C. Lévi-Strauss, *L'Origine des manières de table*, Plon, 1968, pp. 105~106 참조.

13) G. Durand, "Mythe et poésie", *Courrier du Centre international d'Etudes poétiques*, 34, 1961; G. Durand, "La Création littéraire. Les fondements de la création littéraire", *Encyclopœdia universalis Enjeux*, vol. I, 1990 참조.

14) G. Durand, *Figures mythiques et visages de l'œuvre*, Berg International, 1979, pp. 307~308.

15) C. Mauron, *Des Métaphores obsédantes au mythe personnel. Introdution à la psychocritique*, José Corti, 1988, p. 32.

16) 이 점에 대해서는 Durand, *Les Structures anthropologiques de l'imaginaire*의 제11쇄 서문과 Durand, *Figures mythiques et visages de l'œuvre*, p. 218을 참조할 것.

17) Durand, *Figures mythiques et visages de l'œuvre*, p. 218.

18) Mauron, *Des Métaphores obsédantes au mythe personnel*, pp. 25, 212 참조.

19) Durand, *Figures mythiques et visages de l'œuvre*, p. 168.

20) Durand, *Figures mythiques et visages de l'œuvre*, p. 202 참조.

21) Durand, *Figures mythiques et visages de l'œuvre*, p. 308 참조.

22) Durand, *Figures mythiques et visages de l'œuvre*, p. 308

23) Durand, *Figures mythiques et visages de l'œuvre*, p. 203.

24) Durand, *Figures mythiques et visages de l'œuvre*, p. 309.

25) G. Durand, "Pérennité, dérivations et usure du mythe", ed. J. Hani, *Problème du mythe et de son interprétation*, Les Belles Lettres, 1978, pp. 40~41.

26) Durand, *Figures mythiques et visages de l'œuvre*, p. 313.

27) Durand, *Figures mythiques et visages de l'œuvre*, p. 13 참조.

28) Durand, *Figures mythiques et visages de l'œuvre*, p. 313.

29) Durand, *Figures mythiques et visages de l'œuvre*, p. 306.

30) P. Brunel, *Mythocritique. Théorie et Parcours*, PUF, 1992, p. 38 참조.

31) Brunel, *Mythocritique. Théorie et Parcours*, pp. 39~45 참조.

32) D. de Rougement, *Comme Toi-même. Essais sur les mythes de l'amour*, Albin Michel, 1961, p. 43.

33) G. Durand, *Science de l'homme et tradition. Le nouvel esprit anthropologique*, L'Ile Verte/Berg International, 1979, p. 85 참조.

34) G. Durand, "Jung, la psyché et la cité", *L'Herne. Carl G. Jung*, l'Herne, 1984, p. 460. 니크는 나치 사상가이다.

35) G. Durand, "Le renouveau de l'enchantement. Topos du mythique et sociologie", *Cadmos*, Genève, avril 1982, p. 13 참조.

36) Durand, *Figures mythiques et visages de l'œuvre*, p. 313 참조.

37) G. Durand, "Permanence du mythe et changement de l'histoire", *Le mythe et le*

mythique, Colloque de Cerisy, Dervy, 1987, p. 18.

38) Durand, "Pérennité, dérivations et usure du mythe", p. 37 이하 참조.

39) Durand, "Pérennité, dérivations et usure du mythe", p. 32.

40) Durand, *Figures mythiques et visages de l'œuvre*, p. 317.

41) Durand, *Figures mythiques et visages de l'œuvre*, p. 318.

42) G. Durand, *L'Ame tigrée*, Denoël, 1980, p. 160.

43) Durand, "Le renouveau de l'enchantement. Topos du mythique et sociologie", p. 24.

44) Durand, *L'Ame tigrée*, p. 152.

45) Durand, *L'Ame tigrée*, p. 160.

46) Durand, "Le renouveau de l'enchantement. Topos du mythique et sociologie", p. 24.

47) Durand, *Science de l'homme et tradition*, p. 227.

48) Durand, *Science de l'homme et tradition*, p. 223.

49) Durand, *Science de l'homme et tradition*, p. 220.

50) Durand, *Figures mythiques et visages de l'œuvre*, pp. 32~33 참조.

51) G. Durand, *La Foi du cordonnier*, Denoël, 1984, p. 28.

52) Durand, *Science de l'homme et tradition*, p. 227 참조.

53) Eliade, *Aspects du mythe*, pp. 16~17 참조.

54) F. W. 모오트, 『중국 문명의 철학적 기초』, 인간사랑, 1991, pp. 33~34 참조. 중국 신화에서 창조의 문제에 관해서는 D. Bodde, "Myths of Ancient China", ed. S. N. Kramer, *Mythologies of the Ancient World*, Anchor Books, 1961, p. 382 이하 참조.

1) 최근 시점부터 선행 연구를 살펴보자면 다음과 같다. 김영원, 「폴 리쾨르의 악의 문제에 대한 실천적 접근」, 『종교연구』, 제74집 제4호, 2014; 구연상, 「폴 리쾨르에서 흠과 죄의 개념」, 『존재론연구』, 제34집, 2014; 신응철, 「언어, 상징, 신화를 통한 인간 이해」, 『인문학연구』, 통권 82호, 2011; 김종우, 「리쾨르 철학에서의 상징론의 위상」, 『한국프랑스학논집』, 제66집, 2009; 정기철, 「악의 해석학을 향하여: 리쾨르의 철학적 신정론」, 『범한철학』, 제54집, 2009.

2) P. Ricoeur & M. Dufrenne, *Karl Jaspers et la philosophie de l'existence*, Seuil, 2000(Aubier, 1948).

3) P. Ricoeur, *Philosophie de la volonté I: Le volontaire et l'involontaire*, Aubier, 1993(1950), p. 8.

4) Ricoeur, *Philosophie de la volonté I: Le volontaire et l'involontaire*, p. 10.

5) Ricoeur, *Philosophie de la volonté I: Le volontaire et l'involontaire*, p. 34.

6) P. Ricoeur, *Philosophie de la volonté II-1: L'homme fallible*, Aubier, 1960, p. 22.

7) Ricoeur, *Philosophie de la volonté II-1: L'homme fallible*, p. 36.

8) Ricoeur, *Philosophie de la volonté II-1: L'homme fallible*, p. 45.

9) Ricoeur, *Philosophie de la volonté II-1: L'homme fallible*, p. 58.

10) R. 데카르트, 『성찰』, 이현복 옮김, 문예출판사, 2004, p. 82. 필자의 의도에 맞게 번역은 약간 수정.

11) 아리스토텔레스, 『영혼론』, 유원기 옮김, 궁리, 2001, p. 210(427b) 이하.

12) Ricoeur, *Philosophie de la volonté II-1: L'homme fallible*, p. 23.

13) 플라톤, 『국가』, 박종현 옮김, 서광사, 2005, p. 298(4권 439a) 이하.

14) 플라톤, 『향연』, 박희영 옮김, 문학과 지성사, 1993, p. 120(203b) 이하.

15) M. 하이데거, 『존재와 시간』, 이기상 옮김, 까치, 1998, p. 269.

16) P. Ricoeur, *De l'interprétation: essai sur Freud*, Seuil, 1965, p. 23. "상징인식론"(épistémologie du symbole)이란 표현은 전적으로 리쾨르의 것이고, "상징존재론"은 필자가 제안하는 것이다.

17) P. 리쾨르, 『악의 상징』, 양명수 옮김, 문학과지성사, 1999, p. 321.

18) Ricoeur, *De l'interprétation: essai sur Freud*, pp. 19~23.

19) Ricoeur, *De l'interprétation: essai sur Freud*, pp. 23~24.

20) Ricoeur, *De l'interprétation: essai sur Freud*, p. 39. 강조는 나의 것.

21) Ricoeur, *De l'interprétation: essai sur Freud*, p. 26. 강조는 나의 것.

22) Ricoeur, *De l'interprétation: essai sur Freud*, p. 39.

23) Ricoeur, *De l'interprétation: essai sur Freud*, p. 40.

24) 리쾨르, 『악의 상징』, p. 28.

25) 리쾨르, 『악의 상징』, p. 329.

26) Ricoeur, *De l'interprétation: essai sur Freud*, p. 51.

27) Ricoeur, *De l'interprétation: essai sur Freud*, p. 39.

28) P. Ricoeur, "Le sujet convoqué: à l'école des rècits de vocation propétique", *Revue de l'Institut Catholique de Paris*, oct-déc 1988, p. 8.

29) R. 데카르트, 「철학의 원리」, 『방법서설/성찰/정념론 외』, 김형효 옮김, 삼성출판사, 1990, p. 316(1부 원리9).

30) "Liberté", *Encyclopedia Universalis*, IX, Paris, 1971a, 979-985; "Langage (Philosophies du)", *Encyclopedia Universalis*, XII, Paris, 1971b, 434-445; "Mythe: L'interprétation philosophique", *Encyclopedia Universalis*, Paris, 1971c, 1041-1048; "Ontologie", *Encyclopedia Universalis*, XII, Paris, 1972a, 94-102; "Signe et sens", *Encyclopedia Universalis*, XII, Paris, 1972b, 1011-1014; "Volonté", *Encyclopedia Universalis*, XII, Paris, 1973, 786-791.

31) 이 메타적 연구에 대한 상세한 소개는 윤성우, 『폴 리쾨르의 철학』,철학과 현실사, 2004의 제7장 「신화와 해석학, 그 만남의 전후(前後)」(pp. 166-182)에 개진되어 있지만, 현재 본문에서 진행될 구조적 신화 분석과의 연관성에 대한 해명과 독자의 편의를 위해, 그 내용을 압축하여 아래와 같이 새롭게 기술하고자 한다. 실상 신화에 대한 전통적 연구들이 존재하는데, 이는 크게 보면 두 가지이다. 우선 더 발달되고 더 진보되었다고 하는 이성과 과학의 입장에서 신화를 바라보는 소위 진화론적 접근(evolutionnisme)과, 이런 가치 평가적 관점을 탈피하여 개별 신화가 그 사회 내에서 수행하는 역할과 기능의 측면에서 다루는 접근(fonctionnalisme)이다. 진화론적 접

근이란 명칭에서 짐작할 수 있듯이, 인류학의 아버지들이라 할 수 있는 프레이저(J. G. Frazer)와 타일러(E. B. Tylor) 등이 제시한 관점으로서, 19세기를 전후로 여러 식민지를 거느렸던 국가의 연구가들답게, 선교사들이나 여행가, 식민지 행정가들이 보고하고 수집한 정보와 자료들을 체계적으로 분류하고 평가한 접근이다. 그들의 접근이 가진 핵심적 물음은 이런 신화들이 어느 정도의 수준에서 세계를 설명하는가를 가지고, 즉 신화의 지적 설명력을 가지고 신화를 평가했다. 원주민들의 신화가 세계를 설명하기 위한 원주민들의 나름대로의 지적 노력의 표현으로 이해되기도 했지만, 근본적으로 이런 접근은 유아기적이고 원시적이며, 비합리적 사고의 표출로서도 평가되기도 했던 것이다. 결국 초기 신화 연구가들이 사용했던 범주들과 기준들은 자연스럽게 서양의 로고스 중심적인 토양에 기반을 두었던 것이지, 그 신화를 몸소 체험하며 살아가는 원주민들을 현지에서, 그리고 그들의 관점에서 한 번도 제대로 연구해보지 못했던 접근법이라 할 수 있을 것이다. 진화론적 관점 이후엔 또 기능주의적 접근이 등장하는데, 그 대표자는 세계 1차 대전 당시 트로브리앙드 섬에서 몇 년을 보낸 말리노프스키(B. Malinowski)이다. 그에게 신화는 사어(死語)처럼 죽은 텍스트로서 아무에게도 이야기되지 않거나 말해지지도 않고 읊조려지지도 않는 신화가 아니다. 원주민들의 일상적 체험 속에서 회자되는 신화는 그들을 둘러싼 현실과 너무나도 밀착되어 있어서 서양 이방인 신화 속에서 발견할지도 모를 어떤 지적인 결핍이나 불충분성은 이 사람들이 자신의 환경과 어울려 살아가는 데 하등의 문제가 될 수 없었다. 이런 기능주의자들에게 오히려 원주민들의 사회 조직의 원천들을 구성하는 다양한 사회적 실천들과 관습들, 그리고 신념이나 믿음들을 정당화하고, 이를 시간에 흐름에 따라 더욱 강화하며, 결국에는 코드화해내는 기능을 수행하는 것이 신화라는 점이 부각되는 것이다. 모든 사회적 활동과 놀이도 신화의 작동과 결부되었다. 결국 이렇게 이해된 신화는 각 부분으로 쪼개진 채로가 아니라 그 전체로서 연구되기 시작하는데, 각 부분이 사회 체계 속에서의 자신의 기능과 위치를 찾게 된 계기를 열어준 관점이 바로 기능주의의 성과라고 볼 수 있을 것이다. 진화론적 및 기능주의적 접근 이후엔, 야콥슨의 구조주의 언어학을 인류학적 영역에 도입한 접근으로서 레비스트로스가 행한 신화에 대한 구조적 분석(analyse structurale)과, 마지막으로 리쾨르 자신의 해석학적 접근이 가능할 것이다.C. 레비스트로스, 『야생적 사고』, 안정남 옮김, 한길사, 1996.

32) C. 레비스트로스, 『야생적 사고』, 안정남 옮김, 한길사, 1996.

33) P. Ricoeur, "Autour de la Pensée sauvage. Réponses à quelques questions. (Entretien, novembre 1963)", *Esprit*, n°301, janvier-2014, pp. 169~184.

34) 윤성우, 「레비스트로스의 구조주의: 의미와 구조를 둘러싼 논쟁을 중심으로」, 『철학과

현실』, 2010년 3월호, pp. 126-128에서 재인용.

35) Ricoeur, *De l'interprétation: essai sur Freud*, pp. 496-497. 이 부분에 대한 국내의 첫 논의는 앞서 언급한 윤성우, 『폴 리쾨르의 철학』의 제7장 「신화와 해석학, 그 만남의 전후(前後)」(pp. 166-182)에서 이미 전개된 바 있다. 여기서도 크게 그 논의를 벗어나 있지 않다.

36) S. 프로이트, 『꿈의 해석』, 장병길 옮김, 을유문화사, 1997, pp. 221-224.

37) 리쾨르의 『악의 상징』 제II부 「처음과 끝의 신화」의 내용을 우리의 목적에 맞게 압축하여 풀어서 기술하였다. 오이디푸스 해석과 마찬가지로 이 부분에 대한 국내의 첫 논의는 윤성우, 『폴 리쾨르의 철학』의 제7장 「신화와 해석학, 그 만남의 전후(前後)」(pp. 166-182)에 실려 있다.

38) 리쾨르는 "철학의 사명을 개념들을 통해 실존을 해명하는 것"이라고 까지 말하고 있다. Ricoeur, *Philosophie de la volonté I: Le volontaire et l'involontaire*, p. 20.

39) 이 점에 대해서는 윤성우, 『폴 리쾨르의 철학』, 제4장 「언어와 주체: 텍스트 해석학을 중심으로」 참고.

40) P. Ricoeur, *Du texte à l'action: essai d'herméneutique II*, Seuil, 1986, p. 54.

II. 신화와 해석

• 손윤락 / 그리스 신화에서 세계의 이미지와 우주구조론: 철학적 우주론의 연원을 찾아서

1) 아리스토텔레스, 『영혼론』(*De Anima*), I 5, 411a8. 원문은 "아마도 이런 이유에서 탈레스도 만물이 신들로 가득 차 있다고 생각했을 것이다"로, 아리스토텔레스가 전해주는 말이다.

2) 박희영 외 지음, 『서양고대철학 1: 철학의 탄생으로부터 플라톤까지』, 길, 2013, 제1장 및 2장, 특히 p. 49 참조. 본고의 이 부분은 필자가 집필한 『서양고대철학 1』 제2장의 내용에서 일부 재인용했음을 밝혀둔다.

3) 기원전 6세기 이후 지구중심적 우주론은 꾸준히 발전했으며, 5세기 피타고라스학파의 필롤라오스(Philolaos)가 완전한 우주를 구현하기 위해 비지구중심적 천체론을 제시한바 있다. 박희영 외 지음, 『서양고대철학 1』, p. 98 참조. 플라톤이 활동하던 4세기 초반 에우독소스(Eudoxos) 등에 의해 지구중심적인 기하학적-수학적 천체론이 발달했으며, 4세기 후반 칼리포스(Callipos)가 이전의 이론들을 수정하여 아리스토텔레스에게 영향을 끼쳤다. 이 문제에 대한 연구로는 손윤락, 「아리스토텔레스의 요소이론: 『생성소멸론』에 나타난 요소들의 생성소멸 메커니즘을 중심으로」, 『서양고전학연구』, 31, 2008; 「플라톤과 아리스토텔레스의 세계 해석: 『티마이오스』와 『천체론』, 『생성소멸론』에 나타난 우주론과 요소이론 비교」, 『해석학연구』, 25, 2010 참조.

4) 조물주가 세상을 만들었다고 하는 창조론(creationism)과 달리 우주발생론(cosmogony)은 태초에 무언가가 생겨나고 거기서 세상의 존재들이 태어났다고 보는 생각으로, 본고에서는 우주발생론 체계를 가진 그리스 신화에 나타나는 우주구조론(cosmography)에 주목하고 있다. Cosmogony가 "이 세계가 처음에 어떻게 생겨났는가"에 답하는 것이라면 cosmography는 '우주는 전체적으로 어떤 모양일까?'에 답하는 것이다. 고대 그리스의 우주론(cosmology)은 앞선 문명인 바빌로니아의 점성술(astrology)과 천문학(astronomy)에서 배운바 크다.

5) 그리스 신화는 세계의 시작을 조물주의 창조가 아니라 신들의 탄생으로 설명하며, 그 신들은 기독교의 신과 달리 유일하지 않고, 전지전능하지도 편재하지도 않는다. 그리스 신화의 신들은 크고 완전한 몸을 가지고 하늘에서 영원히 살지만, 많은 면에서 인간

을 닮았다. 자연과 사회의 질서는 현세의 최고신 제우스에 의해 보장된다. 한편, 헤시오도스의 『일과 날들』에는 "모든 것을 보고 모든 것을 알아차리는(panta noêsas) 제우스의 눈"(267행)이라는 구절이 나오지만 이것은 제우스가 하늘에서 땅을 내려다보고 있으며 그래서 인간 세상을 훤히 들여다보고 있다는 뜻이지, 그가 기독교의 신과 같은 절대적인 "전지"를 갖추고 있다는 것은 아니다. 이 문제에 관해 장영란은 제우스가 "현대적인 개념으로", 즉 절대적인 전지를 가진 것으로 해석하는 듯하다. 「고대 그리스 신화와 철학의 '하늘'의 상징과 이미지의 변용」, 『기호학연구』, 39, 2014, p. 523. 그러나 제우스의 지식은 성장한 뒤에야 갖추게 되는 것으로, 그가 아기로 태어나 자라면서 지혜, 예언, 법칙, 힘 등을 하나씩 얻어 결국 최고신의 지위에 걸맞은 능력을 갖추게 된다는 사실 자체가 제우스의 전지를 기독교의 그것과 다른 것으로 이해하게 한다. 그러니 제우스가 "모든 것을 안다"는 표현은 굳이 말하자면 절대적인 전지가 아닌, 상대적인 전지라고 하겠다. 『일리아스』에서도 제우스는 면전에 있지 않으면 볼 수 없고(1권), 잠자고 있어도 알지 못한다(14권).

6) 호메로스의 『일리아스』에 대한 인용은 천병희 번역(숲, 2007)을 기본으로 했고, 필요한 곳에서는 필자가 일부 수정을 가했다.

7) 아가멤논도 부상을 입고 철군을 제의할 만큼 전황이 그리스 편에 불리해지자 헤라가 아프로디테의 도움을 받아 제우스로 하여금 자기에게 애욕을 일으키게 하고, 잠의 신에게 제우스가 사랑의 행위가 끝나면 그를 잠재우도록 한 다음, 그 사이에 그리스인들이 이기게 하려고 한다. 헤라는, 아프로디테가 트로이 편이라 그녀에게 곧이곧대로 말할 수 없으므로, 애욕이 필요한 이유를 자신을 길러준, 신들의 부모 오케아노스와 테튀스가 갈등으로 잠자리를 같이 하지 않은 지 오래기 때문이라는 이유를 든다. 이 맥락에서 우리가 인용하는 이야기가 나온다.

8) 원문은 pantessi. 이 부분은 천병희 번역에서 채택한 "만물을"을 따르지 않고, 대신 앞의 '영생하는 신들'을 지시하는 것으로 보아 "그들 모두를"로 옮겼다.

9) 장영란, 「그리스 신화의 우주생성론」, 『인문과학논집』, 13, 2004, p. 332. 장영란은 『일리아스』 14권의 이 구절들에 나타나는 오케아노스와 테튀스에 대해 이들이 생명력의 원천으로서 물을 가리키며, 이는 근동지역의 모든 창조신화가 태초의 '물'로부터 시작되는 점에서 이해될 수 있음을 지적한다.

10) 호메로스, 『일리아스』, 18권 478-608행.

11) 이 텍스트에 나오는 ekphrasis(묘사)의 문학적 기능과 고대의 해석들에 관한 연구로는 P. R. Hardie, "Imago mundi: cosmological and ideological aspects of the shield of

Achilles", *The Journal of Hellenic Studies*, Vol. 105, 1985, pp. 11-31 참조. 우리는 이 구절에서 호메로스의 '세계상'을 전면적으로 분석해내기보다는, 여기서 원초적 존재로 그려지는 오케아노스의 위치와 기능에 주목하려고 한다.

12) 물론 오케아노스가 대지를 두르는 원초적 강이고 포세이돈이 후대의 신이지만 포괄적으로 바다를 다스린다는 점에서 이 두 신격을 동근원적인 존재로 볼 수도 있다. 그러나 필자는 이 두 신이 호메로스의『일리아스』에 함께 나오며, 여기서 포세이돈은 영웅들의 이야기에 직접 등장하는 인격화된 존재인 반면 오케아노스는 여전히 원초적인 존재로 그려진다는 점에서 둘을 구분한다. 즉 오케아노스는 시간적으로는 모든 신들의 아버지로서 태초의 존재이고 공간적으로는 대지의 사방 끝을 두르며, 그 아래에서 '대지를 떠받치는' 신이라는 것이다.

13) 태양신 헬리오스의 궤적과 밤 동안의 귀환 경로를 생각해보면 대지를 두르는 오케아노스의 그림을 쉽게 그릴 수 있다. 이 문제에 대해서는 아래 본문 2.3의 1) 참조.

14) 호메로스,『일리아스』, 14권 310행;『오뒤세이아』, 11권 13행. 두 책에 나오는 수식어가 동일한 단어다.

15) 장영란은 오케아노스가 "지상은 물론이고 천상과 지하까지도 둘러싸고 있다"고 주장한다. 장영란,「그리스 신화의 우주생성론」, p. 333. 필자는 오케아노스가 지하를 둘러싸고 지하까지 흐른다는 데 동의한다. 그러나 오케아노스가 천상을 둘러싼다고 한 부분은 오해를 일으킨다. 제시된 전거는『일리아스』5권 6행, 8권 485행, 18권 489행 등인데, 어디서도 오케아노스가 천상을 둘러싸는 그림은 나오지 않는다. 5권 6행은 아테네가 디오메데스를 돋보이게 하려고 그의 투구와 방패에서 불길이 타오르게 했는데, 그것이 마치 "오케아노스의 흐름에서 목욕을 하고 찬란하게 떠오르는 늦여름의 천랑성과 같았다"는 구절이다. 천랑성은 큰개자리의 가장 밝은 별 시리우스로 그리스에서는 여름을 알리는 별이다.『일리아스』의 이 구절은 여름밤 시리우스가 오케아노스, 즉 먼바다에서 밝게 떠오르는 모양을 빗댄 것이지 오케아노스가 하늘을 감싼다는 것은 아니다. 8권 485행은 "태양의 밝은 빛은 오케아노스로 떨어지며.."라는 구절로 햇살이 바다에 떨어지는 모양을 묘사한 것이다. 18권 489행은 헤파이스토스가 아킬레우스의 방패에 세상 만물을 새겨 넣는 유명한 자리인데 마침 별들을 새겨 넣고 있으니, "큰곰은 같은 자리를 돌며 오리온을 지켜보는데 이 별만이 오케아노스의 목욕에 참가하지 않는다." 이 구절은 오케아노스가 하늘을 감싸서 거기에서 별들이 목욕하거나 하는 이야기가 아니다. 이것은 해가 동쪽에서 떠서 저녁에 서쪽 오케아노스에 내려앉는 것처럼, 혹은 계절적 요인에 따라, 뭇 별들도 그렇게 서쪽 오케아노스에 목욕하는 반면에, 큰곰은 오케아노스에 잠기지 않는다는 것이다. 큰곰자리는 정 북향에 위치하여 다른 별들과

달리 서쪽으로 기울어져도 바다에 닿지 않기 때문이다. 그러므로 제시된 『일리아스』의 구절들에서 오케아노스가 천상을 둘러싼다는 주장은 입증되지 않는다. 18권의 '아킬레우스의 방패' 대목은 본고에서도 핵심적인 텍스트 가운데 하나로, 본문에서 더 다룰 것이다.

16) "부동의 원동자"(prôton kinoun akinêton)란 아리스토텔레스의 형이상학에서 모든 것들이 변화하고 운동하게 하는 최초의 작용인이자 목적인이지만 자기 자신은 다른 어떤 것에 의해서도 움직여지지 않는 최초의 동인, 즉 신을 가리킨다. 이 문제에 대해서는 아리스토텔레스, 『형이상학』(*Metaphysica*) 12권 8장 참조.

17) S. Hawking, *A Brief History of Time*, Bantam Books, 1988, p. 1.

18) 캄보디아 앙코르 와트(Angkor Vat)의 amrita-manthana 부조 작품 및 프랑스 국립 기메(Guimet) 아시아미술관 소장 "우유바다 굳히기"(Le rabattement de la mer de lait) 도판 참조.

19) 만일 빅뱅 이론을 "대폭발"의 순간 무의 상태에서 자연적으로 유가 생성되었다는 존재론을 함의하는 것으로 이해한다면, 카오스-가이아로 시작하는 그리스 신화의 태초의 생성 이야기는 그 이론과 유사하다고 할 수 있다.

20) 호메로스의 작품에서 에로스는 아프로디테의 아들로 사랑에 동반하는 애욕으로 그려지는데, 헤시오도스의 『신들의 계보』에서는 아프로디테보다 먼저 가이아와 함께 태어난다. 여기서 에로스는 '결합의 원리'로서 신들의 성적인 결합을 통해 세상 만물이 생겨난 것으로 설명하는 그리스 신화에서 중요한 역할을 한다.(cf. 120-125행) 본고는 우주의 생성과 작동원리 보다는 구형적, 지구중심적 우주구조론에 집중하고 있기에 에로스에 대한 직접적인 연구는 다른 기회로 미룬다. 에로스의 기능에 대한 신화적 함의와 그리스 철학의 수용에 대한 논의에 대해서는 조대호, 「카오스와 헤시오도스의 우주론 : 『신들의 탄생』을 중심으로」, 『철학』, 71, 2001, p. 56 참조.

21) 우리말 "혼돈"은 마구 뒤섞여 있어 갈피를 잡을 수 없음 또는 그런 상태를 의미한다. 중국 신화에서 혼돈(混沌)은 머리에 눈, 코, 입, 귀가 없는 창조 이전의 존재다. 북해의 천제 홀(忽)과 남해의 왕 숙(熟)이 함께 힘을 합쳐 혼돈에게 눈 둘, 귀 둘, 콧구멍 둘, 입 등 일곱 개의 구멍을 뚫어 천지를 창조했다는 이야기가 전한다. 『장자』 「응제왕」(應帝王) 편. 위앤커(袁珂), 『중국신화전설 1』, 민음사, 전인초·김선자 역주, 2002, p. 142에서 재인용.

22) 헤시오도스의 카오스에 대한 신화적, 철학적 해석에 대해서는 다음 연구들을 참조할 것. 장영란, 「그리스 신화의 우주생성론」, p. 335; 조대호, 「카오스와 헤시오도스의 우주

론: 『신들의 탄생』을 중심으로」, pp. 52-53; p. 56 이하. 필자는 카오스가 기본적으로 세상만물이 들어설 빈 자리라는 조대호의 해석에 동의하나, 그가 '다른 것들이 카오스에 들어찼다고 해도 그 빈 것이 완전히 없어지지 않으며 카오스는 신들의 자리로 남아있다'는 점을 들어 헤시오도스의 우주론이 '있는 것은 모두 본래 없는 것 또는 빈 것에 그 뿌리를 두고 있다'는 통찰을 보여준다고(p. 53) 하는 해석은 오해의 여지가 있다고 본다. 왜냐하면, 헤시오도스의 카오스-가이아 이야기는 오히려 '있는 것'이 '없는 것'으로부터 나오는 사태를 수용할 수 없기 때문에 "맨 처음에" 그 자체로는 규정성이 없지만 다른 모든 것들의 자리가 되는 무엇으로 카오스를 놓은 것일 수 있기 때문이다. 이것은 '없는 것'이 아니라 '빈 자리'다. 고대 그리스 사람들은 어떤 것이 순전한 무로부터 생겨날 수는 없다는 생각을 가졌으며, 이런 생각은 그리스의 신화 텍스트뿐 아니라 후대의 철학적 담론에서도 논의의 기저가 된다.

23) 이 문제에 대해서는 다음 연구를 참조할 것. 이상봉, 「서양 고대 철학에 있어서 공간」, 『철학논총』, 58(4), 2009, pp. 280-285. 이상봉은 카오스를 "생성되는 모든 것을 담는 빈터로서의 공간"으로 보고 이 우주발생론을 "시간 안에서 이루어진 창조의 사건 설명"이라고 해석한다. 물론 여기서 "창조"라는 말은 우주 바깥의 어떤 조물주에 의한 창조가 아니라 태초의 자연적인 "발생"을 의미하는 것으로 이해되어야 할 것이다.

24) A. W. H. Adkins, "Cosmogony and Order in Ancient Greece", in *Cosmogony and Ethical Order: New Studies in Comparative Ethics*, ed. R. W. Lovin, F. E. Reynolds, Univ. of Chicago Press, 1985, p. 41. 장영란, 「그리스 신화의 우주생성론」, p. 335에서 재인용.

25) 이렇게 인간의 공간적 사고는 자연스럽게 중심에서 사방으로 펼쳐진다. 자기를 중심에 놓기 때문이다. 헤시오도스 신화에서 가이아로부터 시작해서 즉 가이아를 중심으로 사방 가장자리로의 확장으로 원초적 공간인 세계가 전개되듯, 나중에 인간의 시대에 광장으로부터 즉 공동의 헤스티아(화덕)가 있는 광장을 중심으로 해서 문명의 공간인 도시가 구성되는 것으로 이해할 수 있다. 이때 각 가정의 화덕(hestia)은 마을 전체의 공동 화덕(hestia koine)으로부터 논리적으로 등거리에 있다. 각 가정이 공동체의 대등한 구성단위이기 때문이다. 이 등거리성 혹은 평등주의(isonomia)는 도시(polis)를 하나의 정치적 공동체로 승화시킨다. J. P. 베르낭, 『그리스인들의 신화와 사유』, 박희영 옮김, 2005, pp.276-283 참조.

26) 헤시오도스, 『신들의 계보』, 156-158행.

27) 헤시오도스, 『신들의 계보』, 176-182행 참조.

28) 이런 해석과 비슷하나 한 걸음 더 나아간 것으로, 장영란은 『일리아스』 14권에서 오케아노스와 테튀스가 싸웠다는 구절에 대해, "아마도 그것은 근원적으로 원초적인 물이 (…) 단물로서의 강과 짠물로서의 바다가 분리되어 있는 상태를 의인화하여 설명한 것일 것"이라고 주장한다. 장영란, 「그리스 신화의 우주생성론」, p. 332.

29) 가이아가 혼자서 낳은 폰토스(Pontos)는, 후대 그리스인들에게는 지중해를 가리키게 되지만, 헤시오도스의 신화에서는 땅과 하늘과 바다를 가르는 맨 처음의 바다인데, 상대적으로 덜 의인화되고 두드러진 역할이 없는 것으로 보인다. 그런데 이 폰토스를 태초의 강 오케아노스와 연결해서 해석할 수 있다. P. Gordon, *L'image du monde dans l'antiquite*, Press Universitaire de France, 1949, p. 47-48 참조. Gordon은 원초적 커플 오케아노스-테튀스의 중요성이 오르페우스 신화에서 연원하는데 여기서 이들이 태초의 알에서 태어난 우라노스와 가이아에게서 나온다는 점을 언급한 다음, 헤시오도스에서는 가이아가 '대지모'로서 태초의 존재이지만, 폰토스가 가이아와의 교접 없이 혼자서 하나의 원초적인 존재를 낳는다는 사실은 간과되어 왔다고 주장한다. 폰토스는 혼자서 '바다 노인'이라 불리는 네레우스(Nereus)를 낳고, 그 후에 가이아와 결합하여 타우마스, 포르퀴스, 케토, 에우뤼비에를 낳는다는 해석이다. 네레우스는 흔히 폰토스와 가이아의 자식으로 알려져 있지만, 『신들의 계보』 문장은 Gordon의 해석도 가능하다. "폰토스는 네레우스를 낳았다.(233) (…) 폰토스는 또 가이아와 교합하여 타우마스와 (…) 를 낳았다(237-9)"에서 "가이아와 교합하여(Gaiêi misgomenos)"라는 표현이 233행의 "낳았다"에는 안 걸린다고 보는 것이다. M. L. West는 "Gaiêi misgomenos"가 뒤에 나오는 것은 재고(afterthought) 기법으로, 가이아가 네레우스의 어머니이기도 한 것으로 추정하지만, 여기서 중요한 것은 폰토스의 부성이라고 함으로써 기원으로서의 폰토스의 중요성에 동의하고 있다. Hesiod, *Theogony*, Edition and Commentary by M. L. West, Oxford, Clarendon Press, 1966, p. 235. 원문에서 "낳았다"의 주어가 폰토스임에 주목한 것이다. 네레우스는 바다요정인 50명의 딸들(Nereides)의 아버지로서 바다와 관련된 많은 존재들의 원천이 되며, 이 점에서 그 아버지인 폰토스를 수많은 강들과 물의 요정들을 낳은 오케아노스와 함께 원초적 바다 조상으로 인정할 수 있다.

30) 호메로스와 헤시오도스는 둘 다 오케아노스를 거대한 흐름으로 보는데, 전자는 『오뒤세이아』 12권 1행 등에서, 후자는 『신들의 계보』 242행, 959행에서 이를 "Oceanos potamos"(오케아노스 강)이라고 부르고 있다.

31) 헤카타이오스(Hecataios)는 기원전 550–476년경의 밀레토스 사람이며, 그리스 최초의 역사지리학자로 『세계 일주』(periodos ges)라는 책을 남겼는데 1권은 유럽, 2권은 아프리카를 포함한 아시아를 다루었다. 헤카타이오스와 고대의 역사서술 전통에 관

한 연구로는 다음을 참조. A. Momigliano, *The Classical Foundations of Modern Historiography*, Univ. of California Press, 1990.

32) 『일리아스』 안에서 그리스 진영이든 트로이 진영이든 아킬레우스가 불세출의 영웅이라는 점에 대해서는 누구도 이론의 여지가 없다. 그러나 서사시의 청중 혹은 독자로서는 이 영웅에 대한 평가는 엇갈린다. 그의 분노가 오히려 자기편 영웅들의 수많은 죽음을 가져왔고, 더구나 그 분노의 원인이 일견 사소해보일 수도 있기 때문이다. 그는 여기서 좀 전에 자신의 "명예의 상"인 여인 브리세이스를 아가멤논에게 빼앗기는 모욕을 당해 분노했고, 이를 앙갚음 해주기를 제우스에게 요청해달라고 어머니 테티스 여신에게 부탁한다.(1권 365-412행) 우리의 인용 구절은 그것에 대한 테티스의 대답인데, 읽기에 따라서는 마마보이와 치맛바람 엄마의 태도를 볼 수도 있다.

33) 하데스는 죽은 인간의 영혼이 가게 되는 저승이자 그곳을 다스리는 신의 이름이다. 아무도 그 입구가 어디인지 알지 못한다. 살아 있는 인간에게는 허락되지 않는 그곳을 헤라클레스, 테세우스 등 몇몇 영웅만이 다녀왔다.

34) 강대진은 이 여정이 오케아노스의 흐름을 타고 시계방향으로 남쪽을 거쳐 서쪽으로 가는 것으로 본다. 강대진·이정호 공저, 『신화의 세계』, 한국방송통신대학교출판문화원, 2011, p. 262. 그러나 『오뒤세이아』 11권에서 하데스 입구에 있는 킴메리오이(Cimmerioi)족의 나라에 대한 묘사에는 서쪽이라는 방위가 나오지 않으며, 단지 "깊이 흐르는 오케아노스의 경계(13행) (…) 어둠과 안개에 싸여 있는" 등으로 그곳이 깊고 어두운 곳이라는 점만 알려준다.

35) 호메로스, 『오뒤세이아』, 11권 13-22행.

36) 호메로스의 『오뒤세이아』에는 세계의 모습과 우주의 구조에 대한 이야기보다 뱃사람의 항해와 나그네의 방랑에 나올 법한 여러 곳의 지리와 다양한 존재들이 나온다. 『오뒤세이아』에서 세계의 모습을 제대로 추적하려면 이러한 지리학적인 문제를 포함하는 규모가 되어야 하고, 따라서 별도의 연구가 필요할 것이다.

37) 그리스 사상에서 하늘의 상징에 관한 연구로는 장영란, 「고대 그리스 신화와 철학의 '하늘'의 상징과 이미지의 변용」, pp. 509-536 참조. 본고는 하늘의 상징적 함의보다는 우주구조론에 집중한다.

38) 헤시오도스의 『신들의 계보』에 대한 인용은 천병희 번역(숲, 2009)을 기본으로 삼았고, 문맥상 필요한 곳에서는 필자가 일부 수정을 가했다.

39) M. L. West에 따르면 『신들의 계보』 726-728행에 나오는 타르타로스에 대한 묘사에서, 즉 그 위로 "대지와 바다의 뿌리가 나 있다"는 표현 등에서 이 세계가 하나의 거대한

나무라는 생각이 드러난다. Hesiod, *Theogony*, ed. M. L. West, Oxford, Clarendon Press, 1966, p. 361. West는 "대지의 뿌리들"(rhizai)이라는 말은 헤시오도스의 다른 작품인 『일과 날들』 19행 등에도 나오지만, 여기서는 뿌리라는 말이 대지만이 아니라 바다에 대해서도 쓰인 점을 주목하며, 헤시오도스가 하계로 점차 사라지는 대지와 바다를 선명하게 구분하면서 이 두 요소가 서로 불가분적으로 얽혀있는 뿌리에서 나온다고 상상했을지도 모른다고 해석한다. 특히 그는 이 뿌리 아래에서는 흙과 물의 구분조차도 사라지는데, 바로 카오스가 그 자리를 차지한다는 사실을 강조한다. 그러므로 West의 해석에 따르면 아무 것도 없는 빈 자리인 카오스는 세상의 시간적 시작일 뿐 아니라, 대지도 바다도 그 뿌리를 내리고 있는 공간적인 시작이기도 한 것이다.

40) 에우뤼노메(Eurynome)는 '널리 다스림'이란 뜻으로 오케아노스와 테튀스의 딸이며(『신들의 계보』 358행), 나중에 제우스와 결합하여 우미의 여신(Charites) 세 자매를 낳는다. 테티스(Thetis)는 50명의 네레우스의 딸들(Nereides) 중 하나로(같은 책 244행), 나중에 인간 영웅 펠레우스와 결혼하여 위대한 아킬레우스를 낳는다.

41) 두 이야기가 다 헤파이스토스 자신이 말하는 것이다. 헤라 앞에서는 제우스가 던졌다고 말하고(Ilias 1권), 테티스에게는 어머니 헤라가 던졌다고 말한다.(*Ilias* 18권) 둘 다 사실이라면 헤파이스토스는 최소한 두 번 하늘에서 땅으로 떨어진 것인데, 첫 번째는 그 양상이 자유낙하에 가까워서 우리의 주목을 끌고, 두 번째는 떨어진 곳이 오케아노스 가까운 지역이라 더욱 관심을 끈다.

42) 조대호, 「카오스와 헤시오도스의 우주론: 『신들의 탄생』을 중심으로」, p. 52 참조.

• 조명동 / 그리스 신화를 소재로 한 현대 문화콘텐츠의 악의 문제

1) *Ulisse*, directed by Mario Camerini, Italy, 1954.

2) *Clash of the Titans*, directed by Louis Leterrier, the UK, the US, 2010.

3) *Hercules*, directed by Ron Clements & John Musker, the US, 1997.

4) 호주의 작가 케이트 그렌빌은 그녀의 소설 '비밀의 강'에서 역사를 왜곡했다는 이유로 역사학자 마크 맥케나와 잉가 클렌디넨에 의해 고소당했으며, 우리나라에서도 '명량'의 제작진 역시 배설의 후손들에 의해 고소당하기도 했다.

5) 이미 기원전 4세기경의 기술(記述) 신화학자인 에우헤메로스는 그의 『신성한 역사』에

서 모든 신화적 사건들이 역사적 사건들을 반영한다고 주장한 바 있다. 또 하인리히 슐리먼 같은 19세기 고고학자들은 신화의 역사성을 실증하려고 노력했었다.

6) *The Terminator*, directed by James Cameron, the US, the UK, 1984.

7) *The Matrix*, directed by Lana Wachowski & Lilly Wachowski, the US, Australia, 1999.

8) *The Lord of the Rings: The Fellowship of the Ring*, directed by Peter Jackson, N.Z., 2001.

9) *Harry Potter and the Sorcerer's Stone*, directed by Chris Columbus, the UK, the US, 2001.

10) 《명량》, 김한민 감독, 한국, 2014.

11) *Terminator 2: Judgment Day*, directed by James Cameron, the US, 1991.

12) 호메로스, 『일리아스』, 9권 457.

13) 호메로스, 『일리아스』, 15권 187 이하.

14) 호메로스, 『찬가』, 2권.

15) 일반적으로 헤라클레스는 제우스와 인간 어머니인 알크메네에게서 태어난 반신반인의 아들로 헤라는 헤라클레스를 평생 동안 괴롭힌 것으로 알려져 있다.

16) *Pirates of the Caribbean: The Curse of the Black Pearl*, directed by Gore Verbinski, the US, 2003.

• 김기홍 / 캠벨의 원질신화와 문화콘텐츠

1) M. 호르크하이머·T. W. 아도르노, 『계몽의 변증법』, 김유동 옮김, 문학과 지성사, 2001, pp. 183~251.

2) 캠벨은 이 용어 monomyth를 조이스(James Joyce)의 소설 『피니건의 경야』, J. Joyce, *Finnigan's Wake*, Viking Press, 1939, p. 581에서 차용했다고 밝히고 있다.

3) C. G. 융, 『사람과 상징』, 정영목 옮김, 까치, 1995, pp. 75~76.

4) 융, 『사람과 상징』, p. 75.

5) 융, 『사람과 상징』, p. 75.

6) J. 캠벨, 『천의 얼굴을 가진 영웅』, 이윤기 옮김, 민음사, 1999.

7) 인생 여정의 '죽음'을 '회귀'로 다룬 것은 우리가 "자궁이라는 이름의 무덤(tomb of the womb)에서 무덤이라는 이름의 자궁(womb of the tomb)까지 완전한 순환주기를 산"다는 해석에 기인한다. 캠벨, 『천의 얼굴을 가진 영웅』, p. 25.

8) 캠벨, 『천의 얼굴을 가진 영웅』, p. 25; pp. 51~52.

9) 캠벨, 『천의 얼굴을 가진 영웅』, p. 25; pp. 44~45.

10) 이 작품은 동양의 기, 도, 선 등을 연상시키는 포스(force), 다크사이드(dark side)와 같은 초능력과 보이지 않는 힘에 대한 믿음을 강조하고 있다. 루카스 감독이 캠벨을 공부하며 영감을 얻은 등의 정보는 스타워즈 공식 홈페이지에서 찾아볼 수 있다. http://www.starwars.com/news/mythic-discovery-within-the-inner-reaches-of-outer-space-joseph-campbell-meets-george-lucas-part-i, 접속일: 2016.05.07.

11) http://www.starwarsintheclassroom.com/content/hj/index.asp?sw=2, 접속일: 2016.05.07.

12) http://www.imdb.com/list/ls052754941/

13) C. 보글러, 『신화, 영웅 그리고 시나리오 쓰기』, 함춘성 옮김, 무수, 2005, pp. 35~38.

14) 보글러, 『신화, 영웅 그리고 시나리오 쓰기』, p. 53.

15) 예를 들어, A. Sánchez-Escalonilla, "The Hero as a Visitor in Hell: The Descent into Death in Film Structure", *Journal of Popular Film and Television*, 32(4), 2005 참조.

16) 저자에 의하면, 영웅여정 프레임은 비단 스토리라인과 대사뿐만 아니라 캐릭터와 이미지, 배경과 음악에 까지 영향을 미칠 수 있다. S. Clayton, "Mythic Structure in Screenwriting", *New Writing*, 4(3), 2007.

17) W. Koh, "Everything old is good again: Myth and nostalgia in Spider-Man", *Continuum: Journal of Media & Cultural Studies*, 23(5), 2009.

18) J. Aaltonen, "Claims of hope and disaster: rhetoric expression in three climate change documentaries", *Studies in Documentary Film*, 8(1), 2014.

19) M. A. Robledo & J. Batle, "Transformational Tourism as a hero's journey", *Current*

Issues in Tourism, 2015.

20) 디비츠(P.hilip Dybicz)는 캠벨의 영웅여정 도식을 이용해 내러티브 테라피(Narrtive Therapy), 강점관리(Strengths Perspective), 해결-집중형 테라피(Solution-Focus Theraphy)에 응용하는 방안을 연구했다. P. Dybicz, "The Hero(ine) on a Journey: A Postmodern Conceptual Framework for Social Work Practice", *Journal of Social Work Education*, 48(2), 2012; D. L. Robertson & C. Lawrence, "Heros and Mentors: A Consideration of Relational-Cultural Theory and The Hero's Journey", *Journal of Creativity in Mental Health*, 10(3), 2015.

21) 보글러, 『신화, 영웅 그리고 시나리오 쓰기』, p. 39.

22) 캠벨, 『천의 얼굴을 가진 영웅』, p. 13.

23) 소비에트 영화와 프랑스 예술영화 등의 서사적 특수성에 대해서는 다음의 저서를 참고. D. Bordwell, *Narration in the Fiction Film*, The University of Wisconsin Press, 1985.

24) D. Bordwell, J. Staiger, K. Thompson, *The Classical Hollywood Cinema: Film Style & Mode of Production to 1960*, Columbia University Press, 1985 참조.

25) J. S. Lawrence & R. Jewett, *The Myth of the American Superhero*, William B. Eerdmans Publishing Company, 2002.

26) Lawrence & Jewett, *The Myth of the American Superhero*, p. 6. 논문 목적에 따라 원문에 없는 번호를 사용해 재정리.

27) 선민사상을 가진 백인 기독교도들은 자신들이 신대륙을 '발견'했고, 그곳에 주님의 나라를 건설해야 한다는 믿음을 가지게 되었다. 이교도이고 야만적인 인디언들은 그런 백인들의 선량하고 정당한 '발견한 땅의 소유' 행위를 방해하는 악으로 여겨지게 된다. 가령, 식민지 시절인 1682년 로랜즌(Mary Rowlandson)이 집필한 당대의 베스트셀러 『통치권과 주님의 선량하심(The Sovereignty & Goodness of God)』에 이런 시각과 입장이 잘 묻어난다. 저자는 빛나는 세계의 안락함 속에 살고 있었는데, 인디언들이 공격해 와 자신의 가족을 죽이고 한밤중에 자신을 내 쫓았다는 것이다. 이와 같은 태도가 확립되고 일반화됨에 따라, 원주민의 영토에서 원주민의 침입으로부터 스스로를 보호하는 백인들의 학살행위는 '정당방위'가 되었고, 이후 미국 신화의 중심주제가 된다. C. L. Sanford, *The Quest for Paradise*, University of Illinois Press, 1961, p. vi.

28) R. Slotkin, *Regeneration Through Violence: The Mythology of the American*

Frontier, 1600-1860, Wesleyan University Press, 1973, p. 104.

29) H. N. Smith, *Virgin Land: The American West as Symbol and Myth*, Harvard University Press, 1950, p. 107.

30) Lawrence & Jewett, *The Myth of the American Superhero*, p. 30.

31) Lawrence & Jewett, *The Myth of the American Superhero*, pp. 6~7.

32) K. Krohn, *Die folkloristische Arbeitsmethode*, Institutet for Semmenlignende Kulturforskning, 1926.

33) A. Aarne, *Verzeichnis der Märchentypen*, Folklore Fellows Communications, 1911.

34) V. Propp,*Morphology of the Folk Tale*, trans. Laurence Scott, The American Folklore Society and Indiana University, 1968[1928].

35) W. Wright, *Six Guns and Society: A Structural Study of the Western*, University of California Press, 1975.

36) 캠벨을 콘텐츠 서사구조의 보편성이나 심층구조의 발견을 목적으로 하는 구조주의자로 착각하는 경향이 있다. 신화학자로서 상징과의 변별과 같은 기호체계에 대한 관심은 컸지만, 그는 소쉬르(Ferdinand de Saussure)의 이론을 방법론으로 채택한 바 없다. 더군다나 프랑스 구조주의를 개척한 레비스트로스가 『슬픈 열대(Tristes Tropiques)』를 집필한 것은 캠벨의 초기 주장이 완료된 이후인 1955년의 일이다.

37) J. Campbell, *The Flight of the Wild Gander*, Regnery/Gateway, 1979[1951], pp. 15~29.

38) Campbell, *The Flight of the Wild Gander*, p. 16.

39) Campbell, *The Flight of the Wild Gander*, p. 17.

40) Campbell, *The Flight of the Wild Gander*, p. 17.

41) Campbell, *The Flight of the Wild Gander*, p. 30.

42) Campbell, *The Flight of the Wild Gander*, p. 30. 뮐러는 인도-게르만어의 명사가 남성과 여성의 성을 갖기 때문에 이와 관련하여 빠르게 인격화되며 특정한 명칭을 가지게 된 것으로 해석하였다. 예를 들어 태양의 은유적 명사인 케팔로스(Kephalos)는 우두머리(Head)라는 뜻이었으나 특정 남성의 이름이 되었고, 우두머리의 부인이라는 뜻의 프로크리스(Prokris)는 비극적 이야기에 등장하는 여성의 이름이 되었다.

43) É. Durkheim, *Les Formes élémentaires de la vie religieuse*, The Macmillan Company, 1915.

44) Campbell, The Flight of the Wild Gander, p. 32.

45) C. G. Jung, *The Portable Jung*, ed. J. Campbell, Viking Adult, 1970.

46) S. Freud, *The Future of an Illusion*, trans. James Strachey et. al., The Hogarth Press, 1961[1927], pp. 44~45; 여기서는 Campbell, The Hero with A Thousand Faces, p. 5에서 재인용.

47) Campbell, *The Flight of the Wild Gander*, p. 33.

48) 첫째, "존재의 신비 앞에서 경외감을 끌어내고 지탱해주는 것", 둘째, 경외로운 우주의 이미지인 "우주론을 제공"하는 것, 셋째, "현재의 사회질서를 지원해주고 개인을 집단에 유기적으로 통합하는 것". J. 캠벨, 『신의 가면 III: 서양신화』, 정영목 옮김, 까치, 2004, pp. 592~593.

49) Campbell, *The Masks of God(Occidental Mythology)*, p. 595.

50) J. 캠벨·B. 모이어스, 『신화의 힘』, 이윤기 옮김, 고려원, 1992, pp. 81~82.

51) Campbell, *The Hero with A Thousand Faces*.

52) R. Segal, "Frazer and Campbell on Myth: Nineteenth- and Twentieth- Century Approaches", *The Southern Review*, 26, 1990, pp. 471~472.

53) Campbell, *The Flight of the Wild Gander*, p. 6.

54) M. Lefkowitz, "The Myth of Joseph Campbell", *The American Scholar*, 59, 1990, p. 429.

55) J. P. Sartre, "Existentialism", trans. W. Kaufman, *Existentialism from Dostoyevski to Sartre*, Meridian Books, 1957, p. 295; 여기서는 Campbell, *The Flight of the Wild Gander*, p. 226에서 재인용.

56) Campbell, *The Masks of God(Occidental Mythology)*, p. 596.

• 신지영 / 들뢰즈에게 주체화의 문제: 오이디푸스와 햄릿의 경우

1) H. 베르그송, 『물질과 기억』, 박종원 옮김, 2005, p. 51.

2) 사토 요시유키, 『권력과 저항』, 김상운 옮김, 난장, 2007, p. 349.

3) 들뢰즈의 주체 철학에 대한 대립은 그대로 스피노자와 헤겔의 대립으로 대체되어 논쟁되기도 한다. 다음과 같은 논문 역시 이러한 맥락 속에서 이루어진 연구이다. 김성민·김성우, 「포스트모던 스피노자 윤리학에 대한 헤겔주의적 비판」, 『철학연구』, 제105집, 2014.

4) 요시유키, 『권력과 저항』, p. 16.

5) G. 램버트, 『누가 들뢰즈와 가타리를 두려워하는가?』, 최진석 옮김, 자음과 모음, 2013, p. 283.

6) E. 리갈, 「탈주체화」, 『들뢰즈 개념어 사전』, 신지영 옮김, 갈무리, 2012, p. 423.

7) 리갈, 「탈주체화」, 『들뢰즈 개념어 사전』, p. 424.

8) 리갈, 「탈주체화」, 『들뢰즈 개념어 사전』, pp. 417~425.

9) G. 들뢰즈·F. 가타리, 『천 개의 고원』, 김재인 옮김, 새물결, 2004, pp. 258~259.

10) 리갈, 「탈주체화」, 『들뢰즈 개념어 사전』, p. 421.

11) 들뢰즈·가타리, 『천 개의 고원』, p. 217.

12) 들뢰즈·가타리, 『천 개의 고원』, pp. 218~220.

13) 들뢰즈·가타리, 『천 개의 고원』, p. 220에서 재인용. 원문을 보고 번역 일부 수정. J. Deleuze & F. Guattari, *Anti-Oedipe: Capitalisme et schizophrénie I*, Minuit, 1972, p. 142. 이는 Don C. Talayesva, *Soleil Hopi*, Plon, 1968, p. vi에 있는 Lévi-Strauss의 서문 부분이다.

14) 들뢰즈·가타리, 『천 개의 고원』, p. 221.

15) 들뢰즈·가타리, 『천 개의 고원』, p. 221.

16) 들뢰즈·가타리, 『천 개의 고원』, p. 252; 269 등.

17) 자아가 의식적인 부분과 무의식적인 부분을 모두 가진다는 것을 설명하기 위한 부분으로, 프로이트의 제 2 위상학과 들뢰즈-가타리 철학의 밀접한 관계에 대해 말하려는 부

분은 아니다. 들뢰즈-가타리의 욕망 이론이 이러한 종류의 분배로 설명될 수 있으리라 고 생각하기는 어렵기 때문이다. 다음은 이와 관련한 요시유키의 설명이다. "들뢰즈와 가타리는 프로이트적 위상학, 자아-초자아 관계를 포함한 오이디푸스적 제2위상학을 거부한다. 달리 말하면 그들은 상위심급에 의한 하위심급의 통제라는 경험적-초월론적 이중체를 거부하는 것이다. (…) 그들은 프로이트의 경제론에서 출발한다. (…) 단적으로 (…) 욕망의 흐름을 긍정하는 것"이다. 요시유키, 『권력과 저항』, pp. 73~74.

18) 들뢰즈·가타리, 『천 개의 고원』, p. 253.

19) J. 들뢰즈, 『니체와 철학』, 이경신 옮김, 민음사, 2001, p. 86.

20) 들뢰즈, 『니체와 철학』, p. 87. 꺽쇠 표시는 들뢰즈가 인용한 니체 원문.

21) 니체 : 의식의 역할을 오해하지 않는 것이 본질적으로 중요하다. 의식을 발달시킨 것은 우리가 '외부세계'와 맺은 관계이다. 이에 반해 신체 기능들의 공동작동을 고려하는 감독 또는 감시와 예견에 의식이 도달하지 못한다. 마찬가지로 정신의 기억작용에도 도달하지 못한다. 하지만 최고심급이 존재한다는 것은 의심할 수 없다. (…) '쾌락', '불쾌'는 이 영역에서 오는 신호와도 같다. (…) 의식은 감독이 결코 아니라 감독의 한 기관이다. F. Nietzsche, "Nachlaβ 1887-1889", *Kritische Studienausgabe*, Bd. XIII, New York and Berlin, Walter de Gruyter, 1999, pp. 67-68. 요시유키, 『권력과 저항』, p. 114에서 재인용.

22) 푸코 역시 이러한 의식-무의식에 관한 이해로부터 〈자기에의 배려〉라는 개념을 해방의 단서로 고안한 바 있다.

23) G. 들뢰즈, 『차이와 반복』, 김상환 옮김, 민음사, 2004, p. 544.

24) J. 윌리엄스, 『들뢰즈의 차이와 반복: 해설과 비판』, 신지영 옮김, 라움, 2010, p. 367.

25) A. 케니, 『중세철학』, 김성호 옮김, 서광사, 2010, pp. 341~343.

26) 들뢰즈, 『차이와 반복』, pp. 372~373.

27) 들뢰즈에게 존재와 사유의 문제에 관한 논문으로는 다음을 참조. 신지영, 「존재와 사유의 비원리적 동일성에 관하여」, 『대동철학』, 제57집, 2011.

28) 윌리엄스, 『들뢰즈의 차이와 반복: 해설과 비판』, p. 363.

29) 윌리엄스, 『들뢰즈의 차이와 반복: 해설과 비판』, p. 364.

30) 물론 철학자들마다 〈주체〉에 대한 접근 방법과 구분 양상은 다양하다. 칸트의 경우는 나와 자아를 구분했다기보다는 직관을 담당하는 자아와 개념을 담당하는 자아의 방

식으로 구분했다고 볼 수 있고, 위에서 보듯이 프로이트의 경우는 이드와 자아 그리고 초자아로 구분했다고 볼 수 있다. 이때 우리가 프로이트에게서 자아로 번역하고 있는 것은 그 스스로는 Ich로 지칭한 것으로 이것을 영미권에서 ego로 번역하는 경로를 거쳐 자아로 정착되는 것이니, 주체에 대한 분석이란 그 구분방식만큼이나 복잡하다. 여기에서는 이 모두를 통합하는 하나의 구분을 찾는 작업은 뒤로 하고, 들뢰즈가 구분한 방식에 따라 그 각각을 검토해보기로 한다.

31) 들뢰즈, 『차이와 반복』, p. 544.

32) G. 프로이트, 「자아와 이드」, 『정신분석학의 근본개념』, 박찬부 옮김, 열린책들, 2003, p. 365.

33) 프로이트, 「자아와 이드」, 『정신분석학의 근본개념』, p. 365.

34) 들뢰즈, 『차이와 반복』, p. 176.

35) 들뢰즈, 『차이와 반복』, pp. 178~179. 〈습관을 수축하다〉라는 번역이 〈습관을 붙이다〉라는 번역과 함께 되는 것은 불어의 표현에 근거하는 것으로, 원어는 contracter une habitude이다. 습관을 들이다, 붙이다에 해당하는 표현을 하기 위해 프랑스인들은 〈수축하다〉라는 동사를 쓴다.

36) 칸트가 자아의 분열을 사유하는 방식은 다음과 같다. "만일 우리가 개념(사유)을 가능케 하는 내적 작용(자발성)을 표상하고(이것이 반성이다) 지각, 즉 경험적 직관을 가능케 하는 감수성(수용성)을 표상한다면(이것이 파악이다), 그러나 우리가 의식을 수반해 이 두 가지 작동[반성과 파악]을 표상한다면, 자기에 관한 의식(통각)은 반성의 의식과 파악의 의식으로 나뉘어질 수 있을 것이다. 전자는 지성(오성)의 의식이고, 후자는 내적 감각의 의식이다. 즉, 전자는 순수 통각이며, 후자는 경험적 통각이다. (…) 여기서 자아는 이중적 존재처럼 보인다(…). 사유의 주체로서의 자아는 순수 통각(순수하게 반성적인 자아)을 의미하는데, (…) 지각 대상으로서의 자아는 내적 감각의 대상인데, 이것은 내적 경험을 가능케 하면서 규정의 다양체를 내포한다." I. 칸트, 『실용적 관점에서 본 인간학』, 이남원 옮김, 울산대학교 출판부, 1998, pp. 29~30. 밑줄 강조는 필자.

37) 들뢰즈, 『차이와 반복』, pp. 544~545.

38) 이와 관련한 연구로는 다음 논문을 참조. 신지영, 「들뢰즈에게 있어서 개체화의 문제에 관한 연구: 둔스 스코투스의 〈이것임〉과 관련한 맥락에서」, 『대동철학』, 제74집, 2016.

39) 리갈, 「탈주체화」, 『들뢰즈 개념어 사전』, p. 423.

40) 리갈, 「탈주체화」, 『들뢰즈 개념어 사전』, pp. 424~425.

41) 두 번째 시간의 불충분성을 지적하는 부분 : "근거는 자신이 근거 짓는 것에 상대적이고 자신이 근거 짓는 것에서 특성들을 빌려오며, 그 빌려온 특성들을 통해 자기 자신을 입증한다." 들뢰즈, 『차이와 반복』, p. 207.

42) 들뢰즈, 『차이와 반복』, p. 210.

43) 이는 베르그송이 지각을 인식의 관점에서가 아니라 행동의 관점에서 사유했던 『물질과 기억』의 유산이라고 할 수 있다. 그는 유기체가 참된 인식을 위해 지각하는 것이 아니라, 유기체의 이해관계에 따라 유기체의 보존을 위한 행동을 목적으로 지각한다고 주장했다.

44) 들뢰즈, 『차이와 반복』, p. 210.

45) 들뢰즈, 『차이와 반복』, pp. 210~211.

46) Deleuze, 『니체와 철학』, pp. 90~91.

47) G. 들뢰즈·F. 가타리, 『안티 오이디푸스』, 김재인 옮김, 민음사, 2014, pp. 94~95.

48) 바로 이러한 지점이 들뢰즈에게 〈기관 없는 신체〉라는 개념화를 가능하게 한다. 몸은 자아로서의 몸과 기관 없는 신체로서의 몸으로 동시에 존재한다고 볼 수 있다.

49) G. 들뢰즈, 『스피노자의 철학』, 박기순 옮김, 민음사, 2001. p. 33.

50) 램버트, 『누가 들뢰즈와 가타리를 두려워하는가?』, p. 350.

51) 램버트, 『누가 들뢰즈와 가타리를 두려워하는가?』, pp. 349~350.

52) 들뢰즈, 『천 개의 고원』, pp. 409~410.

53) 램버트, 『누가 들뢰즈와 가타리를 두려워하는가?』, p. 36.

III. 대중문화콘텐츠와 신화

• 강미라 / 영화 《호빗》 3부작에 대한 신화적 해석: J. 캠벨의 관점에서

1) C. 보글러, 『신화, 영웅 그리고 시나리오쓰기』, 함춘성 옮김, 무수, 2005, p. 13.

2) J. 캠벨, 『천의 얼굴을 가진 영웅』, 이윤기 옮김, 민음사, 2004, pp. 44~45.

3) 보글러, 『신화, 영웅 그리고 시나리오쓰기』, p. 53.

4) 보글러, 『신화, 영웅 그리고 시나리오쓰기』, p. 54.

5) 올슨은 난쟁이들의 성격을 한 마디로, "존경을 하지도, 받지도 않는 자들"로 적절히 요약한다. C. 올슨, 『끝나지 않은 이야기 호빗』, 유정아 옮김, 씨앗을 뿌리는 사람, 2014, p. 62.

6) 원작 소설의 장 제목이다.

7) 이 부분은 원작소설에는 나오지 않는 부분이다. 원작소설에서 영화와 달리 원정대는 문서를 읽은 후 배웅을 받으며 리벤델을 떠난다.

8) 캠벨, 『천의 얼굴을 가진 영웅』, p. 93.

9) 캠벨, 『천의 얼굴을 가진 영웅』, p. 96.

10) 독수리들에 의해 구조되면서 《호빗: 뜻밖의 여정》은 끝나고, 이야기는 《호빗: 스마우그의 폐허》로 이어진다.

11) 캠벨, 『천의 얼굴을 가진 영웅』, p. 128.

12) 보글러, 『신화, 영웅 그리고 시나리오쓰기』, p. 62.

13) 캠벨, 『천의 얼굴을 가진 영웅』, p. 145.

14) 캠벨, 『천의 얼굴을 가진 영웅』, p. 152.

15) J. R. R. 톨킨, 『주석 따라 읽는 호빗』, D. A. 앤더슨 주석, 이미애 옮김, 씨앗을 뿌리는 사람들, 2014, pp. 444~445.

16) 톨킨, 『주석 따라 읽는 호빗』, pp. 418~419.

17) 영화에는 잘 나오지 않지만, 원작에 따르면 빌보는 "조랑말 한 마리가 운반할 수 있을 정도의 금과 은을 채운 상자 두개"도 전리품으로 받는다.

18) 끼지 않고 주머니에만 넣어두었던 덕분일지도 모른다. 《호빗: 뜻 밖의 여정》의 메이킹 필름에 보면, 빌보를 연기한 마틴 프리먼과 잭슨 감독이 빌보는 평소에 반지를 손가락에 끼지 않았다는 점을 의미심장하게 여기면서 대화하는 장면이 나온다.

19) 톨킨, 『주석 따라 읽는 호빗』, p. 449.

20) 용어 표기에 대해 짚고 넘어가자면, 북유럽 신화의 용어 번역은 통일되지 않은 상태다. 신화는 원래 구전이기 때문에 다양하게 글로 표기되는 것이 당연하다는 점은 차치하고라도, 현대어로 읽을 때에도 독일어식으로 읽을 것인지 영어식으로 읽을 것인지를 한국인이 정하기 곤란한 것도 그 이유이다. 최근 노르드어에 충실하자는 추세가 있지만, 아직 정착되지는 않았다.

21) 안인희, 『안인희의 북유럽신화 2』, 웅진지식하우스, 2009, pp. 30~31 참조.

22) 톨킨, 『주석 따라 읽는 호빗』, p. 431.

• 김성수 / 『나니아 연대기』의 상징성: 애니메이션 《사자, 마녀, 그리고 옷장(1979)》을 중심으로

1) 이대웅, 「'나니아 연대기'는 기독교를 알리기 위해 쓴 책이 아니다?」, 『크리스천 투데이』, 2013년 5월 13일자.

2) P. A. Karkainen, Narnia—Unlocking the Wardrobe, 1979, ebook edition: www.revellbooks.com, 2010, pp. 3~4 참조.

3) Children's Television Workshop (CTW), TVC London 등 영국과 미국의 6개 회사가 합작하여 만든 이 《사자, 마녀, 그리고 옷장》 애니메이션(러닝타임 95분)은 1979년 미국 에미상(Primetime Emmy Awards)에서 애니메이션 부문(Outstanding Animated Program)을 수상하였다. http://www.imdb.com/title/tt0079474/?ref_=fn_al_tt_5

4) 김영태, 「C. S. Lewis 신학의 기본 구조」, 『종교학보』, 창간호, 2006, pp. 84~93 참조.

5) G. 리드, 『C. S. 루이스를 통해 본 일곱가지 치명적인 죄악과 도덕』, 김병제 옮김, 누가, 2009, p. 29.

6) C. S. 루이스가 기독교 신앙을 완전히 회복한 데에는 그리스도의 부활이 '실제로 일어난 신화'라는 이해가 작용하였다. 『반지의 제왕』의 저자인 톨킨과의 대화 속에 잘 나타

나 있다. 송태현, 「C. S. 루이스를 통해 본 신화와 기독교의 관계」, 『신앙과 학문』, 제12권 3호, 2007, pp. 156~159 참조.

7) 권연경, 「C. S. Lewis: 사실이 된 신화와 신화적 알레고리」, 『한국기독교신학논총』, 79(1), 2012, pp. 253~260.

8) 송태현, 「C. S. 루이스를 통해 본 신화와 기독교의 관계」, p. 167 참조.

9) 기독교인들에게 있어서 그리스도의 부활은 핵심인데 반해, 비신앙인들의 관점에서는 이 부분이 가장 어렵게 생각될 수 있는 내용일 것이다. 부활의 진위와 관련된 내용은 미국 Sci-fi 채널에서 2012년에 방영한 다큐멘터리 《The Replacement gods》에 상당히 강하고 진지하게 언급되어 있다. 이 다큐멘터리에는 고대 신화에 등장하는 부활 이야기가 그리스도 시대 이전에 기록된 것이 아니라 그리스도의 부활 사건 이후 후대에 창작·첨삭되었다는 주장이 나온다.

10) C. S. 루이스, 『고통의 문제』, 이종태 옮김, 홍성사, 2016, pp. 41~56.

11) 이성주, 「루이스와 고통의 문제」, 『기독교철학연구』, 제1호, 2003, pp. 270~298.

12) C. S. 루이스, 『순전한 기독교』, 장경철·이종태 옮김, 홍성사, 2016, pp. 102~103.

13) 이성주, 「루이스의 기적 이해」, 『기독교철학』, 제16권, 2013, pp. 1~24.

14) C. S. 루이스, 『스크루테이프의 편지』, 김선형 옮김, 홍성사, 2016, pp. 64~81.

15) 각각에 대한 자세한 설명은 리드, 『C. S. 루이스를 통해 본 일곱가지 치명적인 죄악과 도덕』, 1부에 나온다.

16) 송시춘, 「C. S. 루이스의 『스크루테이프의 편지』에 나타난 악마의 세계와 인간 유혹 전략」, 『영어영문학연구』, 제56권 2호, 2014, pp. 97~112.

17) 권연경, 「C. S. Lewis: 사실이 된 신화와 신화적 알레고리」, p. 268.

18) 권연경, 「C. S. Lewis: 사실이 된 신화와 신화적 알레고리」, p. 269.

19) C. 디치필드, 『나니아 연대기가 읽어주는 성경』, 김의경 옮김, 크림슨, 2003, p. 21.

20) B. 에드워즈, 『길들여지지 않는 사자』, 김은희 옮김, 조이선교회, 2003, p. 19.

21) B. 에드워즈, 『길들여지지 않는 사자』, 김은희 옮김, 조이선교회, 2003, p. 21.

22) D. 다우닝, 『C. S. 루이스와 나니아 나라 이야기』, 이용중 옮김, 지식과 사랑사, 2005, p. 47.

23) 전통적인 견해라고는 하지만, 네 생물과 4복음서의 관계는 초기 교부 시대부터 논란이 있었다.

초기 교부	사람/천사	사자	소(송아지)	독수리
St. Irenaeus of Lyons	마태	요한	누가	마가
St. Augustine of Hippo	마가	마태	누가	요한
Pseudo-Athanasius	마태	누가	마가	요한
St. Jerome	마태	마가	누가	요한

현재는 4세기 후반, 성 제롬의 견해가 기독교 문화에서 일반화 되어있다. http://catholic-resources.org/Art/Evangelists_Symbols.htm 한편, 날개달린 사자는 이탈리아 베니스 공국의 상징이며, 베니스 영화제의 트로피 심볼로 사용된다.

24) "마녀는 심오한 마법을 알고 있긴 하지만, 그보다 더 심오한 마법이 있다는 것은 모르고 있지. 마녀는 태초 이후에 대해서만 알고 있을 뿐이다. 하지만 마녀가 태초 이전의 고요와 어둠이 존재하던 때를 조금이라도 더 내다볼 수 있었다면 다른 마법이 있다는 것도 알았을게다."(C. S. 루이스, 『사자와 마녀와 옷장』, 햇살과 나무꾼 옮김, 시공주니어, 2001, p. 192.)에서 기독교의 삼위일체를 알 수 있다. 부활한 그리스도가 태초 이전의 하나님이며 마법과도 같은 성령 운용에 개입하고 있다는 의미다.

25) C. S. 루이스는 『나니아 연대기』가 성경의 알레고리(allegory)는 아니라고 말한 적이 있다. 알레고리는 등장인물이나 사건이 어떤 무엇인가를 명확하게 상징하고 있어서 그로 인해 다른 내용을 의미하게 되나, 『나니아 연대기』에서는 아슬란을 제외하고는 그런 면이 다소 부족하여 성경의 내용을 정확히 지칭하고 있는 것 같지는 않다. 그렇지만 루이스가 성경 내용을 의식·무의식적으로 염두에 두었을 것이므로, 정확히 대입되지는 않으나 부합되는 면은 많다고 보는 게 옳을 것이다.

26) 털코트들을 헤치고 나아가는 과정을 어머니의 코트들을 헤치고 나니아에 도착한다는 프로이트의 방식으로 해석하고자 하는 이들도 있다. 자세한 것은 J. L. Walls, 'Narnia and the Enchantment of Philosophy', ed. G. Bassham & J. L. Walls, *The Chronicles of Narnia and Philosophy — The Lion, The Witch and the Worldview*, Carus Publishing Company, 2005 초반부 참조.

27) 이에 대한 내용은 M. 새몬스, 『나니아 연대기 가이드북』, 하연희 옮김, 루비박스, 2005, pp. 76~78 참조.

28) 크리스마스가 이 이야기에 들어오게 된 데에는 하얀 마녀의 마법으로 인해 끝도 없이 계속되는 겨울이 크리스마스로 인해 타파되기 시작했다는 것을 상징한다고 알려져 있다.

29) 선악의 구별을 위해 흔히 색채와 조명을 이용하는데, 이 애니메이션도 예외가 아니다.

30) 돌 탁자는 구약 성경의 십계명을 적은 돌판을 상징한다고 루이스가 직접 밝힌 바 있다.

31) 아날로그와 디지털의 문화 차이는 '디지털 문화(digital culture)'라는 용어 사용으로 정리되고 있다. 디지털 문화가 활성화 되면서, 아날로그에 대한 향수 역시 생겨나고 있다.

• 임우형 / 애니메이션 《이집트 왕자》에 나타난 성서 『출애굽기』의 신화적 해석

1) 플라톤, 『국가(政體)』, 박종현 옮김, 서광사, 2005, p. 171; John Burnet (ed.), *Platonis Opera*, Clarendon Press, 1900: "Καὶ ἐγὼ εἶπον· Ὦ Ἀδείμαντε, οὐκ ἐσμὲν ποιηταὶ ἐγ
ώ τε καὶ σὺ ἐν τῷ παρόντι, ἀλλ' οἰκισταὶ πόλεως· οἰκισταῖς δὲ τοὺς μὲν τύπους πρ
οσήκει εἰδέναι ἐν οἷς δεῖ μυθολογεῖν τοὺς ποιητάς, παρ' οὓς ἐὰν ποιῶσιν οὐκ ἐπιτρ
επτέον, οὐ μὴν αὐτοῖς γε ποιητέον μύθους. Ὀρθῶς, ἔφη· ἀλλ' αὐτὸ δὴ τοῦτο, οἱ τύ
ποι περὶ θεολογίας τίνες ἂν εἶεν;"

2) 『소크라테스 이전 철학자들의 단편 선집』, 김인곤 외 옮김, 아카넷, 2005, pp. 205~206.

3) 플라톤, 『국가(政體)』, pp. 172~173; John Burnet (ed.), *Platonis Opera*: "(379a) ἀλλ' α
ὐτὸ δὴ τοῦτο, οἱ τύποι περὶ θεολογίας τίνες ἂν εἶεν; Τοιοίδε πούτινες, ἦν δ' ἐγώ· οἷ
ος τυγχάνει ὁ θεὸς ὤν, ἀεὶ δήπου ἀποδοτέον, ἐάντέ τις αὐτὸν ἐν ἔπεσιν ποιῇ ἐάντ
ε ἐν μέλεσιν ἐάντε ἐν τραγῳδίᾳ. (379a) Δεῖ γάρ. Οὐκ οὖν ἀγαθὸς ὅ γε θεὸς τῷ ὄντι
τε καὶ λεκτέον οὕτω; (···) Οὐκ ἄρα πάντων γε αἴτιον τὸ ἀγαθόν, (···) (379b) (···) Οὐ
κ ἄρα, ἦν δ' ἐγώ, ἀποδεκτέον οὔτε Ὁμήρου οὔτ' ἄλλου ποιητοῦ ταύτην τὴν ἁμαρτ
ίαν περὶ τοὺς θεοὺς ἀνοήτως ἁμαρτάνοντος(379c)"

4) 아리스토텔레스, 『형이상학』, 김진성 역주, 이제이북스, 2007, pp. 273~274; Aristotle, ed. I. Bekker, *Metaphysica, Aristotlelis Opera*, Bd. II, Berlin, 1831 : "ἡ δὲ πρώτη κα
ὶ περὶ χωριστὰ καὶ ἀκίνητα. ἀνάγκη δὲ πάντα μὲν τὰ αἴτια ἀΐδια εἶναι, μάλιστα δὲ τ
αῦτα: ταῦτα γὰρ αἴτια τοῖς φανεροῖς τῶν θείων. ὥστε τρεῖς ἂν εἶεν φιλοσοφίαι θεω
ρητικαί, μαθηματική, φυσική, θεολογική (οὐ γὰρ [20] ἄδηλον ὅτι εἴ που τὸ θεῖον
ὑπάρχει, ἐν τῇ τοιαύτῃ φύσει ὑπάρχει) , καὶ τὴν τιμιωτάτην δεῖ περὶ τὸ τιμιώτατον
γένος εἶναι. αἱ μὲν οὖν θεωρητικαὶ τῶν ἄλλων ἐπιστημῶν αἱρετώταται, αὕτη δὲ τ
ῶν θεωρητικῶν."

5) P. 아이허, 『신학의 길잡이』, 박재순 옮김, 대학기독교서회, 2002, p. 66 참고.

6) 박희영, 「종교란 무엇인가?」, 『서양고전학연구』, 제13집, 1999, p. 309.

7) G. Riley, *One Jesus many Christs*, Fortress Press, 2000 참조.

8) 이 후에 나오는 우리말 성서구절 모두 『(개역개정판) 성경』, 한국성서공회, 2005에서 따왔다. *Biblia Hebraica Stuttartensia*, edited by Karl Elliger and Wilhelm Rudolph, fifth Revised Eidition, edited by Adrian Schenkr, *שמות*, (Stuttgart: Deutsche Bibelgesellschaft, 1997). “וירא מלאך יהוה אליו בלבת-אש מתוך הסנה וירא והנה הסנה בער באש והסנה איננו אכל:”

9) J. Calvin, *Commentaries on the Four Last Books of Moses*, trans. Charles William Bingham, Christian Classics Ethereal Library, 1998, p. 36.

10) BHS, “ויגדל הילד ותבאהו לבת-פרעה ויהי-לה לבן ותקרא שמו משה ותאמר כי מן-המים משיתהו”(2:10 *שמות*)

11) 이 논문에서 사용된 파라오들의 치세는 I. Shaw (ed.), *The Oxford history of Ancient Egypt*, Oxford University Press, 2000에 근거하였다.

12) 오홍식, 「모세와 다나오스」, 『서양고대사연구』, 제37집, 2014, pp. 7~37.

13) BHS, “וישמע פרעה את-הדבר הזה ויבקש להרג את-משה:” (2:15 *שמות*)

14) BHS, “ויברח משה מפני פרעה וישב בארץ-מדין וישב על-הבאר:” (2:15 *שמות*)

15) B. Davidson, *The Analytical Hebrew and Chaldee lexicon*, Znodervan Publishing House, 1982, p. 351; 로고스편찬위원회 엮음, 『히브리어 사전』, 로고스, 2010, p. 356.

16) 《이집트 왕자》는 양이나 낙타와 같은 토템이 구원자 또는 인도자의 역할을 한다.

17) 권택명·정영찬·김용범, 「『출애굽기』를 창작소재로 한 드림웍스사 애니메이션 《이집트 왕자》 연구」, 『인문콘텐츠』, 제16호, 2009, p. 292.

18) 한명희, 「영웅서사구조 중심으로 하는 판타지영화의 시각화 연구」, 『디지털콘텐츠학』, 제11집 2호, 2010, pp. 185~194.

19) 《이집트 왕자》는 항상 중요한 순간에 여인이 구원자와 조력자로 등장한다.

20) BHS, “אתה תדבר את כל-אשר אצוך ואהרן אחיך ידבר אל-פרעה ושלח את-בני-ישראל מארצו:”(7:2 *שמות*)

21) BHS, “ויבא משה ואהרן אל-פרעה ויעשו כן כאשר צוה יהוה וישלך אהרן את-מטהו לפני פרעה ולפני עבדיו ויהי לתנין:”(7:10 *שמות*)

22) BHS :"אמר אל-אהרן קח מטך ונטה-ידך על-מימי מצרים על-נהרתם על-יאריהם ועל-אגמיהם ועל כל-מקוה מימיהם׃ ויאמר יהוה אל-משה" (שמות 7:19)

23) J. 캠벨, 『천의 얼굴을 가진 영웅』, 이윤기 옮김, 민음사, 1999, p. 29에서 재인용.

24) 김종두, 「영웅 이야기로서 성서의 모세 이야기」, 『문학과 종교』, 제13권 3호, 2008, p. 152.

25) 김수정, 「애니메이션 영화에 나타난 '영웅 캐릭터'의 매력 분석: 알라딘, 포카혼타스, 인크레더블,엘사, 모세를 중심으로」, 『애니메이션연구』, 제11집 5호, 2015, p. 72.

26) BHS, "אמר אל-אהרן קח מטך ונטה-ידך על-מימי מצרים על-נהרתם על-יאריהם ועל-אגמיהם ועל כל-מקוה מימיהם׃ ויאמר יהוה אל-משה"(שמות 7:19)

27) BHS, "האלהים ההלך לפני מחנה ישראל וילך מאחריהם ויסע עמוד הענן מפניהם ויעמד מאחריהם׃ ויסע מלאך"(19) "רים ובין מחנה ישראל ויהי הענן והחשך ויאר את-הלילה ולא-קרב זה אל-זה כל-הלילה׃ ויבא בין מחנה מצ"(20)(שמות 14:19-20)

28) http://blog.naver.com/honey1080/220570270773

29) BHS, "משה את-ידו על-הים ויולך יהוה את-הים ברוח קדים עזה כל-הלילה וישם את-הים לחרבה ויבקעו המים׃ ויט"(שמות 14:21)

30) 김기홍, 「허구서사 애니메이션의 관객 몰입 메커니즘 연구: 구성주의 인지서학적 접근을 중심으로」, 『만화애니메이션연구』, 제17호, 2009, p. 48 참조.

• 안효성 / 신화 속 영웅들의 콘텐츠적 재귀

1) J. 캠벨, 『천의 얼굴을 가진 영웅』, 이윤기 옮김, 민음사, 1999, pp. 44~45 참조.

2) 김헌선, 「세계 영웅신화 연구서설」, 『세계의 영웅신화』, 동방미디어, 2002, p. 16.

3) 김헌선, 「세계 영웅신화 연구서설」, p. 16.

4) "무의식의 원형적 이미지(Archetypal Images, 원형상)로서 만들어진"은 "무의식의 원형적 이미지(Archetypal Images, 원형상)에 해당하는"으로 고쳐 쓸 수도 있을 것이다. 원형상, 곧 원형적 이미지는 "선천적 정신의 조건으로서 의식적 정신이 체험하도록 표상하는 전형적인 형상 중의 하나"이다. 이유경, 「영웅신화의 분석심리학적 이해」, 『세계의 영웅신화』, p. 348. 한편 '원형'과 '원형적 이미지(또는 원형상)' 사이의 관계는 다음

과 같이 이해할 수 있다. '원형'은 모든 인간이 태어날 때부터 갖고 있는 선험적 조건으로서, 그것으로 인해 보편적이고 근원적인 인간행동의 유형이 있게 된다. 원형은 우리가 어떤 표상을 산출할 수 있는 잠재력이고 가능성이며, 그 자체로는 특정한 형상을 갖추지 않은 비어 있는 형식이다. 그렇지만 우리 정신에 갖추어진 어떤 일정한 원초적 기본 조건 틀이기에 아무 것도 아닌 것은 아니다. 그것은 대단히 크고 포괄적인 정신의 심층 구조로서 일종의 정신의 도식이다. 안효성, 「음양이론의 상징적 상상력」, 『철학과 문화』, 제18집, 한국외국어대학교 철학연구소, 2009 참조. 융에 따르자면 우리는 원형 그 자체를 절대로 인식할 수 없으며, 다만 원형적 이미지들을 통해 원형의 존재를 짐작할 수 있을 뿐이다. C. G. Jung, *Von den Wurzeln des Bewußtseins*, Rascher Verlag, 1954, p. 81; p. 123의 주27. 이부영, 「C. G. 융과 신화」, 『서강인문논총』, 제16집, 서강대학교 인문과학연구소, 2002, p. 46 재참조.

5) 토르의 경우는 애초에 신이지만, 게르만의 신들은 그리스의 신들과 달리 영생을 보장받은 신이 아니라는 점 등 약점과 제한성이 많은 신이라는 점에서 반인반신적 영웅신화에 포함시켜 논해볼 여지가 있고, 실제 마블의 작품에서는 명색만 신일뿐, 다른 인간적 수준의 슈퍼 히어로들과 오히려 대등하게 취급되고 있다.

6) 헤라클레스는 제우스의 아들인 반신반인이므로 애초에 초인의 위격을 지닌 자이며, 압도적인 힘을 자랑하는 위대한 행적을 남겨 사람들로부터 찬미 받은 영웅이라는 점에서 명백히 '슈퍼 히어로'이다. 게다가 자신의 넘치는 힘을 주체하지 못하고 과잉된 욕망을 추구하거나 말썽을 일으키고 때론 고뇌하기도 한다는 점에서 오늘날에 창작된 슈퍼 히어로들과도 비슷한 면모를 보여준다.

7) C. G. Jung, "Approaching the Unconscious", *Man and His Symbols*, Dell, 1968, p. 61.

8) 무의식은 두 개의 층위로 크게 나눌 수 있다. 하나는 개인적 삶의 과정에서 형성된 의식의 내용에서 단순히 잊혀진 것으로, 의식적으로 억제했거나 무의식적으로 억압된 개인생활의 독특한 내용들로 이루어진 층위로서 '개인적 무의식'이라 칭한다. 다른 하나는 개별적 체험과는 무관하게 선천적으로 이미 갖추어진 인간의 보편적이고 원초적인 행동유형의 조건들에 해당하는 '원형'으로 구성된 층위이다. 이것은 '집단적 무의식'이라 지칭된다.

9) 캠벨, 『천의 얼굴을 가진 영웅』, p. 54.

10) 이유경, 「영웅신화의 분석심리학적 이해」, 『세계의 영웅신화』, pp. 340~341; E. Neumann, *The Origin and History of Consciousness*, Princeton University Press,

1993, p. 10 참조.

11) J. L. Henderson, "Ancient Myths and Modern Man", *Man and His Symbols*, Dell, 1968, pp. 103~106 참조.

12) 이부영, 「C. G. 융과 신화」, p. 43 참조.

13) 영웅의 탄생에 대한 분석심리학적 이해와 관련하여서는 이유경, 「영웅신화의 분석심리학적 이해」, 『세계의 영웅신화』, pp. 355~360 참조.

14) 이유경, 「영웅신화의 분석심리학적 이해」, 『세계의 영웅신화』, p. 361.

15) 이유경, 「영웅신화의 분석심리학적 이해」, 『세계의 영웅신화』, p. 369.

16) J. L. Henderson, "Ancient Myths and Modern Man", *Man and His Symbols*, pp. 118~119 참조.

17) 먼저 《헤라클레스: 레전드 비긴즈》는 그저 검투영화일 뿐이라고 해도 과언이 아닐 정도로 원작에 대한 왜곡이 심각하고 내용적 가치가 없다. 헤라클레스가 제우스의 아들로서 알크메네의 뱃속에서 나오는 것은 그대로지만, 알크메네의 남편 암피트리온은 탐욕스럽고 모진 정복왕으로 묘사되며, 알크메네와 암피트리온 사이에서 태어난 자식인 이피클레스는 나약하고도 악한 캐릭터로 그려진다. 그리고 헤라클레스와 사랑을 나누는 연인으로는 크레타의 공주 '헤베'가 등장하는데, 신화 속에서 헤베는 헤라의 딸이자 청춘의 여신으로서 훗날 헤라클레스가 죽어 신이 된 뒤에야 맺어지는 사이이다. 결정적인 낯설음은 헤라클레스가 아버지의 질투 속에서 이집트 원정에 나섰다가 현지에서 포로로 잡혀 노예로 전락하여 검투사가 되고, 고국으로 돌아와 검투 시합에서 활약하다가 암피트리온이 어머니를 죽였다는 소식을 듣고 복수를 위해 봉기를 일으켜 마침내 자기의 양부이기도 한 암피트리온을 어머니의 단검으로 죽인다는 전개이다. 너무도 원작의 서사와 무관하고 뒤죽박죽이지 않을 수 없다. 《헤라클레스: 전설의 부활》도 크게 다르지 않다. 이 영화의 내용 역시 우리에게 익숙한 헤라클레스의 캐릭터 특징과 처자식 살해 모티브만 차용했을 뿐, 전반적 설정과 전개는 원작과 동떨어져 있다. 여타 나머지 등장인물들도 가공된 인물들이다. 여기에서 헤라클레스는 제우스의 아들이라고 사람들에게 소문난 전설적인 전사이지만 자기 손으로 처자식을 죽인 죄책감으로 인해 술에 절어 숨어 사는 폐인으로 등장한다. 그리고 어느 날, 권력과 사랑하는 여인을 얻기 위해 반란으로 왕위를 찬탈한 악인 니코스에 저항하는 이들의 요청으로 재야에서 나와 민중봉기의 열기 속에 니코스의 군대를 물리치는데 앞장서고, 끝내 니코스의 머리통을 박살내 처단한다는 내용이다.

18) 원래의 신화와는 달리 헤라클레스의 친모가 헤라로 설정되어 있고 극 중에서 헤라가

헤라클레스의 인생을 방해하지도 않는다.

19) 원전 신화에서 헤라클레스의 양아버지는 페르세우스(Perseus)의 손자이자 테베의 장군이었던 암피트리온이고 어머니는 티린스의 공주 알크메네였지만 애니메이션에서 헤라클레스의 양부는 아주 평범한 늙은 농부로 설정된다.

20) 애니메이션 상에서 사실 메가라는 저승의 제왕 하데스에게 영혼을 팔고 사로잡혀 그 밑에서 일하고 있으며, 하데스의 명령으로 차일 올림포스를 공격할 동맹으로 삼기 위해 당시 네소스를 유혹하고 있는 중이었던 것으로 설정된다.

21) 이 영화는 다른 영화들과의 차별을 노린 탓인지 국내에서 표기를 영어 발음대로인《허큘리스》로 하고 있지만, 본고에서는 통일적 표현을 위해 이 영화의 내용 및 등장인물과 관련하여서도 모두 헤라클레스로 명기한다.

22)《허큘리스》의 헤라클레스는 디즈니의 헤라클레스에 비해 부분적으로는 동물적이고 부분적으로는 인간적인 '토끼 주기'의 불완전한 모습이 부각되지는 않지만, 전투에서 무엇보다 생존을 중시하고 있는 점과 자신을 반인반신의 존재로 믿고 있는 사람들의 눈치를 보느라 부상을 입고도 피 흘리는 모습을 노출하지 않거나 고통을 애써 감추는 모습, 그리고 죄책감과 자기 안의 광기 노출이라고도 볼 수 있는 케르베로스의 악몽에 시달리는 면은 '토끼 주기'의 상태를 반영하고 있다고 볼 수 있을 것이다.

23) 통상적인 헤라클레스 신화에서라면 헤라클레스는 죽어서 비로소 그 영혼이 하늘에 올라 신이 되었다. 애니메이션에서 헤라클레스는 실제 죽은 적이 없지만 메가라를 살리기 위해 메가라의 영혼을 건지러 저승에 있는 죽음의 강물에 뛰어들었으니 그것은 상징적 첫 죽음이라고 간주할 수 있다.

24) "제우스의 경우는 종종 하늘의 신 제우스와는 아주 대립되는 측면으로 '죽은 자들의 신'을 의미하는 제우스 크토니오스(Zeus Chthonios)로 불리기도 한다. 그러므로 때로는 제우스가 하데스와 동일시되기도 했다는 것을 알 수 있다." 장영란,『장영란의 그리스 신화』, 살림, 2005, p. 89.

25) 안효성,「음양이론의 상징적 상상력」,『철학과 문화』, 제18집, 한국외국어대학교 철학연구소, 2009 참조.

26) 애니메이션《헤라클레스》에서 헤라클레스의 이성 조력자로 나오는 메가라는 시크한 팜므파탈처럼 묘사되는데, 알고 보면 죽은 애인을 구하기 위해 하데스에게 영혼을 팔 정도로 헌신적인 사랑을 지닌 여인이다. 반면《허큘리스》에서 헤라클레스의 이성 조력자는 위험천만한 적인 코티스의 딸로서, 착하고 현명하나 모성애가 깊은 나머지 어리석은 일을 범할 수도 있는 미녀로 그려진다. 둘의 성격적 차이가 있기는 하지만, 이들은

모두 남성 본위적 시각이 투영된 고전적인 여성상이라는 일치점이 있다.

27) 이유경, 「영웅신화의 분석심리학적 이해」, 『세계의 영웅신화』, p. 347 참조.

• 박치완 / 애니매트릭스 《제2의 르네상스》에 나타난 기계-인간론과 가상세계의 신화 비판

1) 정채봉, 『멀리가는 향기』, 샘터, 1987, pp. 61~62.

2) G. 바슐라르, 『공간의 시학』, 곽광수 옮김, 동문선, 2003, p. 107.

3) 김성동 역시 "인간은 기계보다 못한 존재인가?"라는 화두로 《매트릭스》에서의 현대인의 '자기이해'의 문제를 해부하고 있다. 「기술문화시대 인간의 자기이해: 영화 《매트릭스》를 중심으로」, 『대동철학』, 제23집, 2003 참조.

4) 디제라티(digerati)란 21세기의 신종 기술 엘리트들로 〈digital〉과 〈literati〉의 합성어임. 이에 대한 보다 상세하고 비판적인 언급은 J. 브록만, 『디지털 시대의 파워 엘리트』, 김원희·임세윤 옮김, 황금가지, 1996 참조.

5) J.-P. 바르니에, 『문화의 세계화』, 주형일 옮김, 한울출판사, 1999 참조.

6) 경영, 시장, 효율성과 결탁한 과학이 '인간적인 가치'를 너무도 등한시하고 있는 것은 부인하기 어려운 사실이다. A. 와인버그, 「과학과 가치」, 『광장』, 1984년 11월호 참조.

7) 『디지털이다』(배욱인 옮김, 커뮤니케이션북스, 1955)의 저자이기도 함.

8) R. 도킨스, 『이기적 유전자 *The Selfish Gene*』, 홍영남 옮김, 을유문화사, 2002 참조.

9) 오직 컴퓨터와 인터넷만으로 의사소통을 하는 세대로 〈compunication〉은 〈computer〉 + 〈communication〉의 준말임. 이상훈, 「사이버생활양식 개념의 정립」, 『대동철학』, 제23집, 2003, p. 400 참조.

10) 최길수, 「신비의 베일 벗는 인간두뇌」, 『광장』, 1984, p. 126.

11) P. Reddy, "Globalization of Technology: Issues in Technology Transfer and Technological Capability Building", UNESCO-EOLSS (Encyclopedia of Life Support System), 2002~2016 참조.

12) 안현수, 『깊고 넓게 생각하기』, 학고재, 2001, p. 197.

13) 과학적 정신과 철학적 정신의 구분에 대해서는 베르그송의 *La pensée et le mouvant*, in *Oeuvres*, PUF, 1970, p. 1322 이하 참조.

14) 박치완, 「삼독기법(三毒機法)으로부터 벗어나는 길: G. 바슐라르의 상상력의 철학이 주는 교훈」, 『불교평론』 2003년 겨울호 참조.

15) 이정우, 「여러 세계 속에서 살아가기」, 『철학의 21세기』, 소명출판, 2002, p. 124; 138 참조.

16) 이정우, 「여러 세계 속에서 살아가기」, p. 123.

17) 이정우, 「여러 세계 속에서 살아가기」, p. 138.

18) 피에르 샹제 같은 사람은 화학과 전기에 의해 인간의 뇌의 모든 기능을 설명할 수 있다고 주장한다. R. 끌락, 『인간의 진화: 인간이 도태된다』, 한지희 옮김, 성림, 1991, p. 26.

19) 김성동, 「기술문화시대 인간의 자기이해: 영화 《매트릭스》를 중심으로」, p. 150에서 재인용.

20) M. 호르크하이머·T. W. 아도르노, 『계몽의 변증법』, 김유동·주경식·이상훈 옮김, 문예출판사, 1996, pp. 13~14.

21) W. 미첼, 『비트의 도시』, 이희재 옮김, 김영사, 1999 참조.

22) 이정우, 「여러 세계 속에서 살아가기」, p. 137.

23) F. Lemarchand, "L'idéologie moderniste et l'utopie", *Ecologie & politique*, n° 37, 2008, p. 24.

24) Lemarchand, "L'idéologie moderniste et l'utopie", pp. 24~25 참조.

25) Lemarchand, "L'idéologie moderniste et l'utopie", p. 31.

26) 끌락, 『인간의 진화: 인간이 도태된다』, p. 82.

27) E. Morin, *La méthode 1: La nature de la Nature*, Seuil, 1977, p. 384.

28) Morin, *La méthode 1: La nature de la Nature*, p. 384.

29) 안현수, 『깊고 넓게 생각하기』, p. 177.

30) 안현수, 『깊고 넓게 생각하기』, p. 177.

31) E. Rodary, "Utopia Limited. L'imaginaire dans un monde connecté", *Ecologie & politique*, n° 37, 2008, p. 125.

32) Morin, *La méthode 1: La nature de la Nature*, p. 387.

33) 이선일, 「하이데거와 현대 기술 비판」, 『대동철학』, 제14집, 2011, 제3장 2절 참조.

34) 하이데거는 『근거에 관한 명제』, 『내맡김』 등에서 당시의 원자력과 원자력의 개발에 치중하는 과학-기술에 대해 비판적으로 분석하면서 계산하는 사유만이 유일한 사유로 통용되고 활용되는 위험에 대해 경고하고 있다. 상세한 분석은 이기상, 「존재역운으로서의 기술」, 『하이데거 철학과 동양사상』, 철학과 현실사, 2001 참조.

35) 이선일, 「하이데거와 현대 기술 비판」, 제4장 2절 참조. 하이데거의 이러한 견해가 과연 현대의 과학 기술에 철저히 지배받고 있는 인간을 구해낼 수 있을 것인지, 존재에로의 전향이 적절한 대처라고 할 수 있는지는 이 글에서 논외로 하기로 한다. 다만 그의 과학 기술의 위험에 대한 진단과 과학 기술 세계를 이겨나갈 수 있는 인간의 태도 변화 요구는 수용 가능해 보인다.

36) 러셀도 일찍이 "The Last Essay(1967)"에서 "현대의 최신 무기들을 보건대, 다음 세대에 일어날 전쟁은 인간이라는 종을 멸절시키게 될 것이 틀림없다"고 경고한 바 있다. 그리고 러셀은 이러한 위기 상황을 극복할 수 있는 구체적 대안을 다음과 같이 제시하고 있다: "기계가 수행하는 단조롭고 반복적인 일의 연속보다는, 무시무시한 경쟁보다는, 사람의 상호 협력이 인정되는 곳, 우리가 마음 속 깊이 사랑할 수 있는 모든 것들이 오직 파괴만을 임무로 하는 가공할만한 기계를 위해 희생당하지 않는 곳, 산을 이룰 정도로 무수한 시체가 쌓이는 곳이 아니라 웃음과 환희가 증진되는 곳, 이런 것이 불가능하다 말하지 말자. (…) 간절히 이를 열망하며, 남들을 고문하여 고통을 주는 따위의 일과는 애초부터 거리가 먼 사람들을 이 세계가 기다리고 있다." — 러셀이 염려한 바를 우리가 충분히 고민했다면 과연 오늘날의 SF 영화들이 가능했을까, 라는 생각을 필자는 미련스럽게 해 본다.

37) R. 소여, 「인공지능, SF, 매트릭스」, 『우리는 매트릭스 안에 살고 있나』, 이수영·민병직 옮김, 굿모닝미디어, 2003, p. 72 참조.

38) 프랜시스 케언크로스(F. Cairncross)는 새로운 정보통신흐름에 대한 예측 가이드 제30번째 항으로, "다른 대륙의 사람들의 사고와 감성을 좀 더 깊이 이해할 수 있게 되어, 세계평화가 촉진될 것"이라고 호언하고 있다. 『거리의 소멸ⓝ디지털 혁명』, 홍석기 옮김, 세종서적, 1999, p. 24. 허나 필자가 보기엔 이는 정보 사용자들의 생각이 바뀌지 않는 한, 허황되고 꿈만 같은 이야기라 생각된다.

39) M. 푸코, 『감시와 처벌』, 오생근 옮김, 나남출판사, 1994 및 홍성욱, 『파놉티콘: 정보사회 정보감옥』, 책세상, 2002 참조.

40) 이용관·김지석, 『할리우드. 할리우드 영화의 산업과 이데올로기』, 제3문학사, 1992, p. 211에서 재인용. 저자들은 이 책에서 헐리우드 영화의 이데올로기로 ① 개인주의, ② 자본주의의 가치, ③ 가부장적 제도, ④ 인종차별주의를 들고 있지만, 이제는 이에 기계주의, 현실도피주의, 반(反)휴머니즘, 아메리카니즘, 환상주의 등이 첨가되어야 할 것으로 보인다.

41) 이정우는 세계를 이렇게 넷으로 나누고 있으며, 항상 현실계가 시작점이고 종착점이라고 강조한다. 이정우, 「여러 세계 속에서 살아가기」, pp. 111~139 참조.

42) 박치완·김성수, 『비주얼 컬쳐 시대의 이해』, 한국외국어대학교 지식출판원, 2015 참조.

43) J. 보드리야르, 『소비의 사회: 그 신화와 구조』, 이상률 옮김, 문예출판사, 2015 참조.

44) 박치완, 『이데아로부터 시뮬라크르까지』, 한국외국어대학교 지식출판원, 2016, pp. 89~129 참조.

45) 박치완, 「세계적 수준의 지식 잔치?」, 『사이』 2003년 봄호, pp. 271~272 참조.

46) M. 세르, 『엄지세대, 두 개의 뇌로 만들 미래』, 양영란 옮김, 갈라파고스, 2014 참조.

47) 배식한, 『인터넷, 하이퍼텍스트 그리고 책의 종말』, 책세상, 2000, p. 166.

48) 그래서일까. 이를 반증이라도 하듯, 실제 《매트릭스》에 대해서도 많은 철학자들이 달라붙어 분석을 시도한 바 있다. G. 예페스 엮음, 『우리는 매트릭스 안에 살고 있나』, 이수영·민병직 옮김, 굿모닝미디어, 2003; S. 지젝 외, 『매트릭스로 철학하기』, 이운경 옮김, 한문화, 2003; 이정우 외, 『철학으로 매트릭스 읽기』, 이룸, 2003 등 참조.

49) 김성동, 「기술문화시대 인간의 자기이해: 영화 《매트릭스》』를 중심으로」, pp. 18-20 참조.

50) P. 폰테너, 「매트릭스에 신은 있는가」, 『우리는 매트릭스 안에 살고 있나』, 248.

51) 박병철의 『영화 속의 철학』(서광사, 2001), 김영민의 『철학으로 영화보기, 영화로 철학하기』(철학과 현실사, 2001) 등이 출판된 것도 이와 무관하지 않을 것이다.

52) 일례로, 김영순은 「복합매체는 메시지가 아니다」(『아카필로』, n°7, 2001)에서 "철학은 현실에서 깨어나 가상현실로 가야한다"고 주장하고 있으며(67) 이상훈은 「사이버생활양식 개념의 정립」(『대동철학』, 제23집, 2003)에서 "정보화와 더불어 오늘날 '가상'이 새로운 문제틀로 대두되는 맥락은 그것이 단순히 실재를 '대체'한다는 의미에서가 아니라 실재를 '생산'하는 데 있는 것 같다"는 전제 하에 우리가 직면하고 있는 최근의 "디지털 혁명을 과학기술의 문제가 아니라 사회존재론적 혁명이라는 차원", "현대에 대

한 메타서사를 바꾸는 차원의 문제"로서 보다 긍정적, 종합적으로 접근해야 할 필요성이 있다고 제안하고 있다(384, 387).

53) 박치완, 「인간과 언어, 이성과 감정: M. Meyer의 새로운 언어관과 인간관을 중심으로」, 『감정의 코드, 감정의 해석』, 한국외국어대학교 출판부, 2013, pp. 31~63 참조.

• 임대근 / 중국 설화의 콘텐츠화 전략: 『수신기(搜神記)』의 트랜스 아이덴티티 캐릭터를 중심으로

1) 임대근, 「트랜스 아이덴티티의 개념과 유형: 캐릭터, 스토리텔링, 담론」, 『외국문학연구』 제62호, 한국외대 외국문학연구소, 2016.5. 참고

2) 상기숙, 「『수신기』에 나타난 중국 세시풍속 고찰」, 『역사민속학』 제21호, 한국역사민속학회, 2005.12, 297쪽 참조.

3) 간보 지음, 임대근 외 옮김, 「옮긴이의 말」, 『수신기: 신화란 무엇인가?』, 동아일보사, 2016, 5쪽. "'수신'이라는 단어를 현대적으로 풀면 "신을 찾는다"고 말할 수도 있겠다. 하지만 고대 중국어에서 '신'(神)은 명사적 의미라기보다는 '신기하다', '기이하다' 등과 같은 형용사적 의미라고 보는 편이 타당하다. 또한 수(搜)도 '찾다'고 해석하기보다는 '모으다', '수집하다' 등의 의미로 보는 편이 나을 것이다. 따라서 서명은 '신기한 이야기 모음' 정도로 이해할 수 있다."

4) 간보, 임대근 외 옮김, 「서문: 기이한 이야기」, 위의 책, 9쪽.

5) 해당 콘텐츠 정보에 대해서는 百度百科의 해당 항목 참조. http://www.baidu.com

6) 간보, 임대근 외 옮김, 위의 책, 270쪽.

7) 간보, 임대근 옮김, 위의 책, 14쪽.

8) 임대근, 「'트랜스 아이덴티티'의 개념과 유형: 캐릭터, 스토리텔링, 담론」, 위의 글, 132쪽.

9) 간보, 임대근 외 옮김, 「서등과 조병」, 위의 책, 51쪽.

10) 간보, 임대근 외 옮김, 「서등과 조병의 청렴」, 위의 책, 52쪽.

11) 간보, 임대근 외 옮김, 「황공의 일을 말하는 국도룡」, 위의 책, 53-54쪽.

12) 간보, 임대근 외 옮김, 「호랑이로 변신하는 사람들」, 위의 책, 323-324쪽.

13) 간보, 임대근 외 옮김, 「아버지를 귀신으로 오해하다」, 위의 책, 460-461쪽.

14) 간보, 임대근 외 옮김, 「다시 살아난 평상생」, 위의 책, 28쪽.

15) 이 글에서 제시한 설화의 제목은 임대근 외 옮김, 위의 책을 따랐다.

16) 간보, 임대근 외 옮김, 「무덤에서 살아난 왕도평의 아내」, 위의 책, 372-374쪽.

17) 이에 관해서는 간보, 임대근 외 옮김, 「권1에 대하여」, 위의 책 14-16쪽 참조. "기인과 보통 사람에 관한 이야기를 꿰뚫고 있는 핵심 주제는 '떠남'이다. 도술을 부리는 사람들은 언제나 보통 사람들의 땅에 머무르지 않고 반드시 떠나가고 만다. 이 '떠남'이야말로 기인을 기인답게 하는 장치다. 그들이 일상 속에서 보통 사람과 얽혀 산다면, 도무지 알 수 없는 인간사 수많은 일을 신비로운 힘의 영역으로 환원하기 어려워지기 때문이다. 그들의 '떠남'은 그래서 그들 자신의 존재를 증빙하는 힘이 될뿐더러, 보통 사람에게도 부조리한 세상을 살아가는 논리를 구축할 수 있는 힘을 제공한다."

• 송희영 / 전쟁기억의 문화적 재현과 신화성: 퓌뒤푸의 역사야외극 《시네세니》를 중심으로

1) K. 암스트롱, 『신화의 역사』, 이다희 옮김, 문학동네, 2005, pp. 9~15.

2) 암스트롱, 『신화의 역사』, p. 14.

3) M. 엘리아데, 『영원회귀의 신화』, 심재중 옮김, 이학사, 2009, p. 32.

4) 엘리아데, 『영원회귀의 신화』, pp. 28~32.

5) 박희영, 「엘레우시스 비밀의식의 철학적 의미」, 『한국외국어대학교 논문집』, 제30호, 1997, pp. 233~234.

6) 안진태, 『엘리아데·신화·종교』, 고려대학교 출판부, 2015, p. 165.

7) G. Richards, "Cultural Events and Festivalization", *Cultural Tourism: Global and Local Perspectives*, The Haworth Press, Inc., 2007, p. 259.

8) 류정아, 「축제와 지역 문화: 남프랑스의 사례들을 중심으로」, 『지역민주주의와 축제의 관계』, 중원문화, 1999.

9) 우리말로는 연희(演戲), 연행(演行)이라는 용어도 연극과 함께 종종 병행하여 쓰이고 있다. 이에 대한 자세한 용어 해설은 류정아, 「축제와 지역 문화: 남프랑스의 사례들을 중심으로」, p. 134 참조.

10) Richards, "Cultural Events and Festivalization", p. 259.

11) Richards, "Cultural Events and Festivalization", p. 259.

12) 류정아, 「축제와 지역 문화: 남프랑스의 사례들을 중심으로」, pp. 134~135.

13) 송희영, 「프랑스 역사야외극의 구성 요소와 지역 정체성」, 『문화경제연구』, 19(3), 2016, p. 92.

14) 헤네프는 통과의례의 세 번째 단계 중 두 번째 단계에 해당하는 통과의례 참여 전의 생활과 이후 생활양식의 중간상태를 묘사하는 개념으로 '리멘(limen)'이라는 단어를 사용하였는데 터너는 이로부터 영감을 얻어 본인의 이론을 창안하였다.

15) V. W. 터너, 『제의에서 연극으로』, 김익두·이기우 옮김, 민속원, 2014, pp. 36; 204~205. 헤네프는 통과의례 과정을 세 가지 단계로 설정하였다. 1)일상으로부터의 분리(separation), 2)이전 생활양식과 이후 생활양식의 중간 상태인 전이영역(limen), 3)제의적 과정을 통해 세속으로 되돌아오는 재통합(re-aggregation)의 단계이다.

16) 터너, 『제의에서 연극으로』, pp. 206~207 참조 구성.

17) 터너, 『제의에서 연극으로』, pp. 208~209.

18) 엘리아데, 『영원회귀의 신화』, p. 66.

19) 터너, 『제의에서 연극으로』, p. 207.

20) 터너, 『제의에서 연극으로』, p. 209.

21) 여기서 터너가 말하는 '반성'은 인간 존재에 대한 포괄적인 양식을 의미하는 것으로, "인간 자신이 주체이자 객체가 되어 인간사에서 발생하는 여러 부조리와 속박들을 용해하여 창조적으로 민주화하는 관념적인 개념"이다. 터너, 『제의에서 연극으로』, pp. 163~164.

22) 터너, 『제의에서 연극으로』, pp. 208~209.

23) 본 연구는 이에 대한 우리말 용어로 '역사극' 대신에 '역사야외극'을 제안한다. 여기서 '역사극' 사용을 배제하는 이유는 극장(실내)에서 상연되는 일반적인 연극이나 영화, TV 드라마용 사극과는 분별할 필요가 있기 때문이다. 이 밖에도 본문에서 전술한 바와 같이 '공연형 축제' 또는 '역사야외극축제'라는 뜻도 통한다. 본고에서는 이하 문맥

에 따라 역사야외극과 역사야외극축제를 혼용하기로 한다.

24) 'La Mission du Bicentenaire de la Révolution française et de la Déclaration des droits de l'homme et du citoyen'를 말한다. 우리말로 '프랑스 대혁명 200주년 기념사업추진사업단'으로 옮길 수 있다.

25) 현재 프랑스에는 "프랑스 축제 및 역사야외극 연합회(FFFSH)"에 공식 등록된 회원사 기준 전국에 108개의 지역 축제가 있으며 그중 역사야외극 축제는 58개에 이른다. FFFSH(Fédération Française des Fêtes et Spectacles historiques) 홈페이지 참조. www.fffsh.eu.

26) 송희영, 「프랑스 역사야외극의 구성 요소와 지역 정체성」, p. 88.

27) A. 아스만, 『기억의 공간』, 변학수·채연숙 옮김, 그린비, 2012, p. 466.

28) 아스만, 『기억의 공간』, pp. 466~467.

29) 아스만, 『기억의 공간』, p. 459.

30) A. Fung, "What makes the local", *Cultural Studies*, 15, 2001, pp. 591~601; 권명아, 「한국전쟁의 경험과 주체성의 서사 연구」, 연세대학교 박사학위 논문, 2002, p. 11에서 재인용.

31) 김기란, 「집단기억의 무대화와 수행적 과정의 작동 메커니즘」, 『드라마연구』, 제30호, 2009, pp. 16~17.

32) 아스만, 『기억의 공간』, p. 413.

33) 아스만, 『기억의 공간』, p. 177.

34) 오미일·배윤기, 「한국개항장 도시의 기념사업과 기억의 정치: 인천의 집단기억과 장소성을 중심으로」, 『사회와 역사』, 제83호, 2009, p. 47; 71.

35) H. Dietrich, "The Invention of Cultural Memory", eds. A. Erll & A. Nünning, *Cultural Memory Studies: an international and interdisciplinary handbook*, Walter de Gruyter, 2008, p. 92.

36) 아스만, 『기억의 공간』, p. 459.

37) 표인주, 「임진왜란의 구술기억과 구술집단의 역사의식: 전남 남해안 지역을 중심으로」, 『호남문화연구』, 제58호, 2015.

38) 이창익, 「죽음의 연습으로서의 의례」(2010), 한림대학교 생사학연구소 엮음, 『죽음 의

례와 문화적 기억』, 모시는 사람들, 2015, p. 22.

39) 표인주, 「임진왜란의 구술기억과 구술집단의 역사의식: 전남 남해안 지역을 중심으로」, p. 6.

40) 황대현, 「뉘른베르크와 아우크스부르크 평화축제(Friedensfest): 근대 초기 독일인들의 30년 전쟁과 평화에 대한 인식과 기억」, 『독일연구』, 제26집, 2013, p. 121 외 다수 논문 참조.

41) 김승옥, 「전쟁기억과 재현」, 『드라마연구』, 34(12), 2011, p. 102.

42) S. L. Kaplan, *Farewell Revolution: disputed legacies, France, 1789/1989*, Cornell University Press, 1995, p. 86.

43) 2004년~2013년 10년 사이 퓌두푸 테마파크가 창출한 지역 일자리 증가율은 440%에 달한다. 실례를 들면, 1987년 70개에서 2004년 750개, 2006년 900개, 2013년에는 3,300개로 증가하였다. 송희영, 『지역의 기억문화자원을 활용한 공연콘텐츠 사례연구: 프랑스 방데의 역사테마파크 '퓌뒤푸'를 중심으로』, 한국외국어대학교 박사학위 논문, 2014, pp. 82~83.

44) 송희영, 「프랑스 역사야외극의 구성 요소와 지역 정체성」, p. 97 참조 후 보완 재구성.

45) P. D. Villiers, *Les Secrets du Puy du Fou*, Albin Michel, 2012, p. 25.

46) P. 노라, 『기억의 장소』, 제5권, 김인중 외 옮김, 나남, 2010, pp. 361~371.

47) 박희영, 「엘레우시스 비밀의식의 철학적 의미」, p. 234.

48) 박희영, 「엘레우시스 비밀의식의 철학적 의미」, p. 223.

49) 본 논문에서 기술된 방데(또는 방데지역)의 개념은 행정적 경계를 벗어난 것으로, 18세기 방데전쟁시 혁명군과 농민반란군의 전투유적이 남아있는 서부 일대를 지칭한다. 당시 방데전쟁의 범위는 방데 북쪽 접경지 루아르아틀랑티크(Loire-Atlantique)로부터 동쪽 맨에루아르(Maine-et-Loire), 남동쪽의 되세브르(Deux-Sèvres)까지 확장되었다. 송희영·배은석·임동욱, 「문화콘텐츠를 통한 비극적 지역사의 다크 투어리즘 활용 전략: 프랑스 방데를 중심으로」, 『예술경영연구』, 제34호, 2015, p. 182 참조.

50) P. 노라, 『기억의 장소』, 제1권, 김인중 외 옮김, 나남, 2010, p. 267.

51) 민유기, 「국가기억 대 민간기억의 갈등과 대안적 기념문화의 모색: 프랑스 방데 퓌뒤푸의 경우」, 『사회와 역사』, 제78호, 2008, p. 65.

52) Kaplan, *Farewell Revolution: disputed legacies, France, 1789/1989*, pp. 84~85.

53) 오광호, 「방데전쟁의 언어적 전환」, 『인문학지』, 제29호, 2004, pp. 405~406.

54) N, Delahaye, *Histoire de la Vendée des origines à nos jours*, Éditions Pays & Terroirs, Cholet, 2003, p. 120.

55) 일례로, 프랑스 역사총서 〈기억의 장소〉의 저자 피에르 노라(Pierre Nora)는 방데 퓌뒤푸를 "역사와 기억의 불일치"로 대변되는 '기억의 장소'범주에 포함하여 연구를 진행하였다.

56) 송희영, 『지역의 기억문화자원을 활용한 공연콘텐츠 사례연구: 프랑스 방데의 역사테마파크 '퓌뒤푸'를 중심으로』, p. 108 참조 재구성.

57) J.-C. Martin, "The Vendée, Region of Memory: The Blue and the White", trans. R. C. Holbrook, dir. D. P. Jordan, *Rethinking France*, The University of Chicago Press, 1984, 2006, 398~403.

58) 송희영, 「퓌뒤푸 시네세니 연구: 피에르 노라의 '기억의 장소' 개념을 중심으로」, 『문화경제연구』, 16(2), 2013, p. 98 참조.

59) Les Veillées du Puy du Fou, Vendée, France, *Le Scénario, "Puy du Fou"*, Association pour la mise en valeur du Pays et du château du Puy du Fou, Vendée, France, 2010.

60) 암스트롱, 『신화의 역사』, p. 54.

61) 이하 본문에서 인용한 시네세니의 대본은 퓌뒤푸협회 발행 아래 단행본을 출처로 밝힘. 그중 일부는 필자가 퓌뒤푸협회 발행 공식 공연 오디오 Tape 및 DVD를 녹취하여 번역한 것임. Les Veillées du Puy du Fou, Vendée, France, *Le Scénario, "Puy du Fou"*, Association pour la mise en valeur du Pays et du château du Puy du Fou, Vendée, France, 2010.

62) 대혁명이 결과적으로는 계급차별을 타파하고 만민평등의 인권을 수립하였으나, 혁명이 진행되던 혼돈기에 방데 농부들에게 대혁명은 예기치 못한 정변으로 다가왔으리란 추론이 가능하다. 본문에 인용한 '1793의 저항' 대본에서는 다음과 같이 묘사한다. "그들[혁명군들]은 종교에 반대하여 신성을 모독하는 말들을 하고, 정통적 신부들을 추방하고, (우리들)마음을 분개시켰어요. 그들은 농가의 지붕으로까지 와서, 남자들을 징발하고, 반란을 일으켰어요."

63) J. 뒤비뇨, 『축제와 문명』, 류정아 옮김, 한길사, 2003, p. 98.

64) Les Veillées du Puy du Fou, Vendée, France, Le Scénario, 앞의 책.

65) 송희영. 『지역의 기억문화자원을 활용한 공연콘텐츠 사례연구: 프랑스 방데의 역사테마파크 '퓌뒤푸'를 중심으로』, p. 101.

66) 1978년도에 방데 지역민들이 방데전쟁의 희생자들을 기억하는 추모제 성격의 축제를 처음 기획 하게 된 이후 대중들의 큰 호응을 얻어, 역사야외극 《시네세니》로 발전되었고, 이를 발판으로 1989년도에 퓌뒤푸 역사테마파크의 설립 계기를 제공한 사실이 이를 증명한다. 현재 퓌뒤푸 테마파크는 프랑스 국내 순위 2위의 테마파크로서 세계적인 여가문화관광 명소로 발전하였다.

67) 박희영, 「엘레우시스 비밀의식의 철학적 의미」, p. 223.

V

참고문헌

참고문헌

I. 신화와 상징

• 박희영 / 신화의 현재와 미래

니코렐리스(M.), 『뇌의 미래: 인류의 미래를 뒤바꿀 뇌 과학 혁명』, 김성훈 옮김, 김영사, 2012.

리버먼(M. D.), 『사회적 뇌: 인류 성공의 비밀』, 최호영 옮김, 시공사, 2015.

박희영, 「엘레우시스 비밀 의식의 철학적 의미」, 『한국외국어대학교 논문집』, 30(1), 1997.

______, 「플라톤의 데미우르고스와 철학적 우주론」, 『플라톤 철학과 그 영향』, 서광사, 2001.

______, 「헤스티아 의식을 통해서 본 그리스 종교의 이성주의적 측면에 대한 고찰」, 『서양고전학연구』, 제24집, 2005.

______, 「테세우스 영웅 신화에 대한 분석」, 『현대유럽철학연구』, 15, 2007.

______, 「그리스 신 개념의 형성과 철학적 사유」, 『서양고전학연구』, 28, 2007.

스넬(B.), 『정신의 발견: 서구적 사유의 그리스적 기원』, 김재홍 옮김, 까치, 2002.

암스트롱(K.), 『신화의 역사』, 이다희 옮김, 문학동네, 2005.

______, 『축의 시대: 종교의 탄생과 철학의 시작』, 정영목 옮김, 교양인, 2010.

캠벨(J.), 『신의 가면 1: 원시 신화』, 이진구 옮김, 까치, 2003.

콘퍼드(F. M.), 『종교에서 철학으로: 서구 사유의 연원에 관한 연구』, 남경희 옮김, 이화여자대학교출판문화원, 1995.

프레이저(J.), 『황금가지』, 장병길 옮김, 삼성출판사, 1981.

플라톤, 『티마이오스』, 박종현, 김영균 옮김, 서광사, 2000.

______, 『법률』, 박종현 옮김, 서광사, 2009.

하우저(A.), 『문학과 예술의 사회사 4』, 백낙청·염무웅 옮김, 창작과 비평사, 2011,

하위징아(J.), 『호모 루덴스: 놀이하는 인간』, 이종인 옮김, 연암서가, 2010.
Baring, A. & Cashford, J., *The Myth of Goddess: Evolution of an Image*, Viking Arkana, 1991.
Boulanger, A. & Gernet, L., *Le genie grec dans la religion*, Albin Michel, 2014.
Buckert, W., *Greek religion*, Harvard University Press, 1985.
Chantraine, P., *Dictionnaire etymologique de la langue grecque*, vol. I~II, Klincksieck, 1987.
Eliade, M., *Mythe de l'eternel retour*, Gallimard, 1969.
Graves, R., *The Greek Myth*, Penguin Books, 1960.
Harrison, J. E., *Prolegomena to the Study of Greek Religion*, Merlin Press, 1980.
______, *Themis: A Study of the Social Origins of Greek Religion*, Cambridge University Press, 2010.
Kirk, G. S., *Myth: Its Meaning and Functions in Ancient and Other Cultures*, University of California Press, 1973.
Levy-Bruhl, L., *Les fonctions mentales dans les societes inferieures*, Librairie Felix Alcan, 1922.

• 장영란 / 노이만의 분석심리학의 상징과 신화

김인곤 외, 『소크라테스 이전 철학자들의 단편선집』, 아카넷, 2005.
노이만(E.), 『위대한 어머니 여신』, 박선화 옮김, 살림. 2007.
______, 『의식의 기원사』, 이유경 옮김, 분석심리학연구소, 2010.
베르낭(J. P.), 『그리스인들의 신화와 사유』, 박희영 옮김, 아카넷, 2005.
송태현, 「카를 융의 원형 개념」, 『인문콘텐츠』, 제6집, 2005.
엘리아데(M.), 『성과 속: 종교의 본질』, 이동하 옮김, 1983.
______, 『종교형태론』, 이은봉 옮김, 한길사, 1996.
융(C. G.), 『원형과 무의식』, 한국융연구원 C. G. 융 저작 번역위원회 옮김, 솔, 2002.
______, 『영웅과 어머니 원형』, 한국융연구원 C. G. 융 저작 번역위원회 옮김, 솔, 2006.

위안커, 『중국신화사』, 상권, 김선자·이유진·홍윤희 옮김, 웅진지식하우스, 2007.

장영란, 「원시신화에 나타난 여성의 상징미학과 자연관」, 『인문학연구』, 제3권, 한국외국어대학교 인문과학연구소, 1998.

______, 「원시신화속에 나타난 철학적 사유의 기원과 모델」, 『서양고전학연구』, 제12권, 1998.

______, 「고대 위대한 어머니 여신의 변형의 논리와 철학적 상상력 비판」, 『서양고전학연구』, 제18권, 2002.

______, 『위대한 어머니 여신』, 살림, 2003.

______, 『장영란의 그리스신화』, 살림, 2005.

______, 『죽음과 아름다움의 신화와 철학』, 루비박스, 2015.

호메로스, 『오뒤세이아』, 천병희 옮김, 단국대학교 출판부, 1996.

______, 『일리아스』, 천병희 옮김, 단국대학교 출판부, 1996.

홍명희, 「바슐라르의 상징 개념」, 『프랑스문화예술연구』, 제27집, 2009.

Aeschylus, *Agamemnon, Libation-Bearers, Eumenides, Fragments*, trans. H. W. Smyth, Loeb Classical Library, Harvard University Press, 1960.

______, *Suppliant Maidens, Persians, Prometheus, Seven Against Thebes*, trans. H. W. Smyth, Loeb Classical Library, Harvard University Press, 2006.

Apollodorus, *Bibliotheke, The Library*, vol. 1-2, trans. J. G. Frazer, Loeb Classical Library, Harvard University, 1921.

Baring, A. & Cashford, J., *The Myth of the Goddess: Evolution of an Image*, Arkana, Penguin Books, 1991.

Gimbutas, M., *The Language of the Goddess*, HarperSanFrancisco, 1991.

Harrison, J. E., *Prolegomena to the Study of Greek Religion*, Cambridge University Press, 1922.

Hesiod, *Theogony*, ed. M. L. West, Clarendon Press, 1966.

______, *Works and Days*, ed. M. L. West, Clarendon Press, 1978.

Homeros, *Odysseia*, ed. A. T. Murray, Loeb Classical Library, 1966.

______, *Ilias*, ed. A. T. Murray, Loeb Classical Library, 1971.

______, *Homeric Hymns, Homeric Apocrypha, Lives of Homer*, ed. M. L. West,

Loeb Classical Library, 2003.
Jung, K., *Four Archetypes*, trans. R. F. C. Hull, Princeton University Press, 1959.
Kerenyi, K., *The Gods of the Greeks*, Thames and Hudson, 1951.
______, *The Heroes of The Greeks*, Thames and Hudson, 1959.
______, *Athene: Virgin and Mother in Greek Religion*, trans. M. Stein, Spring Publications, 1978.
Lagana, L., "The Re-emergence of the Great Mother Goddesss", *International Journal of Arts and Sciences*, 3(2), 2009.
Neumann, E., *The Great Mother*, trans. R. Manheim, Princeton University Press, 1955.
Pausanias, *Discription of Greece*, tr. W. H. S. Jones, Harvard University Press, 1918.
Pritchard, J. B.(ed), *Ancient Near Eastern Texts*, Prinston University, 1955.
Spretnak, C., *Lost Goddesses of Early Greece*, Beacon Press, 1978.

• 송태현 / 질베르 뒤랑과 신화방법론

모오트(F. W.), 『중국 문명의 철학적 기초』, 인간사랑, 1991.
Bodde, D., "Myths of Ancient China", ed. S. N. Kramer, *Mythologies of the Ancient World*, Anchor Books, 1961.
Brunel, P., *Mythocritique. Théorie et Parcours*, PUF, 1992.
de Rougement, D., *Comme Toi-même. Essais sur les mythes de l'amour*, Albin Michel, 1961.
Durand, G., "Mythe et poésie", *Courrier du Centre international d'Etudes poétiques*, 34, 1961.
______, *Les Structures anthropologiques de l'imaginaire. Introduction à l'archétypologie générale*, Bordas, 1969.
______, "Pérennité, dérivations et usure du mythe", ed. J. Hani, *Problème du mythe*

et de son interprétation, Les Belles Lettres, 1978.

______, *Figures mythiques et visages de l'œuvre*, Berg International, 1979.

______, *Science de l'homme et tradition. Le nouvel esprit anthropologique*, L'Ile Verte/Berg International, 1979.

______, "Un penseur à découvrir: Gilbert Durand. Anthropologue de l'imaginaire", *Nouvelles Littéraires*, n°2724, février 1980.

______, *L'Ame tigrée*, Denoël, 1980.

______, "Le renouveau de l'enchantement. Topos du mythique et sociologie", *Cadmos*, Genève, avril 1982.

______, "Jung, la psyché et la cité", *L'Herne. Carl G. Jung*, l'Herne, 1984.

______, *La Foi du cordonnier*, Denoël, 1984.

______, "Permanence du mythe et changement de l'histoire", *Le mythe et le mythique*, Colloque de Cerisy, Dervy, 1987.

______, "La Création littéraire. Les fondements de la création littéraire", *Encyclopœdia universalis Enjeux*, vol. I, 1990.

Eliade, M., *Le Sacré et le profane*, Gallimard, 1983.

______, *Traité d'histoire des religions*, Payot, 1983.

______, *Aspects du mythe*, Gallimard, 1988.

______, *Mythes, rêves et mystères*, Gallimard, 1990.

______, *La Nostalgie des origines*, Gallimard, 1991.

Gusdorf, G., *Mythe et métaphysique*, Flammarion, 1984.

Lévi-Strauss, C., *L'Origine des manières de table*, Plon, 1968.

Mauron, C., *Des Métaphores obsédantes au mythe personnel. Introdution à la psychocritique*, José Corti, 1988.

• 윤성우 / 리쾨르의 상징과 신화

구연상,「폴 리쾨르에서 흠과 죄의 개념」,『존재론연구』, 제34집, 2014.

김영원,「폴 리쾨르의 악의 문제에 대한 실천적 접근」,『종교연구』, 제74집 제4호, 2014.

김종우,「리쾨르 철학에서의 상징론의 위상」,『한국프랑스학논집』, 제66집, 2009.

데카르트(R.),「철학의 원리」,『방법서설/성찰/정념론 외』, 김형효 옮김, 삼성출판사, 1990.

______,『성찰』, 이현복 옮김, 문예출판사, 2004.

레비스트로스(C.),『야생적 사고』, 안정남 옮김, 한길사, 1996.

리쾨르(P.),『악의 상징』, 양명수 옮김, 문학과지성사, 1999.

신응철,「언어, 상징, 신화를 통한 인간 이해」,『인문학연구』, 통권 82호, 2011.

아리스토텔레스,『영혼론』, 유원기 옮김, 궁리, 2001.

윤성우,『폴 리쾨르의 철학』,철학과 현실사, 2004.

______,「레비스트로스의 구조주의: 의미와 구조를 둘러싼 논쟁을 중심으로」,『철학과 현실』, 2010년 3월호.

정기철,「악의 해석학을 향하여: 리쾨르의 철학적 신정론」,『범한철학』, 제54집, 2009.

프로이트(S.),『꿈의 해석』, 장병길 옮김, 을유문화사, 1997.

플라톤,『향연』, 박희영 옮김, 문학과 지성사, 1993

______,『국가』, 박종현 옮김, 서광사, 2005.

하이데거(M.),『존재와 시간』, 이기상 옮김, 까치, 1998.

P. Ricoeur, *Philosophie de la volonté II-1: L'homme fallible*, Aubier, 1960.

______, *De l'interprétation: essai sur Freud*, Seuil, 1965.

______, "Liberté", *Encyclopedia Universalis*, IX, Paris, 1971.

______, "Langage (Philosophies du)", *Encyclopedia Universalis*, XII, Paris, 1971.

______, "Mythe: L'interprétation philosophique", *Encyclopedia Universalis*, Paris, 1971.

______, "Ontologie", *Encyclopedia Universalis*, XII, Paris, 1972.

______, "Signe et sens", *Encyclopedia Universalis*, XII, Paris, 1972.

______, "Volonté", *Encyclopedia Universalis*, XII, Paris, 1973.

______, *Du texte à l'action: essai d'herméneutique II*, Seuil, 1986.
______, "Le sujet convoqué: à l'école des rècits de vocation propétique", *Revue de l'Institut Catholique de Paris*, oct-déc 1988.
______, *Philosophie de la volonté I: Le volontaire et l'involontaire*, Aubier, 1993(1950).
______, "Autour de la Pensée sauvage. Réponses à quelques questions. (Entretien, novembre 1963)", *Esprit*, n°301, janvier-2014.
P. Ricoeur & M. Dufrenne, *Karl Jaspers et la philosophie de l'existence*, Seuil, 2000(Aubier, 1948).

II. 신화와 해석

• 손윤락 / 그리스 신화에서 세계의 이미지와 우주구조론: 철학적 우주론의 연원을 찾아서

강대진·이정호 공저, 『신화의 세계』, 한국방송통신대학교출판문화원, 2011.
박희영 외, 『서양고대철학 I: 철학의 탄생으로부터 플라톤까지』, 길, 2013.
베르낭(J. P.), 『그리스인들의 신화와 사유』, 박희영 옮김, 아카넷, 2005.
손윤락, 「아리스토텔레스의 요소 이론: 『생성소멸론』에 나타난 요소들의 생성-소멸 메커니즘을 중심으로」, 『서양고전학연구』, 31, 2008.
______, 「플라톤과 아리스토텔레스의 세계 해석: 『티마이오스』와 『천체론』, 『생성소멸론』에 나타난 우주론과 요소 이론 비교」, 『해석학연구』, 25, 2010.
아리스토텔레스, 『형이상학』, 김진성 옮김, 이제이북스, 2007.
______, 『형이상학』, 조대호 옮김, 문예, 2004.
______, 『영혼에 관하여』, 유원기 역주, 궁리, 2001.
위앤커(袁珂), 『중국신화전설 1』, 전인초·김선자 옮김, 민음사, 1999.
이상봉, 「서양 고대 철학에 있어서 공간」, 『철학논총』, 58(4), 2009.

장영란, 「그리스 신화의 우주생성론」, 『인문과학논집』, 13, 2004.

______, 「고대 그리스 신화와 철학의 "하늘"의 상징과 이미지의 변용」, 『기호학연구』, 39, 2014.

조대호, 「카오스와 헤시오도스의 우주론: 『신들의 탄생』을 중심으로」, 『철학』, 71, 2001.

헤시오도스, 『신들의 계보』, 천병희 옮김, 숲, 2009.

호메로스, 『일리아스』, 천병희 옮김, 숲, 2007.

______, 『오뒷세이아』, 천병희 옮김, 숲, 2007.

Adkins, A. W. H., "Cosmogony and Order in Ancient Greece", ed. R. W. Lovin & F. E. Reynolds, *Cosmogony and Ethical Order: New Studies in Comparative Ethics*, Univ. of Chicago Press, 1985.

Aristotle, *De Anima*, trans. C. Shields, Oxford, Clarendon Press, 2016.

______, *Metaphysica*, trans. W. D. Ross, Random House, 1963.

Athanassakis, A. N., "Glimpses of Modern Greek Cosmography in Hesiod: Soul and Space", *The Ancient world*, 27(2), 1996.

Gordon P., *L'image du monde dans l'antiquite*, Press Universitaire de France, 1949.

Gregory, A., "Ancient Atomism and Cosmogony", *Greek Research in Australia*, vol. 2005, 2007.

______, *Ancient Greek cosmogony*, Bloomsbury, 2013.

Hardie, P. R., "Imago mundi: cosmological and ideological aspects of the shield of Achilles", *The Journal of Hellenic Studies*, 105, 1985.

Hawking, S., *A Brief History of Time*, Bantam Books, 1988.

Hesiod, *Theogony*, ed. M. L. West, Oxford, Clarendon Press, 1966.

______, *Works and Days*, ed. M. L. West, Oxford, Clarendon Press, 1978.

Homeros, *Ilias*, trans. A. T. Murray, Harvard, Loeb Classical Library, 1971.

______, *Odysseia*, trans. A. T. Murray, Harvard, Loeb Classical Library, 1966.

Momigliano, A., *The Classical Foundations of Modern Historiography*, Univ. of California Press, 1990.

• 조명동 / 그리스 신화를 소재로 한 현대 문화콘텐츠의 악의 문제

《명량》, 김한민 감독, 한국, 2014.

호메로스, 『일리아스』.

호메로스, 『찬가』.

Clash of the Titans, directed by Louis Leterrier, the UK, the US, 2010.

Harry Potter and the Sorcerer's Stone, directed by Chris Columbus, the UK, the US, 2001.

Hercules, directed by Ron Clements & John Musker, the US, 1997.

Pirates of the Caribbean: The Curse of the Black Pearl, directed by Gore Verbinski, the US, 2003.

Terminator 2: Judgment Day, directed by James Cameron, the US, 1991.

The Lord of the Rings: The Fellowship of the Ring, directed by Peter Jackson, N.Z., 2001.

The Matrix, directed by Lana Wachowski & Lilly Wachowski, the US, Australia, 1999.

The Terminator, directed by James Cameron, the US, the UK, 1984.

Ulisse, directed by Mario Camerini, Italy, 1954.

• 김기홍 / 캠벨의 원질신화와 문화콘텐츠

보글러(C.), 『신화, 영웅 그리고 시나리오 쓰기』, 함춘성 옮김, 무수, 2005.

융(C. G.), 『사람과 상징』, 정영목 옮김, 까치, 1995.

캠벨(J.), 『천의 얼굴을 가진 영웅』, 이윤기 옮김, 민음사, 1999.

______, 『신의 가면 III: 서양신화』, 정영목 옮김, 까치, 2004.

캠벨(J.)·모이어스(B.), 『신화의 힘』, 이윤기 옮김, 고려원, 1992.

호르크하이머(M.)·아도르노(T. W.), 『계몽의 변증법』, 김유동 옮김, 문학과 지성사, 2001.

Aaltonen, J., "Claims of hope and disaster: rhetoric expression in three climate change documentaries", *Studies in Documentary Film*, 8(1), 2014.

Aarne, A., *The types of the folktale*, trans. S. Thompson, Academia Scientiarum Fennica, 1911.

Bordwell, D., *Narration in the Fiction Film*, The University of Wisconsin Press, 1985.

Bordwell, D. & Staiger, J. & Thompson, K., *The Classical Hollywood Cinema: Film Style & Mode of Production to 1960*, Columbia University Press, 1985.

Campbell, J., *The Flight of the Wild Gander*, Regnery/Gateway, 1979[1951].

Clayton, S., "Mythic Structure in Screenwriting", *New Writing*, 4(3), 2007.

Durkheim, É., *Les Formes élémentaires de la vie religieuse*, The Macmillan Company, 1915.

Dybicz, P., "The Hero(ine) on a Journey: A Postmodern Conceptual Framework for Social Work Practice", *Journal of Social Work Education*, 48(2), 2012.

Freud, S., *The Future of an Illusion*, trans. J. Strachey et. al., The Hogarth Press, 1961[1927].

Joyce, J., *Finnigan's Wake*, Viking Press, 1939.

Jung, C. G., *The Portable Jung*, ed. J. Campbell, Viking Adult, 1970.

Koh, W., "Everything old is good again: Myth and nostalgia in Spider-Man", *Continuum: Journal of Media & Cultural Studies*, 23(5), 2009.

Krohn, K., *Die folkloristische Arbeitsmethode*, Institutet for Semmenlignende Kulturforskning, 1926.

Lawrence, J. S. & Jewett, R., The Myth of the American Superhero, William B. Eerdmans Publishing Company, 2002.

Lefkowitz, M., "The Myth of Joseph Campbell", *The American Scholar*, 59, 1990.

Propp,V., *Morphology of the Folk Tale*, trans. L. Scott, The American Folklore Society and Indiana University, 1968[1928].

Robertson D. L. & Lawrence, C., "Heros and Mentors: A Consideration of Relational-Cultural Theory and The Hero's Journey", *Journal of Creativity*

in Mental Health, 10(3), 2015.
Robledo M. A., & Batle, J., "Transformational Tourism as a hero's journey", *Current Issues in Tourism*, 2015.
Sánchez-Escalonilla, A. "The Hero as a Visitor in Hell: The Descent into Death in Film Structure", *Journal of Popular Film and Television*, 32(4), 2005.
Sanford, C. L., *The Quest for Paradise*, University of Illinois Press, 1961.
Sartre, J. P., "Existentialism", trans. W. Kaufman, *Existentialism from Dostoyevski to Sartre*, Meridian Books, 1957.
Segal, R., "Frazer and Campbell on Myth: Nineteenth- and Twentieth-Century Approaches", *The Southern Review*, 26, 1990.
Slotkin, R., *Regeneration Through Violence: The Mythology of the American Frontier, 1600-1860*, Wesleyan University Press, 1973.
Smith, H. N., *Virgin Land: The American West as Symbol and Myth*, Harvard University Press, 1950.
Wright, W., *Six Guns and Society: A Structural Study of the Western*, University of California Press, 1975.

• 신지영 / 들뢰즈에게 주체화의 문제: 오이디푸스와 햄릿의 경우

김성민·김성우, 「포스트모던 스피노자 윤리학에 대한 헤겔주의적 비판」, 『철학연구』, 제105집, 2014.
들뢰즈(G.), 『니체와 철학』, 이경신 옮김, 민음사, 2001.
______, 『스피노자의 철학』, 박기순 옮김, 민음사, 2001.
______, 『푸코』, 허경 옮김, 동문선, 2003.
______, 『차이와 반복』, 김상환 옮김, 민음사, 2004.
들뢰즈(G.)·가타리(F.), 『천 개의 고원』, 김재인 옮김, 새물결, 2004.
______, 『안티 오이디푸스』, 김재인 옮김, 민음사, 2014.
램버트(G.), 『누가 들뢰즈와 가타리를 두려워하는가?』, 최진석 옮김, 자음과 모음,

2013.
리갈(E.),「탈주체화」,『들뢰즈 개념어 사전』, 신지영 옮김, 갈무리, 2012.
베르그송(H.), 박종원 옮김,『물질과 기억』, 아카넷, 2005.
사토 요시유키,『권력과 저항』, 김상운 옮김, 난장, 2007.
신지영,「존재와 사유의 비원리적 동일성에 관하여」,『대동철학』, 제57집, 2011.
______,「들뢰즈에게 있어서 개체화의 문제에 관한 연구: 둔스 스코투스의 〈이것임〉과 관련한 맥락에서」,『대동철학』, 제74집, 2016.
윌리엄스(J.),『들뢰즈의 차이와 반복: 해설과 비판』, 신지영 옮김, 라움, 2010.
칸트(I.),『실용적 관점에서 본 인간학』, 이남원 옮김, 울산대학교 출판부, 1998.
케니(A.),『중세철학』, 김성호 옮김, 서광사, 2010.
프로이트(G.), 박찬부 옮김,「자아와 이드」,『정신분석학의 근본개념』, 열린책들, 2003.
Deleuze, G. & Guattari, F., *Mille Plateaux: Capitalisme et schizophrénie II*, Minuit, 1980.
Nietzsche, F. W., "Nachlaβ 1887-1889", *Kritische Studienausgabe*, Bd. XIII, Walter de Gruyter, 1999.

III. 대중문화콘텐츠와 신화

• 강미라 / 영화 《호빗》 3부작에 대한 신화적 해석: J. 캠벨의 관점에서

보글러(C.), 『신화, 영웅 그리고 시나리오쓰기』, 함춘성 옮김, 무수, 2005.

안인희, 『안인희의 북유럽신화 2』, 웅진지식하우스, 2009.

캠벨(J.), 『천의 얼굴을 가진 영웅』, 이윤기 옮김, 민음사, 2004.

코리(O.), 『끝나지 않은 이야기 호빗』, 유정아 옮김, 씨앗을 뿌리는 사람, 2014.

톨킨(J. R. R.), 『주석 따라 읽는 호빗』, 앤더슨(D. A.) 주석, 이미애 옮김, 씨앗을 뿌리는 사람들, 2014.

• 김성수 / 『나니아 연대기』의 상징성: 애니메이션 《사자, 마녀, 그리고 옷장(1979)》을 중심으로

권연경, 「C. S. Lewis: 사실이 된 신화와 신화적 알레고리」, 『한국기독교신학논총』, 제79권 1호, 한국기독교학회, 2012.

김영태, 「C. S. Lewis 신학의 기본 구조」, 『종교학보』, 창간호, 한국종교간대화학회, 2006.

다우닝(D.), 『C. S. 루이스와 나니아 나라 이야기』, 이용중 옮김, 지식과 사랑사, 2005.

디치필드(C.), 『나니아 연대기가 읽어주는 성경』, 김의경 옮김, 크림슨, 2003.

______, 『C. S. 루이스의 눈으로 나니아 읽기: 사자, 마녀 그리고 옷장』, 이규원 옮김, 사랑플러스, 2005.

루이스(C. S.), 『사자와 마녀와 옷장』, 햇살과 나무꾼 옮김, 시공주니어, 2001.

______, 『고통의 문제』, 이종태 옮김, 홍성사, 2015.

______, 『순전한 기독교』, 장경철·이종태 옮김, 홍성사, 2015.

______, 『스크루테이프의 편지』, 김선형 옮김, 홍성사, 2015.

리드(G.), 『C. S. 루이스를 통해 본 일곱가지 치명적인 죄악과 도덕』, 김병제 옮김, 도서

출판 누가, 2009.
브루너(C.)·웨어(J.), 『나니아에서 만난 하나님』, 황혜정 옮김, 도서출판 CUP, 2005.
새몬스(M.), 『나니아 연대기 가이드북』, 하연희 옮김, 루비박스, 2005.
송시춘, 「C. S. 루이스의 『스크루테이프의 편지』에 나타난 악마의 세계와 인간 유혹 전략」, 『영어영문학연구』, 제56권 2호, 2014.
송태현, 「C. S. 루이스를 통해 본 신화와 기독교의 관계」, 『신앙과 학문』, 제12권 3호, 2007.
에드워즈(B.), 『길들여지지 않는 사자』, 김은희 옮김, 죠이선교회, 2008.
이대웅, "'나니아 연대기'는 기독교를 알리기 위해 쓴 책이 아니다?", 《크리스천 투데이》, 2013년 5월13일자.
이성주, 「루이스의 기적 이해」, 『기독교철학』, 제16권, 2013.
홍치모, 「C. S. 루이스의 생애와 사상: 루이스의 작품과 신념세계」, 『신학지남』, 제65호, 1998.
Bassham, G., & Walls, J. L.(ed.), *The Chronicles of Narnia and Philosophy: The Lion, The Witch and the Worldview*, Carus Publishing Company, 2005.
Karkainen, P. A., *Narnia: Unlocking the Wardrobe*, 1979, ebook edition: www.revellbooks.com, 2010.

• 임우형 / 애니메이션 《이집트 왕자》에 나타난 성서 『출애굽기』의 신화적 해석

『(개역개정판) 성경』, 한국성서공회, 2005.
권경민, 「애니메이션 서사구조 비교연구: 문화기호학의 관점에서」, 『추계종합학술대회 논문집』 제3집 2호, 한국콘텐츠학회, 2005.
권택명·정영찬·김용범, 「『출애굽기』를 창작소재로 한 드림웍스사 애니메이션 《이집트 왕자》 연구」, 『인문콘텐츠』, 제16호, 2009.
김기홍, 「허구서사 애니메이션의 관객 몰입 메커니즘 연구: 구성주의 인지서학적 접근을 중심으로」, 『만화애니메이션연구』, 제17호, 2009.
김수정, 「애니메이션 영화에 나타난 '영웅 캐릭터'의 매력 분석: 알라딘, 포카혼타스, 인크레더블, 엘사, 모세를 중심으로」, 『애니메이션연구』, 제11집 5호, 2015.
김종두, 「영웅 이야기로서 성서의 모세 이야기」, 『문학과 종교』, 제13권 3호, 2008.
로고스편찬위원회 엮음, 『히브리어 사전』, 로고스, 2010.
박희영, 「종교란 무엇인가?」, 『서양고전학연구』, 제13호, 1999.
『소크라테스 이전 철학자들의 단편 선집』, 김인곤 외 옮김, 아카넷, 2005.
아리스토텔레스, 『형이상학』, 김진성 역주, 이제이북스, 2007.
아이허(P.), 『신학의 길잡이』, 박재순 옮김, 대학기독교서회, 2002.
오홍식, 「모세와 다나오스」, 『서양고대사연구』, 제37집, 2014.
최민성, 「신화의 구조와 스토리텔링 모델」, 『국제어문』, 제42호, 2008.
캠벨(J.), 『천의 얼굴을 가진 영웅』, 이윤기 옮김, 민음사, 1999.
플라톤, 『국가(政體)』, 박종현 옮김, 서광사, 2005.
한명희, 「영웅서사구조 중심으로 하는 판타지영화의 시각화 연구」, 『디지털콘텐츠학』, 제11집 2호, 2010.
Bekker, I.(ed.), *Aristotelis Opera*, Bd.II, Berlin, 1831.
Biblia Hebraica Stuttgartensia, ed. K. Elliger & W. Rudolph, fifth Revised Eidition, ed. Adrian Schenker, Deutsche Bibelgesellschaft, 1997.
Burnet, J.(ed.), *Platonis Opera*, Oxford Clarendon Press, 1990.
Calvin, J., *Commentaries on the Four Last Books of Moses*, trans. Charles William Bingham, Christian Classics Ethereal Library, 1998.
Davidson, B., *The Analytical Hebrew and Chaldee lexicon*, Znodervan Publishing House, 1982.
Kirk, G. S. & Raven, J. E., *The Presocratic Philosophers*, Cambridge University Press, 1977.
Riley, G., *One Jesus many Christs*, Fortress Press, 2000.
Shaw, I. (ed.), *The Oxford history of Ancient Egypt*, Oxford University Press, 2000.

• 안효성 / 신화 속 영웅들의 콘텐츠적 재귀

김헌선, 「세계 영웅신화 연구서설」, 『세계의 영웅신화』, 동방미디어, 2002.

보글러(C.), 『신화, 영웅, 그리고 시나리오 쓰기』, 함춘성 옮김, 무우수, 2005.

브노와(L.), 『기호·상징·신화』, 박지구 옮김, 경북대학교출판부, 2006.

비얼레인(J. F.), 『세계의 유사 신화』, 현준만 옮김, 세종서적, 1996.

송태현, 「카를 구스타프 융의 원형 개념」, 『인문콘텐츠』, 제6호, 2005.

스트렌스키(I.), 『20세기 신화 이론』, 이용주 옮김, 이학사, 2008.

안효성, 「음양이론의 상징적 상상력」, 『철학과 문화』, 제18집, 2009.

엘리아데(M.), 『이미지와 상징』, 이재실 옮김, 까치, 1998.

______, 『신화와 현실』, 이은봉 옮김, 한길사, 2011.

윤일권·김원익 외, 『그리스 로마 신화와 서양 문화』, 문예출판사, 2004,

융(C. G.), 『영웅과 어머니 원형』, 한국융연구원 C. G. 융 저작 번역위원회 옮김, 솔, 2006.

융(C. G.) 외, 『인간과 상징』, 이윤기 옮김, 열린책들, 2009.

이부영, 「C. G. 융과 신화」, 『서강인문논총』, 제16집, 2002.

이유경, 「영웅신화의 분석심리학적 이해」, 『세계의 영웅신화』, 동방미디어, 2002.

장영란, 『장영란의 그리스 신화』, 살림, 2005.

정재서·전수용·송기정, 『신화적 상상력과 문화』, 이화여자대학교출판부, 2008.

캠벨(J.), 『천의 얼굴을 가진 영웅』, 이윤기 옮김, 민음사, 1999.

______, 과학세대 옮김, 『신화의 세계』, 까치, 1999.

______, 정영목 옮김, 『신의 가면III: 서양 신화』, 까치, 1999.

캠벨(J.)·모이어스(B.), 이윤기 옮김, 『신화의 힘』, 고려원, 1996.

Eliade, M., *Myths, Dreams and Mysteries: The Encounter Between Contemporary Faiths and Archaic Realities*, trans. P. Mairet, Harper & Row, 1975.

Jung, C. G., *Four Archetypes*, trans. R. F. C. Hull, Princeton University Press, 2010.

Kerényi, K., *The Heroes of The Greek*, Tames and Hudson, 1951.

Kirk, J. S., *Myth*, Cambridge University Press, 1971.

Neumann, E., *The Origin and History of Consciousness*, trans. R. F. C. Hull,

Princeton University Press, 2014.
Otto, R., *The Myth of the Birth of the Hero: A Psychological Interpretation of Mythology*, Grove Press, 2015.

• 박치완 / 《제2의 르네상스》에 나타난 기계-인간론과 가상세계의 신화 비판

김성동, 「기술문화시대 인간의 자기이해: 영화 『매트릭스』를 중심으로」, 『대동철학』, 제23집, 2003.
김성환, 「신화와 환각」, 『문화와 철학』, 한국철학사상연구회, 동녘, 1999.
김영민, 『철학으로 영화보기, 영화로 철학하기』, 철학과 현실사, 2001.
김영순, 「복합매체는 메시지가 아니다」, 『아카필로』, 제7호, 2001.
끌락(R.), 『인간의 진화: 인간이 도태된다』, 한지희 옮김, 성림, 1991.
네그로폰테(N.), 『디지털이다』, 배욱인 옮김, 커뮤니케이션북스, 1955.
도킨스(R.), 『이기적 유전자』, 홍영남 옮김, 을유문화사, 2002.
미첼(W.), 『비트의 도시』, 이희재 옮김, 김영사, 1999.
바슐라르(G.), 『공간의 시학』, 곽광수 옮김, 동문선, 2003.
바르니에(J.-P.), 『문화의 세계화』, 주형일 옮김, 한울출판사, 1999.
박병철, 『영화 속의 철학』, 서광사, 2001.
박치완, 「하이데거와 바슐라르의 십자가」, 『하이데거와 현대철학자들』, 살림, 2003.
______, 「세계적 수준의 지식 잔치?」, 『사이』, 2003년 봄호.
______, 「삼독기법(三毒機法)으로부터 벗어나는 길: G. 바슐라르의 상상력의 철학이 주는 교훈」, 『불교평론』, 2003년 겨울호.
______, 「인간과 언어, 이성과 감정: M. Meyer의 새로운 언어관과 인간관을 중심으로」, 『감정의 코드, 감정의 해석』, 세미오시스 연구센터 총서, 한국외국어대학교 출판부, 2013.
______, 『이데아로부터 시뮬라크르까지』, 한국외국어대학교 지식출판원, 2016.
박치완·김성수, 『비쥬얼 컬쳐 시대의 이해』, 한국외국어대학교 지식출판원, 2015.
배식한, 『인터넷, 하이퍼텍스트 그리고 책의 종말』, 책세상, 2000.

보드리야르(J.), 『소비의 사회: 그 신화와 구조』, 이상률 옮김, 문예출판사, 2015.
브록만(J.), 『디지털 시대의 파워 엘리트』, 김원희·임세윤 옮김, 황금가지, 1996.
세르(M.), 『엄지세대, 두 개의 뇌로 만들 미래』, 양영란 옮김, 갈라파고스, 2014.
안현수, 『깊고 넓게 생각하기』, 학고재, 2001.
예페스(G.) 외, 『우리는 매트릭스 안에 살고 있나』, 이수영·민병직 옮김, 굿모닝미디어, 2003.
와인버그(A.), 「과학과 가치」, 『광장』, 1984년 11월호.
이광석, 「디지털 '되기(being)'에서 '짜기(making)'로」, 『우리교육』, 1999.
이기상, 「존재역운으로서의 기술」, 『하이데거 철학과 동양사상』, 철학과 현실사, 2001.
이상훈, 「사이버생활양식 개념의 정립」, 『대동철학』, 제23집, 2003.
이선일, 「하이데거와 현대 기술 비판」, 『대동철학』, 제14집, 2001.
이용관·김지석, 『할리우드. 할리우두 영화의 산업과 이데올로기』, 제3문학사, 1992.
이정우 외, 『철학으로 매트릭스 읽기』, 이룸, 2003.
이정우, 「여러 세계 속에서 살아가기」, 『철학의 21세기』, 소명출판, 2002.
정세근, 「디지털문화의 철학적 이해」, 『철학의 21세기』, 소명출판, 2002.
정채봉, 『멀리가는 향기』, 샘터, 1987.
지젝(S.) 외, 『매트릭스로 철학하기』, 이운경 옮김, 한문화, 2003.
최길수, 「신비의 베일 벗는 인간두뇌」, 『광장』, 1984년 6월호.
케언크로스(F.), 『거리의 소멸ⓝ디지털 혁명』, 홍석기 옮김, 세종서적, 1999.
푸코(M.), 『감시와 처벌』, 오생근 옮김, 나남출판사, 1994.
호르크하이머(M.)·아도르노(Th. W.), 『계몽의 변증법』, 김유동·주경식·이상훈 옮김, 문예출판사, 1996.
홍성욱, 『파놉티콘: 정보사회 정보감옥』, 책세상, 2002.
Bergson, H., *La pensée et le mouvant*, in Oeuvres, PUF, 1970.
Lemarchand, F., "L'idéologie moderniste et l'utopie", Ecologie & politique, n°37, 2008.
Morin, E., *La méthode 1: La nature de la Nature*, Seuil, coll. «Essais», 1977.
Reddy, P., "Globalization of Technology: Issues in Technology Transfer and Technological Capability Building", UNESCO-EOLSS (Encyclopedia of

Life Support System), 2002~2016.
Rodary, E., “Utopia Limited. L'imaginaire dans un monde connecté”, *Ecologie & politique*, n°37, 2008.

• 임대근 / 중국 설화의 콘텐츠화 전략: 『수신기(搜神記)』의 트랜스 아이덴티티 캐릭터를 중심으로

상기숙, 「『수신기』에 나타난 중국 세시풍속 고찰」, 『역사민속학』 제21호, 한국역사민속학회, 2005.12.
임대근, 「트랜스 아이덴티티의 개념과 유형: 캐릭터, 스토리텔링, 담론」, 『외국문학연구』 제62호, 한국외대 외국문학연구소, 2016.5.

간보 지음, 임대근 외 옮김, 『수신기: 신화란 무엇인가?』, 동아일보사, 2016.
百度百科 http://www.baidu.com

• 송희영 / 공연예술축제와 신화성: 프랑스 방데의 역사야외극 《시네세니》를 중심으로

고드쇼(J.), 『반혁명』, 양희영 옮김, 아카넷, 2012.
권명아, 「한국전쟁의 경험과 주체성의 서사 연구」, 연세대학교 박사학위 논문, 2002.
김기란, 「집단기억의 무대화와 수행적 과정의 작동 메커니즘」, 『드라마연구』, 제30호, 2009.
김승옥, 「전쟁 기억과 재현」, 『드라마연구』, 제34호, 2011.
나스(C.)·옌(C.), 『관계의 본심』, 방영호 옮김, 푸른숲, 2011.
노라(P.), 『기억의 장소』, 제1권·제5권, 김인중 외 옮김, 나남, 2010.
뒤비뇨(J.), 『축제와 문명』, 류정아 옮김, 한길사, 2003.
렐프(E.), 『장소와 장소성 상실』, 김덕현 외 옮김, 논형, 2001.
류정아, 「축제와 지역문화: 남프랑스의 사례들을 중심으로」, 『지역민주주의와 축제의 관계』, 중원문화, 1999.
마띠에(A.), 『프랑스혁명사』, 김종철 옮김, 창작과 비평사, 1982.
민유기, 「국가기억 대 민간기억의 갈등과 대안적 기념문화의 모색: 프랑스 방데 퓌뒤푸의 경우」, 『사회와 역사』, 제78집, 2008.
박희영, 「엘레우시스 비밀 의식의 철학적 의미」, 『한국외국어대학교 논문집』, 제30호, 1997.
송희영, 「퓌뒤푸 시네세니 연구: 피에르 노라의 '기억의 장소' 개념을 중심으로」, 『문화경제연구』, 16(2), 2013.
______, 「지역의 기억문화자원을 활용한 공연콘텐츠 사례연구: 프랑스 방데의 역사테마파크 '퓌뒤푸'를 중심으로」, 한국외국어대학교 박사학위 논문, 2014.
______, 「프랑스 역사야외극의 구성 요소와 지역 정체성」, 『문화경제연구』, 2016.
송희영·배은석·임동욱, 「문화콘텐츠를 통한 비극적 지역사의 다크 투어리즘 활용 전략: 프랑스 방데를 중심으로」, 『예술경영연구』, 제34호, 2015.
아스만(A.), 『기억의 공간』, 변학수·채연숙 옮김, 그린비, 2012.
안진태, 『엘리아데·신화·종교』, 고려대학교 출판부, 2015.
암스트롱(K.), 『신화의 역사』, 이다희 옮김, 문학동네, 2005.
앤더슨(J.), 『문화, 장소, 흔적』, 이영민 외 옮김, 한울아카데미, 2013.
엘리아데(M.), 박규태 옮김, 『상징, 신성, 예술』, 서광사, 2002.
______, 심재중 옮김, 『영원회귀의 신화』, 이학사, 2009.
______, 이재실 옮김, 『이미지와 상징』, 까치, 2010.
오광호, 「방데전쟁의 언어적 전환」, 『인문학지』, 제29호, 2004.
______, 「방데전쟁: 배부른 전쟁인가? 배고픈 전쟁인가?」, 『프랑스사 연구』, 제12호, 2005.
______, 「방데전쟁과 '집단학살'」, 『역사와 담론』, 제53호, 2009.
오미일·배윤기, 「한국 개항장도시의 기념사업과 기억의 정치: 인천의 집단기억과 장소성을 중심으로」, 『사회와 역사』, 제83집, 2009.
올릭(J. K.), 『국가와 기억: 국민국가적 관점에서 본 집단기억의 연속, 갈등, 변화』, 최호근·민유기·윤영휘 옮김, 민주화운동기념사업회, 2006.
______, 『기억의 지도』, 강경이 옮김, 옥당, 2011.

이진우·김민정 외, 『호모메모리스: 기억과 망각에 관한 17가지 해석』, 책세상, 2014.
장영란, 「기억과 상기의 신화와 철학」, 『철학과 현상학 연구』, 제45호, 2010.
______, 『죽음과 아름다움의 신화와 철학』, 루비박스, 2015.
전진성, 『역사가 기억을 말하다』, 휴머니스트, 2005.
터너(V. W.), 『제의에서 연극으로』, 김익두·이기우 옮김, 민속원, 2014.
투안(Y.-F.), 『공간과 장소』, 구동회·심승희 옮김, 대윤, 2011.
한림대학교생사학연구소 엮음, 『죽음 의례와 문화적 기억』, 도서출판 모시는 사람들, 2015.
황연주, 「문화적 기억과 매체 그리고 비주얼 리터러시」, 『문화예술교육연구』, 제2권 1호, 2007.
Assmann, A., "Canon and Archive", *Cultural Memory Studies: an international and interdisciplinary handbook*, ed. A. Erll & A. Nünning, Walter de Gruyter, 2008.
Birnbaum, P., *The Idea of France*, trans. M. B. DeBevoise, Hill and Wang, 2001.
Delahave, N., *Le Puy du Fou au coeur de La Guerre de Vendeé 1793-1832*, Éditions Pays & Terroirs, Cholet, 2001.
______, *Histoire de la Vendée des origines à nos jours*, Éditions Pays & Terroirs, Cholet, 2003.
______, *Les Grandes Heures du Puy du Fou*, Éditions Pays & Terroirs, Cholet, 2003.
Dietrich, H., "The Invention of Cultural Memory", *Cultural Memory Studies: an international and interdisciplinary handbook*, ed. A. Erll & A. Nünning, Walter de Gruyter, 2008.
Erll, A., "Cultural Memory Studies: an Introduction", *Cultural Memory Studies: an international and interdisciplinary handbook*, ed. A. Erll & A. Nünning, Walter de Gruyter, 2008.
James, F.-C., *Le Château du Puy du Fou dans Congrès archéologique de France, 151ère session, Vendée, 1993*, Société Française d'archéologie Paris, 1996.
Kaplan, S. L., *Farewell Revolution: disputed legacies, France, 1789/1989*, Cornell University Press, 1995.

Les Veillées du Puy du Fou, Vendée, France, *Le Scénario "Puy du Fou"*, Association pour la mise en valeur du Pays et du château du Puy du Fou, Vendée, France, 2010.

Marie-Louise-Victoire La Rochejaquelein, *Memoirs of the Marchioness de La Rochejaquelein* (originally translated and published by G. Ramsay & Edinburgh Company, England, 1816), Forgotten Books, 2012, USA,

Martin, J-C., "The Vendée, Region of Memory: The Blue and the White", trans. R. C. Holbrook, *Rethinking France: Originally published as Les Lieux de Mémoire*, vol. 2: Space, ed. P. Nora, trans. D. P. Jordan, The University of Chicago Press, 1984.

______, *La Vendée de la mémoire, 1800-1980*, Texte remanié de Thèse d'État, Le souvenir de la Guerre de Vendée, 1800-1980, Paris IV, Seuil, 1987.

Martin, J-C., & Suaud, C., *Le Puy du Fou, en Vendée, L'Histoire mise en scène*, L'Harmattan, 1996.

Potter, A. E & Modlin, A. Jr. et al.(eds.), *Social Memory and Heritage Tourism Methodologies*, Routledge, 2015.

Richards, G., "Cultural Events and Festivalization", ed. R. Greg, *Cultural Tourism: Global and Local Perspectives*, Routledge, 2007.

Schouten, F., "Cultural Tourism: Between Authenticity and Globalization, Richards", ed. R. Greg, *Cultural Tourism: Global and Local Perspectives*, Routledge, 2007.

Trollope, A., *La Vendée: An Historical Romance*, the 4th edition, Chapman and Hall, 1875.

Villiers, P. de., *L'Aventure du Puy du Fou*, Albin Michel, 1997.

______, *Le Puy du Fou, Un rêve d'enfant*, Albin Michel, 2010.

______, *Les Secrets du Puy du Fou*, Albin Michel, 2012.

Winter, J., "Site of Memory and the Shadow of War." *Cultural Memory Studies: an international and interdisciplinary handbook*, ed. A. Erll & A. Nünning, Walter de Gruyter, 2008.

FFFSH: http://www.fffsh.eu, 접속일: 2015.05.04.
PUY DU FOU: http://www.puydufou.com, 접속일: 2016.11.15.

논문서지 사항

* 이 원고들 중 다음 글들은 해당 논문집에 실렸던 것을 일부 수정한 것입니다.
장영란, 『기호학연구』, 44집, 2015.
윤성우, 『폴 리쾨르의 철학과 인문학적 변주』, 한국외국어대학교 지식출판원, 2017.
송태현, 『프랑스학연구』, 제23권, 2002; 『해석학연구』, 제5권, 1999.
손윤락, 『동서철학연구』 제83권, 2017.
김기홍, 『통일인문학』, 제66호, 2016.
신지영, 『동서철학연구』, 제83권, 2016.
김성수, 『영상예술연구』 제29호, 2016.11.
임우형, 『신학과 사회』 제31권 1호, 2017
안효성, 『현대유럽철학연구』 제42집, 2016
박치완, 『대동철학』 제24집, 2004.
임대근: 『외국문학연구』 제62호, 2016.
송희영, 『인문콘텐츠』 제44호, 2017.

VI

찾아보기

찾아보기

ㄱ

가상세계 307, 311, 314, 316, 318, 320, 325
가이아 76, 77, 80, 81, 83, 136, 137, 138, 140, 141, 142, 143, 144, 145, 147, 148, 149, 161
간보 329, 330
고르곤 74
고통 47, 78, 79, 127, 148, 155, 156, 157, 158, 159, 164, 165, 174, 176, 190, 202, 300, 360, 368, 370
구형 우주 133, 134, 142, 149
귀신 25, 333, 340, 346
기계적 상상력 314
기계제일주의 315, 318, 319, 322, 325
기술 31, 35, 47, 59, 110, 111, 113, 238, 256, 273, 310, 311, 312, 313, 314, 315, 316, 321, 322

ㄴ

나니아 237, 244, 250, 251, 252
노이만 7, 8, 22, 67, 68, 69, 70, 71, 72, 73, 74, 286, 287
농경신화 41, 74, 369

ㄷ

다이몬 24, 36, 41, 42, 44
대중문화 257, 302, 315
데메테르 28, 29, 74, 75, 78, 79, 80, 161, 370
데미우르고스 58, 59, 60
뒤랑 22, 87, 91, 94, 103, 105
들뢰즈 119, 189, 190, 191, 192, 193, 194, 195, 196, 197, 198, 199, 200, 201, 202, 203, 204, 205, 206, 207, 208, 210

ㄹ

라깡 191, 195
레비스트로스 22, 88, 89, 91, 94, 96, 121, 122, 123, 124, 180, 194
루이스 237, 238, 239, 241, 242, 257
리미널리티 351, 352, 354, 359

ㅁ

마녀 11, 74, 75, 78, 79, 82, 237, 238, 244, 245, 246, 248, 249, 250, 251, 252, 253, 254, 255, 256, 257, 258
마르크스 95, 190, 191, 317

마법 71, 74, 75, 237
메소포타미아 37, 46, 47, 48, 49, 50, 51, 75
무의식 22, 42, 67, 68, 70, 83, 84, 85, 91, 92, 97, 99, 156, 166, 171, 172, 179, 185, 186, 195, 197, 203, 207, 208, 210, 248, 271, 277, 282, 284, 287, 289
문화산업 170, 177, 178, 315, 316, 361, 362, 374
문화적 경계 353, 367
문화적 기억 351, 357, 359, 360
문화콘텐츠 84, 151, 152, 154, 155, 169, 176, 184, 186, 187, 188, 233, 234, 242, 330, 333, 358

ㅂ

반휴머니즘 311, 316, 323
방데전쟁 365, 367, 371
베르그송 189, 193, 194, 239, 313
벤야민 315
변신 157, 205, 234, 305, 337, 338, 340
보글러 175, 176, 177, 215, 216, 218, 223
보드리야르 324, 325
보편서사 178, 181
복음주의 240, 257
복제인간 318
비선형성 203, 204
빅뱅 140, 150
빅터 터너 350, 353, 358

ㅅ

사이보그 310, 313
사탄 102, 158, 159, 165
상상력 22, 28, 42, 46, 87, 88, 89, 96, 106, 112, 113, 237, 240, 241, 244, 246, 314, 317, 320, 332, 337
상징인식론 114, 115, 116, 117
상징존재론 114, 117
서사시 40, 134, 148, 181, 255, 257, 263, 273
설득 58, 59, 81, 137, 138, 244, 323, 325
설화 25, 40, 154, 162, 166
성스러움 22, 116
세계의 이미지 133
세계화 311, 317, 320, 327
세이레네스 76, 78, 79, 82, 83
수메르 28, 41, 127
수신기 329, 331, 335, 339, 341, 345
슈퍼히어로 176, 179, 180
스핑크스 82, 83
시네세니 350, 357, 361, 362, 365, 374
신들의 계보 134, 145
신화방법론 87, 91, 104, 106
신화분석 8, 89, 91, 98, 99, 100, 101, 102, 103, 104, 105, 106
신화비평 8, 89, 91, 92, 93, 95, 96, 97, 98, 99, 101, 102, 104, 105, 106, 108

ㅇ

아니마 71, 72, 73, 74, 75, 77
아르테미스 74, 75, 76, 77, 78, 79, 80, 81, 83

아테나 74, 75, 76, 77, 79, 80, 81, 83
악 111, 127, 155, 156, 159, 164, 165, 179, 227, 237, 243, 244, 245
암스트롱 34, 47, 349
양가성 8, 71, 77, 78, 79, 83, 84
여성성 7, 8, 69, 70, 71, 72, 74, 76, 80, 83, 84, 85
역사야외극 356, 357, 364, 369
영국 22, 26, 179, 237, 239, 240
영웅 216, 224, 294
영원회귀 367, 370
영혼 52, 68, 75, 102, 103, 113, 185, 187, 192, 202, 203, 243, 244, 291, 294, 308, 310, 312, 315, 321, 323, 343
오뒤세이아 134, 143
오이디푸스 83, 96, 125, 126, 127, 128, 189, 206, 211
오케아노스 135, 136, 137, 138, 140, 141, 142, 143, 144, 147, 148, 149, 161
올림포스 76, 77, 80, 81, 82, 83, 143, 145, 146, 164
우라노스 76, 81, 141, 145
우로보로스 70, 71, 77
원질신화 187, 188, 281
원형 22, 25, 32, 48, 51, 52, 53, 65, 67, 68, 70, 78, 84, 171, 185
유대교 50, 58, 123, 264, 266
유토피아 248, 317, 318, 321, 323, 324, 325
의례 23, 24, 26, 27, 28, 29, 32, 33, 34, 35, 36, 37, 38, 39, 41, 48, 49, 52, 53, 54, 55, 58, 61, 62, 64, 65, 89, 353
의지론 110, 113, 114, 121, 129
이 곳에서 지금(Hic et Nunc) 33
이미지 9, 12, 64, 67, 68, 70, 73, 75, 76, 77, 78, 79, 80, 82, 83, 84, 85, 88, 91, 92, 95, 115, 137, 159, 171, 180, 189, 205, 206, 211, 238, 247, 248, 282, 284, 285, 286, 292, 299, 301, 304, 305, 352
일리아스 134, 135, 136, 137, 139, 143, 147
입문 172, 173, 174, 184, 216, 223, 281, 298

ㅈ

장소성 356, 357, 358, 361, 367
재현 10, 52, 58, 68, 128, 197, 205, 207, 264, 315, 335, 350, 357, 358, 361, 367, 373, 374
정념 111, 192, 195, 196, 197
정령 25, 35, 37, 38, 41, 44
제우스 9, 76, 80, 81, 127, 133, 141, 142, 143, 145, 146, 147, 160, 161, 163, 164, 289, 293
제의 117, 349, 350, 351, 354, 355
주체화 189, 192, 193, 194, 203, 204, 205, 206, 211, 275
지구중심주의 133, 134, 142

ㅊ

초인 42, 206, 284
축의 시대 21, 23, 24, 44, 47, 49, 50, 51, 53, 55, 60, 61
축제 45, 349, 350, 351, 353
출발 57, 106, 108, 172, 173, 174, 285, 321, 334

ㅋ

카오스 140, 141, 149
캠벨 31, 169, 171, 172, 173, 175, 176, 181, 218, 229, 281, 285

ㅌ

타르타로스 140, 141, 144, 146, 147, 148, 149, 164
탈영토화 194, 196, 197
테세우스 44, 45
텍스트론 110, 128, 129
톨킨 215, 229, 231, 233
티아마트 46, 48, 81

ㅍ

판타지 225, 233, 234, 238, 248, 257, 345
페르세포네 29, 80, 81, 161
푸코 119, 191, 195, 210, 315
퓌뒤푸 361, 363, 368, 370
프로이트 22, 69, 92, 116, 119, 121, 126, 171, 183, 195, 196, 197, 201, 202, 203
플라톤 58, 60, 113, 127, 261, 263

ㅎ

하데스 293, 294, 298, 301
하이데거 113, 321, 322
해석학 109, 110, 114, 120, 125, 127, 129
햄릿 174, 189, 203, 206, 211
헤라 76, 80, 81, 83, 135, 136, 147, 148, 162, 289, 291, 293, 297, 300
헤라클레스 42, 138, 152, 162, 164, 246, 281, 283, 289, 293, 305
헤시오도스 76, 84, 90, 134, 141, 142, 147
호메로스 90, 134, 135, 136, 137, 139, 142, 143, 147, 262, 263
호모 디지피엔스 317
호모 루푸스 309
호모 사피엔스 310
호빗 174, 216, 220, 224, 229, 234
환상성 345
희생제 53, 54, 73

신화와 콘텐츠

신화와 콘텐츠

초판 인쇄	2017년 6월 3일
초판 발행	2017년 6월 10일

지은이	박희영 외
발행인	김인철
총괄 · 기획	가정준 Director, University Knowledge Press
편집장	신선호 Executive Knowledge Contents Creator
도서편집	김민정 Contents Creator
전자책편집	최인우 Chief e-Contents Creator
재무관리	김은혜 Managing Creator
마케팅 파트장	백승이 Chief Marketing Creator
마케팅	박종원 Marketing Creator
발행처	한국외국어대학교 지식출판원 02450 서울특별시 동대문구 이문로 107 전화 02)2173-2493~7 팩스 02)2173-3363 홈페이지 http://press.hufs.ac.kr 전자우편 press@hufs.ac.kr 출판등록 제6-6호(1969. 4. 30)
디자인 · 편집	(주)이환디앤비 02)2254-4301
인쇄 · 제본	네오프린텍 02)718-3111

ISBN 979-11-5901-205-1 93100 정가 20,000원

*잘못된 책은 교환하여 드립니다.

HUEBOOKs는 한국외국어대학교 지식출판원의 인문학도서 Sub Brand이다. 한국외대의 영문명인 HUFS, 사람을 위하는 Humanism, 교육의 Education, 색조의 Hue의 다의적인 뜻으로 해석할 수 있으며, 인문학도서 출판에 대한 의지가 담겨있다.